CMP BOOKS
机工教育

高等职业教育本科新形态系列教材

U0662759

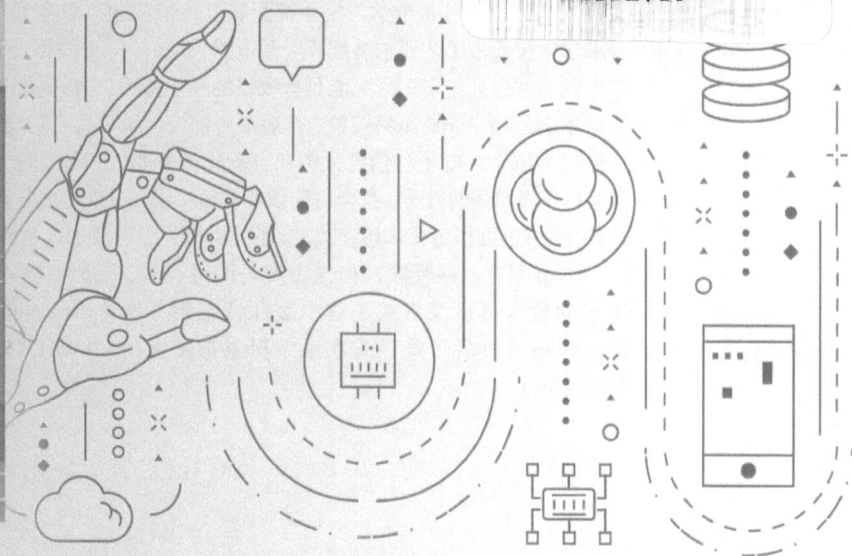

数字电子技术

主　编 ◎ 张惠荣　卢玮琪

副主编 ◎ 王红光　张金红　张　茜

参　编 ◎ 曹学文　李瑞秀　王飞宏

主　审 ◎ 李建朝

机械工业出版社
CHINA MACHINE PRESS

本书是基于省级精品在线课程"实用数字电子技术"的建设成果而精心编写的。本书由数字逻辑电路的认知、组合逻辑电路的分析与应用、触发器的认知、时序逻辑电路的分析与应用、脉冲波形的产生与整形、数/模和模/数转换器、半导体存储器和可编程逻辑器件、综合实训 8 个模块组成。前 7 个为学习模块，最后 1 个为综合实训。前 6 个学习模块均由三部分组成，即知识准备、技能实训和知识拓展，且每个学习模块都配有自我检测题、思考题与习题。实训部分要求学生按规范工艺要求装配相应的电路，调试并排查故障。通过对本书的学习，学生既能掌握理论知识，又能具备较强的动手能力，真正做到理论联系实际。

　　本书适用于职业本科院校、普通本科院校、高职高专院校（根据课时情况，可做适当取舍）电子与信息大类和自动化类专业的"数字电子技术""电子电路基础"等课程的教学，符合目前职业教育"项目导向、任务驱动"的课改方向。此外，本书也可作为技术培训教材，还可供相关工程技术人员和业余爱好者参考。

　　本书配有微课视频，扫描二维码即可观看。另外，本书配有电子课件，需要的教师可登录机械工业出版社教育服务网（www.cmpedu.com）免费注册，审核通过后下载，或联系编辑索取（微信：13261377872；电话：010-88379739）。

图书在版编目（CIP）数据

数字电子技术 / 张惠荣，卢玮琪主编 . -- 北京：
机械工业出版社，2025.1. --（高等职业教育本科新形
态系列教材）. -- ISBN 978-7-111-77315-3

Ⅰ. TN79

中国国家版本馆 CIP 数据核字第 20251BU919 号

机械工业出版社（北京市百万庄大街 22 号　邮政编码 100037）

策划编辑：和庆娣	责任编辑：和庆娣　赵晓峰	
责任校对：贾海霞　李　婷	责任印制：单爱军	

北京虎彩文化传播有限公司印刷

2025 年 2 月第 1 版第 1 次印刷

184mm × 260mm · 16 印张 · 386 千字

标准书号：ISBN 978-7-111-77315-3

定价：65.00 元

电话服务　　　　　　　　　网络服务

客服电话：010-88361066　机 工 官 网：www.cmpbook.com

　　　　　010-88379833　机 工 官 博：weibo.com/cmp1952

　　　　　010-68326294　金 　书 　网：www.golden-book.com

封底无防伪标均为盗版　　机工教育服务网：www.cmpedu.com

前　言

"数字电子技术"是电类各专业必修的一门专业基础课。该课程主要讲授最初步、最根本、最具共性的内容。着重抓"三基"训练：基本理论、基本知识、基本技能。其知识和技能贯穿整个专业的核心课程，内容涉及多个专业的工作岗位，对整个专业的知识学习和核心技能掌握起着重要的支撑作用。

本书是在河北省职业教育精品在线课程"实用数字电子技术"的基础上进行编写的，课程开展了工学结合的系统化改革，形成了突出工作能力培养的特色。本书内容的结构设计既突出"做中学"的任务统领性，又围绕任务统领布局整个学习过程：知识准备→技能实训→知识拓展，以装配、焊接、调试实用电路等任务承载知识、技能、素质要求，符合学习规律，强调学以致用。本书内容生动，形象具体，便于学习者进行主动学习和探究式学习。书中的大量教学实例来自于教学实践和教学研究成果，既具有较强的理论性，又具有鲜明的实用性。

本书在前6个学习模块的教学过程中，为学生安排"知识准备→技能实训→知识拓展"的完整过程，帮助学生由浅入深逐步掌握学习内容，达成学习目标。按照模块的排序，模块的难度逐渐增加，知识的综合性逐渐加强，形成一个循序渐进、种类多样的模块群，构建一个完整的教学设计布局，并突出实训项目的趣味性、实用性和完整性。随后逐步增加实训项目的难度和复杂程度，使学生发挥主体作用，自主构建真正属于个人的经验和知识体系。知识准备部分充分体现知识学习的系统性，使学生的理论与实践结合得更加紧密；技能实训部分重点培养学生的应用能力与创新能力，要求学生按规范工艺要求装配相应的电路，并调试和排查故障。此外，还配有技能训练的考评内容和评分标准，通过考评，可强化学生在实际应用中的规范性，提高学生的职业素养。这样，学生既掌握了知识点，又具有分析、排除故障的能力。知识拓展部分增强学生的自学能力和求知欲。每个学习模块都配有自我检测题、思考题与习题。

本书由河北工业职业技术大学和河北钢铁集团石家庄钢铁有限责任公司共同开发编写，河北工业职业技术大学张惠荣、卢玮琪担任主编，李建朝担任主审。河北工业职业技术大学王红光、张金红、张茜担任副主编，河北工业职业技术大学曹学文、李瑞秀和石家庄钢铁有限责任公司王飞宏参编。张惠荣编写了模块1、模块2、模块8，卢玮琪编写了模块3、模块7，王红光、王飞宏编写了模块4，张金红、曹学文编写了模块5，张茜和李瑞秀编写了模块6。全书由张惠荣负责统稿。

《模拟电子技术》（张惠荣、卢玮琪主编，机械工业出版社出版）可与本书配套使用。

由于编者水平有限，书中难免有疏漏和不妥之处，恳请广大读者批评指正。

编　者

二维码资源清单

（续）

目　　录

模块 1

数字逻辑电路的认知

学习目标

1. 知识目标

● 熟悉数字信号、模拟信号、数制、码制、逻辑函数、代入规则、反演规则、对偶规则、最小项、约束项、与逻辑、或逻辑、非逻辑、复合逻辑、线与等概念。
● 了解半导体器件开关特性；CMOS 和 TTL 电路的结构及工作原理、外特性、主要参数、使用方法和注意事项。
● 掌握与门、或门、非门、与非门、或非门、与或非门、异或门、同或门、CMOS 传输门、三态门、OD 门和 OC 门等的逻辑功能。

2. 能力目标

● 能进行各种数制之间的相互转换和常用 BCD 码与十进制数的转换。
● 能用代数法和卡诺图法化简和变换逻辑函数。
● 能进行真值表、逻辑表达式、卡诺图和逻辑图之间的转换。
● 能计算 OD 门和 OC 门的负载电阻。

3. 素质目标

● 培养自主学习的能力。
● 培养一丝不苟的工作精神。

知识准备

1.1 数制和码制的分析

1.1.1 数字量和模拟量

在电子技术中，用于反映自然界各种物理量（如温度、湿度、压力、速度、声音、水流量等）的方式主要有两种：数字量和模拟量。例如，可以用电压的高低（或电流的大小）反映被测温度（或被测压力）的高低；也可以经过电子电路的处理，将被测温度的变化转变为对应的数字量信号。

数字量的特点是，它在时间上和数量上都是离散的，即它们的变化在时间上是不连续的。表示数字量的信号叫作数字信号；工作在数字信号下的电子电路叫作数字电路。

例如，用电子电路记录从自动生产线上输出的零件数目时，每送出一个零件便给电子电路一个信号，使之计 1，而平时没有零件送出时给电子电路的信号是 0，所以不计数。可见，零件数目这个信号无论在时间上还是在数量上都是不连续的，因此它是一个数字信号。最小的数量单位就是 1 个。

在时间上和数量上连续的物理量叫作模拟量；表示模拟量的信号叫作模拟信号，工作在模拟信号下的电子电路叫作模拟电路。

例如，热电偶在工作时输出的电压信号就属于模拟信号，因为在任何情况下被测温度都不可能发生突变，所以测得的电压信号无论在时间上还是在数量上都是连续的。

1.1.2 数制和码制

1. 数制

用数字量表示物理量的大小时，仅用一位数码往往不够，因此经常需要用进位计数的方法组成多位数码使用。多位数码中每一位的构成方法以及从低位到高位的进位规则称为数制。

在数字电路中经常使用的计数进制除了十进制以外还有二进制、八进制和十六进制。

（1）十进制

十进制是日常生活和工作中最常使用的数制。十进制数有 0 ~ 9 十个数码，以 10 为基数，计数时，"逢十进一，借一当十"，数码在不同的位置代表的实际大小不同，例如：

$$156.87 = 1 \times 10^2 + 5 \times 10^1 + 6 \times 10^0 + 8 \times 10^{-1} + 7 \times 10^{-2}$$

所以任意一个十进制数 R 均可展开为

$$(R)_{10} = \sum k_i 10^i \tag{1-1}$$

式中，k_i 是第 i 位的系数，它可以是 0 ~ 9 这十个数码中的任何一个，若整数部分的位数是 n，小数部分的位数为 m，则 i 包含从 0 到 $n-1$ 的所有正整数和从 $-m$ 到 -1 的所有负整数；$(R)_{10}$ 的下标 10 表示 R 是十进制数，下标 10 也可用字母 D（Decimal）来表示（即 $(R)_D$）。

若以 N 取代式（1-1）中的 10，即可得到任意进制（N 进制）数展开式的普遍形式，即

$$(R)_N = \sum k_i N^i \tag{1-2}$$

式中，i 的取值与式（1-1）的规定相同。N 为计数的基数，k_i 为第 i 位的系数，N^i 为第 i 位的权。

（2）二进制

在数字电路中应用最广的是二进制。在二进制数中，每一位仅有 0 和 1 两个数码，计数基数为 2。低位和相邻高位间的进位关系是"逢二进一"。

任意二进制数均可展开为

$$(R)_2 = \sum k_i 2^i \tag{1-3}$$

式中，$(R)_2$ 的下标 2 表示 R 是二进制数，下标 2 也可用字母 B（Binary）来表示（即 $(R)_B$）。

由式（1-3）可计算出二进制数所表示的十进制数的大小。例如：

$$(110.11)_2 = 1 \times 2^2 + 1 \times 2^1 + 0 \times 2^0 + 1 \times 2^{-1} + 1 \times 2^{-2} = (6.75)_{10}$$

（3）十六进制

十六进制数的每一位有 16 个不同的数码，分别用 0～9、A（10）、B（11）、C（12）、D（13）、E（14）、F（15）表示，则任意十六进制数均可展开为

$$(R)_{16} = \sum k_i 16^i \tag{1-4}$$

式中，$(R)_{16}$ 的下标 16 表示 R 是十六进制数。下标 16 也可用字母 H（Hexadecimal）来表示（即 $(R)_H$）。

可计算出十六进制数所表示的十进制数的大小。例如

$$(2A.7F)_{16} = 2 \times 16^1 + 10 \times 16^0 + 7 \times 16^{-1} + 15 \times 16^{-2} = (42.4960937)_{10}$$

由于目前在微型计算机中普遍采用 8 位、16 位和 32 位二进制并行运算，而 8 位、16 位和 32 位二进制数可以用 2 位、4 位和 8 位的十六进制数表示，因而用十六进制符号书写程序十分简便。

（4）八进制

八进制数有 0～7 八个数码，以 8 为基数，计数时，"逢八进一，借一当八"，则任一八进制数均可展开为

$$(R)_8 = \sum k_i 8^i \tag{1-5}$$

式中，$(R)_8$ 的下标 8 表示 R 是八进制数，下标 8 也可用字母 O（Octal）来表示（即 $(R)_O$）。

可计算出八进制数所表示的十进制数的大小。例如：

$$(371)_8 = 3 \times 8^2 + 7 \times 8^1 + 1 \times 8^0 = (249)_{10}$$

2. 数制转换

（1）二进制转换为十进制

将二进制数转换为等值的十进制数时，只要将二进制数按权展开并相加即可。

（2）十进制转换为二进制

首先讨论整数的转换。假定十进制整数为 $(S)_{10}$，等值的二进制数为 $(k_n k_{n-1} \cdots k_0)_2$，则

$$(S)_{10} = k_n 2^n + k_{n-1} 2^{n-1} + \cdots + k_1 2^1 + k_0 2^0$$
$$= 2(k_n 2^{n-1} + k_{n-1} 2^{n-2} + \cdots + k_1) + k_0 \tag{1-6}$$

式（1-6）表明，若将 $(S)_{10}$ 除以 2，则得到的商为 $k_n 2^{n-1} + k_{n-1} 2^{n-2} + \cdots + k_1$，而余数为 k_0。即二进制数最低位的数码。

同理，将式（1-6）中的商除以 2 得到新的商可写成

$$k_n 2^{n-1} + k_{n-1} 2^{n-2} + \cdots + k_1 = 2(k_n 2^{n-2} + k_{n-1} 2^{n-3} + \cdots + k_2) + k_1 \tag{1-7}$$

式（1-7）表明，若将 $(S)_{10}$ 除以 2 所得的商再次除以 2，则所得余数为 k_1，即二进制数次低位的数码。依次类推，将每次得到的商再除以 2，就可求得二进制数的每一位了。

【例 1-1】将 $(173)_{10}$ 转换为二进制数。

解：

$$
\begin{array}{r}
2\ \underline{|\ 173} \quad\cdots\cdots\cdots\cdots\cdots\ \text{余数}=\mathbf{1}=k_0 \\
2\ \underline{|\ 86} \quad\cdots\cdots\cdots\cdots\cdots\ \text{余数}=\mathbf{0}=k_1 \\
2\ \underline{|\ 43} \quad\cdots\cdots\cdots\cdots\cdots\ \text{余数}=\mathbf{1}=k_2 \\
2\ \underline{|\ 21} \quad\cdots\cdots\cdots\cdots\cdots\ \text{余数}=\mathbf{1}=k_3 \\
2\ \underline{|\ 10} \quad\cdots\cdots\cdots\cdots\cdots\ \text{余数}=\mathbf{0}=k_4 \\
2\ \underline{|\ 5} \quad\cdots\cdots\cdots\cdots\cdots\ \text{余数}=\mathbf{1}=k_5 \\
2\ \underline{|\ 2} \quad\cdots\cdots\cdots\cdots\cdots\ \text{余数}=\mathbf{0}=k_6 \\
2\ \underline{|\ 1} \quad\cdots\cdots\cdots\cdots\cdots\ \text{余数}=\mathbf{1}=k_7 \\
0
\end{array}
$$

故 $(173)_{10}=(10101101)_2$。

其次讨论小数的转换。若 $(S)_{10}$ 是一个十进制的小数，对应的二进制小数为 $(0.k_{-1}k_{-2}\cdots k_{-m})_2$，则

$$(S)_{10}=k_{-1}2^{-1}+k_{-2}2^{-2}+\cdots+k_{-m}2^{-m}$$

将上式两边同时乘以 2，得到

$$2(S)_{10}=k_{-1}+(k_{-2}2^{-1}+k_{-3}2^{-2}+\cdots+k_{-m}2^{-m+1}) \qquad (1\text{-}8)$$

式（1-8）说明，将小数 $(S)_{10}$ 乘以 2 所得乘积的整数部分即为 k_{-1}。

同理，将乘积的小数部分再乘以 2 又可得到

$$2(k_{-2}2^{-1}+k_{-3}2^{-2}+\cdots+k_{-m}2^{-m+1})=k_{-2}+(k_{-3}2^{-1}+\cdots+k_{-m}2^{-m+2}) \qquad (1\text{-}9)$$

亦即乘积的整数部分就是 k_{-2}。

依次类推，将每次乘以 2 后所得乘积的小数部分再乘以 2，便可求出二进制小数的每一位。

【例 1-2】将 $(0.375)_{10}$ 转换为二进制数。

解：

$$
\begin{array}{rcl}
& 0.375 & \\
\times & 2 & \quad\text{整数} \\
\hline
& 0.750 & \cdots\cdots\ 0 \\
& 0.750 & \\
\times & 2 & \\
\hline
& 1.500 & \cdots\cdots\ 1 \\
& 0.500 & \\
\times & 2 & \\
\hline
& 1.000 & \cdots\cdots\ 1 \\
& 0.000 &
\end{array}
$$

故 $(0.375)_{10}=(0.011)_2$。

（3）二进制转换为十六进制

由于 4 位二进制数恰好有 16 个状态，而把这 4 位二进制数看作一个整体时，它的进位输出又正好是逢十六进一，所以只要以小数点为界，分别向左右按每 4 位二进制数分为一组、不足补 0 的方法，即可得到对应的十六进制数。

【例 1-3】将（111010100.011）$_2$ 化为十六进制数。

解：（111010100.011）$_2$

= （0001　1101　0100 . 0110）$_2$

= （　1　　D　　4　.　6　）$_{16}$

故（111010100.011）$_2$=（1D4.6）$_{16}$。

（4）十六进制转换为二进制

将十六进制数转换成二进制数时，只需将十六进制数的每一位用等值的 4 位二进制数代替即可。

【例 1-4】将（3FA.5）$_{16}$ 转化为二进制数。

解：（　3　　F　　A　.　5　）$_{16}$

= （0011　1111　1010 . 0101）$_2$

故（3FA.5）$_{16}$=（001111111010.0101）$_2$。

（5）二进制转换为八进制

由于 3 位二进制数恰好有 8 个状态，而把这 3 位二进制数看作一个整体时，它的进位输出又正好是逢八进一，所以只要以小数点为界，分别向左右按每 3 位二进制数分为一组、不足补 0 的方法，即可得到对应的八进制数。

【例 1-5】将（11010100.11）$_2$ 化为八进制数。

解：（11010100.11）$_2$

= （011　010　100 . 110　）$_2$

= （　3　　2　　4　.　6　）$_8$

故（11010100.11）$_2$=（324.6）$_8$。

（6）八进制转换为二进制

将八进制数转换为二进制数时，只需将八进制数的每一位用等值的 3 位二进制数代替即可。

【例 1-6】将（473.5）$_8$ 转化为二进制数。

解：（4　　7　　3　.　5　）$_8$

= （100　111　011 . 101）$_2$

故（473.5）$_8$=（100111011.101）$_2$。

（7）八进制、十六进制与十进制之间的相互转换

在将八进制、十六进制数转换为十进制数时，可将各位按权展开后相加求得。在将十进制数转换为八进制数、十六进制数时，可以先转换成二进制数，然后再将得到的二进制数转换为等值的八进制数、十六进制数。这两种转换方法上面已经讲过了。

3. 码制

不同的数码不仅可以表示数量的大小，而且还能用来表示不同的事件。在表示事件时，这些数码已没有表示数量大小的含义，而只是表示不同事物的代号。这些数码称为代码。

例如，在举行长跑比赛时，为便于识别运动员，通常给每个运动员编一个号码。显然，这些号码仅仅表示不同的运动员，已失去了数量大小的含义。

为便于记忆和处理，在编制代码时总要遵循一定的规则，这些规则就叫作码制。

例如，在用 4 位二进制数码表示 1 位十进制数的 0 ～ 9 这 10 个状态时，就有多种不同的码制。通常将这些代码称为二 - 十进制代码，简称 BCD 码。

表 1-1 中为几种常见的 BCD 码，它们的编码规则各不相同。BCD 码分为有权码和无权码。表 1-1 中的 8421 码、5421 码、2421 码为有权码，它们都是将自然 4 位二进制数的 16 个组合舍去 6 个而得到的，只不过舍去的具体组合不同而已，被保留的 10 个组合中的每 1 位都是有位权的，它们的权展开式的计算结果分别对应 10 个阿拉伯数字，所以也称为二 – 十进制码。表 1-1 中的余 3 码、格雷码为无权码。余 3 码是由 8421 码加 3（即 0011）得到的，不能用权展开式来表示其转换关系。格雷码的特点是相邻的两个码组之间仅有 1 位不同，因而常用于模拟量和数字量的转换，在模拟量发生微小变化而可能引起数字量变化时，格雷码只改变 1 位，与其他码同时改变两位或多位的情况相比更为可靠，即可减少转换和传输出错的可能性。

表 1-1　几种常见的 BCD 码

十进制码	BCD 码				
	8421 码	5421 码	2421 码	余 3 码（无权码）	格雷码（无权码）
0	0000	0000	0000	0011	0000
1	0001	0001	0001	0100	0001
2	0010	0010	0010	0101	0011
3	0011	0011	0011	0110	0010
4	0100	0100	0100	0111	0110
5	0101	1000	1011	1000	0111
6	0110	1001	1100	1001	0101
7	0111	1010	1101	1010	0100
8	1000	1011	1110	1011	1100
9	1001	1100	1111	1100	1000

1.1.3　二进制算术运算

在数字电路中，二进制数码 0 和 1 不仅可以表示数量的大小，而且可以表示两种不同的逻辑状态。当两个二进制数码表示两个数量的大小时，它们之间可以进行数值运算，这种运算称为算术运算。二进制算术运算和十进制算术运算的规则基本相同，所不同的是二进制的进位规则是"逢二进一"，借位规则是"借一当二"。

在数字电路和计算机中，二进制数的正、负号也用 0 和 1 表示。在定点运算的情况下，最高位为符号位，正数为 0，负数为 1，其后面的各位为数值部分，用这种方式表示的数码称为原码。例如：

$$(89)_{10} = (01011001)_2$$
$$(-89)_{10} = (11011001)_2$$

为了简化运算电路，在数字电路中两数相减的运算用它们的补码相加来实现。正数的补码和它的原码相同，负数的补码可通过将原码的数值位逐位求反，然后在最低位加 1 得到。

【例 1-7】计算 $(101101)_2 - (010011)_2$。

解：根据二进制的运算规则可知：

$$
\begin{array}{r}
101101 \\
-\ 010011 \\
\hline
011010
\end{array}
$$

在采用补码运算时，首先求出（+101101）$_2$ 和（–010011）$_2$ 的补码：$[+101101]_补=$ 0101101，$[-010011]_补=$1101101，然后将两个补码相加并舍去进位，即

$$
\begin{array}{r}
0101101 \\
+\ 1101101 \\
\hline
舍去 \leftarrow 10011010
\end{array}
$$

由上可知，两种方法的计算结果相同，且第二种方法把减法运算转化成了加法运算。乘法运算可以用加法和移位两种操作实现，而除法运算可以用减法和移位操作实现。因此，二进制数的加、减、乘、除运算都可以用加法运算电路完成，这就极大地简化了运算电路的结构。

1.2　逻辑代数的分析

逻辑代数是分析和设计数字逻辑电路的基本数学工具，它是英国数学家乔治·布尔在 19 世纪中叶创立的，因而也叫布尔代数。本节所讲的逻辑代数就是布尔代数在二值逻辑电路中的应用。

逻辑代数中也用字母表示变量，这种变量称为逻辑变量。在二值逻辑中，每个逻辑变量的取值只有 0 和 1 两种可能。这里的 0 和 1 已不再表示数量的大小，只代表两种相互对立的逻辑状态。例如，电灯的亮和灭、开关的闭合与断开、电平的高与低等。

1.2.1　熟悉逻辑代数

1. 基本逻辑关系和基本逻辑运算

所谓逻辑是指"条件"与"结果"的关系。在数字电路中，利用输入信号来反映"条件"，用输出信号来反映"结果"，从而输入、输出之间就存在一定的因果关系，称为逻辑关系。它可以用逻辑表达式来描述，所以数字电路又称为逻辑电路。

1.2.1
熟悉逻辑代数

逻辑代数中，最基本的逻辑关系有 3 种，即与逻辑、或逻辑、非逻辑关系。相应地有 3 种基本逻辑运算，即与运算、或运算、非运算。用以实现上述逻辑关系的电路也有 3 种，即与门电路、或门电路和非门电路。

长期以来，人们研究了大量的二值性问题，并从中总结出这 3 种基本运算规律，即

与运算：$0 \cdot 0=0$，$0 \cdot 1=0$，$1 \cdot 0=0$，$1 \cdot 1=1$；

或运算：$0+0=0$，$0+1=1$，$1+0=1$，$1+1=1$；

非运算：$\overline{0}=1$，$\overline{1}=0$。

其中，"·" "+" "‾"（数字顶部的横线）分别表示逻辑与、或、非运算符号。

这些规律的正确性，可以通过下面将要讨论的具体电路得到验证。

（1）与逻辑

在图 1-1 所示电路中，只有开关 A 与开关 B 都闭合，灯 Y 才亮，其中只要有一个断开，灯 Y 就灭。如果以开关闭合作为条件，灯亮作为结果，则图 1-1 所示电路表示了这样一种因果关系：只有当决定某一种结果（如灯亮）的所有条件（如两开关同时闭合）都具

备时，这个结果才能发生。这种因果关系就称为与逻辑关系，简称为与逻辑。

若以 A、B 表示开关的状态，并以 1 表示开关闭合，以 0 表示开关断开；以 Y 表示指示灯的状态，并以 1 表示灯亮，以 0 表示灯灭，则可以列出以 0、1 表示的与逻辑关系表，见表 1-2。这种表叫作逻辑真值表，简称为真值表。

表示条件的输入逻辑变量 A、B 与表示结果的输出逻辑变量 Y 的关系，可写成一个逻辑函数表达式，即

表 1-2　与逻辑真值表

A	B	Y
0	0	0
0	1	0
1	0	0
1	1	1

$$Y = A \cdot B$$

或

$$Y = AB$$

与逻辑运算还可以用图 1-2 所示的图形符号表示。这些图形符号也用于表示相应的门电路。由于与逻辑运算和普通代数中的乘法相似，所以与逻辑运算又称为逻辑乘。实际应用的与门的输入端可以有多个。

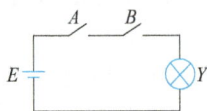

图 1-1　与逻辑电路示意图

图 1-2　与逻辑图形符号

（2）或逻辑

在图 1-3 所示电路中，开关 A 或开关 B 只要有一个闭合，灯 Y 就亮。同样，以开关闭合为条件，灯亮为结果，图 1-3 所示电路所表达的逻辑关系是：当决定某一种结果（如灯亮）的几个条件（如两开关闭合）中，只要有一个或一个以上的条件具备，这种结果（灯亮）就发生。这种条件和结果的关系就称为或逻辑关系，简称为或逻辑。

或逻辑关系可以利用或运算规律写成或逻辑表达式，即

$$Y = A + B$$

同理，可列出或逻辑运算真值表，见表 1-3。其逻辑图形符号如图 1-4 所示。实际应用的或门的输入端可以有多个。

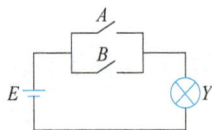

图 1-3　或逻辑电路示意图

图 1-4　或逻辑图形符号

由于或运算和普通代数中的加法相似，所以或运算又称逻辑加。值得注意的是，逻辑加法和普通代数的加法运算并不完全相同。普通代数二进制加法 1+1=10，但逻辑加 1+1=1。其主要区别在于前者表示数量之和，而后者表示的却是当两个"条件"都满足时结果能实现的逻辑关系。

（3）非逻辑

在图 1-5 中，当开关 A 闭合时，灯 Y 不亮；当

表 1-3　或逻辑运算真值表

A	B	Y
0	0	0
0	1	1
1	0	1
1	1	1

开关 A 断开时，灯 Y 就亮。如果仍以开关闭合为条件，灯亮为结果，则电路满足这样一种因果关系：只要条件具备了，结果便不发生；而条件不具备时，结果一定发生。这种因果关系，称为非逻辑关系，简称非逻辑或逻辑非。

非逻辑表达式为

$$Y=\overline{A}$$

同理，可列出非逻辑运算真值表，见表1-4。图1-6所示为非逻辑图形符号。

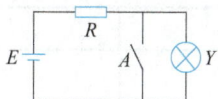

图 1-5　非逻辑电路示意图

图 1-6　非逻辑图形符号

（4）复合逻辑关系

实际的逻辑问题往往比与、或、非复杂得多，不过它们都可以用与、或、非三种基本逻辑关系的组合来实现。最常见的复合逻辑运算有与非、或非、与或非、异或、同或等。

1）与非逻辑。

与非逻辑就是先与后非的逻辑关系，即

$$Y=\overline{AB}$$

表 1-4　非逻辑真值表

A	Y
0	1
1	0

表1-5为与非逻辑真值表，图1-7为与非逻辑图形符号。实际应用的与非门的输入端可以有多个。

表 1-5　与非逻辑真值表

A	B	Y
0	0	1
0	1	1
1	0	1
1	1	0

图 1-7　与非逻辑图形符号

2）或非逻辑。

或非逻辑就是先或后非的逻辑关系，即

$$Y=\overline{A+B}$$

表1-6为或非逻辑真值表，图1-8所示为或非逻辑图形符号。实际应用的或非门的输入端可以有多个。

3）与或非逻辑。

与或非逻辑是先与后或再非的逻辑关系，即

$$Y=\overline{AB+CD}$$

表1-7为与或非逻辑真值表，图1-9所示为与或非逻辑图形符号。

表 1-6　或非逻辑真值表

A	B	Y
0	0	1
0	1	0
1	0	0
1	1	0

图 1-8　或非逻辑图形符号

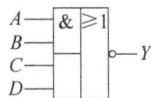

图 1-9　与或非逻辑图形符号

表 1-7　与或非逻辑真值表

A	B	C	D	Y
0	0	0	0	1
0	0	0	1	1
0	0	1	0	1
0	0	1	1	0
0	1	0	0	1
0	1	0	1	1
0	1	1	0	1
0	1	1	1	0
1	0	0	0	1
1	0	0	1	1
1	0	1	0	1
1	0	1	1	0
1	1	0	0	0
1	1	0	1	0
1	1	1	0	0
1	1	1	1	0

4）异或逻辑。

当逻辑变量 A 和 B 的状态取值不一致时，逻辑函数 Y 为 1，A 和 B 的状态取值相同时，Y 为 0，这种逻辑关系为异或逻辑。

异或逻辑表达式为

$$Y = \overline{A}B + A\overline{B} = A \oplus B$$

式中，$\oplus$ 为异或运算符号。

表 1-8 为异或逻辑真值表，图 1-10 所示为异或逻辑图形符号。

表 1-8　异或逻辑真值表

A	B	Y
0	0	0
0	1	1
1	0	1
1	1	0

图 1-10　异或逻辑图形符号

5）同或逻辑。

当 A、B 取值相同时，Y 为 1，当 A、B 取值不相同时，Y 为 0，这种逻辑关系为同或逻辑。

同或逻辑表达式为

$$Y=AB+ \overline{A}\overline{B} =A \odot B$$

式中，⊙为同或运算符号。

表 1-9 为同或逻辑真值表，图 1-11 所示为同或逻辑图形符号。

表 1-9　同或逻辑真值表

A	B	Y
0	0	1
0	1	0
1	0	0
1	1	1

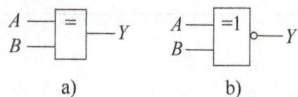

图 1-11　同或逻辑图形符号

由异或逻辑和同或逻辑真值表可见，异或和同或互为反函数。同或门无独立产品，通常用异或门加反相器构成。注意，每个异或和同或逻辑符号及其逻辑门电路只能有两个输入变量。

2. 逻辑函数的表示方法及其相互转换

任何逻辑函数都可以用逻辑函数表达式、逻辑真值表、逻辑图、逻辑卡诺图（用卡诺图表示逻辑函数的方法将在后面做专门介绍）等方法来描述。对于同一个逻辑函数，它的几种表示方法是可以相互转换的。

（1）已知真值表求逻辑函数表达式

根据真值表求逻辑函数表达式的方法是：将真值表中每一组使输出函数值为 1 的输入变量都写成一个乘积项。在这些乘积项中，取值为 1 的变量，则该因子写成原变量，取值为 0 的变量，则该因子写成反变量，将这些乘积项相加，就得到了逻辑函数表达式。

【例 1-8】已知一个奇偶判别函数的逻辑函数真值表（见表 1-10），试写出它的逻辑函数表达式。

表 1-10　例 1-8 的逻辑函数真值表

A	B	C	Y
0	0	0	0
0	0	1	0
0	1	0	0
0	1	1	$1 \cdots\cdots \overline{A}BC$
1	0	0	0
1	0	1	$1 \cdots\cdots A\overline{B}C$
1	1	0	$1 \cdots\cdots AB\overline{C}$
1	1	1	0

解：由真值表可得

$$Y= \overline{A}BC+A\overline{B}C+AB\overline{C}$$

（2）已知逻辑函数表达式求真值表

将输入变量取值的所有组合状态逐一代入逻辑函数表达式中算出逻辑函数值，然后将输入变量取值与逻辑函数值对应地列成表，就得到逻辑函数的真值表。

【例 1-9】已知逻辑函数式 $Z=A+\overline{B}C+\overline{AC}$，求与它对应的真值表。

解： 将输入变量 A、B、C 的各组取值代入逻辑函数式，算出逻辑函数 Z 的值，并对应地填入表 1-11，就得到其逻辑函数真值表。

表 1-11　例 1-9 的逻辑函数真值表

A	B	C	$\overline{B}C$	$\overline{AC}$	Z
0	0	0	0	1	1
0	0	1	1	0	1
0	1	0	0	1	1
0	1	1	0	0	0
1	0	0	0	0	0
1	0	1	1	0	1
1	1	0	0	0	0
1	1	1	0	0	1

（3）已知逻辑函数表达式求逻辑图

用图形符号代替逻辑函数表达式中的运算符号，就可以画出逻辑图了。

【例 1-10】已知逻辑函数为 $Y=\overline{A+\overline{BC}}+\overline{A}\ \overline{B\overline{C}}+C$，画出对应的逻辑图。

解： 将式中所有的与、或、非运算符号用图形符号代替，并依据运算优先顺序把这些图形符号连接起来，就得到了图 1-12 所示的逻辑图。

（4）已知逻辑图求逻辑函数表达式

从输入端到输出端逐级写出每个图形符号对应的逻辑式，就可以得到对应的逻辑函数表达式了。

【例 1-11】已知函数的逻辑图如图 1-13 所示，试求它的逻辑函数表达式。

解： 从输入端 A、B、C 开始逐个写出每个图形符号输出端的逻辑式，得到

$$Z=\overline{\overline{(\overline{B}+C+\overline{AC})}A}$$

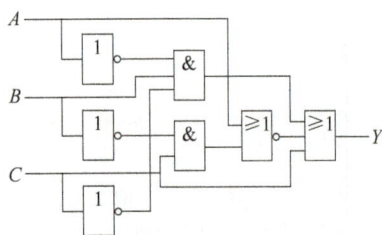

图 1-12　例 1-10 的逻辑图

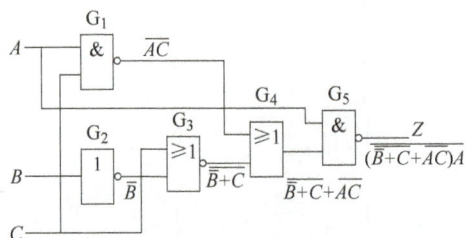

图 1-13　例 1-11 的逻辑图

【例 1-12】开关控制电路如图 1-14 所示。试列出该电路的逻辑函数真值表，写出该电路的逻辑函数表达式，并画出逻辑图。

解： 若以 A、B、C 表示开关的状态，并以 1 表示开关闭合，以 0 表示开关断开；以 L 表示指示灯的状态，并以 1 表示灯亮，以 0 表示不亮，则可以列出图 1-14 所示电路的逻辑函数真值表，见

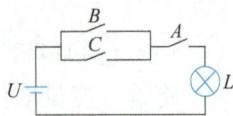

图 1-14　开关控制电路

表 1-12。

根据图 1-14 所示电路的真值表可写出其逻辑函数表达式

$$L=A\overline{B}C+AB\overline{C}+ABC$$

表 1-12 例 1-12 的逻辑函数真值表

A	B	C	L
0	0	0	0
0	0	1	0
0	1	0	0
0	1	1	0
1	0	0	0
1	0	1	1
1	1	0	1
1	1	1	1

根据图 1-14 所示电路的逻辑函数表达式可画出其逻辑图，如图 1-15a 所示。图 1-14 所示电路的逻辑函数表达式稍做变化，可以得到

$$L=A\overline{B}C+AB\overline{C}+ABC=A（\overline{B}C+B\overline{C}+BC）=A（B+C）=AB+AC$$

根据上式画出逻辑图，如图 1-15b 所示。由此可以看出，同一逻辑函数的真值表是唯一的，但逻辑函数表达式和逻辑图并不是唯一的。

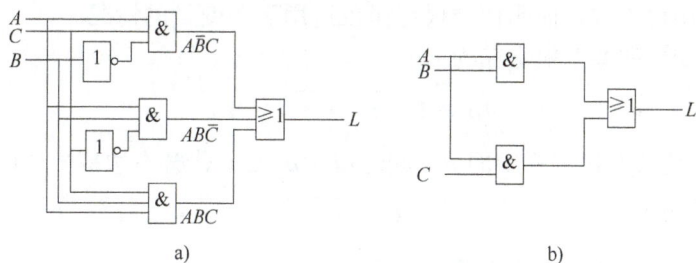

a)   b)

图 1-15 开关控制电路的逻辑图

1.2.2 逻辑函数的公式化简法

1. 逻辑代数的基本公式、基本定律和常用规则

（1）基本公式

1）逻辑常量运算公式

$0 \cdot 0=0$；$0 \cdot 1=0$；$1 \cdot 0=0$；$1 \cdot 1=1$；$0+0=0$；$0+1=1$；$1+0=1$；$1+1=1$；$\overline{1}=0$；$\overline{0}=1$

2）逻辑变量和常量运算公式

$$0 \cdot A=0；0+A=A；1 \cdot A=A；1+A=1$$

（2）基本定律

1）重叠律（自等律）：　　　　　$AA=A$；$A+A=A$

2）互补律：$A\overline{A}=0$；$A+\overline{A}=1$

3）还原律：$\overline{\overline{A}}=A$

4）交换律：$AB=BA$；$A+B=B+A$

5）结合律：$(AB)C=A(BC)$；$(A+B)+C=A+(B+C)$

6）分配律：$A(B+C)=AB+AC$；$A+BC=(A+B)(A+C)$

7）德摩根定律（反演律）：$\overline{AB}=\overline{A}+\overline{B}$；$\overline{A+B}=\overline{A}\,\overline{B}$

8）吸收律：$A+AB=A$；$AB+A\overline{B}=A$

$$A(A+B)=A；A+\overline{A}B=A+B$$

$$(A+B)(A+C)=A+BC$$

$$AB+\overline{A}C+BC=AB+\overline{A}C$$

$$AB+\overline{A}C+BCD=AB+\overline{A}C$$

这些定律的正确性可以用列真值表的方法加以验证。若等式两边所对应的真值表相同，等式就成立。其中，分配律、德摩根定律、吸收律比较特殊，应加以关注。

（3）常用规则

1）代入规则。

在任何一个逻辑等式中，如果将等式两边的某一变量都代以一个逻辑函数，则等式仍然成立，这个规则称为代入规则。

【例 1-13】用代入规则证明德摩根定律也适用于多变量的情况。

解：已知二变量的德摩根定律为

$$\overline{AB}=\overline{A}+\overline{B}；\overline{A+B}=\overline{A}\,\overline{B}$$

现以（BC）代替左边等式中的 B，同时以（$B+C$）代替右边等式中的 B，于是得到

$$\overline{ABC}=\overline{A}+\overline{BC}=\overline{A}+\overline{B}+\overline{C}；\overline{A+B+C}=\overline{A}\cdot\overline{B+C}=\overline{A}\,\overline{B}\,\overline{C}$$

可见，利用代入规则可以扩大等式的应用范围。

2）反演规则。

对于任意一个逻辑式 Y，若将其中所有的"·"换成"+"，"+"换成"·"，0 换成 1，1 换成 0，原变量换成反变量，反变量换成原变量，则得到的结果就是逻辑式 Y 的反函数。这个规则称为反演规则。

反演规则为求一个函数的反函数提供了便利。在使用反演规则时需要注意两点：

① 需遵守"先括号，然后乘，最后加"的运算优先次序。

② 不属于单个变量上的反号应保留。

【例 1-14】求 $Y=\overline{A}B+CD$ 的反函数 $\overline{Y}$。

解：根据反演规则可写出

$$\overline{Y}=(A+\overline{B})(\overline{C}+\overline{D})$$

【例 1-15】求 $Y=A+\overline{\overline{B}+\overline{C}+D+\overline{E}}$ 的反函数 $\overline{Y}$。

解： 依据反演规则可直接写出

$$\overline{Y} = \overline{\overline{\overline{A}}\,\overline{BC}\,\overline{\overline{DE}}}$$

3）对偶规则。

对于任何一个逻辑式 Y，若将其中的"·"换成"+"，"+"换成"·"，"0"换成"1"，"1"换成"0"，则得到一个新的逻辑式 Y'，这个 Y' 就叫作 Y 的对偶式。

若两逻辑式相等，则它们的对偶式也相等，这就是对偶规则。

例如，若 $Y=A（B+C）$，则 $Y'=A+BC$；若 $Y=AB+\overline{C+D}$，则 $Y'=（A+B）\overline{CD}$。

为了证明两个逻辑式相等，也可以通过证明它们的对偶式相等来完成，因为有些情况下证明它们的对偶式相等更加容易。

【例 1-16】试证明 $A+BC=（A+B）（A+C）$。

解： 首先写出等式两边的对偶式，得到 $A（B+C）$ 和 $AB+AC$。

根据乘法分配律可知，这两个对偶式是相等的，亦即 $A（B+C）=AB+AC$。由对偶规则即可确定原来的两式也一定相等，于是得到证明。

2. 用公式化简逻辑函数

（1）逻辑函数表达式的标准形式和最简式含义

同一个逻辑函数可以写成不同的逻辑函数表达式，而这些逻辑函数表达式的繁简程度又相差甚远。逻辑函数表达式越是简单，它所表示的逻辑关系越明显，同时也有利于用最少的电子器件实现。因此，有必要对逻辑函数表达式进行化简。

对于给定的逻辑函数，其真值表是唯一的，但是描述同一个逻辑函数的逻辑函数表达式却有多种形式。

例如，逻辑函数表达 $Y=A\overline{B}+BC$，可以用 5 种逻辑函数式来表示，即

1）$Y=A\overline{B}+BC$ 　　　　　　　　　**与或表达式**

2）$Y=\overline{\overline{A\overline{B}+BC}}=\overline{\overline{A\overline{B}}\ \overline{BC}}$ 　　　　**与非 – 与非表达式**

3）$Y=\overline{\overline{A\overline{B}+BC}}=\overline{\overline{A\overline{B}}\ \overline{BC}}=\overline{\overline{A}\ \overline{B}+\overline{B}C}$ 　　**与或非表达式**

4）$Y=\overline{\overline{A}\ \overline{B}+\overline{B}C}=（A+B）（\overline{B}+C）$ 　　**或与表达式**

5）$Y=（A+B）（\overline{B}+C）=\overline{\overline{(A+B)(\overline{B}+C)}}=\overline{\overline{A+B}+\overline{\overline{B}+C}}$ 　　**或非 – 或非表达式**

由上述分析可见，一个逻辑函数可以用不同类型的表达式来描述，由于类型的不同，最简的标准也就各不相同，因而也就难以确定哪一种是最简的。但是上述不同类型表达式中，与或表达式是比较常见的，同时，与或表达式可以比较容易地同其他表达式进行相互转换，因此，本书主要介绍与或表达式的化简方法。

所谓最简的与或表达式，是指乘积项最少，而且每一个乘积项中的变量数也最少的与或表达式。

（2）常用的公式化简法

公式化简法也叫代数化简法，它是运用逻辑代数的基本公式和基本定律来化简逻辑函

数。常用的方法有并项法、吸收法、消去法和配项法。

1）并项法。利用 $AB+A\overline{B}=A$ 将两个乘积项合并成一项，合并后消去一个互补的变量，剩下的是两项中的公因子。

【例 1-17】试化简逻辑函数 $Y=B\overline{C}D+BC\overline{D}+B\overline{C}\,\overline{D}+BCD$。

解：
$$Y=B\overline{C}D+BC\overline{D}+B\overline{C}\,\overline{D}+BCD$$
$$=B(\overline{C}D+C\overline{D})+B(\overline{C}\,\overline{D}+CD)$$
$$=B(C\oplus D)+B(\overline{C\oplus D})$$
$$=B$$

2）吸收法。利用公式 $A+AB=A$ 吸收多余的乘积项。

【例 1-18】试化简逻辑函数 $Y=AB+AB\overline{C}+ABD+AB(\overline{C}+\overline{D})$。

解：
$$Y=AB+AB\overline{C}+ABD+AB(\overline{C}+\overline{D})$$
$$=AB+AB[\overline{C}+D+(\overline{C}+\overline{D})]$$
$$=AB$$

3）消去法。利用 $A+\overline{A}B=A+B$ 或 $AB+\overline{A}C+BC=AB+\overline{A}C$ 消去多余因子。

【例 1-19】试化简逻辑函数 $Y=A\overline{B}C\overline{D}+\overline{A}\overline{B}E+\overline{A}CDE$。

解：
$$Y=A\overline{B}C\overline{D}+\overline{A}\overline{B}E+\overline{A}CDE$$
$$=(A\overline{B})C\overline{D}+(\overline{A\overline{B}})E+(C\overline{D})E\overline{A}$$
$$=A\overline{B}C\overline{D}+\overline{A}\overline{B}E$$

4）配项法。利用 $A+\overline{A}=1$ 或 $A+A=A$ 将表达式中不能直接利用公式化简的某些项变成两项，然后再用公式进行化简。

【例 1-20】试化简逻辑函数 $Y=A\overline{B}+\overline{B}C+\overline{B}C+\overline{A}B$。

解：
$$Y=A\overline{B}+\overline{B}C+\overline{B}C+\overline{A}B$$
$$=A\overline{B}+\overline{B}C+(A+\overline{A})\overline{B}C+\overline{A}B(C+\overline{C})$$
$$=A\overline{B}+\overline{B}C+A\overline{B}C+\overline{A}\,\overline{B}C+\overline{A}BC+\overline{A}B\overline{C}$$
$$=A\overline{B}+\overline{B}C+\overline{A}C$$

在化简较复杂的逻辑函数时，往往需要灵活、交替、综合地利用多个基本公式和多种方法才能获得比较理想的化简结果。

【例 1-21】试化简逻辑函数 $Y=AD+A\overline{D}+AB+\overline{A}C+BD+ACEF+\overline{B}EF+DEFG$。

解：
$$Y=AD+A\overline{D}+AB+\overline{A}C+BD+ACEF+\overline{B}EF+DEFG$$
$$=A+AB+\overline{A}C+BD+ACEF+\overline{B}EF+DEFG \qquad （并项法）$$
$$=A+\overline{A}C+BD+\overline{B}EF+DEFG \qquad （吸收法）$$

$$=A+C+BD+\overline{B}EF+DEFG \qquad （消去法）$$

$$=A+C+BD+\overline{B}EF \qquad （消去法）$$

1.2.3 逻辑函数的卡诺图化简法

利用公式法化简逻辑函数，不但要熟练掌握逻辑代数的许多公式，而且要有一定的技巧。特别是用公式法化简所得的结果是否是最简式，往往较难判断，这给公式法化简带来一定的困难。

> 1.2.3
> 逻辑函数的卡
> 诺图化简法

下面介绍的图形化简法，也叫卡诺图化简法，可以比较简便地得到最简的逻辑函数表达式。

1. 逻辑函数的最小项

（1）最小项定义

在逻辑函数中，如果一个乘积项包含了所有的变量，而且每个变量都是以原变量或反变量的形式作为一个因子出现一次，那么这样的乘积项就称为这些变量的一个最小项。

例如，在三变量的逻辑函数中，它们组成的 8 个乘积项即 $\overline{A}\,\overline{B}\,\overline{C}$、$\overline{A}\,\overline{B}C$、$\overline{A}B\overline{C}$、$\overline{A}BC$、$A\overline{B}\,\overline{C}$、$A\overline{B}C$、$AB\overline{C}$、$ABC$，都符合最小项的定义。因此，这 8 个乘积项称为三个变量 A、B、C 的最小项。n 变量的逻辑函数，有 2^n 个最小项。

（2）最小项的性质

1）每一个最小项都只有对应的一组变量取值使它的值为 1，而在变量取其他各组值时，这个最小项的值都是 0。

2）对于变量的任意一组取值，任意两个最小项乘积为 0。

3）对于最小项的任意一组取值，所有最小项之和恒为 1。

4）具有相邻性的两个最小项之和可以合并成一项，并消去一对因子（若两个最小项只有一个因子不同，则称这两个最小项具有相邻性）。

（3）最小项编号

为了表达方便起见，将最小项进行编号，编号的方法是把使最小项的值为 1 的那一组变量取值，当成二进制数，将其转换成相应的十进制数，就是该最小项的编号。例如，三变量 A、B、C 的最小项 $\overline{A}\,\overline{B}\,\overline{C}$，使它的值为 1 的变量取值为 000，对应的十进制数为 0，则把 $\overline{A}\,\overline{B}\,\overline{C}$ 最小项编号为 "0"，记作 m_0。同理，$\overline{A}B\overline{C}$ 对应的取值为 010，编号为 "2"，记作 m_2，依此类推。值得注意的是，在规定 n 变量最小项的编号时，变量的排列顺序是重要的。例如，把 $\overline{A}BC$ 记作 m_3，其中隐含了 A 是最高位，而 C 是最低位这一排列顺序。

（4）最小项表达式

任何一个逻辑函数都可以表示成若干个最小项之和的形式，这样的逻辑表达式称为最小项表达式。

【例 1-22】将 $Y(A，B，C)=A\overline{B}+BC$ 化为最小项表达式。

解：利用配项法，将每一个乘积项都变为包含 A、B、C 变量的项，即

$$Y(A, B, C) = A\overline{B} + BC = A\overline{B}(C + \overline{C}) + (A + \overline{A})BC$$
$$= A\overline{B}C + A\overline{B}\,\overline{C} + \overline{A}BC + ABC$$
$$= m_5 + m_4 + m_3 + m_7$$
$$= \Sigma m(3, 4, 5, 7)$$

2. 逻辑函数的卡诺图表示方法

（1）表示最小项的卡诺图

将 n 变量的全部最小项各用一个小方块表示，并使具有逻辑相邻性的最小项在几何位置上也相邻地排列起来，所得到的图形叫作 n 变量最小项的卡诺图。因为这种表示方法是由美国工程师卡诺首先提出的，所以把这种图形叫作卡诺图。

例如，二变量 A、B 的卡诺图中 4 个小方块表示了 $\overline{A}\,\overline{B}$、$\overline{A}B$、$A\overline{B}$、$AB$ 这 4 个最小项，如图 1-16a 所示。

为了画图方便，往往卡诺图中的最小项并不一一列出，而是在图形左上角标注变量，在左边和上边标注其对应的变量取值。这样每个方块所代表的最小项编号，就是其左边和上边二进制码的数值。有时也在每个方块标出最小项的编号，如图 1-16b 所示。

变量卡诺图的组成特点在于小方块编号的排列有一定的规则，它会把具有逻辑相邻的最小项安排在位置相邻的方块中。例如，在图 1-16 中，上下、左右之间的最小项都是逻辑相邻项。图 1-17 所示为三变量和四变量卡诺图。为了使相邻的最小项具有逻辑相邻性，变量的取值就不能按 00 → 01 → 10 → 11 的顺序排列，而应以 00 → 01 → 11 → 10 循环码的顺序排列。按上述排列方法，可以使位置相邻的小方块具有逻辑相邻性。如图 1-17 所示，上下、左右的最小项也具有逻辑相邻性。

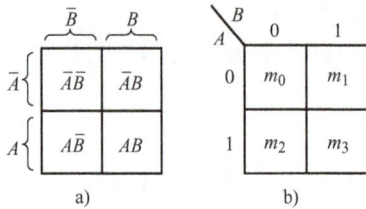

图 1-16　二变量卡诺图

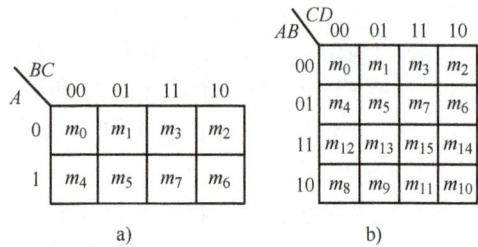

图 1-17　三变量和四变量卡诺图

a）三变量　b）四变量

由此可见，在卡诺图中，任何几何位置相邻的最小项，在逻辑上也是相邻的。它形象而又直观地表达了最小项之间逻辑相邻的关系，这是图形法化简逻辑函数的重要依据。

（2）用卡诺图表示逻辑函数

先将逻辑函数化为最小项之和的形式，然后将其中包含的最小项，在卡诺图相应的小方块中填 1，其余的位置填 0，就得到了表示该逻辑函数的卡诺图。也就是说，任何一个逻辑函数都等于它的卡诺图中填入 1 的那些最小项之和。

【例 1-23】用卡诺图表示逻辑函数 $Y = \overline{A}B\overline{C} + A\overline{B}C + A\overline{B}\,\overline{C} + ABC$

解：
$$Y = \overline{A}B\overline{C} + A\overline{B}C + A\overline{B}\,\overline{C} + ABC$$

$=\Sigma m$（2，5，6，7）

逻辑函数卡诺图如图 1-18 所示。

【例 1-24】已知逻辑函数的卡诺图如图 1-19 所示，试写出该函数的逻辑表达式。

解：因为函数 Y 等于卡诺图中填入 1 的那些最小项之和，所以有

$$Y=\overline{A}\,\overline{B}\,\overline{C}\,\overline{D}+\overline{A}\,\overline{B}C\overline{D}+\overline{A}B\overline{C}D+\overline{A}BCD+A\overline{B}\,\overline{C}\,\overline{D}+A\overline{B}C\overline{D}+AB\overline{C}D+ABCD$$

$$=\Sigma m（0，2，5，7，8，10，13，15）$$

A \ BC	00	01	11	10
0	0	0	0	1
1	0	1	1	1

图 1-18　例 1-23 卡诺图

AB \ CD	00	01	11	10
00	1	0	0	1
01	0	1	1	0
11	0	1	1	0
10	1	0	0	1

图 1-19　例 1-24 卡诺图

3. 用卡诺图化简逻辑函数

（1）合并最小项的规则

1）若两个最小项相邻，则可合并为一项并消去一对因子。合并后的结果中只剩下公共因子。如图 1-20a 和图 1-20b 中画出了两个最小项相邻的几种可能情况。

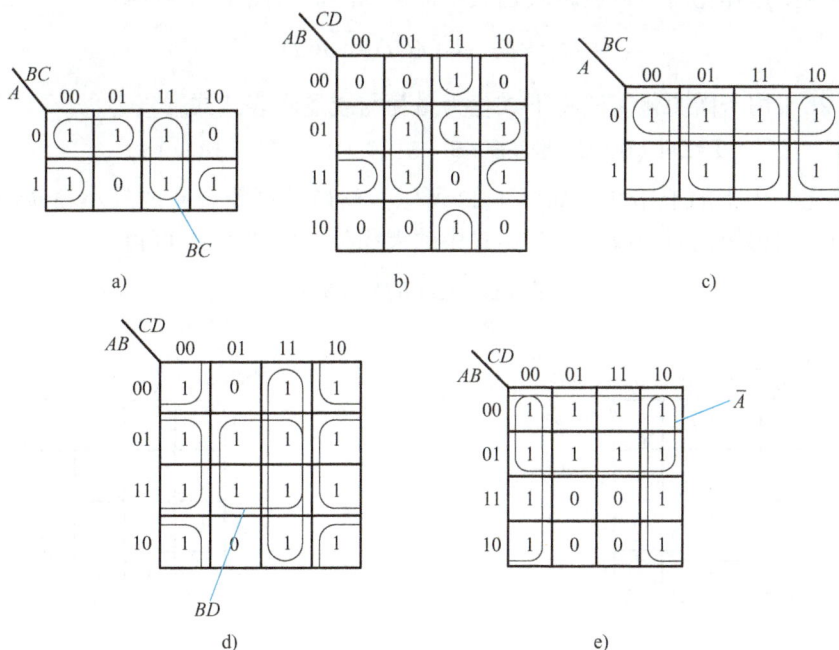

图 1-20　最小项相邻的几种可能情况

a)、b）两个最小项相邻　c)、d）四个最小项相邻　e）八个最小项相邻

2）若四个最小项相邻并排列成一个矩形组，则可合并为一项并消去两对因子。合并后的结果中只包含公共因子，如图 1-20c 和图 1-20d 所示。

3）若八个最小项相邻并排列成一个矩形组，则可合并为一项并消去三对因子。合并后的结果中只包含公共因子，如图 1-20e 所示。

至此，可以归纳出合并最小项的一般规则，那就是：如果有 2^n 个最小项相邻（$n=1$，2，…）并排列成一个矩形组，则它们可以合并为一项，并消去 n 对因子。合并后的结果中仅包含这些最小项的公共因子。

（2）卡诺图化简法的步骤

1）画出逻辑函数的卡诺图。

2）合并最小项。按合并最小项的规律，将包含 2^n（$n=0$，1，2，3，…）个相邻为 1 的小方块圈起来，即画包围圈，目的在于合并最小项，消去一些变量。画包围圈时，要求圈要大，即被圈入的小方块要尽可能多，而圈数要少。由于每一个圈对应一个乘积项，圈数越少表明乘积项越少，则所用的器件也越少。圈越大，被合并的最小项越多，消去的变量也越多，则对应的输入端数就越少。因此化简时能够画成 4 个相邻小方块的就不要分开画为包含两个相邻小方块的包围圈。由于需要，圈过的可以重复圈，但必须至少有一个未被圈过的小方块。

【例 1-25】用卡诺图化简法将下式化为最简与或逻辑表达式。

$$Y=\overline{B}\overline{D}+A\overline{B}D+ABCD+\overline{A}BC\overline{D}+\overline{A}B\overline{C}\overline{D}$$

解：首先画出 Y 的卡诺图，如图 1-21 所示。然后把可能合并的最小项圈出，并按照前面所述的原则选择化简与或逻辑表达式中的乘积项。由图 1-21 可得

$$Y=\overline{B}\overline{D}+A\overline{B}+ACD+\overline{A}BC\overline{D}$$

【例 1-26】用卡诺图化简法将下式化为最简与或逻辑表达式。

$$Y=\Sigma m（0，2，5，6，7，8，9，10，11，14，15）$$

解：首先画出 Y 的卡诺图，如图 1-22 所示。然后把可能合并的最小项圈出，并按照前面所述的原则选择化简与或逻辑表达式中的乘积项。由图 1-22 可得

$$Y=BC+A\overline{B}+\overline{B}\overline{D}+\overline{A}BD$$

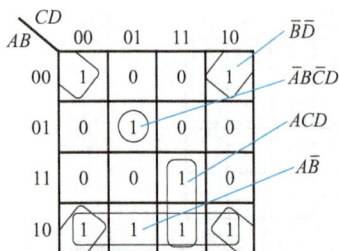

图 1-21　例 1-25 卡诺图

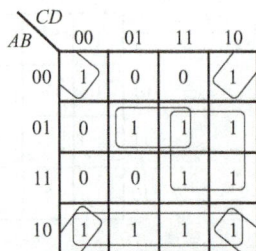

图 1-22　例 1-26 卡诺图

【例 1-27】用卡诺图化简法将下式化为最简与或逻辑表达式。

$$Y=A\overline{C}+\overline{A}B+B\overline{C}+\overline{B}C$$

解： 首先画出表示函数 Y 的卡诺图，如图 1-23 所示。其次，需要找出可以合并的最小项，将可能合并的最小项用线圈出。由图 1-23 可知，有两种可取的合并最小项的方案。如果按图 1-23a 的方案合并最小项，则得到

$$Y=A\overline{C}+\overline{A}B+\overline{B}C$$

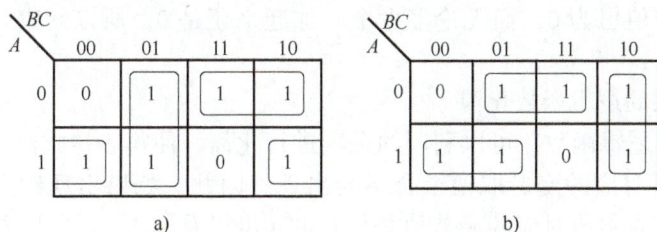

图 1-23　例 1-27 卡诺图

而按图 1-23b 的方案合并最小项，则得到

$$Y=A\overline{B}+\overline{A}C+B\overline{C}$$

两个化简结果都符合最简与或逻辑表达式的标准。此例说明，有时一个逻辑函数的化简结果不是唯一的。

另外，还要补充说明一个问题。以上的例子都是通过合并卡诺图中的 1 来求得化简结果的。但有时也可以通过合并卡诺图中的 0 先求出 $\overline{Y}$ 的化简结果，然后再将 $\overline{Y}$ 求反而得到 Y。因为全部最小项之和为 1，所以若将全部最小项之和分成两部分，一部分（卡诺图中填入 1 的那些最小项）之和记作 Y，则根据 $Y+\overline{Y}=1$ 可知，其余一部分（卡诺图中填入 0 的那些最小项）之和必为 $\overline{Y}$。

在多变量逻辑函数的卡诺图中，当 0 的数目远小于 1 的数目时，采用合并 0 的方法有时会比合并 1 来得简单。此外，在需要将函数化为最简的与或非式时，采用合并 0 的方式最为适宜，因为得到的结果正是与或非形式。如果要求得到 $\overline{Y}$ 的化简结果，则采用合并 0 的方式就更简便了。

4. 具有约束项的逻辑函数及其化简

（1）约束、约束项和约束条件

约束指的是逻辑函数的各个变量之间所具有的相互制约的关系，即输入变量的取值不是任意的。例如，有 3 个逻辑变量 A、B、C，它们分别表示一台电动机的正转、反转和停止命令，$A=1$ 表示正转，$B=1$ 表示反转，$C=1$ 表示停止。因为电动机任何时候只能执行其中的一个命令，所以不允许两个以上的变量同时为 1。ABC 的取值只可能是 001、010、100 当中的一种，而不能是 000、011、101、110、111 中的任何一种，以上说明了 3 个变量 A、B、C 之间存在着相互制约的关系，这种关系称为约束，并且称 A、B、C 是一组有约束的变量。由它们所决定的逻辑函数称为有约束的逻辑函数。不会出现的变量取值组合所对应的最小项称为约束项，亦称随意项、无关项，如 $\overline{A}\,\overline{B}\,\overline{C}$、$\overline{A}BC$、$A\overline{B}C$、$AB\overline{C}$、$ABC$。

由最小项的性质可知，只有对应变量取值组合出现时，其值才会为 1，而约束项对应

的是不出现的变量取值组合，所以其值总是等于 0，即

$$\overline{A}\,\overline{B}\,\overline{C}=0,\ \overline{A}BC=0,\ A\overline{B}\,\overline{C}=0,\ AB\overline{C}=0,\ ABC=0$$

把由约束项加起来所构成的逻辑表达式称为约束条件，即

$$\overline{A}\,\overline{B}\,\overline{C}+\overline{A}BC+A\overline{B}\,\overline{C}+AB\overline{C}+ABC=0$$

因为约束项的值恒为 0，而无论多少个 0 加起来还是 0，所以约束条件是一个值恒为 0 的条件等式。

（2）具有约束的逻辑函数化简

对具有约束的逻辑函数，可以利用约束项进行化简，使得表达式简化。

由于约束项所对应的变量取值组合不会出现，因此，如果出现约束项的对应变量取值时，可以认为约束项所对应的函数值是任意的（可以看作 1，也可以看作 0），并都对该逻辑问题的实际输出没有影响。从逻辑代数的角度看，当把约束项所对应的函数值看成 0 时，表示逻辑函数式中不包含这一约束项；若看作 1，则表示逻辑函数中包含这一个约束项。但是，由于它所对应的取值组合根本不会出现，也就是说，加上该项，就等于加上 0，所以在逻辑函数表达式中，加上或不加上约束项不会影响函数实际取值。由此可见，在公式法化简中，可以根据化简需要加上或去掉约束项；在图形法化简中，可以把某些约束项看作 0，也可以根据合并相邻项的需要，把它当作 1，以便得到最简的表达式。

在卡诺图中用 × 表示约束项，在化简逻辑函数时既可以认为它是 1，也可以认为它是 0。在逻辑函数表达式中，用字母 d 和相应的编号来表示约束项。

【例 1-28】用卡诺图化简具有约束的逻辑函数。

$$Y=\overline{A}\,\overline{B}\,\overline{C}+\overline{B}\,\overline{C}$$

约束条件为 $\qquad \overline{A}\,\overline{B}C+A\overline{B}\,\overline{C}+ABC=0$

解：画出函数 Y 的卡诺图，如图 1-24 所示。求得 $Y=\overline{C}$。

【例 1-29】用卡诺图化简具有约束的逻辑函数。

$$Y=\Sigma m\,(2,\ 3,\ 4,\ 7,\ 12,\ 13,\ 14)+\Sigma d\,(5,\ 6,\ 8,\ 9,\ 10,\ 11)$$

解：画出函数 Y 的卡诺图，如图 1-25 所示。其中 $\Sigma d\,(5,\ 6,\ 8,\ 9,\ 10,\ 11)$ 为约束项。由图 1-25 求得

$$Y=B\overline{C}+C\overline{D}+\overline{A}C$$

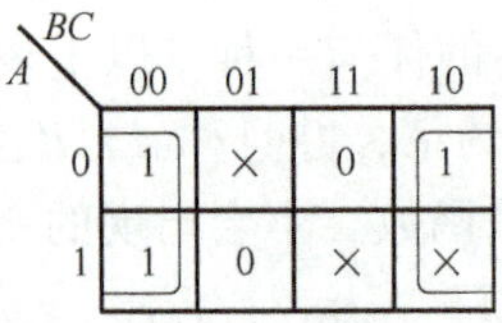

图 1-24　例 1-28 卡诺图

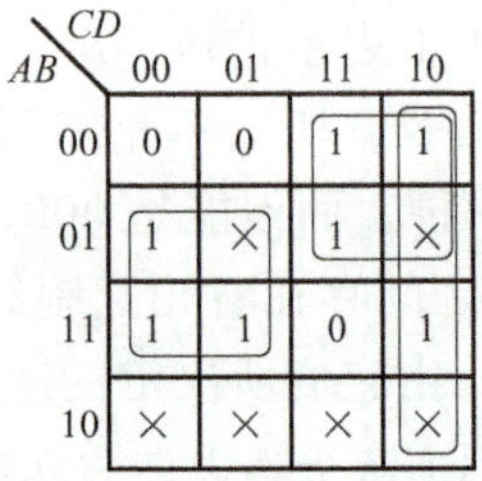

图 1-25　例 1-29 卡诺图

1.3　基本门电路的认知

1.3.1　最简单的门电路

1. 概述

用以实现基本逻辑运算和复合逻辑运算的单元电路统称为门电路。常用的门电路在逻辑功能上有与门、或门、非门、与非门、或非门、与或非门、异或门等几种。

在电子电路中，用高、低电平分别表示二值逻辑的 1 和 0 两种逻辑状态。获得高、低输出电平的基本原理可以用图 1-26 表示。当开关 S 断开时，输出电压 u_O 为高电平；而当 S 接通以后，输出便为低电平。开关 S 是由半导体二极管或晶体管组成的，只要能通过输入信号 u_I 控制二极管或晶体管工作在截止和导通两个状态，它们就可以起到图 1-26 中开关 S 的作用。

如果以输出的高电平表示逻辑 1，以低电平表示逻辑 0，则称这种表示方法为正逻辑。反之，若以输出的高电平表示 0，而以低电平表示 1，则称这种表示方法为负逻辑。今后除非特别说明，本书中一律采用正逻辑。因为在实际工作时只要能区分出来高、低电平就可以知道它所表示的逻辑状态了，所以高、低电平都有一个允许的范围，如图 1-27 所示。正因如此，在数字电路中无论是对元器件参数精度的要求还是对供电电源稳定性的要求，都比模拟电路要低一些。

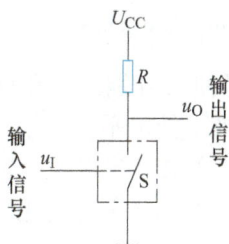

图 1-26　获得高、低输出电平的基本原理

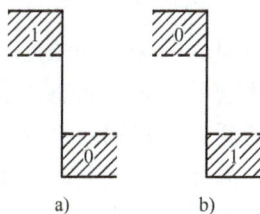

图 1-27　正逻辑与负逻辑

a）正逻辑　b）负逻辑

2. 二极管、晶体管的开关特性

（1）二极管开关特性

由于二极管具有单向导电性，即外加正向电压时导通，外加反向电压时截止，所以它相当于一个受外加电压极性控制的开关，用它取代图 1-26 中的开关 S，可得到图 1-28 所示的二极管开关电路。当输入信号为高电平 $u_I=U_{IH}=U_{CC}$ 时，二极管截止，输出为高电平 $u_O=U_{OH}=U_{CC}$；当输入为低电平 $u_I=U_{IL}=0$ 时，二极管导通，输出为低电平 $u_O=U_{OL}\approx0$。因此，可以用 u_I 的高、低电平控制二极管的开关状态，并在输出端得到相应的高、低电平输出信号。

理想二极管作开关时，在外加跳变电压作用下，由导通到截止和由截止到导通都是在瞬间完成的，没有过渡过程。但实际情况是，二极管并不立刻截止，而是经过一个反向恢复过程（通常把二极管从正向导通转为反向截止所经过的转换过程称为反向恢复过程）才进入反向截止状态。由于反向恢复时间的存在，使二极管的开关速度受到限制。二极管从截止转为正向导通所需的时间称为开通时间，这个时间同反向恢复时间相比是很短的。它对开关速度的影响很小，可以忽略不计。

（2）双极型晶体管的开关特性

用 NPN 型晶体管取代图 1-26 中的开关 S，可得到图 1-29 所示的双极型晶体管开关电路。从晶体管的工作原理和特性曲线可知，晶体管可以工作在放大、截止、饱和 3 个工作区。在开关电路中，晶体管在截止和饱和两种工作区间转换：当基极控制电压 $u_1 \leqslant 0$ 时，$u_{BE} \leqslant 0$，$i_B \approx 0$，晶体管工作于截止区，其集电极到发射极之间如同断开的开关一样，此时输出电压 $u_O = U_{OH} = U_{CC}$；当 u_1 为正（高电平）时，只要参数安排适当，使 $i_B \geqslant I_{BS}$（I_{BS} 为晶体管的临界饱和基极电流），则发射结和集电结同为正向偏置，晶体管工作于饱和区，i_C 不随 i_B 的增加而增加，此时集电极和发射极间的饱和压降 $U_{CES} \approx 0$，如同开关闭合一样，输出电压 $u_O = U_{OL} \approx 0$。

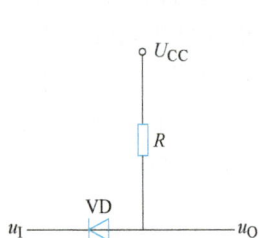

图 1-28　二极管开关电路　　　　图 1-29　双极型晶体管开关电路

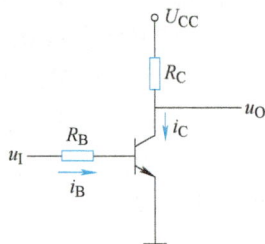

由上述可见，只要用 u_1 的高、低电平控制晶体管即可使其分别工作在饱和导通和截止状态，晶体管处于开关状态，在其输出端可获得对应的高、低电平。

晶体管的开关过程和二极管一样，饱和与截止两种状态的相互转换也是需要一定时间才能完成的。晶体管的开关时间限制了晶体管开关运用的速度。开关时间越短，开关速度越高。因此，要设法减小开关时间。

（3）场效应晶体管的开关特性

以 N 沟道增强型绝缘栅场效应晶体管（MOS 管）取代图 1-26 中的开关 S 就得到了图 1-30 所示的 MOS 管开关电路。当 $u_I = u_{GS} < U_{GS(th)}$ 时，MOS 管工作在截止区，输出端输出为高电平 $u_O = U_{OH} = U_{DD}$，这时 MOS 管的 D–S 间相当于一个断开的开关。当 $u_I = u_{GS} > U_{GS(th)}$ 且 u_{DS} 较小的情况下，MOS 管工作在可变电阻区，输出端输出为低电平 $u_O = U_{OL} \approx 0$，这时 MOS 管的 D–S 间相当于一个闭合的开关。

因此，只要电路参数选择合理，就可以做到输入为低电平时 MOS 管截止，开关电路输出高电平；而输入为高电平时 MOS 管导通，开关电路输出低电平。

3. 最简单的门电路

（1）二极管与门

输入变量和输出变量之间满足与逻辑关系的电路叫与门电路，简称与门。图 1-31a 所示为由二极管组成的与门电路，A、B 为两个输入变量，Y 为输出变量。图 1-31b 所示为与门逻辑图形符号。

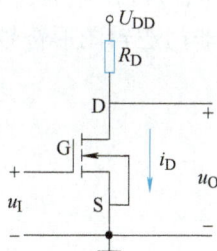

图 1-30　MOS 管开关电路

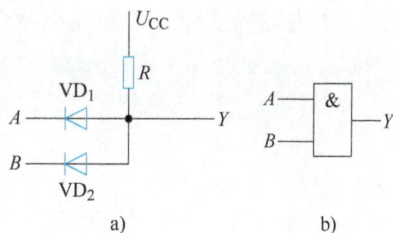

图 1-31　二极管与门电路

a）电路　b）逻辑图形符号

设 U_{CC}=5V，A、B 输入端的高、低电平分别为 U_{IH}=3V，U_{IL}=0，二极管 VD_1、VD_2 的正向导通压降为 0.7V。由图 1-31a 可见，A、B 当中只要有一个是低电平，则必有一个二极管导通，使 Y 为 0.7V；只有 A、B 同时为高电平时，Y 才为 3.7V。在数字电路中，为了研究电路的逻辑功能，往往只注意输入与输出之间的逻辑关系。如果规定 3V 以上为高电平，用逻辑 1 状态表示，0.7V 以下为低电平，用逻辑 0 状态表示，则可列出真值表，见表 1-13。显然，Y 和 A、B 是与逻辑关系。

表 1-13　图 1-31a 所示电路的真值表

A	B	Y
0	0	0
0	1	0
1	0	0
1	1	1

（2）二极管或门

输入变量和输出变量之间满足或逻辑关系的电路叫或门电路，简称或门。图 1-32a 所示为由二极管组成的或门电路，A、B 为两个输入变量，Y 为输出变量，图 1-32b 所示为或门逻辑图形符号。

若输入的高、低电平分别为 U_{IH}=3V，U_{IL}=0，二极管 VD_1、VD_2 的正向导通压降为 0.7V，则只要 A、B 当中有一个是高电平，输出就是 2.3V。只有当 A、B 同时为低电平时，输出才是 0。如果规定高于 2.3V 为高电平，用逻辑 1 状态表示，而低于 0 为低电平，用逻辑 0 状态表示，则可列出真值表，见表 1-14。显然 Y 和 A、B 之间是或逻辑关系。

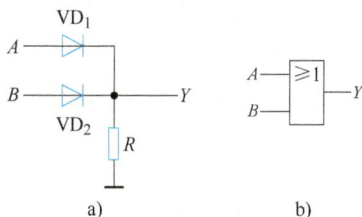

图 1-32　二极管或门

a）电路　b）逻辑图形符号

表 1-14　图 1-32a 所示电路的真值表

A	B	Y
0	0	0
0	1	1
1	0	1
1	1	1

（3）晶体管非门

能实现非逻辑关系的单元电路，叫作非门或反相器。图 1-33a 所示为由晶体管组成的非门电路，A 为输入变量，Y 为输出变量。图 1-33b 所示为非门逻辑图形符号。

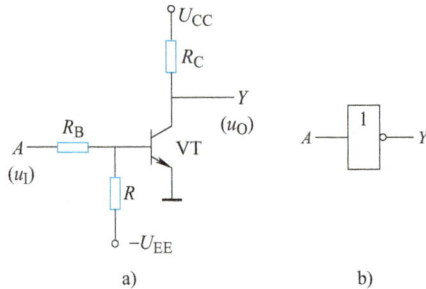

图 1-33　晶体管非门（反相器）

a）非门电路　b）非门逻辑图形符号

仔细观察一下图 1-29 中给出的晶体管开关电路即可发现，当输入为高电平时输出等于低电平，而输入为低电平时输出等于高电平。因此，输出与输入的电平之间是反相关系，它实际上就是一个非门（又称反相器）。

在一些实用的反相器电路中，为了保证在输入低电平时晶体管可靠地截止，常将电路接成图 1-33a 的形式。由于接入了电阻 R 和负电源 $-U_{EE}$，即使输入的低电平信号稍大于零，也能使晶体管的基极为负电位，从而使晶体管能可靠地截止，输出为高电平。当输入信号为高电平时，若电路参数选择合适，即保证提供给晶体管的基极电流大于临界饱和基极电流，晶体管就工作在饱和状态，输出为低电平。

1.3.2　CMOS 集成逻辑门

目前集成逻辑门电路有两大类：一类是 CMOS 门电路；另一类为 TTL 门电路。CMOS 门电路是由增强型 PMOS 管和增强型 NMOS 管组成的互补对称 MOS 门电路。CMOS 门电路的突出优点是功耗低，抗干扰能力强，同时结构相对简单，便于大规模集成，因此在中、大规模数字集成电路中有着广泛的应用。

1. CMOS 反相器

（1）电路结构

CMOS 反相器是构成各种 CMOS 门的基本单元电路，其原理电路如图 1-34a 所示，图 1-34b 所示为增强型 MOS 管的转移特性曲线。该电路由一个增强型 PMOS 管和一个增强型 NMOS 管组成，即它是由两种类型的 MOS 管组合而成的，且这两个 MOS 管总是工作在一个导通，而另一个截止的状态，即所谓互补状态，所以把这种电路结构形式称为互补对称式金属氧化物半导体电路，简称 CMOS 电路。

其中 NMOS 管 VF_N 为驱动管，PMOS 管 VF_P 为负载管，两管的栅极连在一起引出输入端，两管的漏极连在一起作为输出端，PMOS 管的源极接 U_{DD}，NMOS 管的源极接地。设 $U_{GS(th)P}$ 和 $U_{GS(th)N}$ 分别为 PMOS 管和 NMOS 管的开启电压，一般取 $U_{DD} > U_{GS(th)N} + |U_{GS(th)P}|$，且 $U_{GS(th)N} = |U_{GS(th)P}|$。

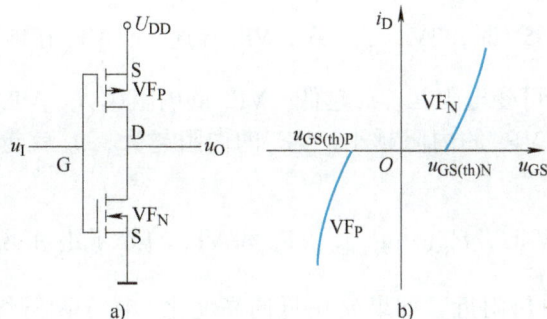

图 1-34　CMOS 反相器的原理电路和增强型 MOS 管的转移特性曲线

a）原理电路　b）VF_N 和 VF_P 的转移特性曲线

（2）工作原理

当 u_I 为低电平即 $u_I=U_{IL}=0$ 时，VF_N 因为 $u_{GSN}=0<U_{GS(th)N}$ 而截止，VF_P 因为 $u_{GSP}=-U_{DD}<U_{GS(th)P}$ 而导通，所以输出为高电平，$u_O=U_{DD}=U_{OH}$。

当 u_I 为高电平即 $u_I=U_{IH}=U_{DD}$ 时，VF_N 因为 $u_{GSN}=U_{DD}>U_{GS(th)N}$ 而导通，VF_P 因为 $u_{GSP}=0>U_{GS(th)P}$ 而截止，所以输出为低电平，$u_O=0=U_{OL}$。可见，输出与输入之间为逻辑非关系。

由于静态下无论 u_I 是高电平还是低电平，VF_N 和 VF_P 总有一个是截止的，而且截止内阻又极高，流过 VF_N 和 VF_P 的静态电流极小，因而 CMOS 反相器的静态功耗极小。这是 CMOS 电路最突出的一大优点。

（3）特性和参数

1）电压传输特性。电压传输特性是指输出电压随输入电压变化的曲线 $u_O=f(u_I)$。

对于图 1-34a 所示 CMOS 反相器电路，如果 $U_{DD}=10V$，$U_{GS(th)N}=|U_{GS(th)P}|=2V$，则其电压传输特性曲线如图 1-35 所示。

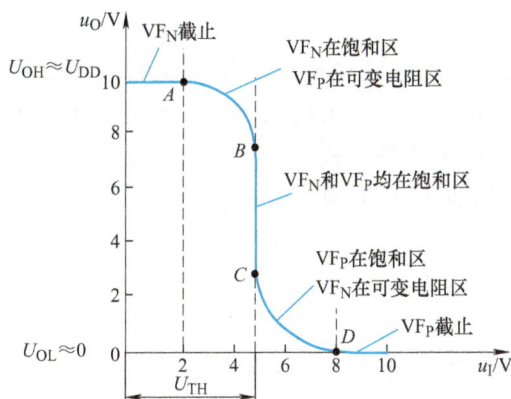

图 1-35　CMOS 反相器的电压传输特性曲线

① 当 $0V<u_I<2V$ 时，$u_{GSN}=u_I$，即 $0<u_{GSN}<U_{GS(th)N}=2V$，VF_N 截止，$u_{GSP}=u_I-U_{DD}$，即 $-10V<u_{GSP}<-8V$，VF_P 导通，且 VF_P 在可变电阻区，VF_P 的内阻很小，$u_O\approx U_{DD}=10V$。

② 当 $2V<u_I<\frac{1}{2}U_{DD}$=5V 时，$2V<u_{GSN}<5V$，VF$_N$ 导通，且 VF$_N$ 在饱和区，$-8V<u_{GSP}<-5V$，VF$_P$ 导通，且 VF$_P$ 仍在可变电阻区。u_I 越低，VF$_N$ 的内阻越大，VF$_P$ 的内阻越小，u_O 就越高；反过来，u_I 越高，VF$_N$ 的内阻越小，VF$_P$ 的内阻越大，u_O 就越低。因此，当 u_I 逐渐增大时，u_O 缓慢降低。

③ 当 $u_I=\frac{1}{2}U_{DD}$=5V 时，$u_{GSN}=|u_{GSP}|$，VF$_N$ 和 VF$_P$ 均处于饱和区，二者内阻相等，使 $u_O=\frac{1}{2}U_{DD}$，在该输入电压附近，如果 u_I 由低向高变化，由于两管均处于饱和状态，输出电压将由高电平急剧变为低电平。

④ 当 $5V<u_I<8V$ 时，$5V<u_{GSN}<8V$，VF$_N$ 导通，且 VF$_N$ 在可变电阻区，$-5V<u_{GSP}<-2V$，VF$_P$ 导通，且 VF$_P$ 在饱和区，随着 u_I 逐渐增大，u_O 逐渐接近 0。

⑤ 当 $8V<u_I<10V$ 时，$8V<u_{GSN}<10V$，VF$_N$ 导通，且在可变电阻区，VF$_N$ 的内阻很小，$U_{GS（th）P}=-2V<u_{GSP}<0$，VF$_P$ 截止，$u_O≈0$。

对于门电路来说，输出电压从一个电平翻转到另一个电平时，所对应的输入电压值称为阈值电压 U_{TH}，也称门槛电压，那么 CMOS 反相器的阈值电压为 $\frac{1}{2}U_{DD}$。

2）输入端噪声容限。在保证输出高、低电平基本不变的条件下，输入电平的允许波动范围称为输入端噪声容限。

① 低电平噪声容限。低电平噪声容限是指反相器截止时保证输出高电平不低于高电平下限值时，在输入低电平基础上所允许叠加的正向最大干扰电压，用 U_{NL} 表示。

② 高电平噪声容限。高电平噪声容限是指反相器导通时，保证输出低电平不高于低电平上限值时，在输入高电平信号上所允许叠加的最大负向干扰电压，用 U_{NH} 表示。

噪声容限越大，说明允许叠加的干扰电压值越大，当然抗干扰能力就越强。

3）输入特性。

由于 MOS 管的栅极和衬底之间存在着以 SiO$_2$ 为介质的输入电容，而绝缘介质层又非常薄（约 0.1μm），极易被击穿（耐压约 100V），所以必须采取保护措施。在目前生产的 CMOS 集成电路中都采用了各种形式的输入保护电路，图 1-36 所示的保护电路就是常用的两种。图 1-36a 中二极管 VD$_1$ 和图 1-36b 中二极管 VD$_2$ 为集成工艺中自然形成的分布式二极管（用虚线连接表示），C_1、C_2 分别表示 VF$_1$、VF$_2$ 的栅极等效电容。

在输入信号电压的正常工作范围内（$0\leqslant u_I\leqslant U_{DD}$）输入保护电路不起作用。若二极管的正向导通压降为 $U_{DF}≈0.7V$，当 $u_I>U_{DD}+U_{DF}$ 时，VD$_1$ 导通，将 VF$_1$、VF$_2$ 的栅极电位 u_G 钳位在 $U_{DD}+U_{DF}$，保证加到 C_2 上的电压不超过 $U_{DD}+U_{DF}$；当 $u_I<-0.7V$ 时，VD$_2$ 导通，将栅极电位钳位在 $-U_{DF}$，保证加到 C_1 上的电压不超过 $U_{DD}+U_{DF}$。因为 CMOS 器件使用的电源电压 U_{DD} 在 3～18V，所以加到 C_1 和 C_2 上的电压不会超过管的耐压极限。当然，这种保护措施是有一定限度的。如果通过 VD$_1$ 或 VD$_2$ 的正向导通电流或反向击穿电流过大，都会损坏输入保护电路，进而使栅极被击穿，因此，在可能出现上述情况时，还必须采取

一些附加的保护措施，并注意器件的正确使用方法。

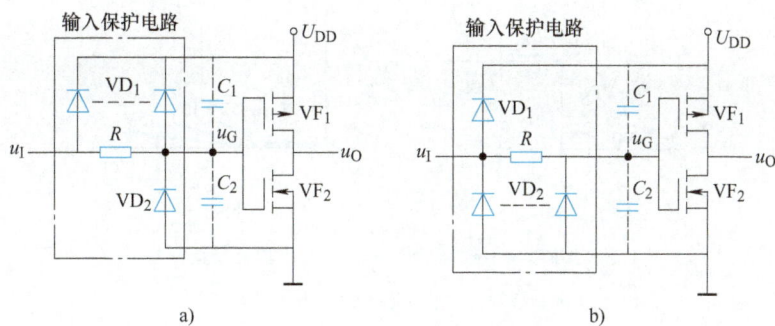

图 1-36　CMOS 反相器的输入保护电路

a）4000 系列的输入保护电路　b）74HC 系列的输入保护电路

　　根据图 1-36 所示的输入保护电路可以画出相应的输入特性曲线，如图 1-37 所示。在 $-U_{DF}<u_I<U_{DD}+U_{DF}$ 范围内，输入电流 $i_I\approx0$，当 $u_I>U_{DD}+U_{DF}$ 以后，i_I 迅速增大，而在 $u_I<-U_{DF}$ 以后，VD_2 经 R 导通，i_I 的绝对值随 u_I 绝对值增加而增加，二者近似呈线性关系，变化的斜率由 R 决定。

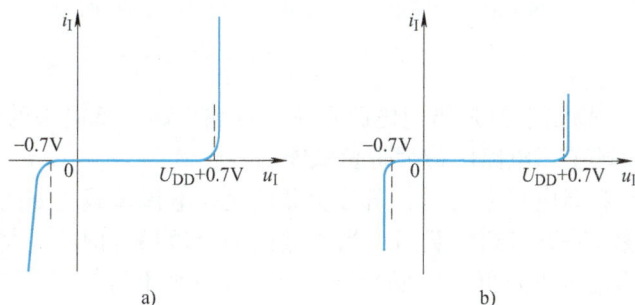

图 1-37　CMOS 反相器的输入特性曲线

a）图 1-36a 电路的输入特性曲线　b）图 1-36b 电路的输入特性曲线

　　4）输出特性。输出特性是指电路的输出电压与输出电流的关系曲线。

　　① 低电平输出特性。当输出为低电平，即 $u_O=U_{OL}$ 时，反相器的 VF_P 截止，VF_N 导通，其工作状态如图 1-38a 所示，这时负载电流 I_{OL} 从负载电路注入 VF_N，输出电平 U_{OL} 随电流 I_{OL} 的增加而有所上升，如图 1-38b 所示，由于 VF_N 的内阻与 u_{GSN} 有关，U_{DD} 越高，u_{GSN} 越大，VF_N 内阻越小，在同样的 I_{OL} 下，U_{DD} 增加，U_{OL} 会稍有降低。

　　② 高电平输出特性。当输出为高电平，即 $u_O=U_{OH}$ 时，VF_P 导通，而 VF_N 截止，电路的工作状态如图 1-39a 所示。这时的负载电流 I_{OH} 是从门电路的输出端流出的，与规定的负载电流正方向相反，为负值。输出电平 U_{OH} 随电流 I_{OH} 的增加而有所下降，如图 1-39b 所示。同理，U_{DD} 越高，u_{GSP} 越小，VF_P 内阻越小，U_{OH} 下降得越少。

　　4000 系列门电路的性能参数规定，当 $U_{DD}>5V$ 且输出电流不超出允许范围时，$U_{OH}\geqslant0.95U_{DD}$，$U_{OL}\leqslant0.05U_{DD}$，所以可认为 $U_{OH}\approx U_{DD}$，$U_{OL}\approx0$。

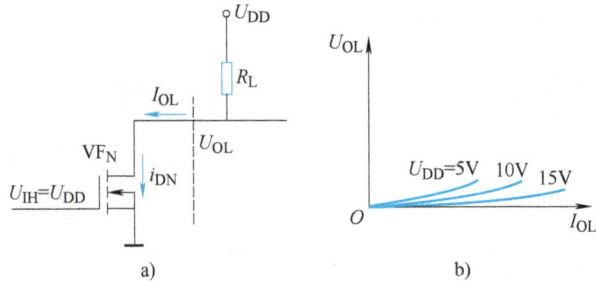

图 1-38　CMOS 反相器低电平输出工作状态及输出特性

a）$u_O=U_{OL}$ 时的工作状态　b）低电平输出特性

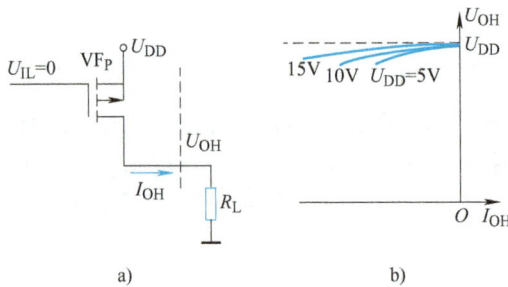

图 1-39　CMOS 反相器高电平输出工作状态及输出特性

a）$u_O=U_{OH}$ 时的工作状态　b）高电平输出特性

③ 扇出系数 N_O。扇出系数是指门电路在不影响输出高、低电平的情况下，带同类型门电路的个数，它反映了门电路的最大带负载能力。

当反相器的输出为高电平 U_{OH} 时，所接负载门是拉电流负载，如图 1-40a 所示。负载电流 I_{OH} 从反相器输出端流出到负载门，当负载门的个数增加时，总的拉电流也会增加，这将引起反相器输出高电平降低，但反相器输出的高电平不得低于其下限值 $U_{OH（min）}$。因此，输出高电平时的扇出系数为：$N_{OH}=I_{OH（max）}/I_{IH}$。当反相器的输出为低电平 U_{OL} 时，所接负载门是灌电流负载，如图 1-40b 所示。负载电流 I_{OL} 从负载门流入反相器中，当负载门的个数增加时，总的灌电流也会增加，这将引起反相器输出的低电平升高，但反相器输出的低电平不得高于其上限值 $U_{OL（max）}$。因此，输出低电平时的扇出系数为：$N_{OL}=I_{OL（max）}/I_{IL}$。CMOS 反相器的扇出系数为 N_{OH} 和 N_{OL} 中的最小值。

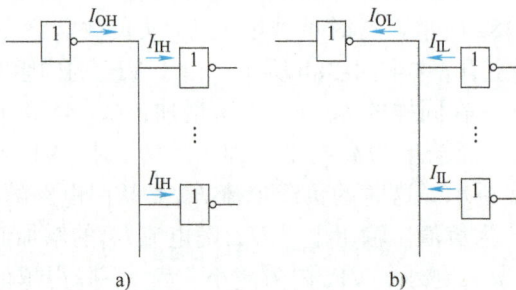

图 1-40　扇出系数的计算

a）拉电流负载　b）灌电流负载

2. 其他类型的 CMOS 门电路

（1）其他逻辑功能的 CMOS 门电路

在 CMOS 门电路的系列产品中，除反相器外常用的还有或非门、与非门、或门、与门、与或非门、异或门等几种。

1）CMOS 与非门。

图 1-41 是一个 2 输入端的 CMOS 与非门电路。图中 P 沟道增强型负载 MOS 管 VF_3 和 VF_4 是并联的，N 沟道增强型驱动 MOS 管 VF_1 和 VF_2 是串联的。A、B 为输入端，Y 为输出端。

当输入端 A 与 B 中有一个或两个同时为低电平时，NMOS 管 VF_1 与 VF_2 中至少有一个是截止的，而 PMOS 管 VF_3 和 VF_4 中至少有一个是导通的，所以输出端 Y 是高电平。只有当两个输入端 A 和 B 全为高电平时，两个串联的 NMOS 管 VF_1 和 VF_2 同时导通，而两个 PMOS 管 VF_3、VF_4 都截止，输出端 Y 为低电平。所以，电路的输出和输入是与非逻辑关系，即

$$Y = \overline{AB}$$

2）CMOS 或非门。

图 1-42 所示为一个 2 输入端的 CMOS 或非门电路。图中 P 沟道增强型负载 MOS 管 VF_3、VF_4 是串联的，而 N 沟道增强型驱动 MOS 管 VF_1、VF_2 是并联的。A、B 为输入端，Y 为输出端。

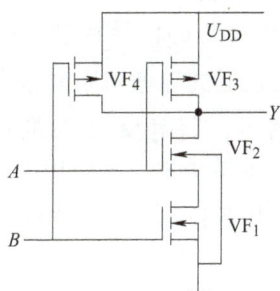

图 1-41   CMOS 与非门

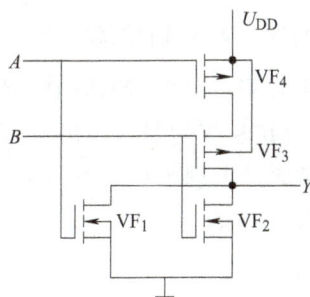

图 1-42   CMOS 或非门

当输入端 A、B 中有一个或两个同时为高电平时，VF_1、VF_2 管中至少有一个是导通的，而串联的 VF_3、VF_4 管中至少有一个是截止的，因此，输出端 Y 为低电平；只有当两个输入端 A、B 同时为低电平时，并联的 VF_1、VF_2 同时截止，而 VF_3、VF_4 全部导通，输出端 Y 才为高电平。所以，电路的输出 Y 和输入 A、B 是或非逻辑关系，其表达式为

$$Y = \overline{A + B}$$

（2）带缓冲级的 CMOS 门电路

由上所述，两种 CMOS 门（与非门和或非门）电路虽然结构很简单，但也存在着严重的缺点。首先，它的输出电阻受输入端状态的影响。其次，输出的高、低电平受输入端数目的影响。输入端数目越多，串联的驱动 MOS 管也越多，输出的低电平也越高；而当输入全部为低电平时，输入端越多，并联的负载 MOS 管越多，输出高电平也更高一些。

为了克服这些缺点，目前生产的 4000 系列和 74HC 系列 CMOS 电路中均采用带缓冲级的结构，就是在门电路的每个输入端、输出端各增设一级反相器。新加的这些具有标准参数的反相器称为缓冲器。需要注意，输入、输出端增加缓冲器以后，CMOS 门电路的逻辑功能也发生了变化。图 1-43 所示为带缓冲级的 CMOS 或非门电路。

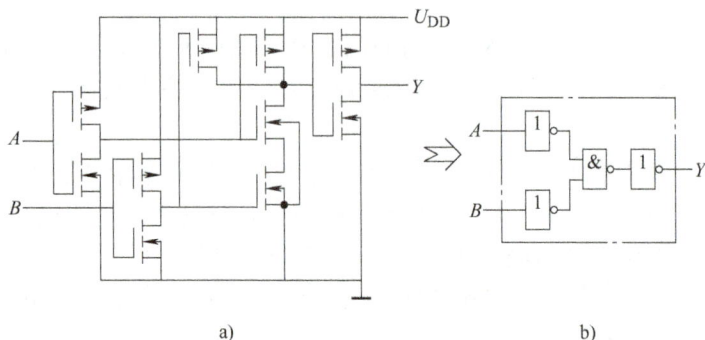

a) b)

图 1-43 带缓冲级的 CMOS 或非门电路

a）电路 b）等效逻辑图

（3）CMOS 传输门和 CMOS 模拟开关

1）CMOS 传输门。

图 1-44 所示为 CMOS 传输门的电路和逻辑图形符号。CMOS 传输门是一种传输信号的可控开关电路，它由一个 PMOS 管的漏、源极和一个 NMOS 管的漏、源极分别并联构成传输门的输入端和输出端。两个 MOS 管的栅极分别由反相的信号控制，控制端 C 接 NMOS 管的栅极，$\bar{C}$ 接 PMOS 管的栅极。MOS 管具有比较低的导通电阻和很高的截止电阻，同时，MOS 管的漏、源极对栅极具有完全对称的特点，利用 MOS 管的这些基本特性，可以做成接近理想开关的传输门，这种传输门在数字电路中被广泛应用。

设电源电压 U_{DD}=10V，控制信号的 C 和 $\bar{C}$ 的高、低电平分别为 10V 和 0，$U_{GS（th）N}$= $|U_{GS（th）P}|$=3V。

当控制端 C 加低电平，$\bar{C}$ 加高电平，且输入信号的变化范围不超出 $0 \sim U_{DD}$ 时，VF_1 和 VF_2 都截止，输入和输出之间呈高阻态，相当于开关断开，输入信号不能传输到输出端，传输门截止。

当控制端 C 加高电平，$\bar{C}$ 加低电平时，若 $0<u_I<3V$，VF_2 截止，VF_1 导通，导通电阻很低，u_O 能紧跟 u_I 变化，信号能从输入端顺利地传送到输出端；若 $3V<u_I<7V$，VF_2 和 VF_1 同时导通，总的并联电阻基本保持低阻不变，u_I 仍能顺利地传送到输出端；若 $7V<u_I<10V$，VF_1 截止，VF_2 导通，u_I 照样能顺利地传送到输出端。因此，在 C 端加高电平，$\bar{C}$ 端加低电平时，对 u_I 为 $0 \sim 10V$ 的信号，传输门呈低阻导通状态，传输门导通。

2）CMOS 模拟开关。

如将 CMOS 传输门和一个非门组合起来，如图 1-45 所示，就构成 CMOS 模拟开关。此时，只需一个控制信号就可以控制模拟开关的开关状态了。

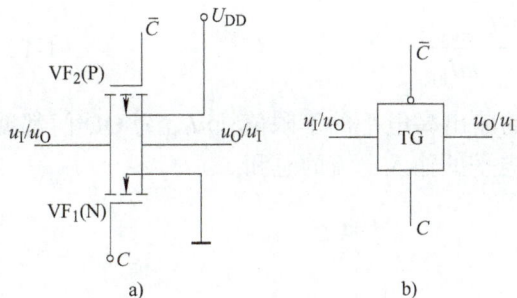

图 1-44　CMOS 传输门

a）电路　b）逻辑图形符号

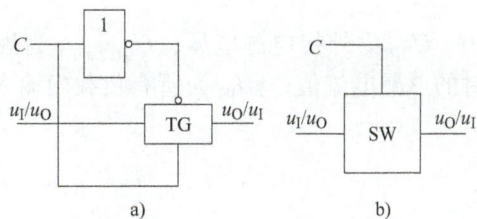

图 1-45　CMOS 模拟开关

a）电路　b）逻辑图形符号

（4）漏极开路的 CMOS 门（OD 门）

在实际应用中，有时需要将几个逻辑门的输出端并联进行线与（即各门的输出均为高电平时，并联输出端才为高电平，而任一个门为低电平时，并联输出端就为低电平）。但是，普通门电路的输出级绝大部分都采用互补的工作方式，例如，CMOS 反相器的输出端是不允许直接相连的，因为，当一个门的输出为低电平，而其他门的输出为高电平时，输出并联后必将有一个很大的电流流过导通门的场效应晶体管，这个电流远远超过正常的工作电流，从而造成门电路的损坏。解决的方法是将输出级上半部分的 PMOS VF_P 去掉，做成漏极开路的门电路（OD 门）。图 1-46a 所示为 OD 与非门 40107（双 2 输入与非缓冲／驱动器）的逻辑图，它的输出级是一只漏极开路的 N 沟道增强型 MOS 管，在输出低电平 $U_{OL}<0.5V$ 时，能吸收的最大负载电流可达 50mA。在输入级与输出级分别采用不同的电源电压 U_{DD1} 和 U_{DD2} 的条件下，还可以将输入信号高、低电平实现转换。图 1-46b 所示为 OD 与非门的逻辑图形符号。

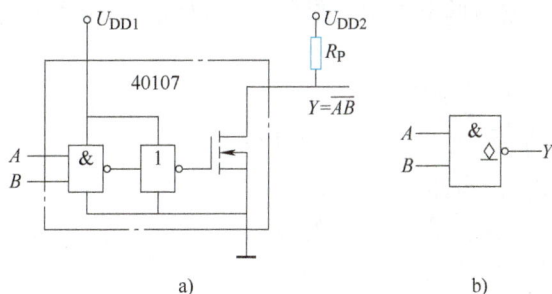

图 1-46　OD 与非门 40107

a）逻辑图　b）逻辑图形符号

这种门电路在工作时需要外接上拉电阻 R_P 和电源。只要电阻的阻值和电源电压的数值选择得当，就能够做到既保证输出的高、低电平符合要求，输出端的负载电流又不过大。下面简单介绍一下 OD 门外接上拉电阻的计算方法。

当线与的所有 OD 门都截止时，输出为高电平，为了保证输出高电平不低于规定值，上拉电阻 R_P 不应选得太大。如图 1-47a 所示，R_P 的最大值为

$$R_{P(max)} = \frac{U_{DD} - U_{OH(min)}}{nI_{OH} + mI_{IH}} \qquad (1\text{-}10)$$

式中，U_{DD} 为外接电源电压；$U_{OH（min）}$ 为规定的输出高电平的下限值；nI_{OH} 为 OD 门都截止时的总漏电流值；mI_{IH} 为所有负载门输入高电平的输入电流的总和。

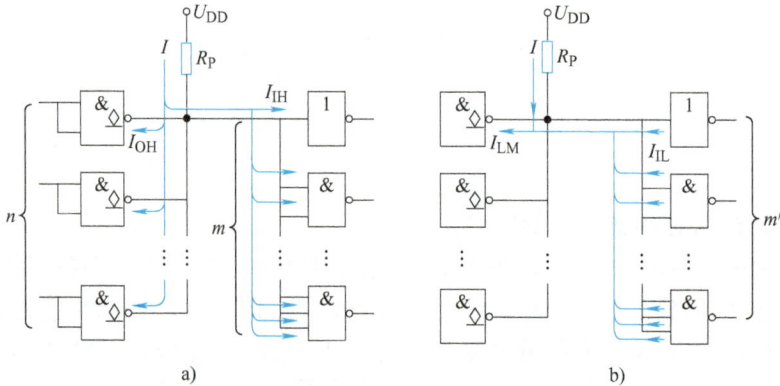

图 1-47　计算 OD 门上拉电阻时电路的工作状态

a）上拉电阻最大值　b）上拉电阻最小值

当线与的 OD 门中只有一个导通时，输出为低电平，这时所有负载门的电流全部流入导通的那个门，所以 R_P 值不可太小，以确保流入导通 OD 门的电流不至超过最大允许的负载电流 I_{LM}。如图 1-47b 所示，R_P 的最小值为

$$R_{P(min)} = \frac{U_{DD} - U_{OL(max)}}{I_{LM} - m'I_{IL}} \qquad (1\text{-}11)$$

式中，$U_{OL（max）}$ 为规定的输出低电平的上限值；I_{LM} 为 I_{OL} 的最大允许值；$m'I_{IL}$ 为所有负载门灌入 OD 门电流的总值。

综合以上两种情况，R_P 的选取应满足

$$R_{P（min）} < R_P < R_{P（max）} \qquad (1\text{-}12)$$

（5）三态输出 CMOS 门电路

三态输出 CMOS 门电路是指逻辑门的输出除了有正常的高、低电平状态外，还有第三种状态——高阻状态（或称禁止状态）的门电路，简称 TSL 门（或三态门）。三态门是在普通门电路的基础上附加控制电路而构成的。

图 1-48a 所示的三态门是在 CMOS 反相器上增加一对 P 沟道和 N 沟道的 MOS 管组成的。当控制端 $\overline{EN}=1$ 时，附加管 VF_1' 和 VF_2' 同时截止，输出呈高阻态。而当 $\overline{EN}=0$ 时，附加管 VF_1' 和 VF_2' 同时导通，反相器正常工作，$Y=\overline{A}$。其逻辑图形

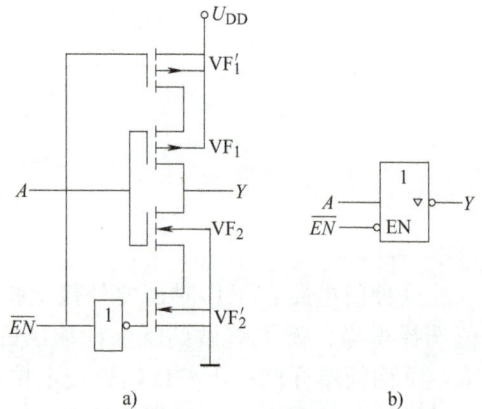

图 1-48　CMOS 三态门电路结构之一

a）电路　b）逻辑图形符号

符号如图 1-48b 所示，该三态门输入使能控制端为低电平有效。

图 1-49a 所示的三态门是在 CMOS 反相器的基础上增加一个控制 MOS 管和一个与非门而形成的。当 $EN=0$ 时 VF_2' 截止，由于这时与非门的输出为高电平，VF_1 也截止，所以输出为高阻态。而当 $EN=1$ 时，VF_2' 导通，门电路正常工作，$Y=A$。其逻辑图形符号如图 1-49b 所示，该三态门输入使控制端为高电平有效。

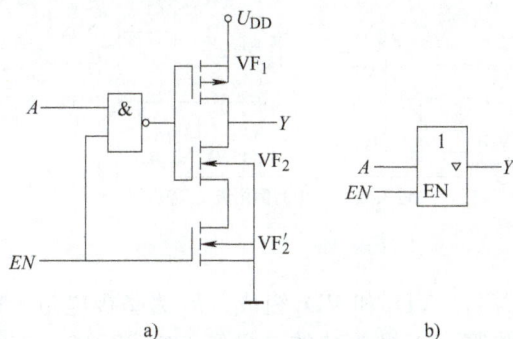

图 1-49　CMOS 三态门电路结构之二
a）电路　b）逻辑图形符号

在计算机或其他数字系统中，为了减少连线的数量，往往希望在一根导线上分时传送多路不同的信息，这时可采用三态输出门来实现。另外，三态门还可以实现数据的双向传输。

3. CMOS 系列数字集成电路简介

CMOS 系列数字集成电路主要有 CC4000 系列和 CC54HC/74HC 系列，4000 系列为普通 CMOS，HC 系列为高速 CMOS，54 系列为军用产品，74 系列为民用产品。4000 系列由于具有功耗低、噪声容限大等特点，已得到广泛应用，但由于其工作速度较慢，使用受到一定的限制；54HC/74HC 系列具有较高的工作速度和驱动能力。

4. CMOS 集成电路使用注意事项

因 CMOS 电路容易产生栅极击穿问题，所以要特别注意以下几点：

1）避免静电损坏。因为 CMOS 管的输入阻抗较高，很容易接收静电电荷，所以存放 CMOS 电路不能用塑料袋，要用金属将引脚短接起来或用金属盒屏蔽；组装调试时工作台应当用金属材料覆盖并应良好接地；焊接时，电烙铁壳应接地，最好用电烙铁余热快速焊接。

2）多余输入端的处理方法。CMOS 电路的输入阻抗高，易受外界干扰的影响，所以 CMOS 电路的多余输入端不允许悬空。多余输入端应根据逻辑要求或接电源 U_{DD}（与非门、与门），或接地（或非门、或门），或与其他输入端连接。

1.3.3　TTL 集成逻辑门

1. TTL 与非门

（1）电路结构

图 1-50 所示为 TTL 与非门电路，因为这种类型电路的输入端和输出端均为晶体管结

构，所以称为晶体管—晶体管逻辑门电路，简称 TTL 门电路。图 1-50 所示电路由三部分组成：输入级、中间倒相级和输出级。

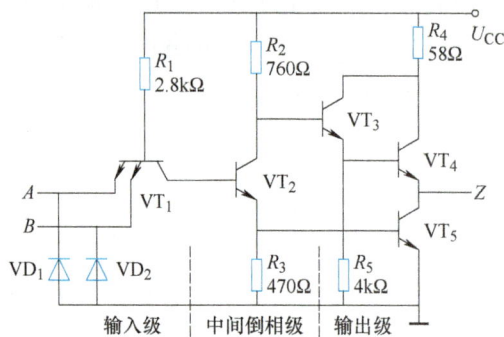

图 1-50　TTL 与非门电路

1）输入级。由 R_1、VT_1、VD_1 和 VD_2 组成，R_1 为基极电阻，VT_1 为多发射极晶体管，在功能上相当于两个晶体管，正极接地的二极管 VD_1 和 VD_2 起输入端负电压钳位作用。当输入端因干扰所产生的负电压太大时，二极管导通，使输入端电压钳位在 $-0.7V$，因此避免 VT_1 流过电流太大而烧坏，即接二极管保护了输入管 VT_1。而当输入端信号为正时，二极管截止，不起作用。

2）中间倒相级。由 VT_2、R_2 和 R_3 组成，它的作用是将输入级送来的信号分成两路输出，一路是 VT_2 的集电极，另一路是 VT_2 的发射极。集电极输出与基极输入信号反相，而发射极输出则与基极输入信号同相。

3）输出级。由 VT_3、VT_4、VT_5、R_4 和 R_5 组成。复合管 $VT_{3,4}$ 和 VT_5 分别由互相倒相的 VT_2 的集电极电压和发射极电压来控制，因此 $VT_{3,4}$ 与 VT_5 工作状态必然相反，即 $VT_{3,4}$ 饱和导通时，VT_5 截止；当 $VT_{3,4}$ 截止时，VT_5 饱和导通。当 $VT_{3,4}$ 截止时，输出端和电源之间可看作开路，减少了电路的功耗，而当 $VT_{3,4}$ 导通，VT_5 截止时，使输出电流全部流向负载，提高了带负载能力。通常，把这种形式的电路称为推拉式输出电路或图腾柱输出电路。

（2）工作原理

设 $U_{CC}=5V$，输入信号的高、低电平分别为 $U_{IH}=3.4V$，$U_{IL}=0.3V$。

1）当输入端 A、B 中有低电平时，即 $AB=0$，VT_1 对应的发射极必然导通，则 VT_1 的基极电位被钳位在 $U_{B1}=U_{IL}+U_{BE1}=0.3V+0.7V=1V$，$VT_2$、$VT_5$ 截止。而 VT_1 集电极电流仅是 VT_2 的集电结反向漏电流，其数值非常小，所以 VT_1 处于深度饱和导通状态，$U_{CES1} \approx 0$。由于 VT_2 截止，U_{C2} 为 5V 左右，从而使 $VT_{3,4}$ 导通，这时输出电压为

$$u_O = U_{C2} - U_{BE3} - U_{BE4} = 5V - 0.7V - 0.7V = 3.6V = U_{OH}$$

2）当 A、B 同时为高电平时，假设 VT_1 发射极导通，则 VT_1 的基极电位将为 $U_{IH} + U_{BE1} = 3.4V + 0.7V = 4.1V$，这一电压足以使 VT_1 的集电结正偏，VT_2、VT_5 导通。实际上将 VT_1 的基极电位钳位在 2.1V，而不可能是 4.1V，这时 VT_1 处于倒置工作状态。与此同时，因 VT_2 导通使 U_{C2} 下降为 $U_{BE5} + U_{CES2} = 0.7V + 0.3V = 1V$，这一电压不足以使 VT_3、VT_4 发射结导通，所以 VT_3、VT_4 截止，则输出电压为

$$u_O = U_{CES5} = 0.3\text{V} = U_{OL}$$

因此，此电路输出与输入之间实现的是与非逻辑关系，即

$$Y = \overline{AB}$$

2. TTL 或非门

TTL 或非门电路如图 1-51 所示。A、B 为输入端，Y 为输出端。当输入端 A、B 有一个为高电平时，就可使 VT_2 或 VT_2' 饱和导通，进而使输出晶体管 VT_4 饱和导通，输出 Y 为低电平。

当输入端 A、B 均为低电平时，晶体管 VT_2 和 VT_2' 同时截止，其集电极电位接近 U_{CC} 高电平，从而必有 VT_3 和 VD 导通，输出 Y 为高电平。

因此，此电路输出与输入之间实现的是或非逻辑关系，即

$$Y = \overline{A+B}$$

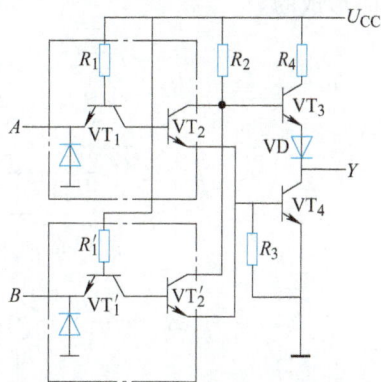

图 1-51　TTL 或非门电路

在数字系统中，为了便于实现各种不同的逻辑函数，在 TTL 门电路的定型产品中，除了与非门、或非门之外，还有与门、或门、与或非门、异或门和反相器等几种常见的类型，它们尽管功能不同，但输入、输出端的电路结构均与 TTL 与非门、或非门基本相同。TTL 电路的逻辑符号与 CMOS 电路的逻辑符号完全相同。

3. 集电极开路的 TTL 门（OC 门）

在实际应用中，有时需要将几个逻辑门的输出端并联进行线与，但普通的 TTL 门电路不允许线与。为了使逻辑门的输出端能并联在一起使用，还要保证电路逻辑关系正常，且逻辑门不损坏，解决的方法是将输出级上半部分的负载电路去掉，做成集电极开路的门电路（OC 门）。

图 1-52 所示为 OC 与非门，与漏极开路的 CMOS 门（OD 门）一样，也能够实现输出端线与、输出电平的转换及驱动负载电流较大的器件。另外，OC 门在工作时也必须外接上拉电阻，电路才能正常工作。外接上拉电阻的计算方法与 OD 门类似，此处不做赘述。

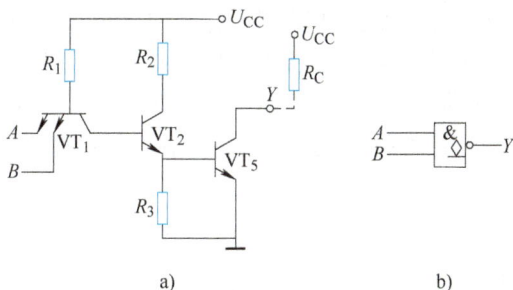

图 1-52　OC 与非门

a）电路　b）逻辑图形符号

4. 三态输出 TTL 门电路

与 CMOS 三态门一样，TTL 三态门也是在普通门电路的基础上，增加控制电路而形成的。图 1-53 所示为三态输出 TTL 与非门电路，它是在普通 TTL 与非门（由 VT_1、VT_2、VT_3、VT_4、R_1、R_3、R_4、R_5、VD_2 组成）的基础上增加控制管 VT_5、VT_6、R_1'、VD_1 和 R_2 而形成的。

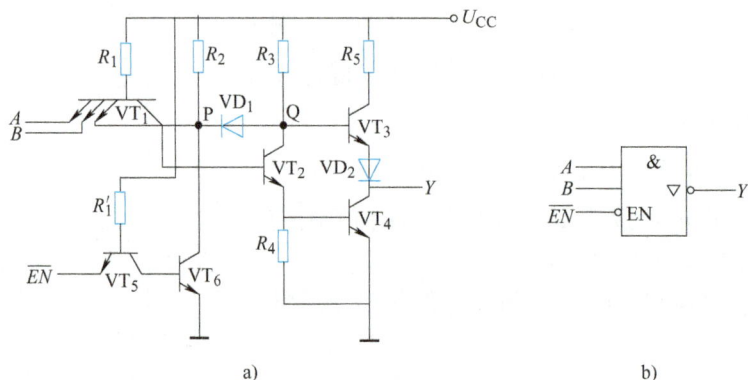

图 1-53　三态输出 TTL 与非门电路

a）电路　b）逻辑图形符号

当 $\overline{EN}$ 端接低电平时，VT_6 截止，其集电极电压（即 P 点）为高电平，VD_1 截止。这时电路功能与普通 TTL 与非门相同，实现 $Y=\overline{AB}$；当 $\overline{EN}$ 端接高电平时，VT_6 饱和导通，其集电极电压（即 P 点）为低电平，VD_1 导通，将 Q 点电位钳位在 $U_Q=U_{CES6}+U_{VD1}=0.3V+0.7V=1V$，使 VT_3 截止。同时 VT_1 发射极（即 P 点）接低电平，使 VT_2、VT_4 都截止，电路输出呈高阻状态。

可见电路输出与输入之间仍是与非关系，只是增加了一个控制端，其逻辑图形符号如图 1-53b 所示。当 $\overline{EN}$ 为低电平时，实现 $Y=\overline{AB}$。当 $\overline{EN}$ 为高电平时，Y 为高阻输出。在其他逻辑功能的门电路中，也可以采用三态输出结构。

5. TTL 系列数字集成电路简介

国产 TTL 数字集成电路分为 CT54 系列和 CT74 系列，这两个系列具有完全相同的电路结构和电气性能参数，所不同的是 54 系列工作温度为 $-55 \sim 125℃$，为军用品；74 系列工作温度为 $0 \sim 70℃$，为民用品。54 系列和 74 系列的几个子系列用 H、S、LS、AS 等符号表示，如不选表示为标准系列，H 表示高速系列，S 表示肖特基系列，LS 表示低功耗肖特基系列，AS 表示先进的肖特基系列，它们的主要区别在于开关速度和平均功耗两个参数上。

6. TTL 门电路使用中应注意的问题

在使用 TTL 集成门电路时，应注意以下事项：

1）电源电压 U_{CC} 应在标准值 5（1 ± 10%）V 的范围内。

2）TTL 电路的输出端所接负载不能超过规定的扇出系数。

3）具有推拉式输出结构的 TTL 门电路，不允许直接并联使用，三态门的输出端可以并联使用，但同一时刻只能有一个门工作，其余处于高阻态；OC 门输出端可并联使用，但公共输出端必须通过上拉电阻 R_p 与电源相接。

4）TTL 门多余输入端的处理方法。

① TTL 与非门。TTL 与非门的多余输入端可以直接接电源 U_{CC} 或通过约 1kΩ 电阻接电源，也可以与有用的输入端并联使用，但会使前级的负载加重，在外界干扰较小时，不用的输入端可以悬空（理论上悬空就相当于接高电平），连接方法如图 1-54 所示。

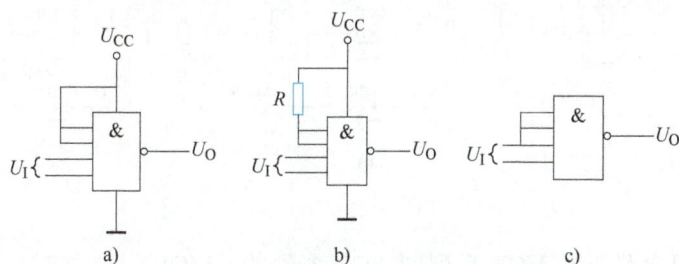

图 1-54　TTL 与非门多余输入端的处理方法

a）接电源　b）通过 R 接电源　c）与使用输入端并联

② TTL 或非门。TTL 或非门多余输入端可直接接地或通过电阻接地，也可以与有用的输入端并联使用，其连接方法如图 1-55 所示。

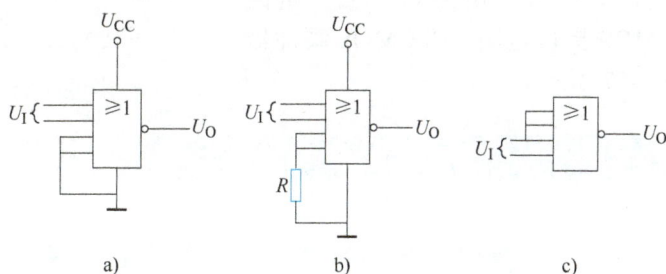

图 1-55　TTL 或非门多余输入端的处理方法

a）接地　b）通过 R 接地　c）与使用输入端并联

1.3.4　不同类型门电路的接口问题

CMOS 门电路虽然有很多优点，但在大电流、超高速和噪声环境较恶劣的场所使用时，必须和双极型（TTL）门电路相配使用。

1. TTL 门电路驱动 CMOS 门电路

1）当 TTL 门电路驱动 4000 系列和 HC 系列 CMOS 时，如电源电压 U_{CC} 与 U_{DD} 均为 5V，TTL 门电路与 CMOS 门电路的连接如图 1-56a 所示。在电源电压 $U_{DD}=5V$ 时，CMOS 门电路的输入高电平的下限值为 3.5V，而 TTL 门电路的输出高电平的下限值为 2.4V，显然 CMOS 门电路和 TTL 门电路不能直接相连。此时通过上拉电阻 R 将 TTL 门电路的输出电平抬高来实现这两种电路的连接。U_{CC} 与 U_{DD} 不同时，TTL 门电路与 CMOS 门电路的连接方法如图 1-56b 所示。TTL 的输出端仍可以接一上拉电阻，但需要使用 OC 门。另外，还可采用专用的 CMOS 电平转移器（如 CC4502、CC40109 等）完成 TTL 门电路对 CMOS 门电路的接口，电路如图 1-56c 所示。

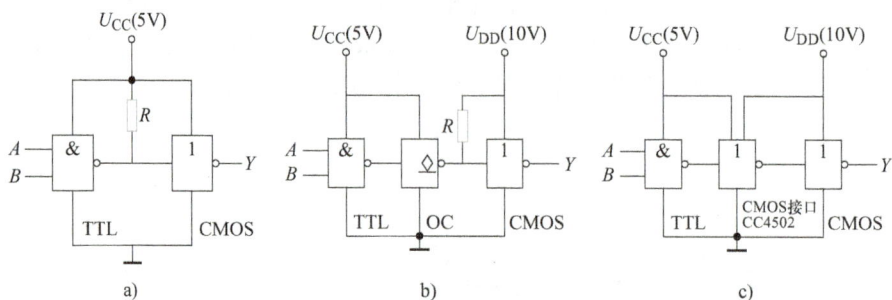

图 1-56　TTL 驱动 CMOS 的接口电路

2）当 TTL 门电路驱动 HCT 系列和 ACT 系列的 CMOS 门电路时，因两类电路性能兼容，故可以直接相连，不需要外加元器件。

2. CMOS 门电路驱动 TTL 门电路

当 CMOS 门电路驱动 TTL 门电路时，由于 CMOS 门电路驱动电流小，因而对 TTL 门电路的驱动能力有限。为实现 CMOS 门电路和 TTL 门电路的连接，可经过 CMOS 接口电路（如 CMOS 缓冲器 CC4049 等），如图 1-57 所示。

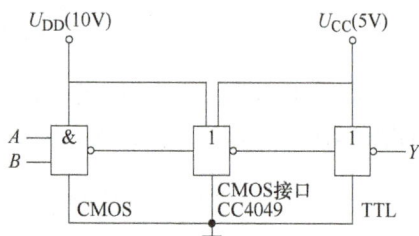

图 1-57　CMOS 驱动 TTL 的接口电路

技能实训

实训 1　集成逻辑门的逻辑功能与参数测试

1. 实训目的

1）掌握 TTL 集成与非门的逻辑功能和主要参数的测试方法。

2）掌握 CMOS 集成逻辑门电路的逻辑功能和器件的使用规则，以及主要参数的测试方法。

2. 实训器材

直流稳压电源 1 台；双踪示波器 1 台；连续脉冲源；数字万用表 1 块；集成门电路芯片 74LS20、CC4011、CC4030、CC4071、CC4082 各 1 片；10kΩ 电位器、100kΩ 电位器各 1 只；1kΩ 电阻 1 只；发光二极管（LED）1 个；面包板 1 块；导线若干。

3. 逻辑状态的测试方法

数字电路中，测试逻辑状态的方法有多种，常用的有万用表检测、逻辑笔测试、显示器件显示等方法。

（1）万用表（电压表）检测

使用仪表检测的优点是能检测到待测点电位的具体数值。当检测电位高于或等于标准高电位时，则为逻辑"1"高电平；当检测电位低于或等于标准低电位时，则为逻辑"0"低电平。

（2）逻辑笔测试

用逻辑笔检测待测点电位，通过观察逻辑笔的指示灯亮和灭的情况，来确定逻辑状态。当逻辑笔红灯亮时，表示逻辑"1"高电平；当逻辑笔绿灯亮时，表示逻辑"0"低电平。

（3）显示器件显示

使用显示器件指示待测点的逻辑状态，效果直观，一般使用发光二极管来显示逻辑状态。

4. 实训内容

本实训所用主要门电路芯片包括 74LS20（双 4 输入与非门）、CC4011（四 2 输入与非门）、CC4071（四 2 输入或门）、CC4082（双 4 输入与门）、CC4030（四 2 输入异或门），其引脚排列如图 1-58 所示。

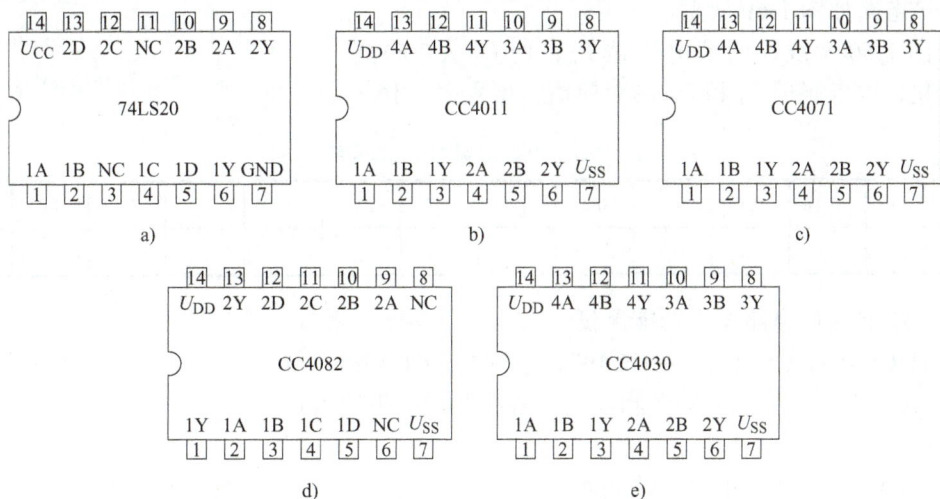

图 1-58 各种集成门电路的引脚排列图

a）74LS20 引脚排列 b）CC4011 引脚排列 c）CC4071 引脚排列 d）CC4082 引脚排列 e）CC4030 引脚排列

（1）TTL 与非门的逻辑功能测试

按图 1-59 接线，TTL 与非门的 4 个输入端接逻辑电平开关的输出插口，以提供"0"与"1"电平信号，TTL 与非门的输出端接由发光二极管（LED）组成的逻辑电平显示器的显示插口。观察 LED，LED 亮时表示输出逻辑"1"高电平，不亮时表示输出逻辑"0"低电平。按表 1-15 的真值表逐个测试集成电路中两个与非门的逻辑功能，并将测量结果填入表 1-15 中。

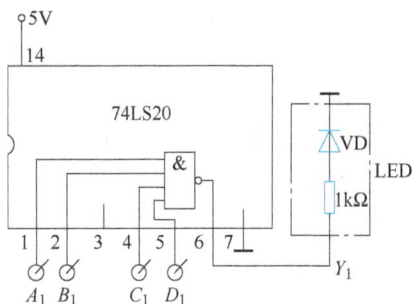

图 1-59 TTL 与非门逻辑功能测试电路

表 1-15 真值表

输入				输出	
A_n	B_n	C_n	D_n	Y_1	Y_2
1	1	1	1		
0	1	1	1		
1	0	1	1		
1	1	0	1		

（2）TTL 与非门主要参数的测试

通过电压传输特性可得到有关门电路性能的部分参数，如输出高电平 U_{OH}、输出低电平 U_{OL}、阈值电压 U_{TH}、关门电平 U_{off}（输出为额定高电平的 90% 所对应的输入电平为关门电平）、开门电平 U_{on}（输出为额定低电平时允许的最小输入高电平值为开门电平）等。传输特性测试电路如图 1-60 所示。

按图 1-60 接线，调节电位器 R_w，使 U_I 从 0 向高电平变化，逐点测量 U_I 和 U_O 的对应值，填入表 1-16。

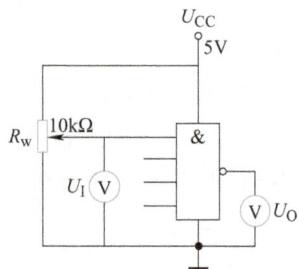

图 1-60　TTL 与非门传输特性测试电路

表 1-16　74LS20 参数 U_O 测量结果

U_I/V	0	0.2	0.4	0.6	0.8	1.0	1.5	2.0	2.5	3.0	3.5	4.0	5.0
U_O/V													

（3）CMOS 门电路逻辑功能测试

验证 CC4011（与非门）、CC4071（或门）、CC4082（与门）及 CC4030（异或门）的逻辑功能，并将测量结果填入自制表格中。

（4）CMOS 与非门主要参数的测试

测试 CC4011 一个门的传输特性（一个输入端作信号输入，另一个输入端接逻辑高电平），测试电路如图 1-61 所示。

按图 1-61 接线，调节电位器 R_w，使 U_I 从 0 向高电平变化，逐点测量 U_I 和 U_O 的对应值，填入表 1-17。

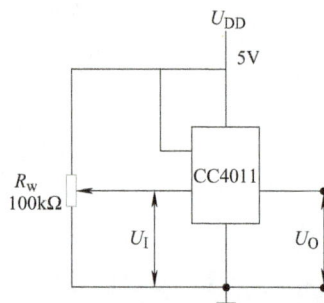

图 1-61　CMOS 与非门传输特性测试电路

表 1-17　CC4011 参数 U_O 测量结果

U_I/V	0	0.2	0.4	0.6	0.8	1.0	1.5	2.0	2.5	3.0	3.5	4.0	5.0
U_O/V													

（5）观察与非门、与门、或门对脉冲的控制作用

1）选用 CC4011 的一个与非门并按图 1-62a、b 接线，将一个输入端接连续脉冲源（频率为 20kHz），用示波器观察两种电路的输出波形，并记录。

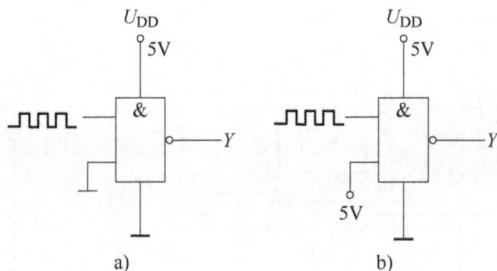

图 1-62　与非门对脉冲的控制作用

2）选用 CC4082 的一个与门、CC4071 的一个或门，重复 5 中 1 的内容，并记录输出波形。

5. 实训报告

1）记录、整理实训结果，并对结果进行分析。

2）根据实训结果，写出各门电路的逻辑表达式，并判断被测门电路的功能好坏。

3）画出 TTL 与非门和 CMOS 与非门的实测电压传输特性曲线，并从中读出各有关参数值。

4）比较 TTL 与非门和 CMOS 与非门的实测电压传输特性曲线，并总结特点。

实训 2　简单智力竞赛抢答器的制作与调试

1. 实训目的

1）进一步掌握基本门电路的逻辑功能，培养对简单电路的设计能力，初步掌握用基本门电路设计电路的基本方法。

2）掌握智力竞赛抢答器电路中元器件的连接特点，能够对电路中的相关参数进行合理测试，并能正确判断出电路的工作状态。

3）掌握简单电路的装配方法，进一步熟练使用各种仪器仪表。

4）进一步提高分析问题和解决问题的能力。

2. 实训器材

5V 直流电源 1 台；数字万用表 1 块；集成门电路芯片 74LS20 2 片；CC4011（或 CC4069）1 片；0.5kΩ 电阻 8 只；发光二极管（LED）3 个；单刀双掷开关 4 个；面包板 1 块；导线若干。

3. 实训内容及要求

用门电路组成一个简单的智力竞赛抢答器，并进行安装与调试。设有 A、B、C 三人参加抢答，裁判为 D 一人，每人控制一单刀双掷开关。当裁判 D 允许抢答时给出抢答指令，A、B、C 谁先给出答题信号（A、B、C、D 的有效电平为高电平），标志该答题者的光显示器件发光，其余两人再要求答题无效，对应的光显示器件不亮。

用与非门来实现，智力竞赛抢答器参考电路如图 1-63a 所示，图示为 A 先抢答。图 1-63b 是用 LED 显示抢答者的电路。

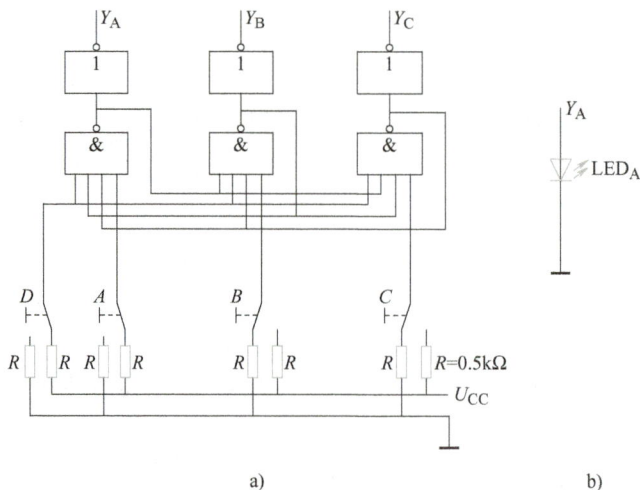

图 1-63　简单智力竞赛抢答器

a）逻辑电路　b）光显示电路

4. 电路安装与调试

1）将检测合格的元器件按图 1-63 所示电路连接安装在面包板上，也可以焊接在万能电路板上。

2）在插接集成电路芯片时，应先校准两排引脚，使之与底板上的插孔对应，轻轻用力将电路芯片插上，在确定引脚与插孔吻合后，再稍用力将其插紧，以免将集成电路芯片的引脚弯曲、折断或使其接触不良。

3）导线应粗细适当，一般选取直径为 0.6～0.8mm 的单股导线，最好用不同线色来区分不同用途，如电源线用红色，接地线用黑色。

4）布线应有次序地进行，随意乱接容易造成漏接或接错，较好的方法是，首先接好固定电平点，如电源线、地线、门电路闲置输入端等。其次，按信号源的顺序从输入到输出依次布线。

5）连线应避免过长，避免从集成元器件的上方跨越，避免多次重叠交错，以利于布线、更换元器件以及故障检查和排除。

6）电路布线应整齐、美观、牢固。水平导线应尽量紧贴底板，竖直方向的导线可沿边框四角敷设，导线转弯时的弯曲半径不要过小。

7）安装过程中要细心，防止导线绝缘层被损伤，不要让线头、螺钉、垫圈等异物落入安装电路中，以免造成短路或漏电。

8）在完成电路安装后，要仔细检查电路连接，确认无误后再接入电源。

9）接通电源后，若将 D 控制的开关接低电平，则 3 个发光二极管不亮；若将 D 控制的开关接高电平，此时如果 A 控制的开关首先接高电平，则 A 发光二极管发光，B、C 控制的开关再接高电平，B、C 发光二极管不亮；反过来，B 或 C 控制的开关首先接高电平，则 B 或 C 发光二极管发光，其他选手控制的开关再接高电平将不起作用。如果没有按以上情况发光，就说明电路存在故障。

5. 考评内容及评分标准

简单智力竞赛抢答器的制作与调试考评内容及评分标准见表 1-18。

表 1-18 简单智力竞赛抢答器的制作与调试考评内容及评分标准

步骤	考评内容	评分标准	标准分	扣分及原因	得分
1	画出电路图，并分析其工作原理	（1）各元器件符号正确 （2）各元器件连接正确 （3）原理分析准确 错一处扣 5 分，扣完为止 （教师辅导、学生自查）	20 分		
2	根据相关参数，对元器件质量进行判别和分类	元器件质量和分类判断正确 错一处扣 5 分，扣完为止 （学生自查、教师检查）	20 分		
3	根据电路图进行电路连接；利用直观法或使用万用表分析电路连接是否正确	（1）电路连接符合工艺标准 （2）布局规范，走线美观 （3）不得出现断路（脱焊）、短路等错误 错一处扣 5 分，扣完为止 （学生互查、教师检查）	20 分		
4	确认检查无误后，进行通电测试	（1）操作过程正确 （2）电路工作状态正常 错一处扣 5 分，扣完为止 （教师指导、学生互查）	25 分		
5	注意安全、规范操作。小组分工，保证质量，完成时间为 90min	（1）小组成员各有明确分工 （2）在规定时间内完成该项目 （3）各项操作规范、安全 成员无分工扣 5 分，超时扣 10 分 （教师指导、学生互查）	15 分		

注：教师根据学生对简单智力竞赛抢答器相关理论和技能的掌握情况进行综合评定，并指出存在的问题和具体改进方案。

🔍 知识拓展 光电控制延时节能路灯

目前众多居民楼过道都安装有光电控制延时节能路灯，其电路如图 1-64 所示。它由一块 CC4001 型四 2 输入或非门构成。路灯 HL 串联于桥式整流电源主回路中，其灯亮、灭由单向晶闸管 VT_1 控制。晶闸管有 3 个电极，为阳极 a、阴极 k 和控制栅极 g。其工作特性是：在 u_{ak} 加正向电压条件下，只要栅极 g 加正脉冲触发信号（幅度为 1.5 ~ 2V），晶闸管就导通，这时即使触发信号消失，VT_1 仍能保持导通，只有当 u_{ak} 过零电压或处于负向电压时，才能使晶闸管截止。电源由 VD_1 ~ VD_4 桥式整流经 HL 灯丝，R_1、R_2 和 C_1 分压后获得低电压 U_{DD}。若 VT_1 不导通，流过灯丝的电流极小，灯不亮。

白天时，光敏电阻 R_G 的亮阻值为几千欧，与电阻 R_6 分压后，使 A 点为高电平 1，G_2 门被封，这样不管 G_2 或非门另一个输入端为 0 或 1（表示有或无脚步声）均无用，G_2 总是出 0，而 C_3 电容不存在电压，故为 0 状态，使 G_4 出 0，晶闸管 VT_1 不导通，灯 HL 不亮。

天暗时，光敏电阻 R_G 暗阻在几十千欧以上，与 R_6 分压后 A 点为 0 状态，G_2 门被打开。

在无脚步声时，由 VT_2、R_4 和 R_5 组成放大电路的集电极电压设计时使之小于 $\frac{1}{2}U_{DD}$，使 G_1 出 1，G_2、G_4 出 0，晶闸管 VT_1 仍不导通，灯 HL 不亮；当有脚步声时，通过驻极体电容 M（俗称咪头）声电转换有波动信号经 C_2 耦合，使 VT_2 集电极电压会出现大于 $\frac{1}{2}U_{DD}$ 的信号，使 G_1 出 0，而 G_2 全 0 出 1 约为 U_{DD}，VD_5 导通，使 C_3 电压达 U_{DD}，G_3 出 0，G_4 出 1，经 R_8、R_9 分压在晶闸管栅极 g 有信号电压，使 VT_1 导通，灯 HL 亮。当脚步声消失后，G_1 出 1，使 G_2 出 0，但由于 C_3 仍为高电平，灯 HL 仍亮，这时 VD_5 截止，C_3 通过 R_7 放电，延迟一段时间，当 C_3 上电压小于 $\frac{1}{2}U_{DD}$ 时才能使 G_3 出 1，G_4 出 0，在 VT_1 上 u_{ak} 过零电压时截止，灯 HL 才灭，其延时约为 30 s。

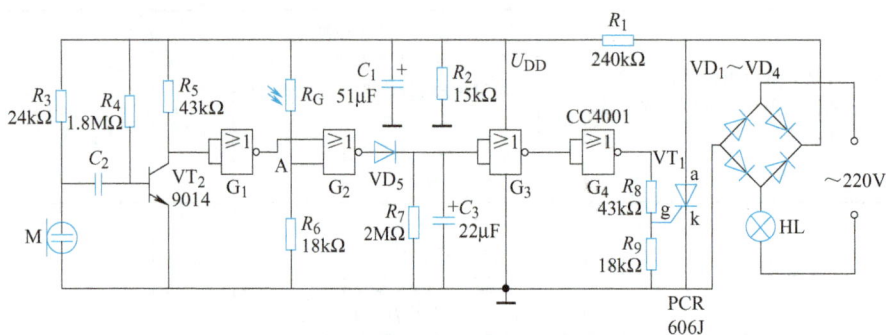

图 1-64　光电控制延时节能路灯电路

自我检测题

一、填空题

1.1　电子电路根据其处理信号不同可以分为_____电子电路和_____电子电路。

1.2　数字电路内部的晶体管（包括单、双极型）主要工作在_____状态；模拟电路内部的晶体管主要工作在_____状态。

1.3　十进制整数转换为十六进制数，用"除_____取_____"法。

1.4　8421BCD 码每 4 位以内按_____进位，4 位与 4 位之间按_____进位。

1.5　与逻辑运算规则可归纳为有 0 出_____，全 1 出_____。

1.6　与非门逻辑运算规则是有_____出 1，全_____出 0。

1.7　或逻辑运算规则可归纳为有 1 出_____，全 0 出_____。

1.8　或非门逻辑运算规则是有_____出 0，全_____出 1。

1.9　除与、或、非基本逻辑运算外，广泛应用的复合逻辑运算主要还有_____门、_____门、_____门、_____门和_____门。

1.10　多种逻辑运算组合在一起，若同时有逻辑与和逻辑或，其运算次序应为_____。

1.11　逻辑函数的表示方法主要有_____、_____、_____和_____等。

1.12　若两个逻辑函数具有相同的_____，则认为该两个逻辑函数相等。

1.13　符合最简与或表达式的条件是_____项数最少，每个乘积项中_____最少。

1.14　n 变量卡诺图有_____个方格，每个方格对应一个_____。

1.15　具有约束项的卡诺图化简时，约束项可以视作_____，也可以视作_____。

1.16　二极管从一种状态转换到另一种状态的转换特性称为二极管的_____特性。

1.17　在晶体管非门电路中，晶体管主要工作在_____和_____两种工作状态。

1.18　晶体管饱和导通时的 u_{CE} 称为_____压降，小功率硅管 $U_{CES} \approx$_____V。

1.19　OC 门即集电极_____门。使用时，必须在电源与输出端之间外接_____。OC 门的标志符号是_____。

1.20　OC 门的主要作用是实现_____功能；实现_____转换。

1.21　三态门的输出状态除高电平、低电平外，还有第三种状态：_____态，相当于输出端_____。三态门的标志符号是_____。

1.22　TTL 门电路空载时，输出电压与输入电压间的函数关系称为_____特性。

1.23　阈值电压也称为_____电压或_____电压，是输出电压由高电平变为低电平或由低电平变为高电平的_____。

1.24　TTL 门电路的标准工作电压为_____V，CMOS 门电路的电源电压允许范围为_____V。

1.25　集成门电路引脚排列有一定规律，一般为双列直插式。若缺口向左，按正视图观察，引脚编号由小到大按_____时针排列，其中引脚编号最大的是_____，引脚编号为最大编号一半的是_____。

1.26　门电路的输出特性可分为_____输出特性和_____输出特性。

1.27　门电路输出_____电平时的负载称为拉电流负载；输出_____电平时的负载称为灌电流负载。

二、选择题

1.28　下列特点中，不属于数字电路的是（　　　）。

A. 电路结构相对较简单　　　　　　　　B. 内部晶体管主要工作在放大状态

C. 功耗较低　　　　　　　　　　　　　D. 便于集成

1.29　下列因素中，不属于数字电路采用二进制数原因的是（　　　）。

A. 可以代表两种不同状态　　　　　　　B. 运算规则简单

C. 便于书写　　　　　　　　　　　　　D. 便于计算机数据处理

1.30　下列代码中，不属于 BCD 码的是（　　　）。

A. 8421 码　　　　　　　　　　　　　　B. 余 3 码

C. 2421 码　　　　　　　　　　　　　　D. ASCII 码

1.31　BCD 码是（　　　）。

A. 二进制码　　　　　　　　　　　　　B. 十进制码

C. 二 – 十进制码　　　　　　　　　　　D. ASCII 码

1.32　下列逻辑函数表示方法中，具有唯一性的是（　　　）。（多选）

A. 真值表 　　　　　　　　　　　　B. 逻辑表达式

C. 逻辑电路图 　　　　　　　　　　D. 卡诺图

1.33　下列选项中不属于卡诺图特点的是（　　　）。

A. n 变量卡诺图有 2^n 个方格

B. 每个方格对应一个最小项

C. 相邻两个方格所代表的最小项只有一个变量不同

D. 每个方格按最小项编号顺序排列

1.34　下述有关卡诺图化简须遵循规则的说法中错误的是（　　　）。

A. 卡诺图内的 1 方格个数必须为 $2n$

B. 每个卡诺圈中至少有一个 1 方格不属于其他卡诺圈

C. 不能遗漏任何一个 1 方格

D. 卡诺圈的个数应尽可能少

1.35　二极管可组成的电路是（　　　）。

A. 只能是与门 　　　　　　　　　　B. 只能是或门

C. 与门和或门都不可以 　　　　　　D. 与门和或门都可以

1.36　通常能实现"线与"功能的门电路是（　　　）。

A. OC 门 　　　　　　　　　　　　B. TSL 门

C. TTL 与门 　　　　　　　　　　 D. 74LS 与门

1.37　TTL 与（与非）门电路，多余输入端可（　　　）。

A. 接电源 　　　　　　　　　　　　B. 与有用信号输入端并联

C. 悬空 　　　　　　　　　　　　　D. 接地

1.38　TTL 或（或非）门电路，多余输入端可（　　　）。

A. 接电源 　　　　　　　　　　　　B. 与有用信号输入端并联

C. 悬空 　　　　　　　　　　　　　D. 接地

1.39　测量三态门的高阻态时，得到（　　　）的结果是正确的。

A. 直流电压表指针不动 　　　　　　B. 直流电压不高不低

C. 电阻表指针不动 　　　　　　　　D. 直流电流表指针不动

1.40　CMOS 门电路电压传输特性好体现在（　　　）。

A. 输入电阻高 　　　　　　　　　　B. $U_{TH}=U_{DD}/2$

C. 高电平趋于 U_{DD} 　　　　　　 D. 低电平趋于 0

1.41　与 TTL 门电路相比，CMOS 门电路的优点在于（　　　）。

A. 微功耗 　　　　　　　　　　　　B. 高速

C. 抗干扰能力强 　　　　　　　　　D. 电源电压范围大

✍ 思考题与习题

1.42　将下列二进制数转换为十进制数：

$(1100101)_2$；$(11001.101)_2$；$(1001.0011)_2$。

1.43　将下列十进制数转换为二进制数，要求二进制数保留小数点后 4 位有效数字。

$(27)_{10}$；$(126)_{10}$；$(45.8)_{10}$；$(0.33)_{10}$。

1.44　将下列二进制数分别转换为八进制数和十六进制数：

$(111011001.001101)_2$；$(100101.001)_2$；$(1001110.011)_2$。

1.45　将下列十六进制数转换为二进制数：

$(3A.4E)_{16}$；$(2B.C)_{16}$；$(5D.01)_{16}$。

1.46　将下列十进制数转换为 8421BCD 码：

$(39)_{10}$；$(24.17)_{10}$；$(356.49)_{10}$。

1.47　写出下列二进制数的原码和补码。

$(+1011)_2$；$(+00110)_2$；$(-1101)_2$；$(-00101)_2$。

1.48　列出逻辑函数 $Y=\overline{A}C+\overline{A}\,\overline{B}C+AC$ 的真值表。

1.49　求下列逻辑函数的反函数和对偶式：

（1）$Y=AB+C$；（2）$Y=(A+BC)\overline{C}D$；（3）$Y=A\overline{D}+\overline{AC}+\overline{BC}D+C$。

1.50　写出图 1-65 中逻辑电路的函数式。

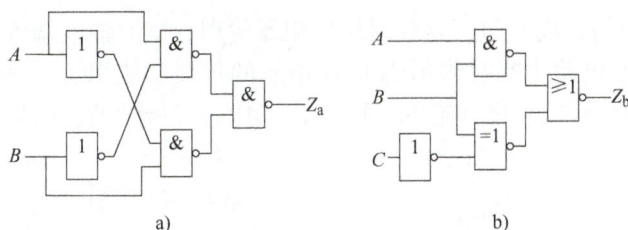

图 1-65　题 1.50 图

1.51　用公式法将下列函数化为最简与或式。

（1）$Y=AB(BC+A)$

（2）$Y=(A\oplus B)C+ABC+\overline{A}\,\overline{B}C$

（3）$Y=A\overline{C}+ABC+AC\overline{D}+CD$

（4）$Y=A+\overline{(B+\overline{C})}(A+\overline{B}+C)(A+B+C)$

（5）$Y=B\overline{C}+AB\overline{C}E+\overline{B(\overline{AD}+AD)}+B(A\overline{D}+\overline{A}D)$

1.52　用卡诺图法将下列函数化为最简与或式。

（1）$Y=A\overline{B}+\overline{BCD}+ABD+\overline{A}BC\overline{D}$

（2）$Y=AB\overline{C}+\overline{AB}+\overline{A}D+C+BD$

（3）$Y=\overline{AB}+B\overline{C}+\overline{A}+\overline{B}+ABC$

（4）$Y(A,B,C)=\Sigma m(0,2,4,5,6)$

（5）$Y(A,B,C,D)=\Sigma m(0,1,2,3,4,5,8,10,11,12)$

（6）$Y(A,B,C,D)=\Sigma m(0,1,2,5,8,9,10,12,14)$

1.53　用卡诺图法将下列具有约束条件的逻辑函数化为最简与或式。

（1）$Y=C\overline{D}(A\oplus B)+\overline{A}B\overline{C}+\overline{A}\ CD$，给定约束条件为 $AB+CD=0$

（2）$Y=\overline{\overline{A}+C+D}+\overline{A}B\overline{C}\overline{D}+\overline{A}\overline{B}CD$，给定约束条件为 $A\overline{B}C\overline{D}+\overline{A}\overline{B}CD+AB\overline{C}\overline{D}+A\overline{B}C\overline{D}+ABC\overline{D}+ABCD=0$

（3）$Y(A,B,C,D)=\Sigma m(0,1,2,3,6,8)+\Sigma d(10,11,12,13,14,15)$

（4）$Y(A,B,C,D)=\Sigma m(2,4,6,7,12,15)+\Sigma d(0,1,3,8,9,11)$

1.54 试画出图 1-66 中各门电路的输出波形，输入端 A、B 的波形已给出。

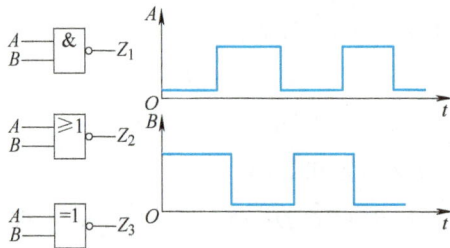

图 1-66　题 1.54 图

1.55 欲将与非门、或非门、异或门作反相器使用，试问输入端应如何连接？

1.56 在 CMOS 电路中有时采用图 1-67 所示的扩展功能用法，试分析各图的逻辑功能，写出 $Z_a\sim Z_d$ 的逻辑式。已知电源电压 $U_{DD}=10V$，二极管的正向导通压降为 0.7V。

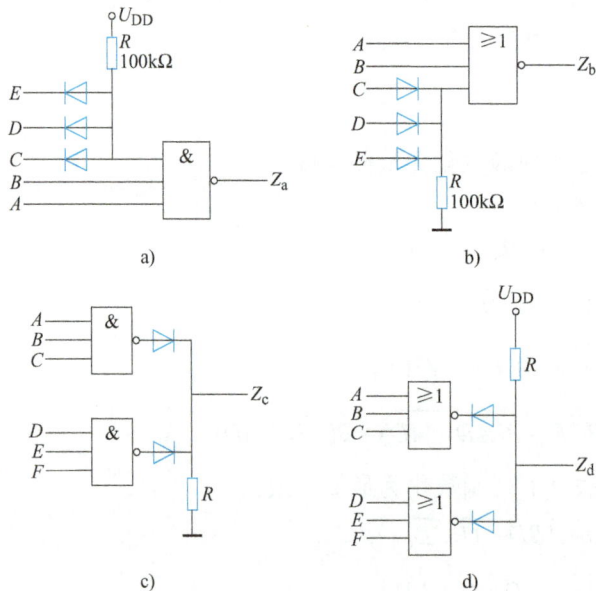

图 1-67　题 1.56 图

1.57 说明图 1-68 中各 CMOS 门电路的输出是高电平、低电平还是高阻态。

1.58 说明图 1-69 中各 TTL 门电路的输出是高电平、低电平还是高阻态。

1.59 在图 1-70 所示的 TTL 逻辑门电路中，集成逻辑门的输入端 1、2、3 为多余输入端。试问：这些接法中，哪些是正确的？为什么？

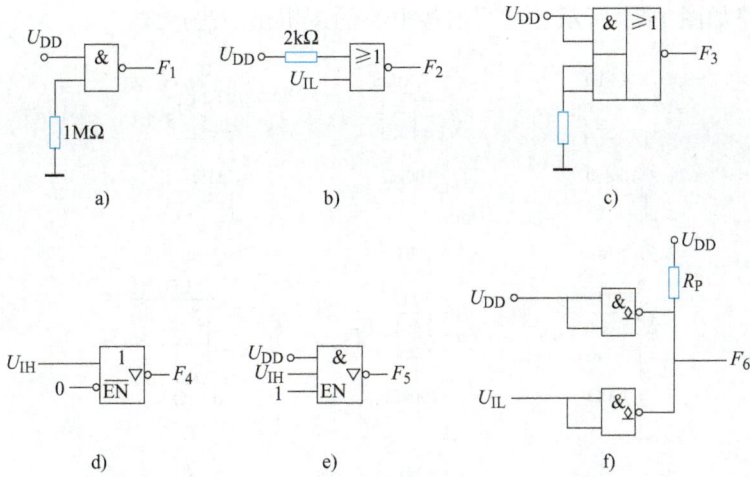

图 1-68 题 1.57 图

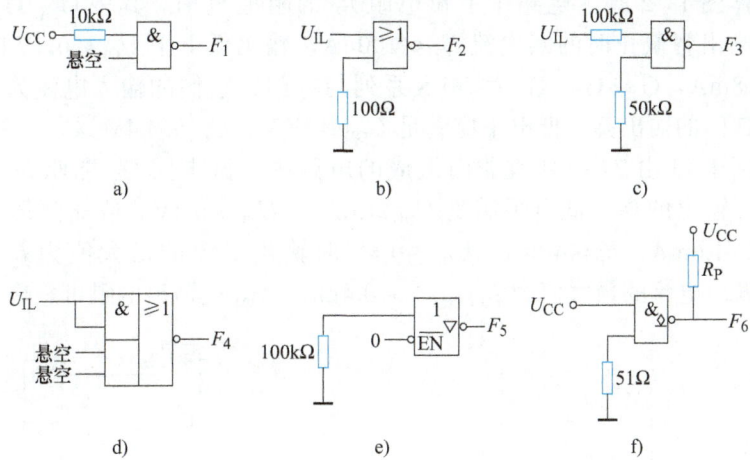

图 1-69 题 1.58 图

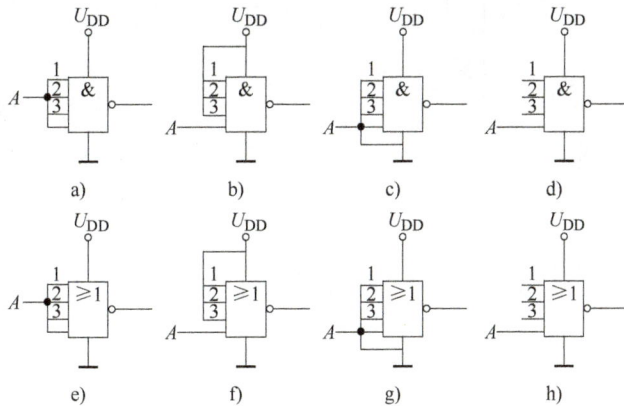

图 1-70 题 1.59 图

1.60　电路如图 1-71 所示，试写出各电路的逻辑函数表达式。

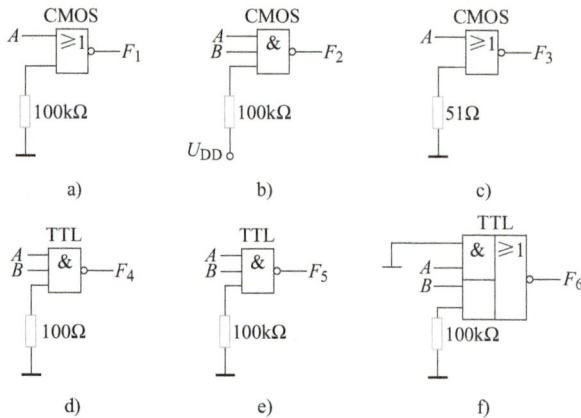

图 1-71　题 1.60 图

1.61　计算图 1-72 所示电路中上拉电阻 R_L 的阻值范围。其中 G_1、G_2、G_3 是 74LS 系列 OC 门，输出管截止时的漏电流 $I_{OH} \leq 100\mu A$，输出低电平 $U_{OL} \leq 0.4V$ 时允许的最大负载电流 $I_{LM} = 8mA$。G_4、G_5、G_6 为 74LS 系列与非门，它们的输入电流为 $I_{IL} \leq -0.4mA$，$I_{IH} \leq 20\mu A$。OC 门的输出高、低电平应满足 $U_{OH} \geq 3.2V$、$U_{OL} \leq 0.4V$。

1.62　在图 1-73 由 74 系列或非门组成的电路中，试求门 G_M 能驱动多少同样的或非门。要求 G_M 输出的高、低电平满足 $U_{OH} \geq 3.2V$、$U_{OL} \leq 0.4V$。或非门每个输入端的输入电流为 $I_{IL} \leq -1.6mA$，$I_{IH} \leq 40\mu A$。$U_{OL} \leq 0.4V$ 时输出电流的最大值为 $I_{OL(max)} = 16mA$，$U_{OH} \geq 3.2V$ 时输出电流的最大值为 $I_{OH(max)} = -0.4mA$，G_M 的输出电阻可忽略不计。

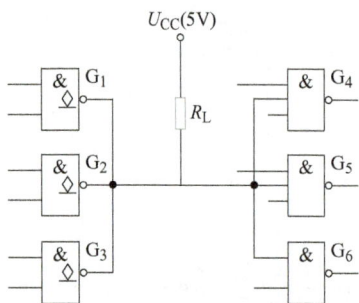

图 1-72　题 1.61 图

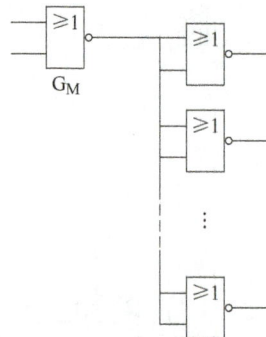

图 1-73　题 1.62 图

模块 2

组合逻辑电路的分析与应用

学习目标

1. 知识目标

● 熟悉组合逻辑电路的定义和特点，各种译码器、编码器、全加器、数值比较器、数据选择器、数据分配器的工作原理。

● 了解各种常用中规模集成组合逻辑电路的应用和使用方法。

● 掌握各种译码器、编码器、全加器、数值比较器、数据选择器、数据分配器的逻辑功能。

2. 能力目标

● 能分析组合逻辑电路的逻辑功能。

● 能用小规模集成逻辑门电路设计组合逻辑电路。

● 能用常用中规模组合逻辑集成电路设计组合逻辑电路。

3. 素质目标

● 培养学生勇于创新、敬业乐业的精神。

● 培养学生的沟通能力及团队协作精神。

知识准备

2.1 组合逻辑电路的分析方法和设计方法

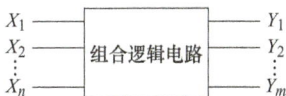

2.1.1 概述

数字电路按照逻辑功能的不同特点可分为两大类：一类是组合逻辑电路，另一类是时序逻辑电路。组合逻辑电路是由若干个逻辑门电路组合而成的可完成组合逻辑功能的数字电路。它可以有一个或多个输入端，也可以有一个或多个输出端，如图 2-1 所示。

组合逻辑电路的输出变量与输入变量之间的关系可用一组逻辑函数式表示：

图 2-1 组合逻辑电路的框图

$$Y_1 = F_1(X_1, X_2, \cdots, X_n)$$

$$Y_2 = F_2(X_1, X_2, \cdots, X_n)$$

$$\vdots$$

$$Y_m = F_m(X_1, X_2, \cdots, X_n)$$

可见，组合逻辑电路在任一时刻的输出状态仅仅取决于当时电路的各输入状态的组合，而与电路的原状态无关。这是组合逻辑电路在逻辑功能上的显著特点。实现组合逻辑的电路在结构上从输出到输入之间不能有反馈通路，电路中不含有记忆单元。组合逻辑电路是无记忆电路。

通常将根据已知逻辑电路推导出其逻辑功能或者检查电路设计是否合理的过程称为分析；反过来，根据给出的实际逻辑问题，求出实现这一逻辑功能的最简逻辑电路的过程称为设计。显然，设计是分析的逆过程。

2.1.2　组合逻辑电路的分析方法

分析组合逻辑电路的目的是确定已知电路的逻辑功能，或者检查电路设计是否合理。组合逻辑电路的分析步骤如下：

1）根据已知的逻辑图，从输入到输出逐级写出逻辑函数表达式。

2）利用公式法或卡诺图法化简逻辑函数表达式。

3）列逻辑真值表，确定其逻辑功能。

组合逻辑电路的分析过程可用图 2-2 所示框图概括。

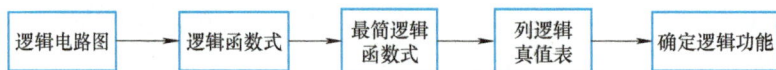

图 2-2　组合逻辑电路的分析过程框图

【例 2-1】分析如图 2-3 所示组合逻辑电路的功能。

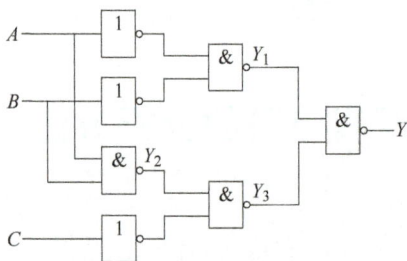

图 2-3　例 2-1 的逻辑电路

解：

1）写出逻辑函数表达式：

$$Y_1 = \overline{\overline{A}\,\overline{B}}$$

$$Y_2 = \overline{AB}$$

$$Y_3 = \overline{\overline{A}\,\overline{B}\,\overline{C}}$$

$$Y = \overline{\overline{\overline{ABC} \cdot \overline{\overline{AB}}}}$$

2）化简：

$$Y = \overline{\overline{\overline{ABC} \cdot \overline{\overline{AB}}}}$$

$$= \overline{ABC} + \overline{\overline{AB}}$$

$$= \overline{AC} + \overline{BC} + \overline{AB}$$

3）列真值表，见表 2-1。

表 2-1　例 2-1 的真值表

A	B	C	Y
0	0	0	1
0	0	1	1
0	1	0	1
0	1	1	0
1	0	0	1
1	0	1	0
1	1	0	0
1	1	1	0

由表 2-1 可知，当输入 A、B、C 中 1 的个数小于 2 时，输出 Y 为 1；否则为 0。

【例 2-2】分析如图 2-4 所示组合逻辑电路的功能。

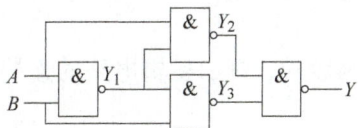

图 2-4　例 2-2 的逻辑电路

解：

1）写出逻辑函数表达式：

$$Y_1 = \overline{AB}$$

$$Y_2 = \overline{AY_1} = \overline{A\,\overline{AB}}$$

$$Y_3 = \overline{Y_1 B} = \overline{\overline{AB}B}$$

$$Y = \overline{Y_2 Y_3} = \overline{\overline{A\,\overline{AB}}\ \overline{\overline{AB}B}}$$

2）化简：

$$Y = \overline{Y_2 Y_3} = \overline{\overline{A\,\overline{AB}}\ \overline{\overline{AB}B}}$$

$$= \overline{(\overline{A} + AB)(AB + \overline{B})}$$

$$= \overline{\overline{A\overline{B}} + AB}$$

$$= A \oplus B$$

3）确定逻辑功能，从逻辑函数表达式可以看出，电路具有异或功能。

从例2-2可以看出，一些逻辑功能较为简单的电路，在化简出其最简逻辑函数表达式时即可确定其逻辑功能，不需要再列真值表。

2.1.3 组合逻辑电路的设计方法

组合逻辑电路的设计任务就是根据给出的实际逻辑问题，求出实现这一逻辑功能的最简逻辑电路。这里所说的"最简"，是指电路所用的器件数量、种类最少，而且器件之间的连线也最少。

组合逻辑电路的设计通常可按如下步骤进行。

（1）进行逻辑抽象

1）首先对逻辑问题进行分析。确定哪些是输入变量，哪些是输出变量，以及它们之间的相互关系。

2）定义逻辑状态的含义。对输入变量和输出变量进行逻辑赋值，即确定什么情况下为逻辑1，什么情况下为逻辑0。

3）根据给定的因果关系列真值表。

（2）写出逻辑函数式

由真值表转换为对应的逻辑函数式。

（3）将逻辑函数化简或变换成适当的形式

化简是为获得最简单的设计结果，如果对所用器件的种类有附加的限制，则还应将逻辑函数式变换成与器件种类相适应的形式。

（4）画逻辑电路

根据化简或变换后的逻辑函数式，画出逻辑电路的连接图。至此，原理性设计（或称逻辑设计）已经完成。

（5）工艺设计

为了把逻辑电路实现为具体的电路装置，还需做工艺设计，如设计机箱、面板、显示电路、控制开关等。最后还需完成组装、调试。

组合逻辑电路的设计过程可用图2-5所示框图概括。应当指出的是，上述这些步骤并不是固定不变的程序，在实际设计中，应该根据具体情况灵活应用。

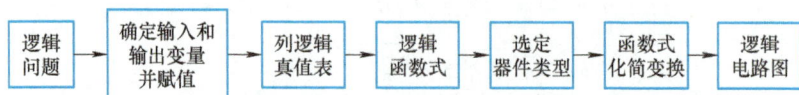

逻辑问题 → 确定输入和输出变量并赋值 → 列逻辑真值表 → 逻辑函数式 → 选定器件类型 → 函数式化简变换 → 逻辑电路图

图2-5 组合逻辑电路的设计过程框图

【例2-3】试设计一个三变量多数表决组合逻辑电路（用与非门实现）。即3个变量A、B、C中，有2个或3个表示同意，则表决通过，否则为不通过。

解：

1）分析命题。输入变量为A、B、C，输出变量为Y。对逻辑变量赋值：A、B、C同意用1表示，不同意用0表示；输出变量$Y=1$表示表决通过，$Y=0$不表示通过。

2）根据题意列真值表，见表2-2。

3）根据真值表，画出三变量逻辑函数卡诺图，如图 2-6 所示，化简后，再变换为与非 – 与非表达式。

4）画逻辑图，如图 2-7 所示。

表 2-2　例 2-3 的真值表

A	B	C	Y
0	0	0	0
0	0	1	0
0	1	0	0
0	1	1	1
1	0	0	0
1	0	1	1
1	1	0	1
1	1	1	1

$$Y=AB+BC+CA=\overline{\overline{AB+BC+CA}}$$

$$=\overline{\overline{AB}\,\overline{BC}\,\overline{CA}}$$

图 2-6　例 2-3 的卡诺图

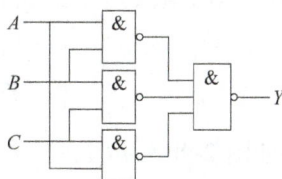

图 2-7　用与非门组成的表决电路

【例 2-4】某游泳训练队有 10 名队员，用 4 位二进制数 $ABCD$（其中 A 为最高位）对队员进行编号，分别为 0000，0001，0010，0011，0100，0101，0110，0111，1000，1001。规定编号为 0011，0100，0101，0110，0111 的队员才允许进入游泳馆。试设计判断能否进入游泳馆的组合逻辑电路。

解：

1）分析命题。输入变量为 A、B、C、D，输出变量为 Y。对逻辑变量赋值：A、B、C、D 已在题目中明确；输出变量 $Y=1$ 表示允许进入游泳馆，$Y=0$ 表示不允许进入游泳馆。

2）根据题意列逻辑真值表，见表 2-3。真值表中的前 10 行，$ABCD$ 对应 0000～1001，表示 10 名队员的编号，很容易得出对应的输出 Y，后 6 行 $ABCD$ 对应 1010～1111，在正常情况下是不可能出现的，因而所对应的 6 个最小项是约束项，对应的输出 Y 填 ×。

3）根据真值表，画出四变量逻辑函数卡诺图，如图 2-8 所示，化简后，得 Y 的逻辑函数表达式，即

$$Y=B+CD$$

表 2-3　例 2-4 的真值表

A	B	C	D	Y
0	0	0	0	0
0	0	0	1	0
0	0	1	0	0
0	0	1	1	1
0	1	0	0	1
0	1	0	1	1
0	1	1	0	1
0	1	1	1	1
1	0	0	0	0
1	0	0	1	0
1	0	1	0	×
1	0	1	1	×
1	1	0	0	×
1	1	0	1	×
1	1	1	0	×
1	1	1	1	×

4）画逻辑电路，如图 2-9a 所示。

要求用与非门组成这个逻辑电路时，可将逻辑函数表达式变换成与非 – 与非表达式，即

$$Y=B+CD=\overline{\overline{B+CD}}=\overline{\overline{B}\cdot\overline{CD}}$$

逻辑图如图 2-9b 所示。

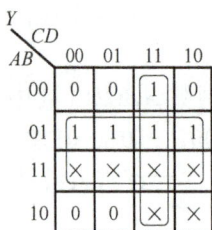

图 2-8　例 2-4 的卡诺图

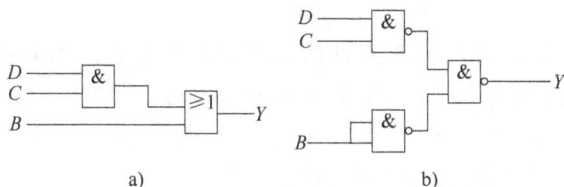

图 2-9　例 2-4 的逻辑电路
a）用与门和或门实现　b）用与非门实现

2.2　常用组合逻辑电路的分析

2.2.1　编码器

为了区分一系列不同的事物，将其中的每个事物用一个二值代码表示，这就是编码的含义。在二值逻辑电路中，信号都是以高、低电平的形式给出的。因此，编码器的逻辑功能就是把输入的每一个高、低电平信号编成一个对应的二进制代码。

2.2.1 编码器

目前经常使用的编码器有普通编码器和优先编码器两类。

1. 普通编码器

在普通编码器中，任何时刻只允许输入一个编码信号，否则输出将发生混乱。在对某一个输入进行编码时，不允许其他输入提出要求，计算机中的编码器就属于这一类，因此，在使用计算器时，不允许同时键入两个及以上的量。

（1）二进制编码器

二进制编码器是由 n 位二进制数表示 2^n 个信号的编码电路。现以 3 位二进制编码器为例来说明普通编码器的设计方法。

图 2-10 是 3 位二进制编码器的框图，它的输入是 $I_0 \sim I_7$ 8 个高电平信号，输出是 3 位二进制代码 $Y_2Y_1Y_0$。因此，又把它叫作 8 线 –3 线编码器。输出与输入的对应关系见表 2-4。

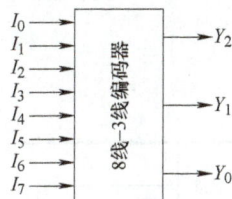

图 2-10 3 位二进制编码器的框图

表 2-4 3 位二进制编码器的真值表

输入								输出		
I_0	I_1	I_2	I_3	I_4	I_5	I_6	I_7	Y_2	Y_1	Y_0
1	0	0	0	0	0	0	0	0	0	0
0	1	0	0	0	0	0	0	0	0	1
0	0	1	0	0	0	0	0	0	1	0
0	0	0	1	0	0	0	0	0	1	1
0	0	0	0	1	0	0	0	1	0	0
0	0	0	0	0	1	0	0	1	0	1
0	0	0	0	0	0	1	0	1	1	0
0	0	0	0	0	0	0	1	1	1	1

因为任何时刻 $I_0 \sim I_7$ 当中仅有一个取值为 1，即输入变量取值的组合仅有表 2-4 中列出的 8 种状态，所以输入变量为其他取值下其值等于 1 的那些最小项均为约束项。利用这些约束项化简，可得到

$$Y_2=I_4+I_5+I_6+I_7$$
$$Y_1=I_2+I_3+I_6+I_7$$
$$Y_0=I_1+I_3+I_5+I_7$$

根据上式可画出 3 位二进制普通编码器的逻辑电路，如图 2-11 所示。

（2）二 – 十进制编码器

所谓二 – 十进制编码器，就是输入一个十进制数 0 ~ 9，通过该编码器，在其输出端得到相应的二进制代码。

现以 8421BCD 码编码器为例说明二 – 十进制编码器的电路结构及工作原理。8421BCD 码编码器有 10 个输入端，4 个输出端，它能把一个十进制数转换成 8421BCD 代码，该电路框图如图 2-12 所示。

现分别用 $I_0 \sim I_9$ 表示 0 ~ 9 的 10 个十进制数，注意该电路任何时刻都只允许一个十进制数进行编码，用 $ABCD$ 表示 8421BCD 码。首先列出 8421BCD 码编码器的真值表，见表 2-5。

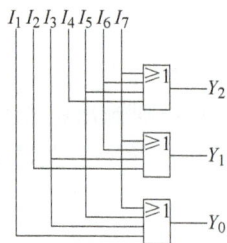

图 2-11　3 位二进制普通编码器的逻辑电路

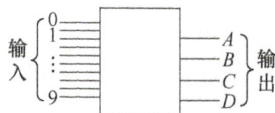

图 2-12　8421BCD 码编码器框图

表 2-5　8421BCD 码编码器真值表

十进制数	输入变量										输出变量（8421BCD 码）			
	I_0	I_1	I_2	I_3	I_4	I_5	I_6	I_7	I_8	I_9	A	B	C	D
0	1	0	0	0	0	0	0	0	0	0	0	0	0	0
1	0	1	0	0	0	0	0	0	0	0	0	0	0	1
2	0	0	1	0	0	0	0	0	0	0	0	0	1	0
3	0	0	0	1	0	0	0	0	0	0	0	0	1	1
4	0	0	0	0	1	0	0	0	0	0	0	1	0	0
5	0	0	0	0	0	1	0	0	0	0	0	1	0	1
6	0	0	0	0	0	0	1	0	0	0	0	1	1	0
7	0	0	0	0	0	0	0	1	0	0	0	1	1	1
8	0	0	0	0	0	0	0	0	1	0	1	0	0	0
9	0	0	0	0	0	0	0	0	0	1	1	0	0	1

因为任何时刻 $I_0 \sim I_9$ 当中仅有一个取值为 1，即输入变量取值的组合仅有表 2-5 中列出的 10 种状态，所以输入变量为其他取值下其值等于 1 的那些最小项均为约束项。利用这些约束项化简，可得到

$$A=I_8+I_9$$
$$B=I_4+I_5+I_6+I_7$$
$$C=I_2+I_3+I_6+I_7$$
$$D=I_1+I_3+I_5+I_7+I_9$$

根据逻辑函数表达式可画出逻辑图，请读者自行完成。

2. 优先编码器

在优先编码器电路中，允许同时输入两个以上编码信号。不过在设计优先编码器时已经将所有的输入信号按优先顺序排队，当几个输入信号同时出现时，只对其中优先权最高的一个进行编码。

例如，旅客列车分特快、直快和慢车等，它们的优先顺序是特快优先级最高，其次是直快，最低级是慢车。显然，在同一时间里，只能有一趟列车从车站开出，即只能给出一个开车信号。上述要求可以设计一个优先编码器来满足。

假如用 A、B、C 分别代表特快、直快、慢车 3 个车次，设请求开出用 1 表示，不请求开出用 0 表示。用 Y_1、Y_2、Y_3 分别表示特快、直快、慢车开出信号，且用 1 表示允许列车开出，用 0 表示不允许列车开出。根据 3 个车次的优先顺序可列出真值表，见表 2-6。

由真值表可以看出，每次只能有一个车次有开出信号，当几个车次同时有请求开出时，总是选中优先级别高的车次。根据真值表可写出开出信号的逻辑表达式：

$$Y_1 = A\overline{B}\,\overline{C} + A\overline{B}C + AB\overline{C} + ABC = A$$

$$Y_2 = \overline{A}B\overline{C} + \overline{A}BC = \overline{A}B = \overline{\overline{A} + \overline{B}}$$

$$Y_3 = \overline{A}\,\overline{B}C = \overline{A + B + \overline{C}}$$

表 2-6   列车优先编码器真值表

输入			输出		
A	B	C	Y_1	Y_2	Y_3
0	0	0	0	0	0
0	0	1	0	0	1
0	1	0	0	1	0
0	1	1	0	1	0
1	0	0	1	0	0
1	0	1	1	0	0
1	1	0	1	0	0
1	1	1	1	0	0

按上述逻辑表达式，其对应的优先编码器逻辑电路如图 2-13 所示。由图可看出，优先编码器的工作原理很简单，即优先级别高的车次有请求开出时，优先编码器就封锁所有比它级别低的车次的开出信号。

常用的集成优先编码器有 10 线 –4 线和 8 线 –3 线两种，CT74LS147 为 10 线 –4 线优先编码器，CT74LS148 为 8 线 –3 线优先编码器。

（1）8 线 –3 线二进制优先编码器 CT74LS148

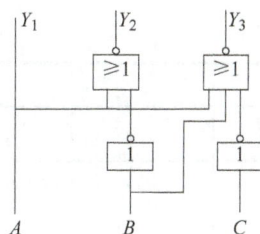

图 2-13   列车优先编码器逻辑电路

图 2-14 所示为 8 线 –3 线二进制优先编码器 CT74LS148 的逻辑电路和引脚排列图，表 2-7 为 CT74LS148 的特性表。其中 $\overline{I}_0 \sim \overline{I}_7$ 为输入信号端，$\overline{S}$ 是使能输入端，$\overline{Y}_0 \sim \overline{Y}_2$ 是 3 个输出端，$\overline{Y}_S$ 和 $\overline{Y}_{EX}$ 是用于扩展功能的输出端。

在表 2-7 中，输入 $\overline{I}_0 \sim \overline{I}_7$ 为低电平有效，$\overline{I}_7$ 的优先级别最高，$\overline{I}_0$ 的优先级别最低。即只要 $\overline{I}_7 = 0$，不管其他输入端是 0 还是 1，输出只对 $\overline{I}_7$ 编码，且对应的输出为反码有效（即低电平有效），$\overline{Y}_2\overline{Y}_1\overline{Y}_0 = 000$。

$\overline{S}$ 为使能输入端（选通输入端），只有 $\overline{S} = 0$ 时编码器工作，$\overline{S} = 1$ 时编码器不工作。$\overline{Y}_S$ 为使能输出端（选通输出端），当 $\overline{S} = 0$，即允许工作时，如果 $\overline{I}_0 \sim \overline{I}_7$ 端有信号输入，$\overline{Y}_S = 1$；若 $\overline{I}_0 \sim \overline{I}_7$ 端无信号输入时，$\overline{Y}_S = 0$。$\overline{Y}_{EX}$ 为扩展输出端，当 $\overline{S} = 0$ 时，只要有编码信号，$\overline{Y}_{EX}$ 就是低电平。

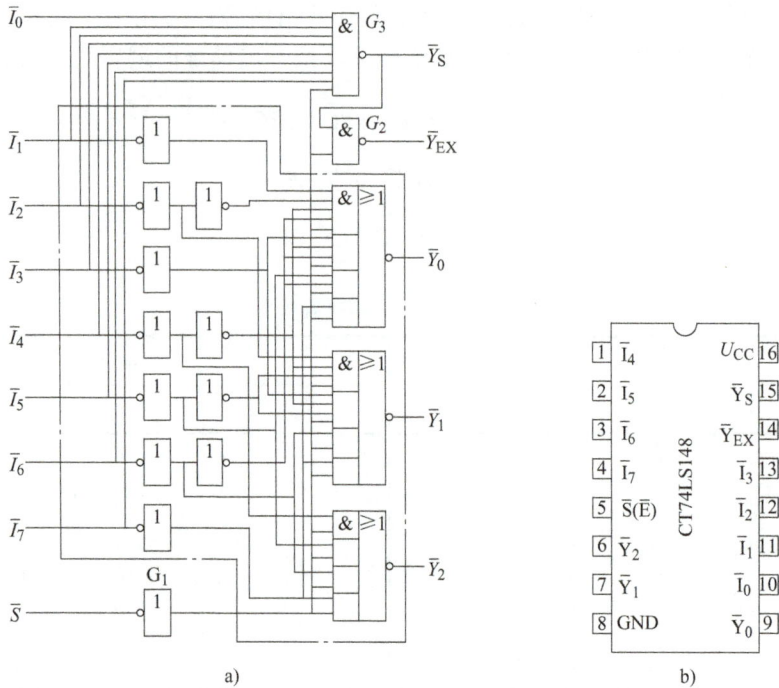

图 2-14 CT74LS148 优先编码器

a）逻辑电路 b）引脚排列图

表 2-7 CT74LS148 优先编码器的特性表

输入									输出				
$\bar{S}$	$\bar{I}_0$	$\bar{I}_1$	$\bar{I}_2$	$\bar{I}_3$	$\bar{I}_4$	$\bar{I}_5$	$\bar{I}_6$	$\bar{I}_7$	$\bar{Y}_2$	$\bar{Y}_1$	$\bar{Y}_0$	$\bar{Y}_S$	$\bar{Y}_{EX}$
1	×	×	×	×	×	×	×	×	1	1	1	1	1
0	1	1	1	1	1	1	1	1	1	1	1	0	1
0	×	×	×	×	×	×	×	0	0	0	0	1	0
0	×	×	×	×	×	×	0	1	0	0	1	1	0
0	×	×	×	×	×	0	1	1	0	1	0	1	0
0	×	×	×	×	0	1	1	1	0	1	1	1	0
0	×	×	×	0	1	1	1	1	1	0	0	1	0
0	×	×	0	1	1	1	1	1	1	0	1	1	0
0	×	0	1	1	1	1	1	1	1	1	0	1	0
0	0	1	1	1	1	1	1	1	1	1	1	1	0

【例 2-5】用集成优先编码器可以多级连接进行扩展功能。试用两片 8 线 -3 线优先编码器 CT74LS148 扩展为 16 线 -4 线优先编码器，将 $\bar{A}_0 \sim \bar{A}_{15}$ 16 个低电平输入信号编为 0000 ～ 1111 16 个 4 位二进制代码，优先级别从 $\bar{A}_{15} \sim \bar{A}_0$ 依次降低。

解： 由于每片 CT74LS148 只有 8 个编码输入端，所以需将 16 个输入信号分别接到两芯片的输入端上，即将 $\bar{A}_0 \sim \bar{A}_7$ 接到第（2）片的 $\bar{I}_0 \sim \bar{I}_7$，将 $\bar{A}_8 \sim \bar{A}_{15}$ 接到第（1）片的 $\bar{I}_0 \sim \bar{I}_7$。按照优先级别，只有第（1）片的 $\bar{A}_8 \sim \bar{A}_{15}$ 均无有效输入信号时，才允许第（2）片工作，因此，

只要把第（1）片的选通输出端 $\overline{Y}_S$ 连接第（2）片选通输入端 $\overline{S}$ 就可实现。另外，当第（1）片有编码信号输入时，它的 $\overline{Y}_{EX}=0$，无编码信号输入时，它的 $\overline{Y}_{EX}=1$，因此可以用第（1）片的 $\overline{Y}_{EX}$ 作为输出编码的第 4 位，以区分高 8 位和低 8 位输入编码信号。由于对应的输出为原码有效（即高电平有效），所以编码输出的低 3 位应为两片输出的 $\overline{Y}_2$、$\overline{Y}_1$、$\overline{Y}_0$ 的与非。其扩展图如图 2-15 所示。

由图 2-15 可以看出，高位片 $\overline{S}=0$ 允许对高位输入 $\overline{A}_8\sim\overline{A}_{15}$ 编码，此时高位的 $\overline{Y}_S=1$，则低位的 $\overline{S}=1$，低位片禁止编码。但若 $\overline{A}_8\sim\overline{A}_{15}$ 都是高电平，即均无编码请求，则高位的 $\overline{Y}_S=0$，即低位的 $\overline{S}=0$，允许低位片对输入 $\overline{A}_0\sim\overline{A}_7$ 编码。显然，高位片的编码级别优先于低位片。

（2）二 – 十进制优先编码器 CT74LS147

图 2-16 所示为 10 线 –4 线二 – 十进制优先编码器 CT74LS147 的逻辑电路和引脚排列图，表 2-8 为 CT74LS147 的特性表。CT74LS147 有 9 个输入端 $\overline{I}_1\sim\overline{I}_9$，低电平有效，$\overline{I}_9$ 的优先级别最高，$\overline{I}_1$ 的优先级别最低。$\overline{Y}_0\sim\overline{Y}_3$ 是 4 个输出端，也是低电平有效，即输出为 8421BCD 码的反码。由于当不输入有效信号时输出为 1111，相当于 $\overline{I}_0$ 输入有效，所以，$\overline{I}_0$ 没有引脚。

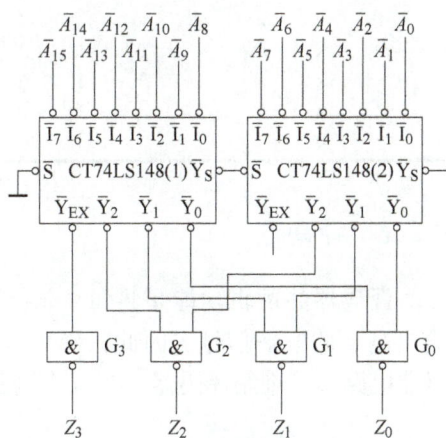

图 2-15 用两片 CT74LS148 接成的 16 线 –4 线优先编码器

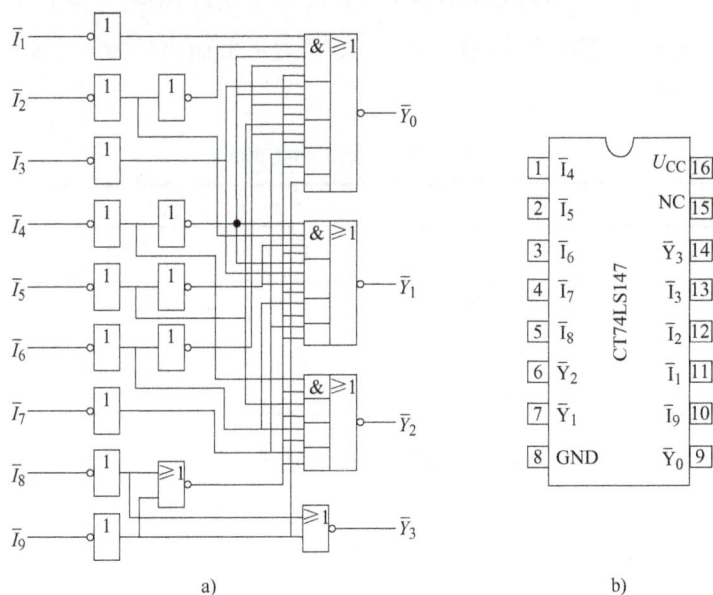

图 2-16 CT74LS147 优先编码器
a）逻辑电路 b）引脚排列图

表 2-8　CT74LS147 优先编码器的特性表

输入									输出			
$\bar{I_1}$	$\bar{I_2}$	$\bar{I_3}$	$\bar{I_4}$	$\bar{I_5}$	$\bar{I_6}$	$\bar{I_7}$	$\bar{I_8}$	$\bar{I_9}$	$\bar{Y_3}$	$\bar{Y_2}$	$\bar{Y_1}$	$\bar{Y_0}$
1	1	1	1	1	1	1	1	1	1	1	1	1
×	×	×	×	×	×	×	×	0	0	1	1	0
×	×	×	×	×	×	×	0	1	0	1	1	1
×	×	×	×	×	×	0	1	1	1	0	0	0
×	×	×	×	×	0	1	1	1	1	0	0	1
×	×	×	×	0	1	1	1	1	1	0	1	0
×	×	×	0	1	1	1	1	1	1	0	1	1
×	×	0	1	1	1	1	1	1	1	1	0	0
×	0	1	1	1	1	1	1	1	1	1	0	1
0	1	1	1	1	1	1	1	1	1	1	1	0

2.2.2　译码器

译码器的逻辑功能是将每个输入的二进制代码译成对应的输出高、低电平信号。因此，译码是编码的反操作。常用的译码器电路有二进制译码器、二 – 十进制译码器和显示译码器等。

2.2.2
译码器

1. 二进制译码器

（1）二进制译码器的工作原理

二进制译码器的输入为 n 位二进制代码，输出为 2^n 个与输入代码一一对应的高、低电平信号。所以这种译码器也称为 n 线 – 2^n 线译码器。

例如，要设计一个 2 线 –4 线译码器（即 2 位二进制译码器），令输出为低电平有效。设 A_1、A_0 为两位输入二进制代码，$\bar{Y_0}$、$\bar{Y_1}$、$\bar{Y_2}$、$\bar{Y_3}$ 为 4 个输出信号。根据译码器功能，可列出其真值表，见表 2-9。

表 2-9　2 线 –4 线译码器真值表

输入		输出			
A_1	A_0	$\bar{Y_3}$	$\bar{Y_2}$	$\bar{Y_1}$	$\bar{Y_0}$
0	0	1	1	1	0
0	1	1	1	0	1
1	0	1	0	1	1
1	1	0	1	1	1

由真值表可得 2 线 –4 线译码器的逻辑函数表达式为

$$\bar{Y_0} = \overline{\bar{A_1}\bar{A_0}} = \bar{m_0}$$

$$\bar{Y_1} = \overline{\bar{A_1}A_0} = \bar{m_1}$$

$$\bar{Y_2} = \overline{A_1\bar{A_0}} = \bar{m_2}$$

$$\overline{Y}_3 = \overline{A_1 A_0} = \overline{m}_3$$

由此可以看出，$\overline{Y}_0 \sim \overline{Y}_3$ 同时又是 A_1、A_0 这两个变量的全部最小项的译码输出，所以也把这种译码器叫作最小项译码器。根据逻辑函数表达式可画出其逻辑电路，如图 2-17 所示。

如果译码器采用输出高电平有效的规定，其真值表和逻辑电路都将有所不同。例如设计一个输出高电平有效的 3 线 –8 线译码器（即 3 位二进制译码器），其真值表见表 2-10。由真值表所得的输出逻辑函数表达式为

$$Y_0 = \overline{A}_2 \overline{A}_1 \overline{A}_0 = m_0$$

$$Y_1 = \overline{A}_2 \overline{A}_1 A_0 = m_1$$

$$Y_2 = \overline{A}_2 A_1 \overline{A}_0 = m_2$$

$$Y_3 = \overline{A}_2 A_1 A_0 = m_3$$

$$Y_4 = A_2 \overline{A}_1 \overline{A}_0 = m_4$$

$$Y_5 = A_2 \overline{A}_1 A_0 = m_5$$

$$Y_6 = A_2 A_1 \overline{A}_0 = m_6$$

$$Y_7 = A_2 A_1 A_0 = m_7$$

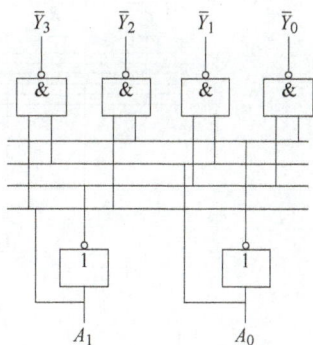

图 2-17　2 线 –4 线译码器逻辑电路

表 2-10　3 线 –8 线译码器真值表

输入			输出							
A_2	A_1	A_0	Y_7	Y_6	Y_5	Y_4	Y_3	Y_2	Y_1	Y_0
0	0	0	0	0	0	0	0	0	0	1
0	0	1	0	0	0	0	0	0	1	0
0	1	0	0	0	0	0	0	1	0	0
0	1	1	0	0	0	0	1	0	0	0
1	0	0	0	0	0	1	0	0	0	0
1	0	1	0	0	1	0	0	0	0	0
1	1	0	0	1	0	0	0	0	0	0
1	1	1	1	0	0	0	0	0	0	0

根据逻辑函数表达式可画出其逻辑电路，如图 2-18 所示。

（2）二进制译码器 CT74LS138

图 2-19 所示为常用的集成 3 线 –8 线译码器 CT74LS138 的逻辑电路和引脚排列图，其特性表见表 2-11。由表 2-11 可知，它有 6 个输入端，除了有 3 个代码输入端之外，还有 3 个控制输入端 S_1、$\overline{S}_2$、$\overline{S}_3$，这 3 个输入端也称为片选端，作为扩展功能或级联时使用。当 S_1 为 1 且 $\overline{S}_2 + \overline{S}_3$ 为 0 时，译码器处于工作状态，否则译码器不工作。

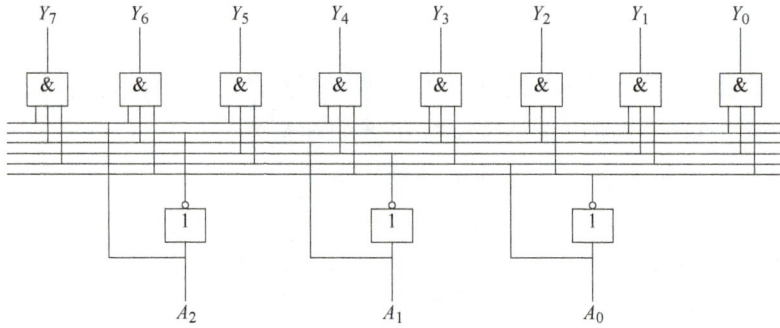

图 2-18　3 线 –8 线译码器逻辑电路

表 2-11　3 线 –8 线译码器 CT74LS138 的特性表

S_1	$\bar{S_2}+\bar{S_3}$	A_2	A_1	A_0	$\bar{Y_7}$	$\bar{Y_6}$	$\bar{Y_5}$	$\bar{Y_4}$	$\bar{Y_3}$	$\bar{Y_2}$	$\bar{Y_1}$	$\bar{Y_0}$
	输入							输出				
0	×	×	×	×	1	1	1	1	1	1	1	1
×	1	×	×	×	1	1	1	1	1	1	1	1
1	0	0	0	0	1	1	1	1	1	1	1	0
1	0	0	0	1	1	1	1	1	1	1	0	1
1	0	0	1	0	1	1	1	1	1	0	1	1
1	0	0	1	1	1	1	1	1	0	1	1	1
1	0	1	0	0	1	1	1	0	1	1	1	1
1	0	1	0	1	1	1	0	1	1	1	1	1
1	0	1	1	0	1	0	1	1	1	1	1	1
1	0	1	1	1	0	1	1	1	1	1	1	1

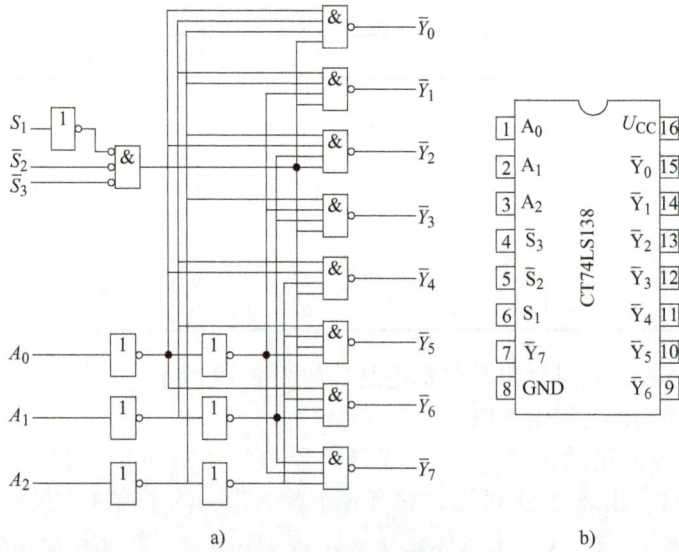

图 2-19　CT74LS138 二进制译码器

a）逻辑电路　b）引脚排列图

（3）二进制译码器的应用

1）译码器的功能扩展。

利用译码器的使能端可以方便地扩展译码器的容量。图 2-20 所示为用两片 CT74LS138 扩展实现的 4 线 –16 线译码器。当 $D_3=0$ 时，高位片禁止，低位片工作，输出 $\overline{Z}_0 \sim \overline{Z}_7$ 由输入的二进制代码 $D_2D_1D_0$ 决定；当 $D_3=1$ 时，低位片禁止，高位片工作，输出 $\overline{Z}_8 \sim \overline{Z}_{15}$ 由输入的二进制代码 $D_2D_1D_0$ 决定。从而实现了 4 线 –16 线译码器的功能。

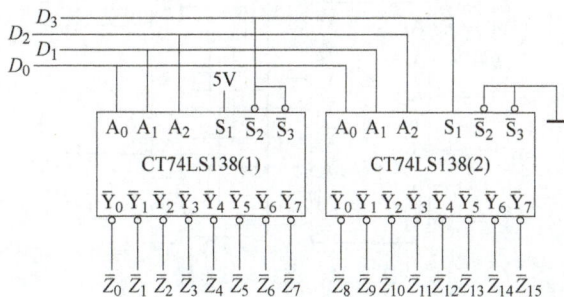

图 2-20　用两片 CT74LS138 接成的 4 线 –16 线译码器

2）用译码器实现组合逻辑函数。

在 3 线 –8 线译码器 CT74LS138 中，当 $S_1=1$，$\overline{S}_2 = \overline{S}_3 =0$ 时，若将 A_2、A_1、A_0 作为 3 个输入逻辑变量，则 8 个输出端 $\overline{Y}_0 \sim \overline{Y}_7$ 就是这 3 个输入变量的全部最小项 $\overline{m}_0 \sim \overline{m}_7$，则利用附加门电路将这些最小项适当地组合起来，便可产生任何形式的三变量组合逻辑函数。

同理可扩展到 n 变量，由于 n 位二进制译码器的输出给出了 n 变量的全部最小项，因而用 n 变量二进制译码器和或门（当译码器输出为高电平有效时）或与非门（当译码器输出为低电平有效时）相配合，定能获得任何形式输入变量数不大于 n 的组合逻辑函数。

【例 2-6】试用 3 线 –8 线译码器 CT74LS138 实现下列多输出组合逻辑函数。

$$Z_1=A\overline{C}+\overline{A}BC+A\overline{B}C$$

$$Z_2=BC+\overline{A}\,\overline{B}C$$

$$Z_3=\overline{A}B+A\overline{B}C$$

$$Z_4=\overline{A}\,\overline{B}\,\overline{C}+\ \overline{B}C\ +ABC$$

解：首先将给定函数变换为最小项之和的形式，得到

$$Z_1=AB\overline{C}+A\overline{B}\,\overline{C}+\overline{A}BC+A\overline{B}C=m_3+m_4+m_5+m_6$$

$$Z_2=ABC+\overline{A}BC+\overline{A}\,\overline{B}C=m_1+m_3+m_7$$

$$Z_3=\overline{A}BC+\overline{A}B\overline{C}+A\overline{B}C=m_2+m_3+m_5$$

$$Z_4=\overline{A}\,\overline{B}\,\overline{C}+A\overline{B}\,\overline{C}+\overline{A}\,\overline{B}C+ABC=m_0+m_2+m_4+m_7$$

令 CT74LS138 的输入端 $A_2=A$、$A_1=B$、$A_0=C$，则它的各输出端就是各输入变量最小项的反函数形式，因此函数式可变换为

$$Z_1 = \overline{\overline{m}_3\overline{m}_4\overline{m}_5\overline{m}_6} = \overline{\overline{Y}_3\overline{Y}_4\overline{Y}_5\overline{Y}_6}$$

$$Z_2 = \overline{\overline{m}_1\overline{m}_3\overline{m}_7} = \overline{\overline{Y}_1\overline{Y}_3\overline{Y}_7}$$

$$Z_3 = \overline{\overline{m}_2\overline{m}_3\overline{m}_5} = \overline{\overline{Y}_2\overline{Y}_3\overline{Y}_5}$$

$$Z_4 = \overline{\overline{m}_0\overline{m}_2\overline{m}_4\overline{m}_7} = \overline{\overline{Y}_0\overline{Y}_2\overline{Y}_4\overline{Y}_7}$$

这样在 CT74LS138 之后加与非门就可以实现函数了，具体接法如图 2-21 所示。

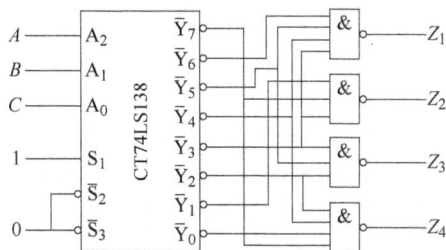

图 2-21　例 2-6 的电路

2. 二 – 十进制译码器

二 – 十进制译码器（也称 BCD 码译码器）的逻辑功能是将输入 BCD 码的 10 个代码译成 10 个高、低电平输出信号。二 – 十进制译码器的设计方法同二进制译码器一样，只不过它是 4 个输入端、10 个输出端，输入代码 “0～9” 时有对应的输出，输入代码 “10～15” 为伪码，没有与之对应的输出。当伪码输入时，10 个输出端均为非有效电平。CT74LS42 是一种典型的二 – 十进制译码器，图 2-22 所示为 CT74LS42 的逻辑电路图和引脚排列图，表 2-12 为 CT74LS42 的特性表。

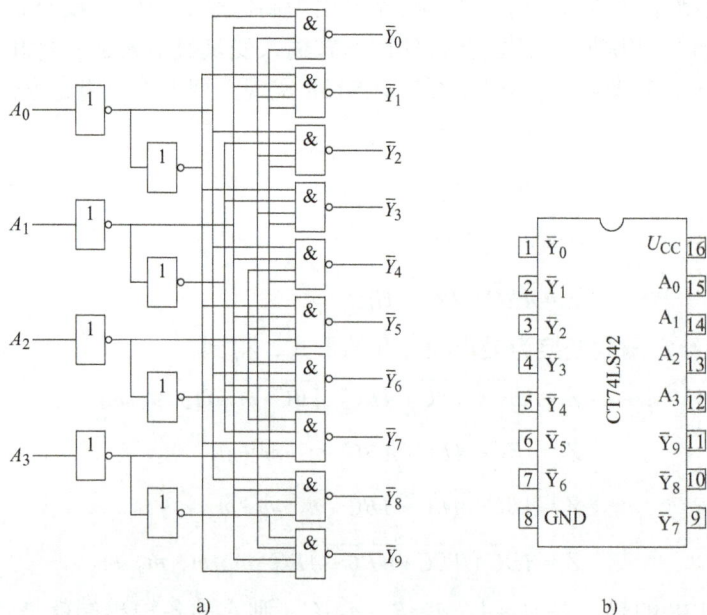

图 2-22　CT74LS42 二 – 十进制译码器

a）逻辑电路　b）引脚排列图

表 2-12　二 – 十进制译码器 CT74LS42 的特性表

十进制数	输入				输出									
	A_3	A_2	A_1	A_0	$\overline{Y_0}$	$\overline{Y_1}$	$\overline{Y_2}$	$\overline{Y_3}$	$\overline{Y_4}$	$\overline{Y_5}$	$\overline{Y_6}$	$\overline{Y_7}$	$\overline{Y_8}$	$\overline{Y_9}$
0	0	0	0	0	0	1	1	1	1	1	1	1	1	1
1	0	0	0	1	1	0	1	1	1	1	1	1	1	1
2	0	0	1	0	1	1	0	1	1	1	1	1	1	1
3	0	0	1	1	1	1	1	0	1	1	1	1	1	1
4	0	1	0	0	1	1	1	1	0	1	1	1	1	1
5	0	1	0	1	1	1	1	1	1	0	1	1	1	1
6	0	1	1	0	1	1	1	1	1	1	0	1	1	1
7	0	1	1	1	1	1	1	1	1	1	1	0	1	1
8	1	0	0	0	1	1	1	1	1	1	1	1	0	1
9	1	0	0	1	1	1	1	1	1	1	1	1	1	0
伪码	1	0	1	0	1	1	1	1	1	1	1	1	1	1
	1	0	1	1	1	1	1	1	1	1	1	1	1	1
	1	1	0	0	1	1	1	1	1	1	1	1	1	1
	1	1	0	1	1	1	1	1	1	1	1	1	1	1
	1	1	1	0	1	1	1	1	1	1	1	1	1	1
	1	1	1	1	1	1	1	1	1	1	1	1	1	1

3. 显示译码器

在数字测量仪表和各种数字系统中，常常需要将数字、字母、符号等直观地显示出来，一方面供人们直接读取测量和运算结果，另一方面用于监视数字系统的工作情况。能够显示数字、字母、符号的器件称为数字显示电路，数字显示电路是许多数字设备不可缺少的组成部分。数字显示电路通常由译码器、驱动器和显示器等部分构成。

（1）七段字符显示器

为了直观地显示十进制数码，目前广泛采用七段字符显示器，或称为七段数码管。这种字符显示器是由七段可发光的线段拼合而成的，以十进制数码直观地显示数字系统的运行数据，如图 2-23 所示。

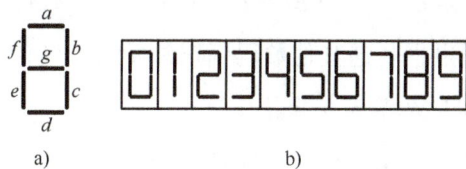

图 2-23　七段字符显示器发光段组合图

a）分段布置图　b）发光段组合图

常见的七段字符显示器有半导体数码管、液晶显示器、荧光显示器及气体放电管显示器等，其中半导体数码管应用最广泛。半导体数码管的每个线段都是一个发光二极管（简称 LED），因而也把它叫作 LED 数码管或 LED 七段显示器，如图 2-24 所示。为了使数码管能将数码所代表的数显示出来，必须将数码经译码器译出，然后，经驱动器点亮对应的段。

半导体数码管的主要优点是工作电压低、体积小、寿命长、响应时间短、可靠性高、亮度也较高。其发光颜色因所用材料不同，有红色、绿色、黄色等。缺点是工作电流比较大。

液晶是一种既具有液体的流动性又具有晶体光学特性的有机化合物。它的透明度和显示的颜色受外加电场的控制，利用这一特点，人们制成了液晶显示器。液晶显示器的最大优点是工作电压低、功耗极小，使它在小型计算机、便携式仪器仪表中得到了广泛应用，它的缺点是亮度较差、响应速度慢。

（2）七段显示译码器 CT74LS48

七段显示译码器 CT74LS48 是一种与共阴极数字显示器配合使用的集成显示译码器，其逻辑电路和引脚排列图如图 2-25 所示。CT74LS48 的功能是将输入的 4 位二进制代码转换成显示器所需要的七段信号 $Y_a \sim Y_g$。表 2-13 为 CT74LS48 的特性表，$A_3A_2A_1A_0$ 为输入端，$Y_a \sim Y_g$ 为译码输出端，当输入 BCD 码 "0000 ～ 1001"时，对应输出 $Y_a \sim Y_g$ 显示阿拉伯数字 "0 ～ 9"；在输入 "1010 ～ 1111"这 6 个代码时，对应输出 $Y_a \sim Y_g$ 显示特定符号字形。另外，为了完善其功能，该译码器还设置了 3 个控制端，即灯测试输入端 $\overline{LT}$、灭零输入端 $\overline{RBI}$ 和灭灯输入 / 灭零输出端 $\overline{BI}$ / $\overline{RBO}$。

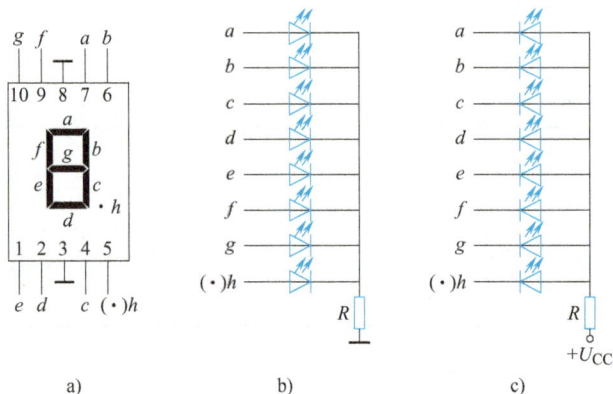

图 2-24　LED 数码管

a）引脚排列图　b）共阴极接线图　c）共阳极接线图

1）灯测试输入端 $\overline{LT}$。当 $\overline{BI}$ =1，$\overline{LT}$ =0 时，无论其他输入状态如何，输出 $Y_a \sim Y_g$ 均为高电平，数码管七段全亮。由此可以检测显示器 7 个发光段的好坏，所以 $\overline{LT}$ 称为灯测试输入端。

2）灭零输入端 $\overline{RBI}$。当 $\overline{LT}$ =1，$\overline{RBI}$ =0，且输入 $A_3A_2A_1A_0$=0000 时，输出的 "0" 不显示，即 $Y_a \sim Y_g$ 全部为低电平。遇其他数码则正常显示。只有当 $\overline{RBI}$ =1 时，才产生 "0"的七段显示码，所以 $\overline{RBI}$ 称为灭零输入端。

3）灭灯输入 / 灭零输出端 $\overline{BI}$ / $\overline{RBO}$，这是一个双功能的输入 / 输出端。当作为输入端使用时，$\overline{BI}$ 称灭灯输入控制端。只要加入灭灯控制信号 $\overline{BI}$ =0，无论其他输入端为何值，输出 $Y_a \sim Y_g$ 均为低电平，不显示字形；作为输出端使用时，$\overline{RBO}$ 称为灭零输出端。当 $\overline{LT}$ =1，$\overline{RBI}$ =0，且 $A_3A_2A_1A_0$=0000 时，在输出的 "0" 不被显示（即被熄灭）的同时，输出端 $\overline{RBO}$ =0，用以指示该片处于灭零状态。将 $\overline{RBO}$ 和 $\overline{RBI}$ 配合使用，可以实现多位数显示时的"无效 0 消隐" 功能。图 2-26 所示为有灭零控制的 8 位数码显示系统图。

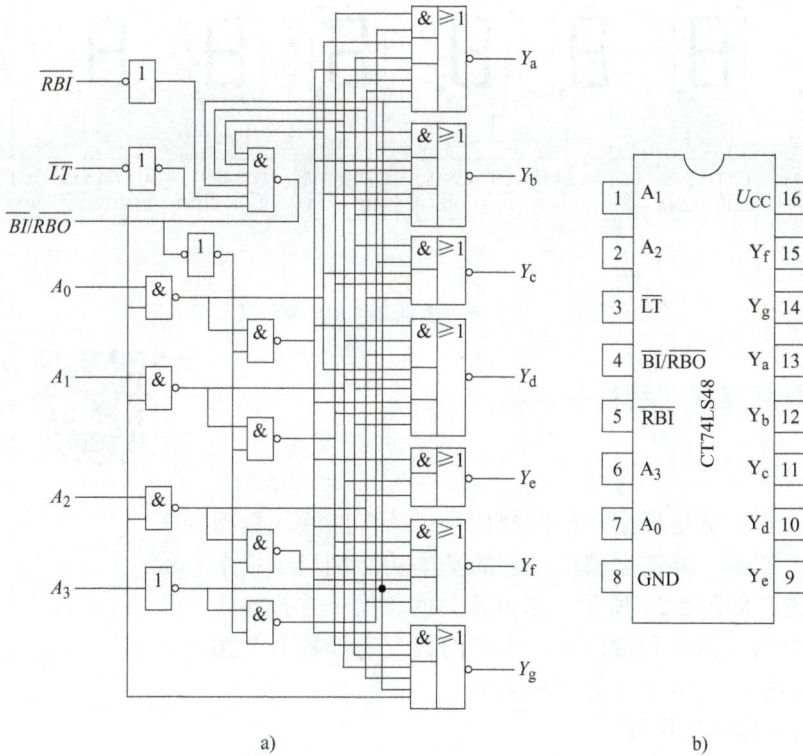

图 2-25　CT74LS48 七段显示译码器

a）逻辑电路　b）引脚排列图

表 2-13　七段显示译码器 CT74LS48 的特性表

输入						输入 / 输出	输出						
$\overline{LT}$	$\overline{RBI}$	A_3	A_2	A_1	A_0	$\overline{BI}\,/\,\overline{RBO}$	Y_a	Y_b	Y_c	Y_d	Y_e	Y_f	Y_g
1	1	0	0	0	0	1	1	1	1	1	1	1	0
1	×	0	0	0	1	1	0	1	1	0	0	0	0
1	×	0	0	1	0	1	1	1	0	1	1	0	1
1	×	0	0	1	1	1	1	1	1	1	0	0	1
1	×	0	1	0	0	1	0	1	1	0	0	1	1
1	×	0	1	0	1	1	1	0	1	1	0	1	1
1	×	0	1	1	0	1	0	0	1	1	1	1	1
1	×	0	1	1	1	1	1	1	1	0	0	0	0
1	×	1	0	0	0	1	1	1	1	1	1	1	1
1	×	1	0	0	1	1	1	1	1	0	0	1	1
1	×	1	0	1	0	1	0	0	0	1	1	0	1
1	×	1	0	1	1	1	0	0	1	1	0	0	1
1	×	1	1	0	0	1	0	1	0	0	0	1	1
1	×	1	1	0	1	1	1	0	0	1	0	1	1
1	×	1	1	1	0	1	0	0	0	1	1	1	1
1	×	1	1	1	1	1	0	0	0	0	0	0	0
×	×	×	×	×	×	0	0	0	0	0	0	0	0
1	0	0	0	0	0	0	0	0	0	0	0	0	0
0	×	×	×	×	×	1	1	1	1	1	1	1	1

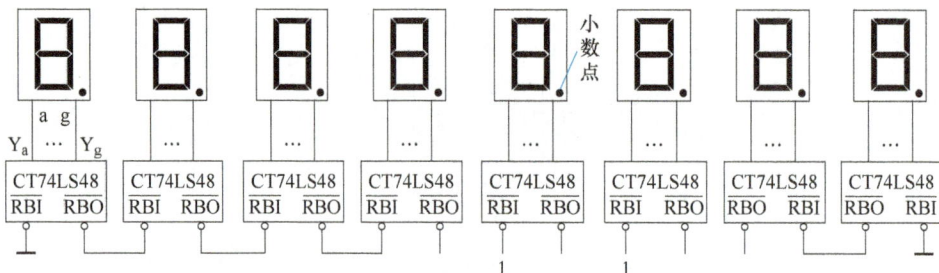

图 2-26　有灭零控制的 8 位数码显示系统图

2.2.3　数据选择器和数据分配器

2.2.3
数据选择器和
数据分配器

1. 数据选择器

数据选择器，就是根据地址控制信号，从多路输入数据中，选择其中的某一路数据输出。它的基本功能相当于一个单刀多掷开关，如图 2-27 所示。通过开关的转换，选择输入信号中的一个信号传送到输出端。常用的数据选择器有 2 选 1、4 选 1、8 选 1 和 16 选 1 等多种类型。

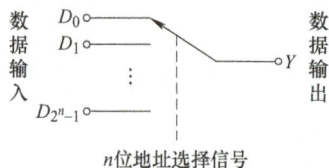

图 2-27　数据选择器示意图

（1）4 选 1 数据选择器

图 2-28 所示为 4 选 1 数据选择器的逻辑电路和逻辑图形符号图，表 2-14 为其特性表。其中，A_1、A_0 为控制数据准确传送的地址输入信号，$D_0 \sim D_3$ 为供选择的电路并行输入信号，$\overline{S}$ 为选通端或使能端，低电平有效。

当 $\overline{S} = 1$ 时，数据选择器不工作，禁止数据输入；$\overline{S} = 0$ 时，数据选择器正常工作，允许数据输入。

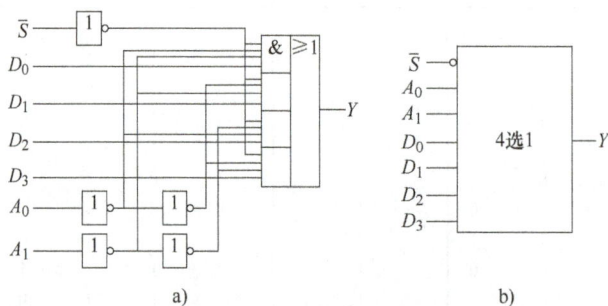

图 2-28　4 选 1 数据选择器

a）逻辑电路　b）逻辑图形符号

由图 2-28a 所示逻辑电路图可写出 4 选 1 数据选择器的输出逻辑函数表达式，即

$$Y = (\overline{A_1}\,\overline{A_0}D_0 + \overline{A_1}A_0D_1 + A_1\overline{A_0}D_2 + A_1A_0D_3)\,S$$

表 2-14　4 选 1 数据选择器的特性表

地址输入		使能控制	输出
A_1	A_0	$\overline{S}$	Y
×	×	1	0
0	0	0	D_0
0	1	0	D_1
1	0	0	D_2
1	1	0	D_3

常用的集成数据选择器有 2 选 1（如 CC74HC157、CT74LS157、CT74LS158）、4 选 1（如 CC74HC253、CT74LS153）、8 选 1（如 CT74LS151、CC74HC251）等。图 2-29 所示为数据选择器 CT74LS153 的引脚排列图，其内部含有两个完全相同的 4 选 1 数据选择器。两个数据选择器有公共的地址输入端 A_1、A_0，各自设置有选通端（或使能端）$\overline{S}$，低电平有效。

（2）数据选择器的应用

1）数据选择器的功能扩展。

作为一种集成器件，最大规模的数据选择器是 16 选 1，如果需要更大规模的数据选择器，那么可通过通道扩展来实现。

图 2-30 所示为 8 选 1 数据选择器 CT74LS151 的引脚排列图。它有 8 个数据输入端 $D_0 \sim D_7$，3 个地址输入端 A_2、A_1、A_0，2 个互补输出端 Y 和 $\overline{Y}$，1 个使能输入端 $\overline{S}$，使能端为 $\overline{S}$ 低电平有效。用两片 CT74LS151 和 3 个门电路实现的 16 选 1 数据选择器的逻辑电路如图 2-31 所示。16 选 1 数据选择器的地址输入端有 4 位，最高位 A_3 的输入可以由两片 8 选 1 数据选择器的使能端接非门来实现，低 3 位地址输入端由两片 CT74LS151 的地址输入端相连而成。当 A_3=0 时，由图 2-31 可知，低位片 CT74LS151（1）工作，根据地址控制信号 $A_3A_2A_1A_0$ 选择数据 $D_0 \sim D_7$ 输出；当 A_3=1 时，高位片 CT74LS151（2）工作，根据 $A_3A_2A_1A_0$ 选择 $D_8 \sim D_{15}$ 输出。

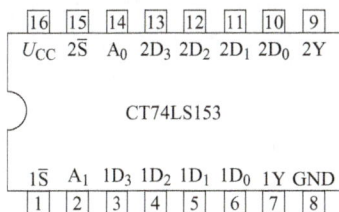

图 2-29　CT74LS153 的引脚排列图

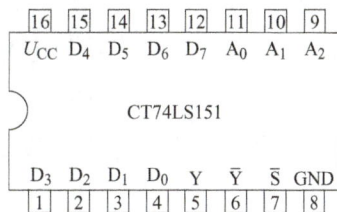

图 2-30　8 选 1 数据选择器 CT74LS151 的引脚排列图

2）实现组合逻辑函数。

用数据选择器可以实现组合逻辑函数。由数据选择器输出表达式可知，它基本上与逻辑函数的最小项表达式是一致的，只是多了一个因子 D_i。现在如果令 D_i=1，则与之对应的最小项 m_i 将包含在 Y 的函数式中；如果令 D_i=0，则与之对应的最小项 m_i 将不包含在 Y 的函数式中，所以，对于一个组合逻辑函数，可以根据它的最小项表达式借助数据选择器来实现它。

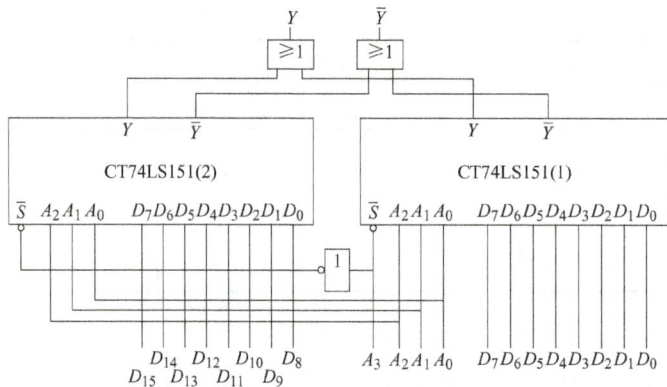

图 2-31　用两片 CT74LS151 组成的 16 选 1 数据选择器的逻辑电路

【例 2-7】试用数据选择器实现组合逻辑函数：

$$L=AB+BC+AC$$

解：

1）首先将逻辑函数变换为最小项表达式，即

$$L=AB+BC+AC$$

$$=ABC+AB\bar{C}+\bar{A}BC+A\bar{B}C$$

$$=m_3+m_5+m_6+m_7$$

2）L 为三变量函数，所以选择 8 选 1 数据选择器。

3）将地址输入端、数据输入端赋值，即

$$A_2=A，A_1=B，A_0=C，D_3=D_5=D_6=D_7=1，D_0=D_1=D_2=D_4=0$$

画出逻辑电路，如图 2-32a 所示。

本例函数 $L=AB+BC+AC$ 也可以用 4 选 1 数据选择器来实现。如果将 A、B 接到地址输入端，并令 $A_1=A$，$A_0=B$，则

$$L=AB+BC+AC$$

$$=AB+ABC+\bar{A}BC+ABC+A\bar{B}C$$

$$=AB+\bar{A}BC+A\bar{B}C$$

$$=AB \cdot 1+\bar{A}BC+A\bar{B}C$$

令 $D_3=1$，$D_0=0$，$D_1=D_2=C$，其逻辑电路如图 2-32b 所示。

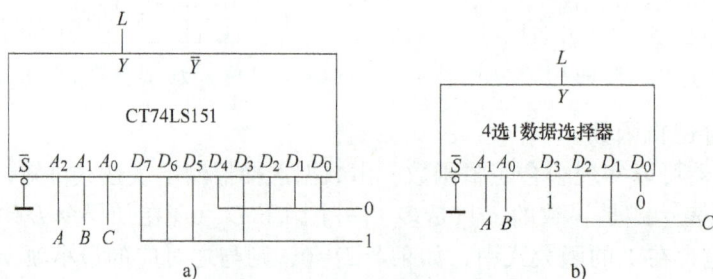

图 2-32　例 2-7 的逻辑电路

a）用 8 选 1 数据选择器实现　b）用 4 选 1 数据选择器实现

2. 数据分配器

数据分配就是根据地址信号，从多个数据输出端中选出一个输出端，把输入的一位数据 D 经由此输出端送达多路数据接收装置中的某一个。由此可知，数据分配过程是数据选择过程的逆过程。数据分配器有一个数据输入端、多个数据输出端和与此对应的地址信号端。数据分配器是译码器的一种特殊应用，其功能相当于一个波段开关，如图 2-33 所示。

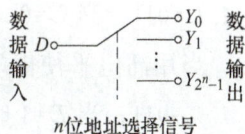

图 2-33　数据分配器示意图

图 2-34 是 4 路数据分配器的逻辑电路，D 为被传送的数据输入端，A、B 是地址信号端，$Y_0 \sim Y_3$ 是数据输出端。由图 2-34 可知，当 $AB=00$ 时，$Y_0=D$，数据分配给 Y_0；$AB=01$ 时，$Y_1=D$，数据分配给 Y_1；$AB=10$ 时，$Y_2=D$，数据分配给 Y_2；$AB=11$ 时，$Y_3=D$，数据分配给 Y_3。当数据分配给某一路（Y）时，其余各路（Y）均为 0，无效，即数据做唯一分配。

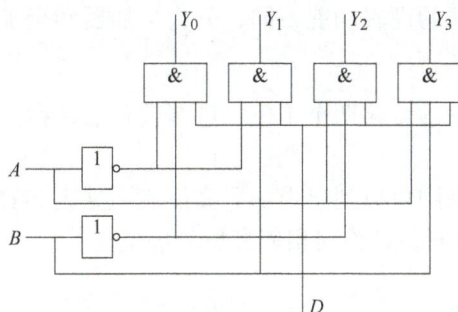

图 2-34　4 路数据分配器逻辑电路

根据数据分配器的原理，具有使能端的二进制译码器可以完成数据分配器的操作。例如，用 CT74LS138 译码器实现 8 路数据分配器，将数据 D 加到 CT74LS138 译码器的某个使能控制端，地址选择信号 $A_2A_1A_0$ 对应加到 CT74LS138 译码器的代码输入端，由 $A_2A_1A_0$ 的状态组合就可以确定数据 D 的输出通道，如图 2-35 所示。

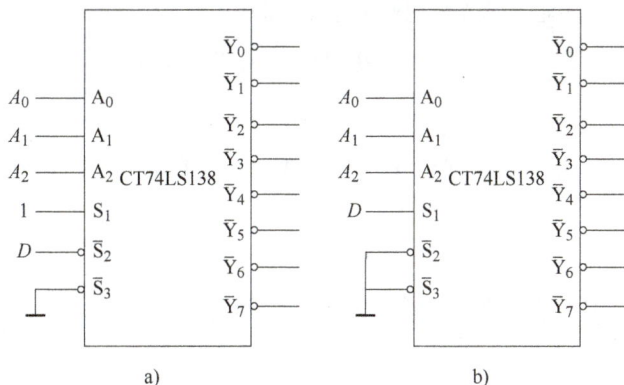

图 2-35　用 CT74LS138 译码器实现 8 路数据分配器

a）原码输出　b）反码输出

当用低电平使能端 $\bar{S}_2$ 作为数据输入端时，输入数据原码输出，如图 2-35a 所示，设 $A_2A_1A_0=011$，当 $D=0$ 时，$\bar{Y}_3=0$，当 $D=1$ 时，CT74LS138 译码器不工作，$\bar{Y}_3=1$。

当用高电平使能端 S_1 作为数据输入端时，输入数据反码输出，如图 2-35b 所示，设 $A_2A_1A_0=011$，当 $D=1$ 时，$\bar{Y}_3=0$，当 $D=0$ 时，CT74LS138 译码器不工作，$\bar{Y}_3=1$。

数据分配器在计算机中有广泛的应用。数据要传送到的最终地址以及传送的方式都可以通过数据分配器来实现。同时，数据分配器和数据选择器一起构成数据传送系统，可实现多路数字信号的分时传送，达到减少传输线数的目的。

2.2.4 加法器

2.2.4
加法器

在计算机和数字系统中，经常进行加、减、乘、除运算，其中加法运算是最基本的运算，其他各种运算都可以用加法运算来实现。加法器按所实现的逻辑功能不同，分为半加器和全加器。

1. 半加器

如果不考虑来自低位的进位将两个 1 位二进制数相加，称为半加。实现半加运算的电路叫作半加器。

按照二进制加法运算规则可以列出半加器真值表，见表 2-15。其中，A 和 B 分别表示被加数和加数，S 是相加的和，C 为向相邻高位的进位。

表 2-15 半加器的真值表

输入		输出	
A	B	S	C
0	0	0	0
0	1	1	0
1	0	1	0
1	1	0	1

由真值表可直接写出输出逻辑函数表达式，即

$$S=\bar{A}B+A\bar{B}=A \oplus B$$

$$C=AB$$

用一个异或门和一个与门组成的半加器如图 2-36a 所示。图 2-36b 所示为半加器的逻辑图形符号。

2. 全加器

不仅考虑两个一位二进制数 A_i 和 B_i 相加，而且还考虑来自相邻低位的进位数 C_{i-1}，这种运算称为全加。实现全加运算的电路叫作全加器。

根据二进制加法运算规则可列出 1 位全加器的真值表，见表 2-16。其中，A_i 和 B_i 分别表示被加数和加数，C_{i-1} 表示相邻低位的进位，S_i 为本位

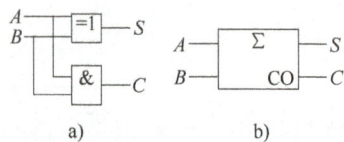

图 2-36 半加器

a）逻辑电路　b）逻辑图形符号

的和，C_i 为向相邻高位的进位。

由真值表写出逻辑表达式

$$S_i=\overline{A_i}\,\overline{B_i}C_{i-1}+\overline{A_i}B_i\overline{C_{i-1}}+A_i\overline{B_i}\,\overline{C_{i-1}}+A_iB_iC_{i-1}$$

$$=\overline{A_i \oplus B_i}\,C_{i-1}+（A_i \oplus B_i）\overline{C}_{i-1}$$

$$=A_i \oplus B_i \oplus C_{i-1}$$

$$C_i=\overline{A_i}B_iC_{i-1}+A_i\overline{B_i}C_{i-1}+A_iB_i\overline{C_{i-1}}+A_iB_iC_{i-1}$$

$$=（A_i \oplus B_i）C_{i-1}+A_iB_i$$

表 2-16　全加器的真值表

输入			输出	
A_i	B_i	C_{i-1}	S_i	C_i
0	0	0	0	0
0	0	1	1	0
0	1	0	1	0
0	1	1	0	1
1	0	0	1	0
1	0	1	0	1
1	1	0	0	1
1	1	1	1	1

全加器的逻辑电路和逻辑图形符号如图 2-37 所示。

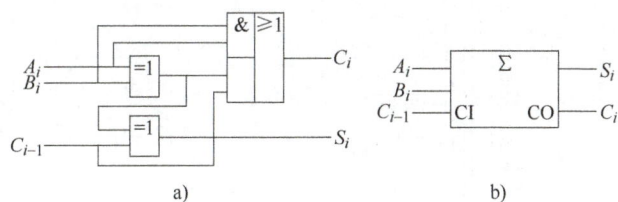

图 2-37　全加器

a）逻辑电路　b）逻辑图形符号

3. 多位数加法器

半加器和全加器只能实现一位二进制数相加，而实际更多的是多位二进制数相加，这就要用到多位加法器。能够实现多位二进制数加法运算的电路称为多位数加法器，根据相加的方式不同，可分为串行进位加法器和超前进位加法器。

（1）串行进位加法器

两个多位数相加时每一位都是带进位相加的，因而必须使用全加器。只要依次将低位全加器的进位输出端接到高位全加器的进位输入端，就可以构成多位加法器。

图 2-38 就是根据上述原理接成的 4

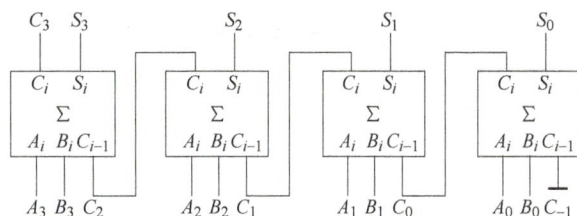

图 2-38　4 位串行进位加法器

位串行进位加法器。因为多位数中的每一位相加都需要一个全加器，所以 4 位串行进位加法器共需 4 个全加器，每一位的本位进位输出端送给相邻高位的进位输入端，也就是说，每一位的相加结果都必须等到低一位的进位产生以后才能建立起来，因此，这种结构的电路叫作串行进位加法器。

串行进位加法器的优点是电路比较简单，缺点是运算速度比较慢。例如 4 位相加的加法运算需要经过 4 个全加器的传输延迟时间，位数越多，传输延迟时间也越长。但因其电路结构比较简单，在对运算速度要求不高的设备中，这种加法器仍不失为一种可取的电路。

（2）超前进位加法器

为了克服串行加法器运算速度慢的缺点，产生了超前进位加法器。其主要设计思想是设法将高位的进位输入信号 C_i 经判断直接给出，由表 2-16 全加器的真值表中可以看到，当 $A_i \oplus B_i = 1$ 且 $C_{i-1} = 1$ 或 $A_i B_i = 1$ 时，会有进位输出信号产生，即

$$C_i = A_i B_i + (A_i \oplus B_i) C_{i-1}$$

图 2-39 所示为 4 位二进制超前进位加法器 CT74LS283 的逻辑电路图和引脚排列图。与串行进位加法器比较，超前进位加法器运算时间的缩短是以电路复杂程度为代价的。一片 CT74LS283 只能完成 4 位二进制数的加法运算，如果将多片 CT74LS283 进行级联，就可以扩展加法运算的位数。

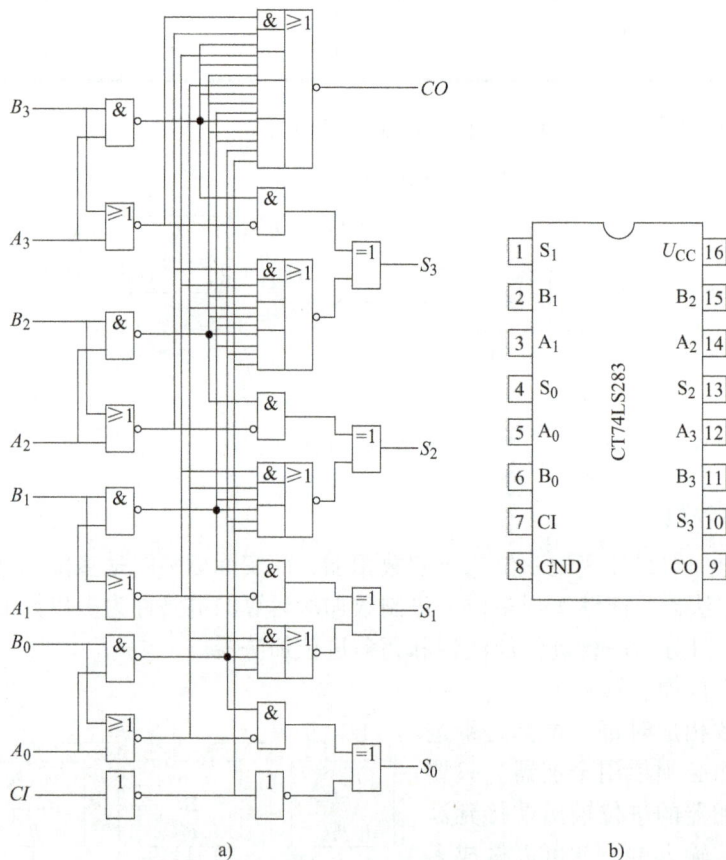

图 2-39 4 位二进制超前进位加法器 CT74LS283

a）逻辑电路 b）引脚排列图

（3）加法器的应用

加法器除了能够进行二进制数的算术运算之外，在有些场合还被用作实现组合逻辑函数。如果要产生的逻辑函数能化成输入变量与输入变量或者输入变量与常量在数值上相加的形式，这时用加法器实现这个组合逻辑函数要比用门电路实现简单得多。

【例 2-8】设计一个代码转换电路，将 8421BCD 码转换为余 3 码。

解： 根据余 3 码的编码规律，对应于同一十进制数，余 3 码 $Y_3Y_2Y_1Y_0$ 总是比 8421BCD 码 $DCBA$ 多 0011（即十进制的 3），故有

$$Y_3Y_2Y_1Y_0=DCBA+0011$$

因此，用一片 4 位加法器 CT74LS283 便可接成要求的代码转换电路，如图 2-40 所示。

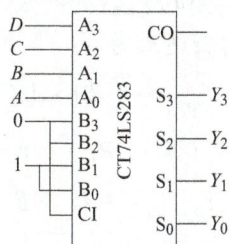

图 2-40 例 2-8 的代码转换电路

2.2.5 数值比较器

在数字系统中，经常需要对两个数字量进行比较，例如，一个数控恒温机构，要求恒温于某一温度 B，若实际温度 $A<B$，需继续升温；当 $A=B$ 时，维持原有温度；若实际温度 $A>B$ 时，则停止加热，即切断电源。这里需要先将温度转换成数字信号，然后进行比较，由比较结果再去控制执行机构，确定是接通还是切断电源。这种用来比较两个数字的逻辑电路称为数值比较器。

1. 1 位数值比较器

设计比较两个 1 位二进制数 A 和 B 大小的数字电路，输入变量是两个比较数 A 和 B，输出变量 $F_{A>B}$、$F_{A<B}$、$F_{A=B}$ 分别表示 $A>B$、$A<B$ 和 $A=B$ 3 种比较结果，其真值表见表 2-17。

表 2-17 1 位数值比较器的真值表

输入		输出		
A	B	$F_{A>B}$	$F_{A<B}$	$F_{A=B}$
0	0	0	0	1
0	1	0	1	0
1	0	1	0	0
1	1	0	0	1

根据真值表写出逻辑表达式，即

$$F_{A>B}=A\overline{B}$$

$$F_{A<B}=\overline{A}B$$

$$F_{A=B}=AB+\overline{A}\overline{B}=\overline{\overline{A}B+A\overline{B}}$$

由逻辑表达式画出逻辑电路，如图 2-41 所示。

2. 多位数值比较器

在比较两个多位数的大小时，必须自高而低地逐位比较，而且只有在高位相等时，才需要比较低位。例

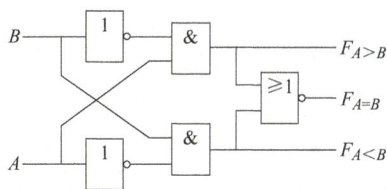

图 2-41 1 位数值比较器的逻辑电路

如，A、B 是两个 4 位二进制数 $A_3A_2A_1A_0$ 和 $B_3B_2B_1B_0$，进行比较时应首先比较 A_3 和 B_3。如果 $A_3>B_3$，那么不管其他几位数码各为何值，肯定是 $A>B$。反之，若 $A_3<B_3$，则不管其他几位数码为何值，肯定是 $A<B$。如果 $A_3=B_3$，这就必须通过比较下一位 A_2 和 B_2 来判断 A 和 B 的大小了。依次类推，定能比出结果。

图 2-42 是 4 位数值比较器 CC14585 的逻辑电路和引脚排列图。图中的 $Y_{(A<B)}$、$Y_{(A=B)}$ 和 $Y_{(A>B)}$ 是总的比较结果，$A_3A_2A_1A_0$ 和 $B_3B_2B_1B_0$ 是两个相比较的 4 位数的输入端。$I_{(A<B)}$、$I_{(A=B)}$ 和 $I_{(A>B)}$ 是扩展端（即级联输入端），供片间连接时用。由逻辑电路图可写出输出的逻辑表达式为

$$Y_{(A<B)}=\overline{A}_3 B_3+(A_3\odot B_3)\,\overline{A}_2 B_2+(A_3\odot B_3)(A_2\odot B_2)\,\overline{A}_1 B_1+(A_3\odot B_3)(A_2\odot B_2)(A_1\odot B_1)$$

$$\overline{A}_0 B_0+(A_3\odot B_3)(A_2\odot B_2)(A_1\odot B_1)(A_0\odot B_0) I_{(A<B)}$$

$$Y_{(A=B)}=(A_3\odot B_3)(A_2\odot B_2)(A_1\odot B_1)(A_0\odot B_0) I_{(A=B)}$$

$$Y_{(A>B)}=\overline{Y_{(A<B)}+Y_{(A=B)}+\overline{I_{(A>B)}}}=\overline{Y_{(A<B)}+Y_{(A=B)}}$$

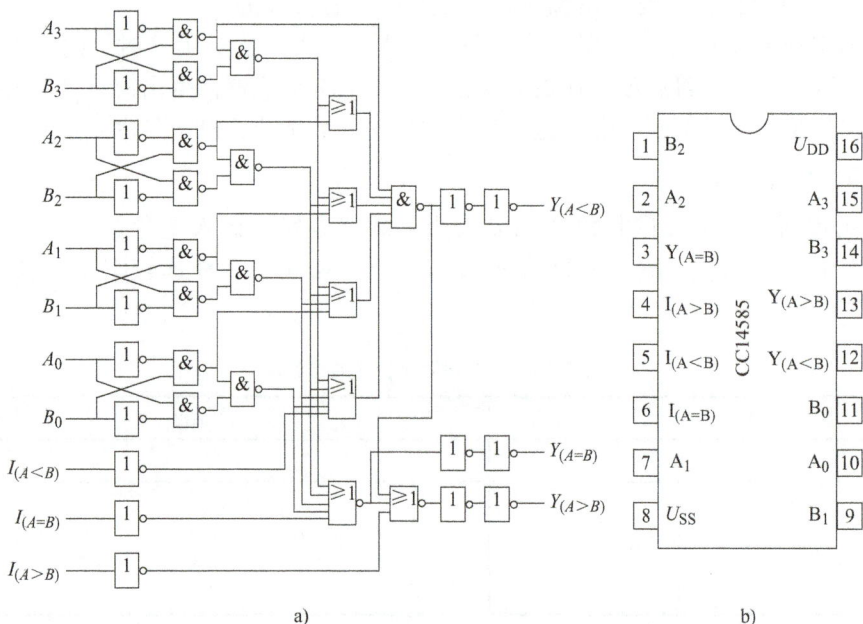

图 2-42　4 位数值比较器 CC14585

a）逻辑电路　b）引脚排列图

在比较两个 4 位数时，将扩展端 $I_{(A<B)}$ 接低电平，同时将 $I_{(A=B)}$ 和 $I_{(A>B)}$ 接高电平；在比较两个 4 位以上的二进制数时，需要用两片以上的 CC14585 组合成位数更多的数值比较电路。下面通过一个简单的例子来说明扩展接法。

【例 2-9】试用两片 CC14585 组成一个 8 位数值比较器。

解：根据多位数比较的规则，在高位相等时取决于低位的比较结果。同时在 CC14585 中只有两个输入的 4 位数相等时，输出才由 $I_{(A<B)}$ 和 $I_{(A=B)}$ 的输入信号决定。因此，在将两个数的高 4 位 $C_7C_6C_5C_4$ 和 $D_7D_6D_5D_4$ 接到第（2）片 CC14585 上，而将低 4 位

$C_3C_2C_1C_0$ 和 $D_3D_2D_1D_0$ 接到第（1）片 CC14585 上时，只需把第（1）片的 $Y_{(A<B)}$ 和 $Y_{(A=B)}$ 接到第（2）片 $I_{(A<B)}$ 和 $I_{(A=B)}$ 即可。

在 CC14585 中 $Y_{(A>B)}$ 信号是用 $Y_{(A<B)}$ 和 $Y_{(A=B)}$ 产生的，因此在扩展连接时，只需输入低位比较结果 $I_{(A<B)}$ 和 $I_{(A=B)}$ 即可。而 $I_{(A>B)}$ 并未用于产生 $Y_{(A>B)}$ 的输出信号，它仅仅是一个控制信号。当 $I_{(A>B)}$ 为高电平时，允许有 $Y_{(A>B)}$ 信号输出，而当 $I_{(A>B)}$ 为低电平时，$Y_{(A>B)}$ 输出端被封锁在低电平。因此，在正常工作时应使 $I_{(A>B)}$ 端处于高电平。这样就得到了如图 2-43 所示的电路。

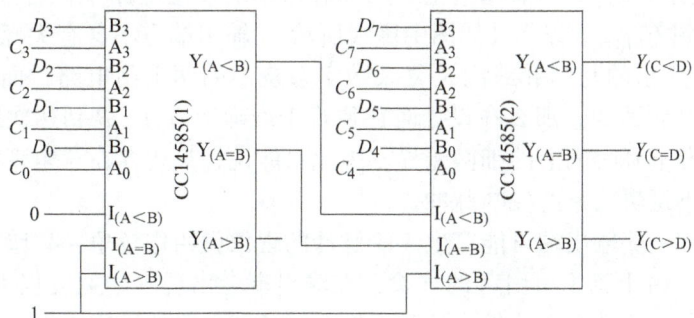

图 2-43　将两片 CC14585 组成 8 位数值比较器

目前生产的数值比较器产品中，也有采用其他电路结构形式的。因为电路结构不同，扩展输入端的用法也不完全一样，使用时应注意加以区别。

2.3　组合逻辑电路中的竞争 – 冒险现象

2.3.1　竞争 – 冒险的概念及其产生的原因

在前面讲述组合逻辑电路的分析方法和设计方法时，都是在输入、输出处于稳定的逻辑电平下进行的，即假定信号通过导线和门电路都没有延迟，并且信号的变化都是立即完成的。事实上，信号的变化都有一定的传输延迟时间。

首先看两个最简单的例子。在图 2-44a 所示的与门电路中，稳态下，无论 $A=1$、$B=0$ 还是 $A=0$、$B=1$，输出皆为 $Y=0$。但是在输入信号 A 从 1 跳变为 0，B 从 0 跳变为 1 时，B 首先上升到 $U_{IL(max)}$ 以上，这样在极短的时间 Δt 内将出现 A、B 同时高于 $U_{IL(max)}$ 的状态，于是便在门电路的输出端产生了极窄的 $Y=1$ 的尖峰脉冲（或称为电压飞边），如图 2-44a 所示。显然，这个尖峰脉冲不符合门电路稳态下的逻辑功能，因而它是系统内部的一种噪声。

同样，在图 2-44b 所示的或门电路中，稳态下，无论 $A=0$、$B=1$ 还是 $A=1$、$B=0$，输出都应该是 $Y=1$。但如果 A 从 1 变成 0 的时刻和 B 从 0 变成 1 的时刻略有差异，

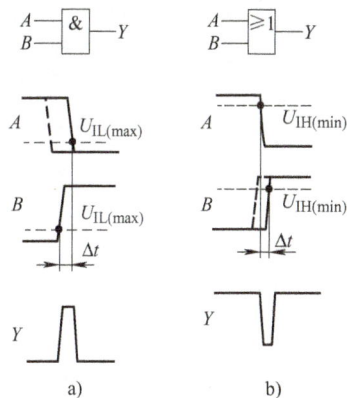

图 2-44　由于竞争而产生的尖峰脉冲
a）与门电路　b）或门电路

81

而且在 A 下降到 $U_{IH(min)}$ 时 B 尚未上升到 $U_{IH(min)}$，则在短暂的 Δt 时间内将出现 A、B 同时低于 $U_{IH(min)}$ 的状态，使输出端产生极窄的 $Y=0$ 的尖峰脉冲。这个尖峰脉冲同样也是违背稳态下逻辑关系的噪声。

门电路两个输入信号同时向相反的逻辑电平跳变（一个从 1 变为 0，另一个从 0 变为 1）的现象叫作竞争。

应当指出，有竞争现象时不一定都会产生尖峰脉冲。例如，在图 2-44a 所示的与门电路中，如果在 B 上升到 $U_{IL(max)}$ 之前 A 已经降到了 $U_{IL(max)}$ 以下（如图中虚线所示），这时输出端不会产生尖峰脉冲。同理，在图 2-44b 所示的或门电路中，若 A 下降到 $U_{IH(min)}$ 以前 B 已经上升到 $U_{IH(min)}$ 以上（如图中虚线所示），输出端也不会有尖峰脉冲产生。

如果图 2-44 所示的与门和或门是复杂数字系统中的两个门电路，而且 A、B 又是经过不同的传输途径到达的，那么在设计时往往难于准确知道 A、B 到达次序的先后，以及它们在上升时间和下降时间上的细微差异。因此只能说，只要存在竞争现象，输出就有可能出现违背稳态下逻辑关系的尖峰脉冲。

由于竞争而在电路输出端可能产生尖峰脉冲的现象就叫作竞争 – 冒险。

由前面可知，由于竞争所引起的冒险，在输出端会出现一个宽度仅为时差 Δt 的尖峰脉冲，这个尖峰脉冲给数字系统带来的危害性要视负载电路的性质而定，若负载是大惯性部件，如仪表、继电器、接触器，则影响不太大；若负载对窄脉冲信号十分敏感，例如下一模块所要讲到的触发器，则会产生错误的触发，使负载电路发生误动作。对此，应在设计时采取措施加以避免。

2.3.2 竞争 – 冒险现象的识别方法

1. 代数法判断

1）首先观察逻辑函数表达式中是否存在某变量的原变量和反变量，即首先判断是否存在竞争，因为只有存在竞争，才可能产生冒险。

2）若存在竞争，则消去逻辑函数表达式中不存在竞争的变量，仅留下有竞争能力的变量。若得到 $Y=A+\overline{A}$（见图 2-45a）或 $Y=A\overline{A}$（见图 2-45b）则说明存在冒险。

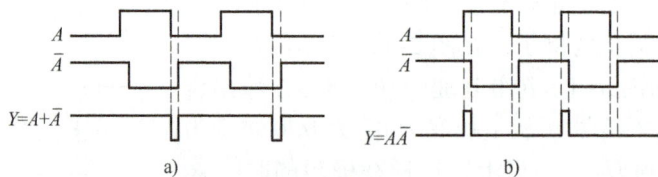

图 2-45　由于竞争而产生的尖峰脉冲

a）$Y=A+\overline{A}$　b）$Y=A\overline{A}$

【例 2-10】判断 $Y=A\overline{B}+BC$ 是否存在竞争 – 冒险。

解：首先观察表达式，B 变量存在竞争，为观察 B，消去变量 A、C。步骤如下：

令：$AC=00$ 时，$Y=0$；$AC=01$ 时，$Y=B$；$AC=10$ 时，$Y=\overline{B}$；$AC=11$ 时，$Y=B+\overline{B}$。

可见，在 $A=C=1$ 时，B 变量状态变化可产生竞争 – 冒险。

2. 用卡诺图法判断

用卡诺图法判断竞争－冒险现象时，先画出逻辑函数的卡诺图，并画出包围圈，然后观察各包围圈有无相切的情况。凡是逻辑函数卡诺图中存在相切而不相连（相交）的包围圈（方格群）的逻辑函数都存在着竞争－冒险现象。

例如，判断 $Y_a = AB + \overline{A}C$ 和 $Y_b = A\overline{B} + BC$ 是否存在竞争－冒险，观察它们的卡诺图，可以看到，它们都存在着相切而不相交的方格群。如图 2-46 所示，所以两式均存在竞争－冒险现象。

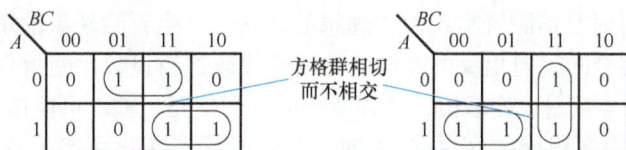

图 2-46　Y_a 和 Y_b 相对应的卡诺图

3. 使用计算机辅助分析手段判断

代数法和卡诺图法虽然简单，但局限性太大，它们只适用于任何瞬间只有一个输入变量改变状态。但多数情况下输入变量都有两个以上同时改变状态的可能性，因此很难用上述方法简单地找出所有产生竞争－冒险的情况。

对于复杂数字电路，可以采用计算机辅助分析的手段，从原理上检查电路的竞争－冒险现象。通过在计算机上运行数字电路的模拟程序，能够迅速查出电路是否由于竞争－冒险而输出尖峰脉冲。目前可供选用的这类程序已有很多。

4. 用实验的方法判断

在电路输入端加入所有可能发生状态变化的波形，观察输出端是否有尖峰脉冲，这个方法比较直观可靠。

用计算机辅助分析手段检查过的电路，往往还需要通过实验的方法进行检验，才能最后确定电路是否存在竞争－冒险现象。

2.3.3　消除竞争－冒险的方法

1. 接入滤波电容

由于竞争－冒险而产生的干扰尖峰脉冲一般都很窄（多在几十纳秒以内），所以在有可能产生干扰脉冲的逻辑门的输出端与地之间并联一个几百皮法的滤波电容 C_L（见图 2-47），就可以把干扰脉冲吸收掉。此法简单可行，但它会使输出波形边沿变坏，在要求输出波形较严格的情况下不宜采用。

2. 引入选通脉冲

由于冒险现象只发生在电路输入变量状态变化的瞬间，因此，在可能产生冒险脉冲逻辑门电路的输入端再加一个选通输入端，利用选通脉冲 P 把有冒险脉冲输出的逻辑门封锁，使冒险脉冲不能输出。当冒险脉冲消失后，选通脉冲才将有关的逻辑门打开，允许正常输出。如图 2-48 所示，在可能发生冒险现象的时间内，选通脉冲 P 为高电平，当达到稳定状态后，选通脉冲 P 为低电平。

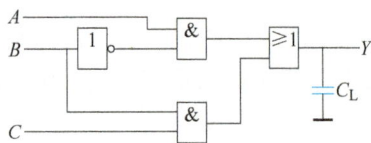

图 2-47　接入滤波电容

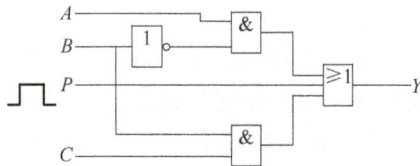

图 2-48　引入选通脉冲

3. 修改逻辑设计

修改逻辑设计有时是消除冒险现象较理想的办法。产生冒险现象的重要原因是某些逻辑门存在着两个输入信号同时向相反的方向变化。若修改逻辑设计，使得任何时刻每一个逻辑门的输入端都只有一个变量改变取值，这样所得的逻辑电路，就不可能由此而产生冒险。

例如，例 2-10 中逻辑函数在 $A=C=1$ 时，B 变量状态变化可产生冒险。若将此逻辑函数式改写成 $Y = A\overline{B} + BC + AC$，即加入冗余项 AC，则所得到的新逻辑函数就没有冒险现象了，因为当 $A=C=1$ 时，$Y=1$。修改后的逻辑电路如图 2-49a 所示，图 2-49b 所示为增加冗余项 AC 后的卡诺图。

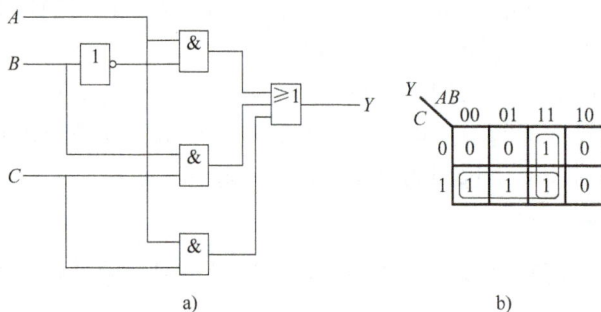

图 2-49　修改逻辑设计

a）修改后的逻辑电路　b）增加冗余项 AC 后的卡诺图

冗余项在数字电路中是可有可无的无关项，它的存在与否并不影响逻辑函数的值。但利用它可化简逻辑函数、消除冒险，从而组成新的逻辑电路，因此在数字电路设计中经常采用。

逻辑电路中的竞争－冒险现象在高频工作时表现得较为严重，要认真对待。对于用电位触发或工作频率较低的情况，一般不用考虑竞争－冒险现象的影响，电路都能正常工作。

⚒ 技能实训

实训 1　译码器和数码显示器的逻辑功能测试

1. 实训目的

1）掌握译码器和数码显示器的逻辑功能及测试方法。

2）掌握译码器和数码显示器的使用方法。

2. 实训器材

直流稳压电源 1 台；数字万用表 1 块；集成门电路芯片 74LS138 2 片、74LS48 1 片、LC5011 1 片；1kΩ 电阻 7 只、510Ω 电阻 7 只；发光二极管（LED）16 个；单刀双掷开关 7 个；面包板 1 块；导线若干。

3. 实训内容及要求

（1）74LS138 译码器逻辑功能测试

将译码器使能端 S_1、$\overline{S}_2$、$\overline{S}_3$ 及地址端 A_2、A_1、A_0 分别接至逻辑电平开关输出口，8 个输出端 $\overline{Y}_7 \sim \overline{Y}_0$ 连接在逻辑电平显示器的 8 个输入口上，拨动逻辑电平开关，测试 74LS138 的逻辑功能。

（2）4 线 -16 线译码器逻辑功能测试

用两片 74LS138 组合成一个 4 线 -16 线译码器，电路如图 2-50 所示，并进行逻辑功能测试。

（3）搭接显示译码器

用七段译码驱动器 74LS48 和共阴极数码管 LC5011 搭接可以显示 0 ~ 9 共 10 个数字的译码器数字显示电路。

1）将译码驱动器 74LS48 和共阴极数码管 LC5011 插入面包板中，按图 2-51 所示的显示译码实训电路搭接电路。

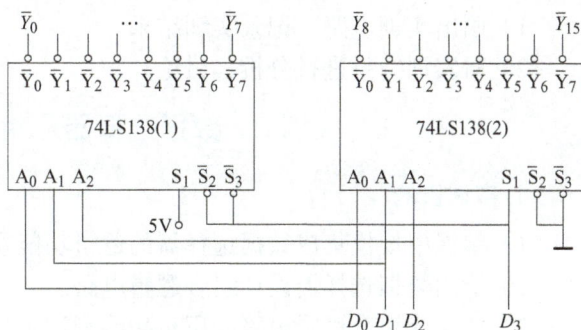

图 2-50　用两片 74LS138 组合成 4 线 -16 线译码器

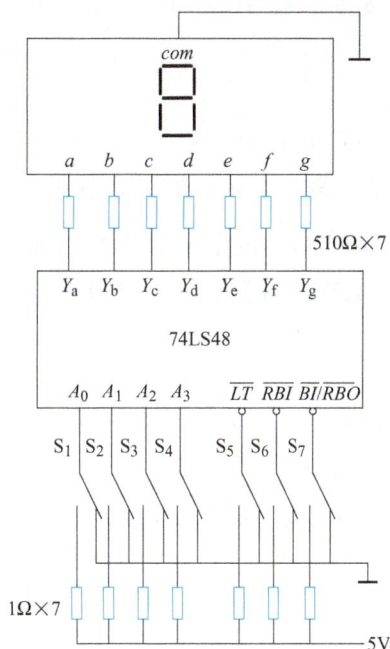

图 2-51　显示译码实训电路

2）检查数码显示器的好坏，使灭灯输入/灭零输出端$\overline{BI}/\overline{RBO}$为1，灯测试输入端$\overline{LT}$为0，其余为任意状态，这时数码管各段全部被点亮，否则数码管是坏的。再使灭灯输入/灭零输出端$\overline{BI}/\overline{RBO}$为0，这时如果数码管全灭，就说明译码显示器功能良好。

3）将$A_3 \sim A_0$接拨动开关，$\overline{LT}$、灭零输入端$\overline{RBI}$分别接逻辑高电平，改变拨动开关的逻辑电平，在不同的输入状态下，观察数码管显示的字形，并记录。

4）使$\overline{LT}$为1，$\overline{BI}/\overline{RBO}$接一个发光二极管，在$\overline{RBI}$为1和0的情况下，改变拨动开关的逻辑电平，使$A_3 \sim A_0$为0000，观察灭零功能。

4. 实训报告

1）画出实训电路，记录实训结果。

2）对实训结果进行分析、讨论。

实训 2 数据选择器应用电路的设计与测试

1. 实训目的

1）掌握中规模集成数据选择器的逻辑功能及测试方法。

2）能用数据选择器设计组合逻辑电路。

3）能完成组合逻辑电路的逻辑功能测试。

2. 实训器材

直流稳压电源1台；数字万用表1块；集成门电路芯片74LS151 1片、74LS153 1片、74LS04 1片、1kΩ电阻3只；发光二极管（LED）2个；单刀双掷开关3个；面包板1块；导线若干。

3. 实训内容及要求

（1）测试数据选择器74LS151的逻辑功能

将数据选择器使能端$\overline{S}$、地址端A_2、A_1、A_0及数据输入端D_0、D_1、D_2、D_3、D_4、D_5、D_6、D_7分别接至逻辑电平开关输出口，两个输出端Y、$\overline{Y}$连接在逻辑电平显示器的两个输入口上，拨动逻辑电平开关，按表2-18测试74LS151的逻辑功能，并将测试结果记录在表2-18中。

（2）测试74LS153的逻辑功能

将数据选择器使能端$\overline{S}$、地址端A_1、A_0及数据输入端D_0、D_1、D_2、D_3分别接至逻辑电平开关输出口，一个输出端Y连接在逻辑电平显示器的一个输入口上，拨动逻辑电平开关，按表2-19测试74LS153的逻辑功能（两个4选1数据选择器分别测试），并将测试结果记录在表2-19中。

（3）用8选1数据选择器74LS151设计三输入多数表决电路

用数据选择器74LS151设计一个三变量多数表决组合逻辑电路。即3个变量A、B、C中，有2个或3个表示同意，则表决通过，否则为不通过。要求写出设计过程，画出接线电路图，并进行逻辑功能测试。

表 2-18　74LS151 逻辑功能

输入												输出	
$\overline{S}$	A_2	A_1	A_0	D_0	D_1	D_2	D_3	D_4	D_5	D_6	D_7	Y	$\overline{Y}$
1	×	×	×	×	×	×	×	×	×	×	×		
0	0	0	0	0	×	×	×	×	×	×	×		
0	0	0	0	1	×	×	×	×	×	×	×		
0	0	0	1	×	0	×	×	×	×	×	×		
0	0	0	1	×	1	×	×	×	×	×	×		
0	0	1	0	×	×	0	×	×	×	×	×		
0	0	1	0	×	×	1	×	×	×	×	×		
0	0	1	1	×	×	×	0	×	×	×	×		
0	0	1	1	×	×	×	1	×	×	×	×		
0	1	0	0	×	×	×	×	0	×	×	×		
0	1	0	0	×	×	×	×	1	×	×	×		
0	1	0	1	×	×	×	×	×	0	×	×		
0	1	0	1	×	×	×	×	×	1	×	×		
0	1	1	0	×	×	×	×	×	×	0	×		
0	1	1	0	×	×	×	×	×	×	1	×		
0	1	1	1	×	×	×	×	×	×	×	0		
0	1	1	1	×	×	×	×	×	×	×	1		

表 2-19　74LS153 逻辑功能

输入							输出	
$\overline{S}$	A_2	A_1	D_0	D_1	D_2	D_3	Y_1	Y_2
1	×	×	×	×	×	×		
0	0	0	0	×	×	×		
0	0	0	1	×	×	×		
0	0	1	×	0	×	×		
0	0	1	×	1	×	×		
0	1	0	×	×	0	×		
0	1	0	×	×	1	×		
0	1	1	×	×	×	0		
0	1	1	×	×	×	1		

（4）用双 4 选 1 数据选择器 74LS153 实现全减器

用数据选择器 74LS153 设计一个全减器电路，输入有被减数 A、减数 B、低位来的借位数 C（它们都是一位二进制数），输出为差 D 及向高位送出的借位数 E。要求写出设计过程，画出接线电路图，并进行逻辑功能测试。

4. 实训报告

1）画出实训电路，记录实训结果。

2）对实训结果进行分析、讨论。

3）分析测试中的问题，总结实训收获。

实训 3 多数表决器电路的设计与制作

1. 实训目的

1）掌握组合逻辑电路的设计与测试方法。
2）能用基本门电路设计和制作简单组合逻辑电路。
3）能完成组合逻辑电路的安装、调试与检测。
4）进一步提高分析问题和解决问题的能力。

2. 实训器材

直流稳压电源 1 台；数字万用表 1 块；集成门电路芯片 74LS20 3 片；1kΩ 电阻 5 只；发光二极管（LED）1 个；单刀双掷开关 4 个；面包板 1 块；导线若干。

3. 实训内容及要求

用与非门设计一个 4 人多数表决组合逻辑电路。设 4 人为 A、B、C、D，同意为 1，不同意为 0；表决为 Z，当有 3 人或 3 人以上同意时，表决通过，通过为 1，否决为 0。因此，A、B、C、D 为输入量，Z 为输出量。根据题意列出 4 人表决器的真值表，见表 2-20，再画出卡诺图，如图 2-52 所示。

表 2-20 4 人表决器的真值表

A	0	0	0	0	0	0	0	0	1	1	1	1	1	1	1	1
B	0	0	0	0	1	1	1	1	0	0	0	0	1	1	1	1
C	0	0	1	1	0	0	1	1	0	0	1	1	0	0	1	1
D	0	1	0	1	0	1	0	1	0	1	0	1	0	1	0	1
Z	0	0	0	0	0	0	0	1	0	0	0	1	0	1	1	1

由卡诺图得出逻辑表达式，并化为与非与非表达式，即

$$Z=ABC+BCD+ACD+ABD=\overline{\overline{ABC}\cdot\overline{BCD}\cdot\overline{ACD}\cdot\overline{ABD}}$$

最后画出 4 人表决器的逻辑电路，如图 2-53 所示。

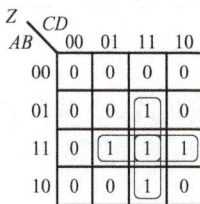

图 2-52 4 人表决器的卡诺图

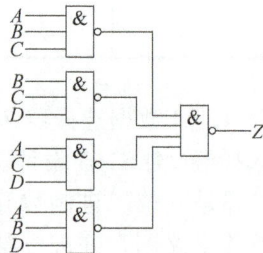

图 2-53 4 人表决器的逻辑电路

4. 电路安装与调试

1）将检测合格的元器件按图 2-53 所示的电路连接安装在面包板上，也可以焊接在万能电路板上。

2）在插接集成电路芯片时，应先校准两排引脚，使之与底板上的插孔对应，轻轻用力将电路芯片插上，在确定引脚与插孔吻合后，再稍用力将其插紧，以免集成电路芯片的引脚弯曲、折断或接触不良。

3）导线应粗细适当，一般选取直径为 0.6 ~ 0.8mm 的单股导线，最好使用不同线色以区分不同用途，如电源线用红色，接地线用黑色。

4）布线应有次序地进行，随意乱接容易造成漏接或接错，较好的方法是，首先接好固定电平点，如电源线、地线、门电路闲置输入端等，其次，按信号源的顺序从输入到输出依次布线。

5）连线应避免过长，避免从集成元器件的上方跨越，避免多次重叠交错，以利于布线、更换元器件以及故障检查和排除。

6）电路布线应整齐、美观、牢固。水平导线应尽量紧贴底板，竖直方向的导线可沿边框四角敷设，导线转弯时的弯曲半径不要过小。

7）安装过程中要细心，防止导线绝缘层被损伤，不要让线头、螺钉、垫圈等异物落入安装电路中，以免造成短路或漏电。

8）在完成电路安装后，要仔细检查电路连接，确认无误后再接入电源。

9）A、B、C、D 输入端应分别输入高电平和低电平，高电平可将输入端接电源，低电平可接地实现。验证输出结果能否实现 4 人表决器功能。

10）调试中要做好绝缘保护，避免人体与带电部位直接接触。调试结束，必须关断电源。

5. 考评内容及评分标准

多数表决器电路的设计与制作考评内容及评分标准见表 2-21。

表 2-21　多数表决器电路的设计与制作考评内容及评分标准

步骤	考评内容	评分标准	标准分	扣分及原因	得分
1	画出电路图，并分析其工作原理	（1）各元器件符号正确 （2）各元器件连接正确 （3）原理分析准确 错一处扣 5 分，扣完为止 （教师辅导、学生自查）	20 分		
2	根据相关参数，对元器件质量进行判别	元器件质量和分类判断正确 错一处扣 5 分，扣完为止 （学生自查、教师检查）	20 分		
3	根据电路图进行电路装接；利用直观法或使用万用表分析电路连接是否正确	（1）电路装接符合工艺标准 （2）布局规范，走线美观 （3）不得出现断路（脱焊）、短路等错误 错一处扣 5 分，扣完为止 （学生互查、教师检查）	20 分		
4	确认检查无误后，进行通电测试	（1）操作过程正确 （2）电路工作状态正常 错一处扣 5 分，扣完为止 （教师指导、学生互查）	25 分		

（续）

步骤	考评内容	评分标准	标准分	扣分及原因	得分
5	注意安全、规范操作。小组分工，保证质量，完成时间为90min	（1）小组成员各有明确分工 （2）在规定时间内完成该项目 （3）各项操作规范、安全 成员无分工扣5分，超时扣10分 （教师指导、同学互查）	15分		

注：教师根据学生对多数表决器相关理论和技能的掌握情况进行综合评定，并指出存在的问题和具体改进方案。

实训4 数字显示器的制作与调试

1. 实训目的

1）进一步掌握编码器、显示译码器的逻辑功能。

2）掌握数字显示器电路中元器件的连接特点，能够对电路中的相关参数进行合理测试，并能正确判断出电路的工作状态。

3）掌握简单电路的装配方法，进一步熟练使用各种仪器仪表。

4）进一步提高分析问题和解决问题的能力。

2. 实训器材

直流稳压电源1台；数字万用表1块；集成门电路芯片74LS147、74LS04、74LS48各1片；共阴极数码管 LC5011 一只；电阻 1kΩ 9 只、510Ω 7 只；单刀双掷开关9只；面包板1块；导线若干。

3. 实训内容及要求

数字显示器由编码电路、反相电路和译码显示电路3部分组成，电路如图 2-54 所示。编码电路由74LS147、逻辑电平开关 $S_1 \sim S_9$ 和限流电阻组成。反相电路使用74LS04，其作用是将优先编码器74LS147输出的8421BCD反码转换为原码形式。译码显示电路由译码驱动器74LS48、限流电阻以及共阴极数码管组成，其作用是将编码器输出的8421BCD码以数字的形式显示。

电路安装前，需要对各个元器件进行检测。LED数码管的检测方法较多，这里介绍简便易行的方法：用3V电池负极引出线固定接在LED数码管的公共阴极上，正极引出线依次移动接触笔画的正极，当这一根引线接触到某一笔画的正极时，对应的笔画就会显示出来。优先编码器74LS147的检测：用逻辑电平测试优先编码器74LS147，将所有的输入端接逻辑电平开关，输出端接LED显示器，按特性表接入相应的输入信号，验证其功能是否正确。反相器的检测：集成反相器74LS04内含6个独立的非门，可选择其中的任意4个非门。检测方法是将输入端接逻辑电平开关，测试输出端逻辑电平值是否与输入端符合反相关系。

4. 电路安装与调试

1）将检测合格的元器件按图 2-54 所示电路连接安装在面包板上，也可以焊接在万能电路板上。

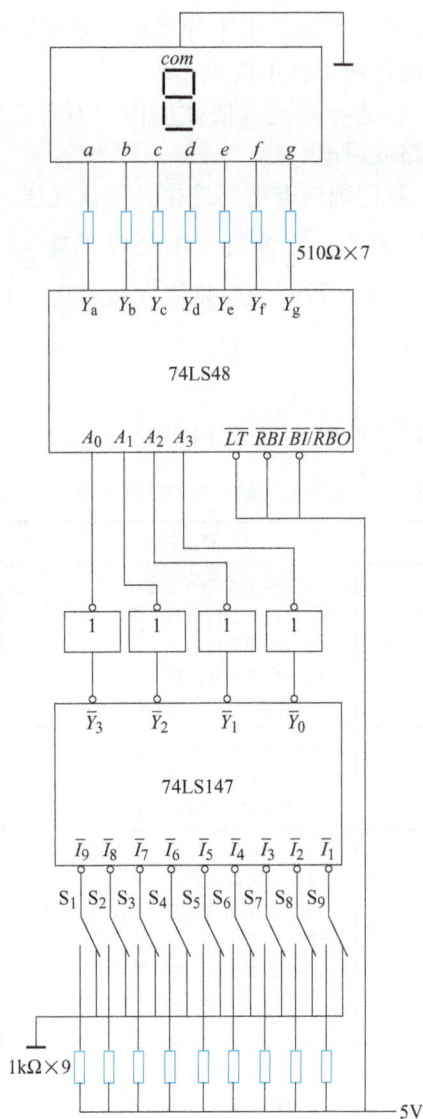

图 2-54　数字显示器电路

2）在插接集成电路芯片时，应先校准两排引脚，使之与底板上插孔对应，轻轻用力将电路芯片插上，在确定引脚与插孔吻合后，再稍用力将其插紧，以免将集成电路芯片的引脚弯曲、折断或使其接触不良。

3）导线应粗细适当，一般选取直径为 0.6～0.8mm 的单股导线，最好用不同线色来区分不同用途，如电源线用红色，接地线用黑色。

4）布线应有次序地进行，随意乱接容易造成漏接或接错，较好的方法是，首先接好固定电平点，如电源线、地线、门电路闲置输入端等，其次，按信号源的顺序从输入到输出依次布线。

5）连线应避免过长，避免从集成元器件的上方跨越，避免多次重叠交错，以利于布线、更换元器件以及故障检查和排除。

6）电路布线应整齐、美观、牢固。水平导线应尽量紧贴底板，竖直方向的导线可沿边框四角敷设，导线转弯时的弯曲半径不要过小。

7）安装过程中要细心，防止导线绝缘层被损伤，不要让线头、螺钉、垫圈等异物落入安装电路中，以免造成短路或漏电。

8）在完成电路安装后，要仔细检查电路连接，确认无误后再接入电源。

9）当按下逻辑开关 $S_1 \sim S_9$ 时，分别让 74LS147 的输入端 $\overline{I_1} \sim \overline{I_9}$ 输入低电平（其余为高电平），如果电路正常工作，那么数码管就将依次显示数字 $1 \sim 9$。若不能正确显示，则电路存在故障。

5. 考评内容及评分标准

数字显示器的制作与调试考评内容及评分标准见表 2-22。

表 2-22　数字显示器的制作与调试考评内容及评分标准

步骤	考评内容	评分标准	标准分	扣分及原因	得分
1	画出电路图，并分析其工作原理	（1）各元器件符号正确 （2）各元器件连接正确 （3）原理分析准确 错一处扣 5 分，扣完为止 （教师辅导、学生自查）	20 分		
2	根据相关参数，对元器件质量进行判别	元器件质量和分类判断正确 错一处扣 5 分，扣完为止 （学生自查、教师检查）	20 分		
3	根据电路图进行电路装接；利用直观法或使用万用表分析电路连接是否正确	（1）电路装接符合工艺标准 （2）布局规范，走线美观 （3）不得出现断路（脱焊）、短路等错误 错一处扣 5 分，扣完为止 （学生互查、教师检查）	20 分		
4	确认检查无误后，进行通电测试	（1）操作过程正确 （2）电路工作状态正常 错一处扣 5 分，扣完为止 （教师指导、学生互查）	25 分		
5	注意安全、规范操作。小组分工，保证质量，完成时间为 90min	（1）小组成员各有明确分工 （2）在规定时间内完成该项目 （3）各项操作规范、安全 成员无分工扣 5 分，超时扣 10 分 （教师指导、学生互查）	15 分		

注：教师根据学生对数字显示器相关理论和技能的掌握情况进行综合评定，并指出存在的问题和具体改进方案。

知识拓展　路灯检测电路

某工厂厂区有 50 盏路灯，图 2-55 所示为该厂配电值班室的路灯检测逻辑电路部分。用数据选择器数据输入端 D_i 作为各盏灯检测信号输入端，而选择器最后一级输出端驱动显示器件，通过显示器的亮熄区分灯的好坏。

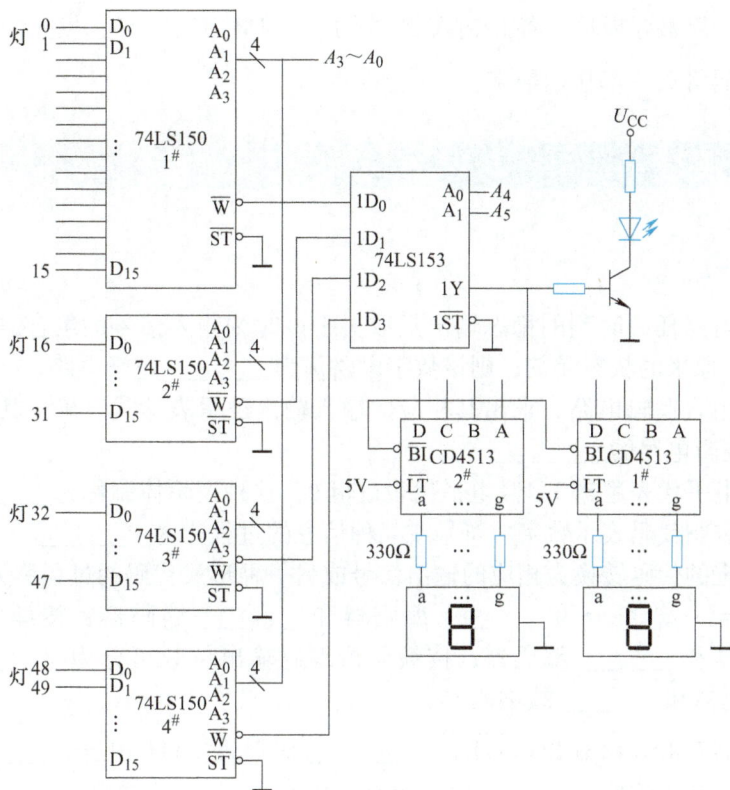

图 2-55　检测逻辑电路

在每盏灯的回路串联一采样电阻，并且在电阻两端并联 5V 稳压管和限流电阻，由稳压管电压向检测电路提供检测信号，灯好时检测信号输出 5V 电压，灯坏时检测信号输出电压为零。

因为被检的是 50 盏灯，需要数据选择器五片，其中四片完成第一级筛选，一片对第一级选择的结果再进行第二级选择。第一级选用四片 16 选 1 数据选择器（可选用 74LS150），第二级选用一片 4 选 1 数据选择器（可选用 74LS153）。

数据选择器地址码为六位 $A_5A_4A_3A_2A_1A_0$（$2^6>50$），可由五十进制的计数器输出端提供（可用二进制计数器芯片 74LS163 构成五十进制计数器），只要起动计数器，就可以巡回检测路灯的情况。为了值班人员查看方便，计数频率不宜过高，同时，计数状态要用两位数码管显示，经 CD4513 二–十进制译码器译码控制数码管显示器（可用十进制计数器芯片 74LS160 构成五十进制计数器作为 CD4513 显示译码器的输入 BCD 码，使数码管显示损坏的路灯号）。

第一级四片 74LS150 的 16 选 1 选择器的输入地址码均为 $A_3 \sim A_0$；第二级 74LS153 双 4 选 1 数据选择器的地址码为 A_5A_4。由发光二极管 LED 作为路灯损坏指示。如有某路路灯损坏，则该路输入数据 D_i 为 0，接该路输入数据 D_i 的数据选择器输出 $\overline{W}$ =1，然后再由第二级地址码 A_5A_4 来判断四片 74LS150 中哪一片输出 $\overline{W}$ 为所对应灯号，经第二级数据选择器输出 Y=1，发光二极管亮；同时控制 CD4513 显示译码器 $\overline{BI}$ 端使数码管显示损坏的路灯号。反之，若无灯损坏，各路输入 D_i 均为 1，则 $\overline{W}=0$，$Y=0$，发光二极管不亮，同时使 $\overline{BI}=0$，数码管灭，不显示数字。

自我检测题

一、填空题

2.1　数字电路任一时刻的稳态输出只取决于该时刻输入信号的组合，而与这些输入信号作用前电路原来的状态无关，则该数字电路称为_____逻辑电路。

2.2　给定组合逻辑电路，求出其相应的输入输出逻辑表达式，确定其逻辑功能的过程，称为组合逻辑电路的_____。

2.3　用低电平代表逻辑 1，高电平代表逻辑 0，这种逻辑体制称为_____逻辑。

2.4　用二进制代码表示数字、符号或某种信息的过程称为_____。

2.5　将给定的代码转换为相应的输出信号或另一种形式代码的过程称为_____。

2.6　编码器一般可分为_____编码器和_____编码器；按编码形式可分为_____编码器和_____编码器；按编码器编码输出位数可分为_____线编码器、_____线编码器和_____线编码器。

2.7　编码器 74LS148 输出端 $\overline{Y_2}\,\overline{Y_1}\,\overline{Y_0}$ 为_____码形式，111 相当于_____。

2.8　半导体数码管按内部 LED 连接方式可分为共_____型和共_____型。

2.9　对于共阳型 LED 数码管，应选用输出_____电平的显示译码器。

2.10　能够从多路数据中选择一路进行传输的电路称为_____。

2.11　2^n 选 1 数据选择器有_____位地址码，最多可以实现_____个变量地址组合逻辑函数。

2.12　数据选择器可分为_____选 1、_____选 1、_____选 1 和_____选 1 等多种类型。

2.13　能够比较两组数字大小的数字电路称为_____。

2.14　串行加法器，优点是_____，缺点是_____。

2.15　门电路输入端的两个互补输入信号同时向_____的现象称为竞争。

2.16　逻辑函数卡诺图中有相邻的卡诺圈_____，该逻辑函数存在竞争。

2.17　门电路由于竞争而产生错误输出（尖峰脉冲）的现象称为_____。

2.18　消除组合逻辑电路中的竞争 – 冒险现象，常用_____、_____和_____的方法。

二、选择题

2.19　组合逻辑电路分析方法的一般步骤有（　　　　）。（多选）

A. 逐级写出每个门电路的逻辑表达式　　B. 化简输出端的逻辑表达式

C. 列出真值表　　　　　　　　　　　　D. 根据真值表，分析和确定电路的逻辑功能

2.20　若需对 50 个编码输入信号编码，则输出编码位数至少为（　　　　）个。

A. 5　　　　　　　　B. 6　　　　　　　　C. 10　　　　　　　　D. 50

2.21　若编码器编码输出位数为 4 位，则最多可对（　　　）个输入信号编码。

A. 4　　　　　　　　B. 8　　　　　　　　C. 16　　　　　　　　D. 32

2.22　74LS148 输入输出端线为（　　　）。

A. 输入 2，输出 4　　　　　　　　　　　B. 输入 4，输出 2

C. 输入 3，输出 8　　　　　　　　　　　D. 输入 8，输出 3

2.23　74LS138 输入输出端线为（　　　）。

A. 输入 2，输出 4　　　　　　　　　　　B. 输入 4，输出 2

C. 输入 3，输出 8　　　　　　　　　　　D. 输入 8，输出 3

2.24　16 选 1 数据选择器，其地址输入端至少应有（　　　）位。

A. 2　　　　　　　　B. 4　　　　　　　　C. 8　　　　　　　　D. 16

2.25　8 路数据分配器，其地址输入端至少应有（　　　）位。

A. 2　　　　　　　　B. 3　　　　　　　　C. 4　　　　　　　　D. 8

2.26　8 选 1 数据选择器的数据输入端有（　　　）个。

A. 2　　　　　　　　B. 3　　　　　　　　C. 4　　　　　　　　D. 8

2.27　2^n 选 1 数据选择器，最多能实现（　　　）个变量地址组合逻辑函数。

A. $n-1$　　　　　　B. n　　　　　　　C. $n+1$　　　　　　D. 2^n

2.28　半加器有（　　　）；全加器有（　　　）。

A. 2 个输入端，2 个输出端　　　　　　　B. 2 个输入端，3 个输出端

C. 3 个输入端，2 个输出端　　　　　　　D. 3 个输入端，3 个输出端

2.29　全加器与半加器的区别为（　　　）。

A. 不包含异或运算　　　　　　　　　　　B. 加数中包含来自低位的进位

C. 无进位　　　　　　　　　　　　　　　D. 有进位

✎ 思考题与习题

2.30　组合逻辑电路有什么特点？分析组合逻辑电路的目的是什么？分析方法是什么？

2.31　试分析图 2-56 中各电路的逻辑功能。

2.32　组合逻辑电路设计的任务是什么？设计步骤是什么？

2.33　试分别用与非门和异或门设计一个三变量奇校验电路，当输入的三变量中有奇数个为 1 时，输出为 1，否则为 0。

2.34　试设计一个全减器电路，输入有被减数 A、减数 B、低位来的借位数 C（它们都是一位二进制数），输出为差 D 及向高位送出的借位数 E。

2.35　在举重比赛中有 A、B、C 三名裁判，A 为主裁判，当两名以上裁判（必须包括 A 在内）认为运动员上举杠铃合格，按动电钮可发出裁决合格信号，请设计该逻辑电路。

2.36　设 A、B、C 为某保密锁的 3 个按键，当 A 键单独按下时，锁既不打开也不报警；只有当 A、B、C 或 A、B 或 A、C 分别同时按下时，锁才能被打开，当不符合上述组合状态时，将发出报警信息。试用与非门设计此保密锁逻辑电路。

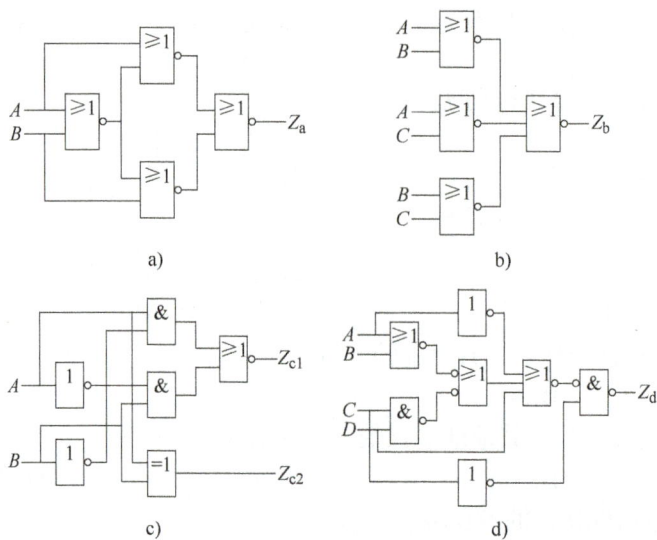

图 2-56　题 2.31 图

2.37　试用 3 线 –8 线译码器 74LS138 和门电路设计如下多输出逻辑函数（画出接线图）：

$$\begin{cases} Y_1 = AC \\ Y_2 = \overline{A}\,\overline{B}\,C + A\overline{B}\,\overline{C} + BC \\ Y_3 = \overline{B}\,\overline{C} + AB\overline{C} \end{cases}$$

2.38　试写出图 2-57 所示电路的输出函数 Y_1 和 Y_2 的逻辑函数表达式。

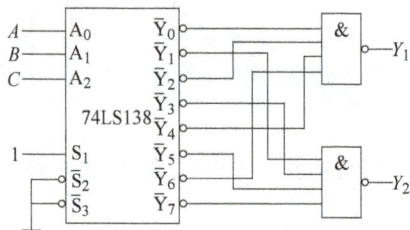

图 2-57　题 2.38 图

2.39　已知逻辑函数 $Y_1 = \overline{ABC} + AB$，$Y_2 = A\overline{B} + \overline{C}$。要求：

（1）写出逻辑函数 Y_1 和 Y_2 的最小项表达式。

（2）用一片 3 线 –8 线译码器 74LS138 加一片与非门实现 Y_1，加一片与门实现 Y_2，画出实现的逻辑电路图。

2.40　画出用两片 4 线 –16 线译码器（54154）组成 5 线 –32 线译码器的接线图。图 2-58 所示为 54154 的逻辑符号。其中 $\overline{ST}_A$ 和 $\overline{ST}_B$ 为两个控制端（片选端）。译码器工作时应使 $\overline{ST}_A$、$\overline{ST}_B$ 同时为低电平，当输入信号 $A_3A_2A_1A_0$ 为 0000 ~ 1111 这 16 个状态时，输出端 $\overline{Y}_0 \sim \overline{Y}_{15}$ 依次给出低电平输出信号。

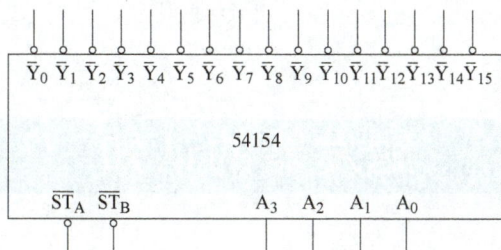

图 2-58　题 2.40 图

2.41　试用 8 选 1 数据选择器 74LS151 产生下列单输出逻辑函数：

（1）$Y=AC+\bar{A}B\bar{C}+\bar{A}\bar{B}C$

（2）$Y=A\bar{C}D+\bar{A}\bar{B}CD+BC+B\bar{C}\bar{D}$

2.42　试写出图 2-59 所示电路输出 Y 的函数式。

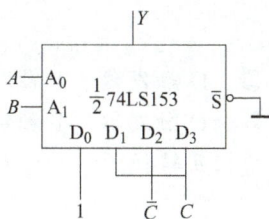

图 2-59　题 2.42 图

2.43　试用 4 位全加器将 8421 码变成余 3 码。

2.44　试用两片 CC14585 和必要的门电路实现 3 个 4 位二进制数 $A=A_3A_2A_1A_0$、$B=B_3B_2B_1B_0$、$C=C_3C_2C_1C_0$ 的比较电路，并能判别：（1）A、B、C 3 个数是否相等；（2）若不等，A 是否最大或最小。

模块 3

触发器的认知

学习目标

1. 知识目标

- 熟悉 RS 触发器、JK 触发器、D 触发器的电路结构、工作原理和触发方式。
- 掌握 RS 触发器、JK 触发器、D 触发器、T 触发器和T′触发器的逻辑功能。

2. 能力目标

- 能测试 RS 触发器、JK 触发器、D 触发器、T 触发器和T′触发器的逻辑功能。
- 能写出 RS 触发器、JK 触发器、D 触发器、T 触发器和T′触发器的特性方程。
- 能进行各种不同功能触发器的相互转换。

3. 素质目标

- 培养自主学习的能力。
- 培养一丝不苟、精益求精的工匠品质。

知识准备

在各种复杂的数字电路中，不但需要对二值信号进行算术运算和逻辑运算，还经常需要将这些信号和运算结果保存起来。为此，需要使用具有记忆功能的基本逻辑单元。所谓具有记忆功能，是指在输入信号作用下，记忆单元的状态能够发生变化，直至下一个输入信号作用前，记忆单元一直保持刚才的状态；只有下一个输入信号到来后，记忆单元的状态才再次发生变化。能够存储 1 位二值信号的基本单元电路统称为触发器。

触发器具有两个基本特点：

1）具有两个能自行保持的稳定状态，用来表示逻辑状态的 0 和 1，或二进制数的 0 和 1。

2）根据不同的输入信号可以置成 1 或 0 状态。

触发器的种类很多，大致可按以下几种方式进行分类：

1）根据是否有时钟脉冲输入端，可将触发器分为基本触发器和钟控触发器等。

2）根据逻辑功能的不同，可将触发器分为 RS 触发器、D 触发器、JK 触发器、T 触发器和T′触发器等。

3）根据电路结构的不同，可将触发器分为同步触发器、主从触发器和维持阻塞触发器等。

4）根据触发方式的不同，可将触发器分为电平触发器和边沿触发器等。

触发器的逻辑功能可用特性表（功能表）、特性方程、状态图（状态转换图）和时序图（时序波形图）来描述。

3.1　基本 RS 触发器

基本 RS 触发器（又称 RS 锁存器）是各种触发器电路中结构形式最简单的一种。而且，它是许多复杂电路结构触发器的一个组成部分。

3.1.1　或非门组成的基本 RS 触发器

1. 电路结构

图 3-1a 是由两个或非门的输入和输出交叉反馈连接而成的基本 RS 触发器的逻辑电路，图 3-1b 为其逻辑图形符号。R 和 S 是两个信号输入端，通常处于低电平，有信号输入时为高电平。Q 和 $\overline{Q}$ 是两个互补的信号输出端。把 $Q=0$、$\overline{Q}=1$ 的状态叫作 0 状态（简称 0 态）；把 $Q=1$、$\overline{Q}=0$ 的状态叫作 1 状态（简称 1 态）。可见，触发器的状态指的是 Q 端的状态。

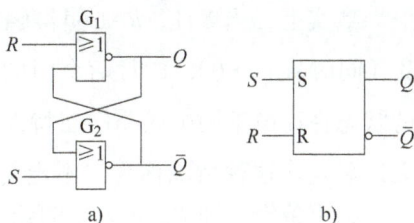

图 3-1　或非门组成的基本 RS 触发器

a）逻辑电路　b）逻辑图形符号

2. 工作原理

（1）当 $R=S=0$ 时，电路维持原来的状态不变（保持功能）。假设电路处于 $Q=0$、$\overline{Q}=1$ 的状态，由图 3-1a 电路可知，由于 $\overline{Q}=1$ 反馈到门 G_1 的输入端，使 $Q=0$。同时，$Q=0$ 的输出又反馈到门 G_2 的输入端，使得门 G_2 的两个输入端均为 0，则输出为 1，这又保证了 $\overline{Q}=1$。因此，电路能够稳定保持在 0 状态。

假设电路处于 $Q=1$、$\overline{Q}=0$ 的状态，同理，由于 $Q=1$ 反馈到门 G_2 的输入端，使其输出 $\overline{Q}=0$。同时，$\overline{Q}=0$ 的输出又反馈到门 G_1 的输入端，使得门 G_1 的两个输入端均为 0，输出为 1，这又保证了 $Q=1$。因此电路也能够稳定保持在 1 状态。

（2）当 $S=1$、$R=0$ 时，$Q=1$、$\overline{Q}=0$，即电路处于 1 状态（置 1 功能）。由于 $S=1$，使门 G_2 输出 $\overline{Q}=0$，同时 $\overline{Q}=0$ 的输出又反馈到门 G_1 的输入端，使得门 G_1 的两个输入端均为 0，则 $Q=1$。$Q=1$ 的输出又反馈到门 G_2 的输入端，此时即使 $S=0$（即 $S=1$ 消失），$\overline{Q}$ 也为 0，又进一步确保 $Q=1$，即电路始终保持 1 状态。

由于在 S 端加入了正脉冲信号，能够并且也只能使触发器置成 1 状态，所以 S 端称为置 1 端，或称为置位端。

（3）当 $S=0$、$R=1$ 时，$Q=0$、$\overline{Q}=1$，即电路处于 0 状态（置 0 功能）。由于 $R=1$，使门 G_1 输出 $Q=0$，同时 $Q=0$ 的输出又反馈到门 G_2 的输入端，使得门 G_2 的两个输入端均为 0，又使 $\overline{Q}=1$。$\overline{Q}=1$ 的输出又反馈到门 G_1 的输入端，此时即使 R 端的正脉冲消失，由于 $\overline{Q}=1$ 取代了 $R=1$ 的作用，所以电路仍能维持 0 状态不变。

因为在 R 端加入了正脉冲信号，能够而且也只能使触发器置成 0 状态，所以 R 端称为置 0 端，或称为复位端。

（4）当 $S=1$、$R=1$ 时，逻辑上无意义。由或非门的逻辑功能可知，当 $S=1$、$R=1$ 时，Q 和 $\overline{Q}$ 将同时为 0，即 $Q=0$、$\overline{Q}=0$。对触发器来说，这种状态在逻辑上显然是无意义的。因为它既不是 0 状态（$Q=0$、$\overline{Q}=1$），又不是 1 状态（$Q=1$、$\overline{Q}=0$）。因此，不允许出现 $S=1$、$R=1$ 的情况。

事实上，当 $S=1$、$R=1$ 使得触发器的输出 $Q=0$、$\overline{Q}=0$，如果 S、R 的输入信号同时消失（同时从 $1\to0$），这时两个门的 4 个输入端全为 0，其输出都有变为 1 的趋势。触发器的状态往往由于两个或非门在特性上的差异而具有随机性，这就使得触发器的 Q 和 $\overline{Q}$ 状态无法确定。这种情况称为"不定"。因此，禁止 S、R 同时为 1，这是使用 RS 触发器应遵守的约束条件，即 $RS=0$ 为它的约束条件。

但是，在 $S=1$、$R=1$ 之后，如果 R 端先从 $1\to0$，S 端仍为 1，那么触发器的状态可以确定为 1 状态；如果 S 端先从 $1\to0$，R 端仍为 1，则触发器可以确定为 0 状态。以上说明，如果 R、S 端信号不是同时消失，那么触发器的状态仍然是可以确定的。

3. 特性表

触发器逻辑关系的描述与组合电路一样，也用真值表，但又有不同之处。组合电路的状态完全由输入信号决定，因此在列真值表时，只考虑输出信号对输入信号之间的关系。对于触发器来说，在接收信号之前总是处于某一个稳定状态，可能是 0 状态，也可能是 1 状态，因此触发器新的状态（也称为次态，用 Q^{n+1} 表示）不仅与输入信号（R、S）有关，而且还与触发器原来的状态（称为现态或初态，用 Q^n 表示）有关，所以，应当将 Q^n 也作为一个变量（称为状态变量）列入真值表，同时把含有状态变量 Q^n 的真值表称为触发器的特性表。在基本 RS 触发器中，现态（Q^n）指的是输入信号作用之前触发器的状态，而次态（Q^{n+1}）指的是输入信号作用之后触发器的状态。

根据基本 RS 触发器工作原理的分析，可以列出或非门组成的基本 RS 触发器的特性表（见表 3-1）。

特性表完整而又清晰地描述了在输入信号 R 和 S 作用下，触发器的现态 Q^n 和次态 Q^{n+1} 之间的转换关系，即基本 RS 触发器的逻辑功能。

表 3-1　或非门组成的基本 RS 触发器的特性表

S　R	Q^n	Q^{n+1}	说明
0　0	0	0	当 $S=0$、$R=0$ 时，保持原态
0　0	1	1	
0　1	0	0	当 $S=0$、$R=1$ 时，无论初态如何，触发器置 0 状态
0　1	1	0	
1　0	0	1	当 $S=1$、$R=0$ 时，无论初态如何，触发器置 1 状态
1　0	1	1	
1　1	0	不定	当 $S=1$、$R=1$ 时，$Q=0$，$\overline{Q}=0$，而当 R、S 同时由 $1 \rightarrow 0$ 时，触发器状态不定
1　1	1	不定	

【例 3-1】参考图 3-1a 所示电路，试根据输入 R、S 信号的波形（见图 3-2a），画出 Q、$\overline{Q}$ 的波形（设初始状态 $Q^n=0$，$\overline{Q^n}=1$）。

解：根据输入信号 R、S 的变化，用虚线将波形划分为几个区段，然后由 R、S 及 Q^n（虚线左边 Q 的状态）画出输出波形，如图 3-2b 所示。

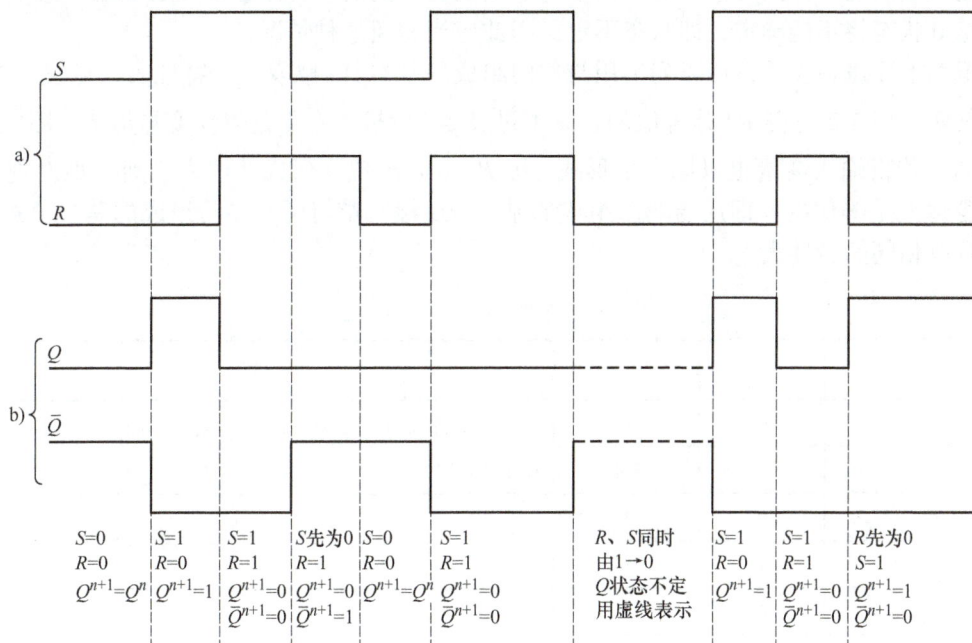

图 3-2　例 3-1 波形图

3.1.2　与非门组成的基本 RS 触发器

1. 电路结构

图 3-3a 是由两个与非门交叉连接而成的基本 RS 触发器。$\overline{S}$、$\overline{R}$ 是它的两个信号输入

端。字母 R、S 上的反号表示低电平有效，即平时 $\bar{S}$、$\bar{R}$ 端均为高电平，有信号输入时为低电平。Q 和 $\bar{Q}$ 端为触发器的两个输出端。图 3-3b 为逻辑图形符号，$\bar{S}$、$\bar{R}$ 端的圆圈也表示低电平有效。

2. 工作原理

由与非门组成的基本 RS 触发器的工作原理，必须根据与非门的逻辑特性来分析。

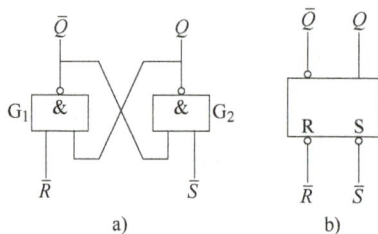

图 3-3　与非门组成的基本 RS 触发器
a）逻辑电路　b）逻辑图形符号

当 $\bar{S}$ =1、$\bar{R}$ =1，即 $\bar{S}$、$\bar{R}$ 均为高电平时，触发器保持原状态不变（保持功能），也就是触发器将原有的状态存储起来，即通常所说的触发器具有记忆功能。

当 $\bar{S}$ =0、$\bar{R}$ =1，即在 $\bar{S}$ 端输入负脉冲时，不论原有 Q 为何状态，触发器都置1（置 1 功能）。

当 $\bar{S}$ =1、$\bar{R}$ =0，即在 $\bar{R}$ 端输入负脉冲时，不论原有 Q 为何状态，触发器都置0（置 0 功能）。

当 $\bar{S}$ =0、$\bar{R}$ =0，即在 $\bar{S}$、$\bar{R}$ 端同时输入负脉冲时，两个与非门输出端 Q 和 $\bar{Q}$ 全为1，而当两输入端的负脉冲同时消失时，由于与非门延迟时间的差异，触发器的输出状态是 1 状态还是 0 状态将不能确定，即状态不定，因此应当避免这种情况。

根据上述逻辑关系，可以列用与非门组成的基本 RS 触发器的特性表，见表 3-2。

其实，表 3-2 与表 3-1 是等值的，只不过表 3-2 中输入变量是以反变量形式（即 $\bar{S}$、$\bar{R}$）出现的，若将输入变量也以原变量形式（即 R、S）出现，列成特性表，则不难发现，它们在逻辑上是等值的，即用与非门组成的基本 RS 触发器与用或非门组成的基本 RS 触发器，具有相同的特性表。

表 3-2　用与非门组成的基本 RS 触发器的特性表

$\bar{S}$	$\bar{R}$	Q^n	Q^{n+1}	说明
0	0	0	不定	当 $\bar{S}$ =0、$\bar{R}$ =0 时，Q =1，$\bar{Q}$ =1，而当 $\bar{S}$、$\bar{R}$ 同时由 0 → 1 时，触发器状态不定
0	0	1	不定	
0	1	0	1	当 $\bar{S}$ =0、$\bar{R}$ =1 时，无论初态如何，触发器置 1 状态
0	1	1	1	
1	0	0	0	当 $\bar{S}$ =1、$\bar{R}$ =0 时，无论初态如何，触发器置 0 状态
1	0	1	0	
1	1	0	0	当 $\bar{S}$ =1、$\bar{R}$ =1 时，状态保持
1	1	1	1	

3. 应用举例

在实际应用中直接用到基本 RS 触发器的场合虽然不多，但它是各种功能触发器的基本单元，所以其逻辑功能极为重要。图 3-4a 是利用基本 RS 触发器组成防止波形抖动的开关电路。

在利用机械开关产生控制信号时，往往由于机械开关的抖动，使得输出电压波形产生许多飞边。如果使用基本 RS 触发器，就可以消除上述现象。例如，当按下开关 S_1 时，在 $\bar{S}$ 端出现负脉冲和许多飞边，但由于基本 RS 触发器在 $\bar{S}$ 端第一次出现的低电平即经正反馈作用，使它迅速置 1，而后出现的其他飞边对触发器输出状态是没有影响的。因此，只要将 S_1 按动一下，就可以在 Q 端得到一个正跳变脉冲信号（$Q=1$），如图 3-4b 所示。同理，将 S_2 按动一下，也可以在 $\bar{Q}$ 端产生一个正跳变的脉冲信号（相应的 $Q=0$）。这种电路可作单脉冲发生器，在数字系统调测时，可得到稳定的逻辑 0 或逻辑 1 电平输出信号。

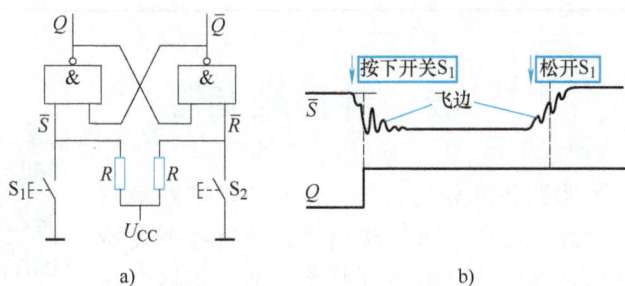

图 3-4　基本 RS 触发器的应用实例

3.1.3　典型集成基本 RS 触发器 74LS279

集成基本 RS 触发器 74LS279 内部包含 4 个基本 RS 触发器单元，图 3-5a 所示为 74LS279 的引脚排列。在 4 个基本 RS 触发器单元中，第 1 个和第 3 个各有 3 个输入信号，即 1 个 R 信号，2 个 S 信号（$\bar{S} = \bar{S}_A \bar{S}_B$）；第 2 个和第 4 个各有 2 个输入信号，即 1 个 R 信号，1 个 S 信号。图 3-5b 所示为第 1、3 单元的结构，图 3-5c 所示为第 2、4 单元的结构。74LS279 的特性表见表 3-3。

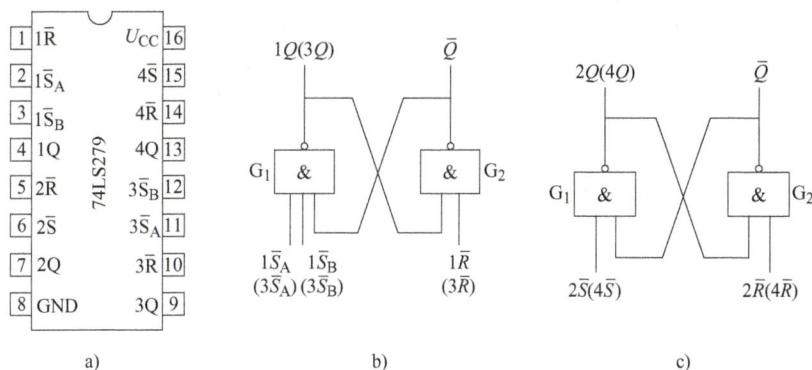

图 3-5　74LS279 的引脚排列图及内部结构

a）引脚排列图　b）1（3）单元的内部结构　c）2（4）单元的内部结构

表 3-3　74LS279 的特性表

$\bar{S}$	$\bar{R}$	Q^n	Q^{n+1}	说明
0	0	0	不定	当 $\bar{S}=0$、$\bar{R}=0$ 时，$Q=1$、$\bar{Q}=1$，而当 $\bar{S}$、$\bar{R}$ 同时由 $0\rightarrow1$ 时，触
0	0	1	不定	发器状态不定
0	1	0	1	当 $\bar{S}=0$、$\bar{R}=1$ 时，无论初态如何，触发器置 1 状态
0	1	1	1	
1	0	0	0	当 $\bar{S}=1$、$\bar{R}=0$ 时，无论初态如何，触发器置 0 状态
1	0	1	0	
1	1	0	0	当 $\bar{S}=1$、$\bar{R}=1$ 时，状态保持
1	1	1	1	

3.2　钟控触发器

在数字系统中，为协调各部分的动作，常常要求某些触发器于同一时刻动作。为此，必须引入同步信号，使这些触发器只有在同步信号到达时才按输入信号改变状态。通常把这个同步信号叫作时钟脉冲或时钟信号，简称时钟，用 CP 表示。

这种受时钟信号控制的触发器统称为时钟触发器，以区别于像基本 RS 触发器那样的直接置位、复位触发器。

3.2.1　同步 RS 触发器

1. 电路组成

同步 RS 触发器由一个基本 RS 触发器和两个控制门组成，如图 3-6 所示，其中，G_1、G_2 组成基本 RS 触发器，G_3、G_4 为控制门，CP 是时钟脉冲的输入控制信号。Q 和 $\bar{Q}$ 是输出端。图 3-6b 所示为逻辑图形符号。

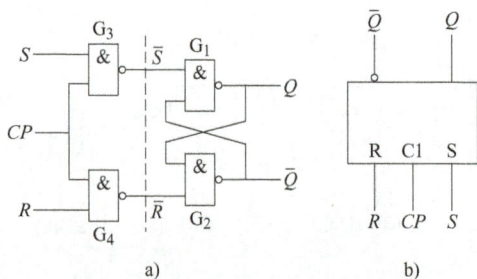

图 3-6　同步 RS 触发器

a）逻辑电路　b）逻辑图形符号

2. 工作原理

当 $CP=0$ 时，门 G_3、G_4 均被封锁。因此，不论 R、S 状态如何，门 G_3、G_4 的输出均为 1，即 $\overline{R}=1$、$\overline{S}=1$，触发器状态保持不变。所以，当 $CP=0$ 时，即使输入信号 R、S 发生变化，触发器仍将保持原状态。

当 $CP=1$，即同步时钟脉冲上升沿来到时，门 G_3、G_4 打开，输入信号 R、S 通过门 G_3、G_4 使基本 RS 触发器翻转，输出端状态仍由 R、S 状态和 Q^n 来决定。

若 $R=1$、$S=0$，由于 $CP=1$，则门 G_3 输出为 1，门 G_4 输出为 0，即 $\overline{R}=0$、$\overline{S}=1$，根据基本 RS 触发器的逻辑功能，这时 $Q=0$、$\overline{Q}=1$，即同步 RS 触发器置为 0 状态（置 0 功能）。此后，如果 CP 脉冲消失，即 $CP=0$，门 G_3、G_4 又被封锁，使 $\overline{R}=\overline{S}=1$，因此仍能保持翻转后的 0 状态。

若 $R=0$、$S=1$，由于 $CP=1$，则 $\overline{R}=1$、$\overline{S}=0$，同步 RS 触发器置 1 状态（置 1 功能）。CP 脉冲消失后触发器也能保持 1 状态。

若 $R=0$、$S=0$，则 $\overline{R}=1$、$\overline{S}=1$，同步 RS 触发器状态保持（保持功能）。

若 $R=1$、$S=1$，由于 $CP=1$，则 $\overline{R}=0$、$\overline{S}=0$，同步 RS 触发器输出均为高电平，即 $Q=1$、$\overline{Q}=1$。同时，当 R、S 信号同时由 1 变为 0 时，或者 CP 信号由 1 变为 0（CP 消失）时，都使触发器的状态不定，因此应避免出现这种情况。

3. 特性表

同步 RS 触发器的特性表见表 3-4。

表 3-4   同步 RS 触发器的特性表

CP	S	R	Q^n	Q^{n+1}
0	×	×	0	0
0	×	×	1	1
1	0	0	0	0
1	0	0	1	1
1	0	1	0	0
1	0	1	1	0
1	1	0	0	1
1	1	0	1	1
1	1	1	0	不定
1	1	1	1	不定

时钟触发器逻辑功能的表示方法除使用真值表（特性表）、逻辑图形符号、时序图（时序波形图）以外，还可用特性方程、状态图（状态转换图）来表示。

4. 特性方程

反映触发器次态输出 Q^{n+1} 与现态 Q^n 及输入 R、S 之间关系的逻辑表达式叫特性方程。

图 3-7 所示为同步 RS 触发器 Q^{n+1} 的卡诺图，由此可得同步 RS 触发器的特性方程，即

$$\begin{cases} Q^{n+1} = S + \bar{R}Q^n \\ RS = 0 \text{（约束条件）} \end{cases} \tag{3-1}$$

5. 状态转换图

为了以更加形象的方式直观地显示触发器的逻辑功能，可以用状态转换图的形式。图 3-8 所示为同步 RS 触发器的状态转换图。状态转换图中圆圈内的数字表示触发器的状态，箭头表示时钟脉冲到来时触发器状态的转换方向，箭头线旁边标注的是实现相应转换时输入端的取值。× 号表示取任意值。

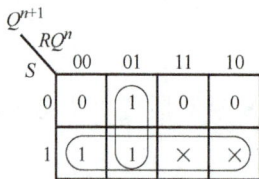

图 3-7 同步 RS 触发器 Q^{n+1} 的卡诺图

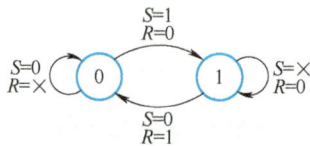

图 3-8 同步 RS 触发器的状态转换图

由于同步 RS 触发器在 $CP=1$ 的全部时间里，S、R 的变化都将引起触发器输出端状态的变化，所以如果 $CP=1$ 的期间内输入信号多次发生变化，则触发器的状态也会发生多次翻转。有时，同步 RS 触发器输入端会有一些干扰信号进来，使输入信号波形出现一些不应有的干扰脉冲，则同步 RS 触发器的输出也会随着干扰脉冲发生翻转（变化），这就降低了电路的抗干扰能力。还有一种情况，即使没有干扰信号，若电路本身要求在一个时钟脉冲作用下，触发器的状态只能翻转一次，则同步 RS 触发器的使用也会受到限制。

【例 3-2】已知同步 RS 触发器的逻辑电路如图 3-9a 所示，电压波形图如图 3-9b 所示，试画出 Q、$\bar{Q}$ 端的电压波形。设触发器的初始状态为 $Q=0$。

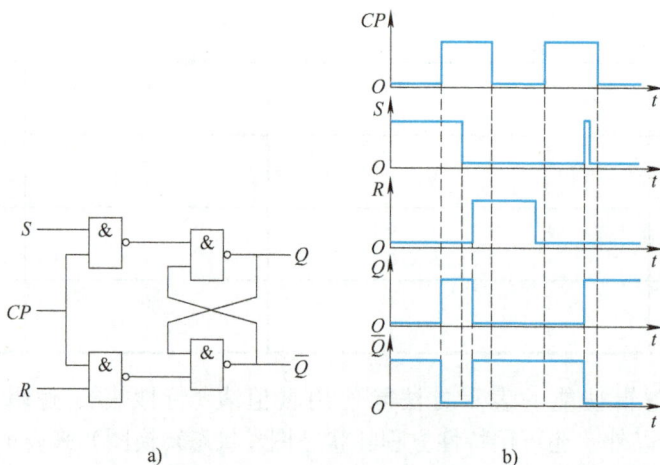

图 3-9 例 3-2 的逻辑电路及电压波形图

a）逻辑电路 b）电压波形图

解：由给定的电压波形图可见，在第一个 CP 高电平期间先是 $S=1$、$R=0$，输出被置成 $Q=1$、$\overline{Q}=0$；随后输入变成了 $S=R=0$，因而输出状态保持不变；最后输入又变为 $S=0$、$R=1$，将输出置成 $Q=0$、$\overline{Q}=1$，故 CP 回到低电平以后触发器停留在 $Q=0$、$\overline{Q}=1$ 的状态。

在第二个 CP 高电平期间，若 $S=R=0$，则触发器的输出状态应保持不变。但由于在此期间 S 端出现了一个干扰脉冲，因而触发器被置成 $Q=1$。

3.2.2　同步 D 触发器

为了克服同步 RS 触发器 R、S 之间仍然存在约束的状态，可将同步 RS 触发器接成 D 触发器形式，即构成同步 D 触发器（或 D 锁存器）。图 3-10 所示为同步 D 触发器的逻辑电路及逻辑图形符号。

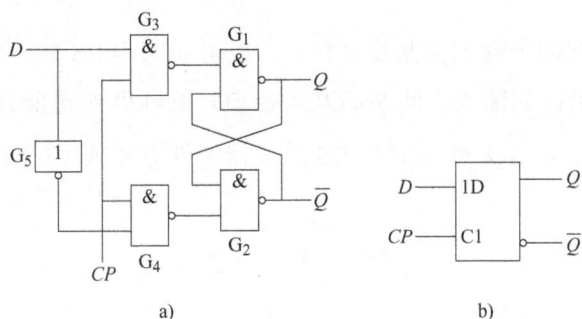

图 3-10　同步 D 触发器

a）逻辑电路　b）逻辑图形符号

在同步 D 触发器中，D 接同步 RS 触发器的 S 端，同时 D 经非门后接 R 端，这样就可避免当 $CP=1$ 时，R、S 同时为高电平状态的出现。令 $D=S=\overline{R}$，代入 RS 触发器特性方程式（3-1）中，可得 D 触发器的特性方程为

$$Q^{n+1}=D \qquad (3\text{-}2)$$

同步 D 触发器的特性表见表 3-5，其状态转换图如图 3-11 所示。

表 3-5　同步 D 触发器的特性表

CP	D	Q^n	Q^{n+1}
0	×	0	0
0	×	1	1
1	0	0	0
1	0	1	0
1	1	0	1
1	1	1	1

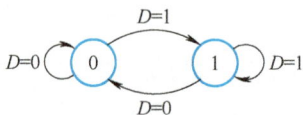

图 3-11　同步 D 触发器的状态转换图

从特性表和特性方程可看出，D 触发器的次态总是与输入端 D 保持一致，即状态 Q^{n+1} 仅取决于控制输入 D，而与现态 Q^n 无关。D 触发器有两个功能：当 $D=0$ 时，$Q^{n+1}=D=0$，具有置 0 功能；当 $D=1$ 时，$Q^{n+1}=D=1$，具有置 1 功能。因为 D 触发器广泛用于数据存储，所以也称为数据触发器。

3.2.3　同步 JK 触发器

同步 JK 触发器有两个输入控制端 J 和 K，也可从同步 RS 触发器演变而来。将同步 RS 触发器输出交叉引回到输入，使 $S=J\overline{Q^n}$，$R=KQ^n$ 便可得到同步 JK 触发器，如图 3-12 所示。同样将 $S=J\overline{Q^n}$，$R=KQ^n$ 代入同步 RS 触发器特性方程式（3-1）中，可得 JK 触发器特性方程为

$$Q^{n+1}=J\overline{Q^n}+\overline{K}Q^n \qquad (3-3)$$

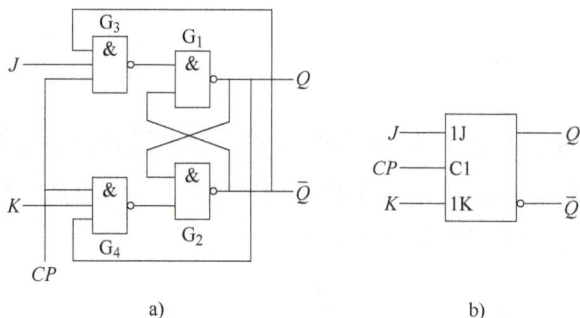

图 3-12　同步 JK 触发器

a）逻辑电路　b）逻辑图形符号

由于 Q 端和 $\overline{Q}$ 端总是互补的，因此图 3-12a 中 G_3、G_4 门的输出不存在同时为 0 的情况，这也就消去了不定状态。

JK 触发器的特性表见表 3-6，其状态转换图如图 3-13 所示。从特性表可看出，JK 触发器有 4 个功能：当 $J=K=0$ 时，$Q^{n+1}=Q^n$，具有保持功能；当 $J=0$，$K=1$ 时，$Q^{n+1}=0$，具有置 0 功能；当 $J=1$，$K=0$ 时，$Q^{n+1}=1$，具有置 1 功能；当 $J=1$，$K=1$ 时，$Q^{n+1}=\overline{Q^n}$，具有翻转功能。

表 3-6　同步 JK 触发器的特性表

CP	J	K	Q^n	Q^{n+1}
0	×	×	0	0
0	×	×	1	1
1	0	0	0	0
1	0	0	1	1
1	0	1	0	0
1	0	1	1	0
1	1	0	0	1
1	1	0	1	1
1	1	1	0	1
1	1	1	1	0

3.2.4　典型集成同步触发器 74LS375

1. 集成同步 D 触发器 74LS375

图 3-14a 所示为集成同步 D 触发器 74LS375 的引脚排列，74LS375 内部包含 4 个 D 触发器单元，其中，第 1 个和第 2 个 D 触发器共用一个时钟信号 CP；第 3 个和第 4 个 D 触发器共用一个时钟信号 CP。D 端为各个 D 触发器的输入信号，Q、$\overline{Q}$ 端为各个 D 触发器的输出信号。各 D 触发器单元逻辑电路如图 3-14b 所示。表 3-7 为 74LS375 的特性表。

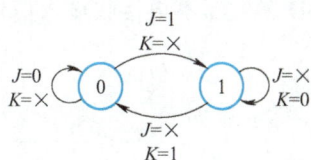

图 3-13　同步 JK 触发器的状态转换图

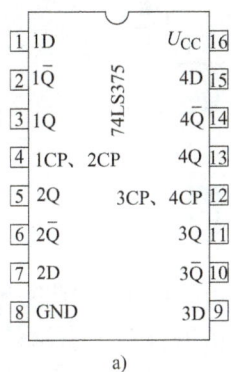

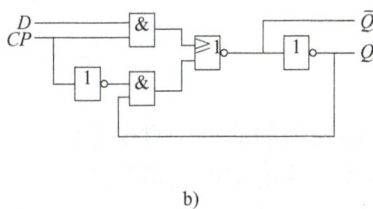

a)　　　　　　　　　　　b)

图 3-14　74LS375 的引脚排列与各 D 触发器的逻辑电路
a）引脚排列图　b）各 D 触发器的逻辑电路

表 3-7　74LS375 的特性表

CP	D	Q^n	Q^{n+1}
0	×	0	0
0	×	1	1
1	0	0	0
1	0	1	0
1	1	0	1
1	1	1	1

2. 应用举例

图 3-15 所示为由 74LS375 构成的简单 4 人抢答器。4 位参赛者分别控制 S_1、S_2、S_3、S_4 4 个按钮,主持人控制 S 按钮。抢答前,要求 S_1、S_2、S_3、S_4 4 个按钮均应放开,即 4 个触发器的输入 D 均为 0,主持人按下按钮 S,使各 CP 端均为 1,4 个 D 触发器接收信号,4 个端 Q 为 0,对应的 4 个发光二极管都应熄灭。如果哪位参赛者的按钮没有松开,对应的发光二极管就会亮,这时主持人应要求其松开按钮,使 4 个发光二极管全部熄灭。抢答正式开始时,主持人应松开按钮 S,使或门的该输入端为 0。由于开始时 4 个触发器的 $\overline{Q}$ 端均为 1,通过一个 4 输入的与门使或门的另一输入端为 1,因此 4 个触发器仍处于接收信号的状态。抢答开始后,哪个参赛者的按钮先按下,则对应触发器的 Q 变 1,$\overline{Q}$ 变 0,相应的发光二极管点亮,4 输入的与门输出为 0,即或门 2 输入端都为 0,各 CP 端均为 0,使 4 个 D 触发器不再接收输入信号,即都被封锁,此后再有参赛者按下按钮,将不起作用。

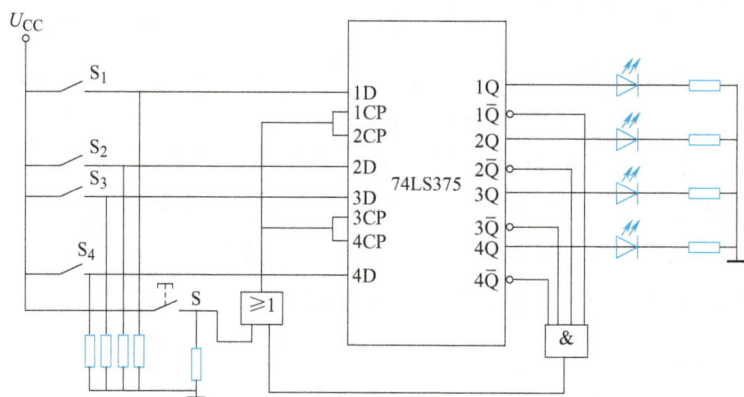

图 3-15 74LS375 构成的 4 人抢答器

3.3 边沿触发器

为了克服同步触发器的缺点,对电路做进一步改进,产生了各种类型的触发器。目前应用较多和性能较好的是边沿触发器,其特点是次态仅取决于时钟信号 CP 上升沿或下降沿到达前瞬间的输入信号状态,而在之前或之后的一段时间内,输入信号状态的变化对输出状态不产生影响,因此具有工作可靠性高、抗干扰能力强的优点。

边沿触发器有 TTL 型和 CMOS 型,还分为正边沿(上升沿)、负边沿(下降沿)和正负边沿触发器。

3.3.1 边沿 JK 触发器

1. 电路组成

负边沿 JK 触发器的逻辑电路如图 3-16a 所示,逻辑图形符号如图 3-16b 所示,在 CP

输入端处有动态符号 "^" 和小圆圈，表明它是下降沿触发方式。若为上升沿触发，则逻辑图形符号在 CP 处不画小圆圈，只有 "^" 符号。

2. 功能分析

负边沿 JK 触发器电路在工作时，要求其与非门 G_3、G_4 的平均延迟时间 t_{pd1} 比与或非门构成的基本触发器的平均延迟时间 t_{pd2} 要长，起延迟触发作用。

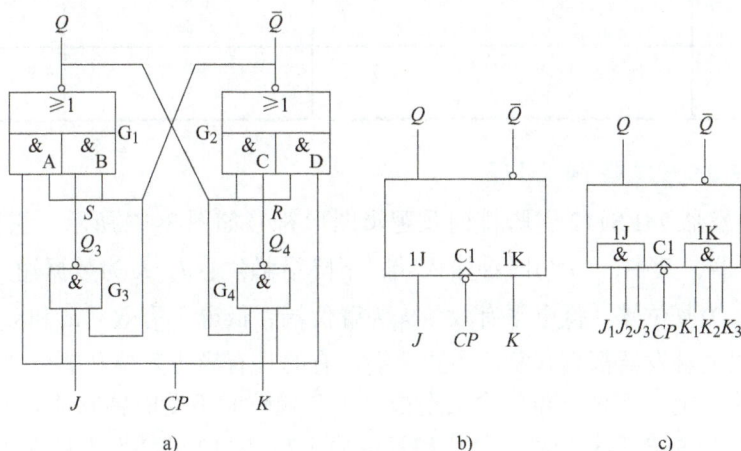

图 3-16　负边沿 JK 触发器

a) 逻辑电路　b) 逻辑图形符号　c) 多输入控制端触发器

1) $CP=1$ 期间，与或非门输出 $Q^{n+1} = \overline{\overline{Q^n} + S\overline{Q^n}} = Q^n$，$\overline{Q^{n+1}} = \overline{\overline{Q^n} + Q^n R} = \overline{Q^n}$（$R=Q_4$，$S=Q_3$），所以触发器的状态保持不变。此时与非门输出 $Q_4 = \overline{KQ^n}$，$Q_3 = \overline{J\overline{Q^n}}$。

2) CP 下降沿到来，$CP=0$，由于 $t_{pd1}>t_{pd2}$，则与或非门中的 A、D 与门结果为 0，与或非门变为基本 RS 触发器 $Q^{n+1} = S + \overline{R}Q^n = J\overline{Q^n} + \overline{K}Q^n$。

3) $CP=0$ 期间，与非门 G_3、G_4 输出结果 $Q_4=Q_3=1$，此时触发器的输出 Q^{n+1} 将保持状态不变。

4) CP 上升沿到来，$CP=1$，则与或非门恢复正常，$Q^{n+1} = Q^n$，$\overline{Q^{n+1}} = \overline{Q^n}$，保持状态不变。

由上述分析得出此触发器是在 CP 脉冲下降沿按 $Q^{n+1} = J\overline{Q^n} + \overline{K}Q^n$ 特性方程式进行状态转换的，故称此触发器为负边沿触发器，其特性表见表 3-8。

边沿 JK 触发器的特性方程、特性表、状态转换图与同步 JK 触发器相同，只是逻辑图形符号和时序图不同，如图 3-16b 所示。这种触发器功能强、性能好、应用极为广泛，为给用户提供方便，有些集成触发器有 3 个与关系输入控制端，如图 3-16c 所示。

表 3-8　边沿 JK 触发器的特性表

CP	J	K	Q^n	Q^{n+1}
↓	0	0	0	0
↓	0	0	1	1
↓	0	1	0	0
↓	0	1	1	0
↓	1	0	0	1
↓	1	0	1	1
↓	1	1	0	1
↓	1	1	1	0

3. 典型集成 JK 触发器 74LS112

集成 JK 触发器 74LS112 引脚排列及逻辑图形符号如图 3-17 所示。它内部包含两个下降沿 JK 触发器,其中,$\overline{CP}$ 为时钟输入端,下降沿触发;J、K 为数据输入端;Q、$\overline{Q}$ 为互补输出端;$\overline{R}_D$ 为复位端,低电平有效,$\overline{S}_D$ 为置位端,低电平有效,$\overline{R}_D$ 和 $\overline{S}_D$ 可用来设置初始状态。一般集成触发器都具有复位和置位端,有的具有异步复位和置位功能,有的具有同步复位和置位功能,所谓异步的含义是指复位和置位时不受时钟脉冲 CP 控制(反之称为同步)。74LS112 的 $\overline{R}_D$ 和 $\overline{S}_D$ 为异步复位和置位端。74LS112 的特性表见表 3-9。

此外也有在 CP 上升沿时刻使输出状态翻转的 CMOS 电路边沿 JK 触发器,如 CC4027 等。

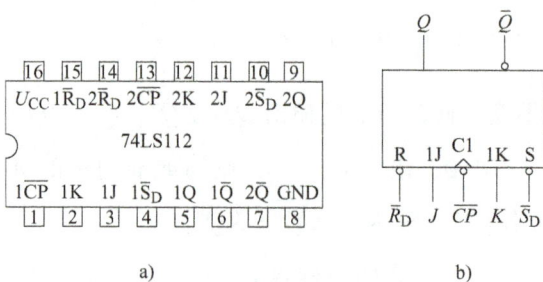

图 3-17　74LS112 的引脚排列图及逻辑图形符号

a)引脚排列图　b)逻辑图形符号

表 3-9　74LS112 的特性表

输入					输出	
$\overline{S}_D$	$\overline{R}_D$	$\overline{CP}$	J	K	Q^n	Q^{n+1}
0	1	×	×	×	×	1
1	0	×	×	×	×	0
0	0	×	×	×	×	不定
1	1	↓	0	0	0	0

（续）

输入					输出	
$\overline{S}_D$	$\overline{R}_D$	$\overline{CP}$	J	K	Q^n	Q^{n+1}
1	1	↓	0	0	1	1
1	1	↓	0	1	0	0
1	1	↓	0	1	1	0
1	1	↓	1	0	0	1
1	1	↓	1	0	1	1
1	1	↓	1	1	0	1
1	1	↓	1	1	1	0

【例 3-3】对负边沿 JK 触发器加输入信号 CP、J、K 波形，如图 3-18 所示，图中 J 端存在窄干扰脉冲，试画出输出端 Q 的波形，设初态 Q=0，且 $\overline{R}_D = \overline{S}_D$ =1。

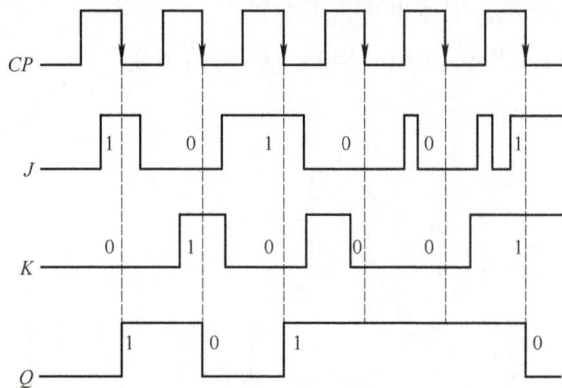

图 3-18　例 3-3 的波形图

解： 根据每一个 CP 下降沿到来之前瞬间 J、K 的逻辑状态，就可以确定在每个 CP 下降沿作用后的次态 Q^{n+1} 的波形。

首先画出每个 CP 下降沿作用瞬间的时标虚线，然后从初态 Q=0 开始，根据 J、K 状态由逻辑规律逐个画出 Q 的次态波形，如图 3-18 所示。

3.3.2　边沿 D 触发器

1. 电路组成

维持阻塞结构的边沿 D 触发器（即维持阻塞 D 触发器）逻辑电路如图 3-19a 所示，逻辑图形符号如图 3-19b 所示，其中 $\overline{R}_D$ 和 $\overline{S}_D$ 为异步复位和置位信号。

2. 功能分析

在 CP 上升沿（CP↑）到来之前，CP=0，R=1，S=1，$Q^{n+1} = Q^n$，保持不变。

（1）设 $D=1$，则 $A=\overline{RD}=0$，$B=\overline{AS}=1$

1）CP 上升沿到来，$CP=1$，$S=\overline{B\cdot CP}=0$，$R=\overline{S\cdot A\cdot CP}=1$，根据基本 RS 触发器的功能可知，$Q^{n+1}=1=D$。

2）$CP=1$ 期间，因 $Q^{n+1}=1$，$S=0$，置 1 维持线起作用确保 $S=0$ 不变，同时，经置 0 阻塞线使 $R=1$，阻止了 Q^{n+1} 向 0 转换。虽然 D 在此期间变化，会使 $A=D$ 跟着变化，但 $S=0$，既维持了 $Q^{n+1}=1$ 不变，也阻塞了其空翻，保持 1 状态不变。

3）CP 下降沿（$CP\downarrow$）到来，$CP=0$，$R=1$，$S=1$，Q^{n+1} 保持不变。

（2）设 $D=0$，则 $A=\overline{D}=1$，$B=0$。

1）CP 上升沿到来，$CP=1$，则 $S=\overline{B\cdot CP}=1$，$R=\overline{S\cdot A\cdot CP}=0$，$Q^{n+1}=0=D$。

2）$CP=1$ 期间，因 $Q^{n+1}=0$、$R=0$，置 0 维持线起作用，确保 $R=0$ 不变，D 变化而 A 不变。置 1 阻塞线阻止了空翻，使输出 0 状态不变。

3）CP 下降沿到来，$CP=0$、$R=1$、$S=1$，Q^{n+1} 保持不变。

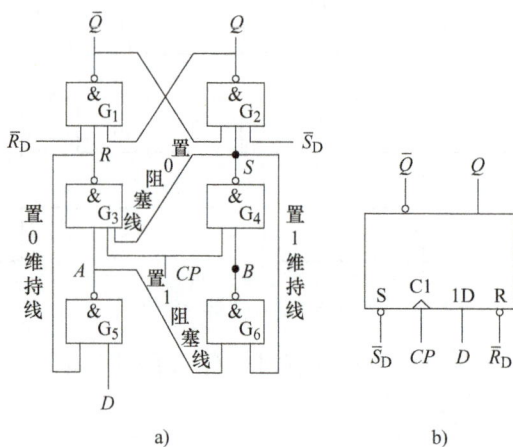

图 3-19　维持阻塞 D 触发器

a）逻辑电路　b）逻辑图形符号

由上述分析可知，维持阻塞 D 触发器在 CP 脉冲上升沿触发翻转，且特性方程式为 $Q^{n+1}=D$，它通过维持、阻塞线有效地克服了空翻现象，但要注意输入信号 D 一定是 CP 脉冲上升沿到来之前的值，其特性表见表 3-10。边沿 D 触发器的特性方程、特性表、状态转换图与同步 D 触发器相同，只是逻辑图形符号和时序图不同。

【例 3-4】对上升沿触发边沿 D 触发器加输入信号 CP、D，如图 3-20 所示，试画出输出端 Q 的波形，设初态 $Q=0$，且 $\overline{R}_D=\overline{S}_D=1$。

表 3-10 边沿 D 触发器的特性表
（不考虑异步置位、复位端）

CP	D	Q^n	Q^{n+1}
↑	0	0	0
↑	0	1	0
↑	1	0	1
↑	1	1	1

解：根据每一个 CP 上升沿到来之前瞬间 D 的逻辑状态，就可以确定在每个 CP 上升沿作用后的次态 Q^{n+1} 的波形。

画出每个上升沿作用瞬间的时标虚线，从初态 $Q=0$ 开始，根据 D 状态由逻辑规律逐个画出 Q 的次态波形。由于 $\overline{R}_D = \overline{S}_D = 1$，都是无效电平，因此不用考虑异步置位、复位端。

注意：如果 D 与 CP 脉冲同时变化，D 变化的值将不能存入 Q 内，如图 3-20 中第 3 个 CP 脉冲所示。

3. 典型集成 D 触发器 74LS74

集成 D 触发器 74LS74 引脚排列图及逻辑图形符号如图 3-21 所示。它内部包含两个上升沿 D 触发器，其中，CP 为时钟输入端；D 为数据输入端；Q、$\overline{Q}$ 为互补输出端；$\overline{R}_D$ 为异步复位端，低电平有效；$\overline{S}_D$ 为异步置位端，低电平有效；$\overline{R}_D$ 和 $\overline{S}_D$ 用来设置初始状态。74LS74 的特性表见表 3-11。

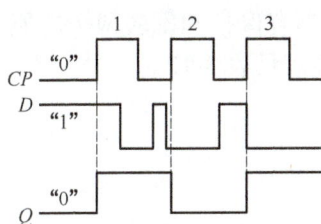

图 3-20 维持阻塞 D 触发器的波形

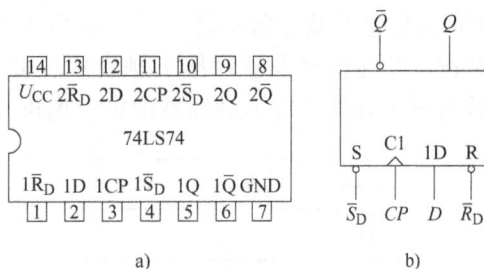

图 3-21 74LS74 的引脚排列图及逻辑图形符号

a）引脚排列图 b）逻辑图形符号

表 3-11 74LS74 的特性表

输入				输出	
$\overline{S}_D$	$\overline{R}_D$	CP	D	Q^n	Q^{n+1}
0	1	×	×	×	1
1	0	×	×	×	0
0	0	×	×	×	不定
1	1	↑	0	0	0

（续）

输入				输出	
$\overline{S}_D$	$\overline{R}_D$	CP	D	Q^n	Q^{n+1}
1	1	↑	0	1	0
1	1	↑	1	0	1
1	1	↑	1	1	1

【例 3-5】已知上升沿触发的维持阻塞 D 触发器的 CP 脉冲及输入信号 D、异步置 0 信号 $\overline{R}_D$、异步置 1 信号 $\overline{S}_D$ 的波形如图 3-22 所示，试画出触发器输出端 Q 的波形。设初态 $Q=1$。

解： 根据每一个 CP 上升沿到来之前瞬间 D 的逻辑状态，就可以确定在每个 CP 上升沿作用后的次态 Q^{n+1} 的波形。

首先画出每个 CP 上升沿作用瞬间的时标虚线，然后从初态 $Q=1$ 开始，根据 D 状态由逻辑规律逐个画出 Q 的次态波形。另外注意由于 $\overline{R}_D$ 为异步复位端，低电平有效；$\overline{S}_D$ 为异步置位端，低电平有效，它们与 CP 脉冲无关，所以在 $\overline{R}_D$ 和 $\overline{S}_D$ 的有效电平到来时，Q 的状态直接置 0 或置 1。由此可画出触发器输出端 Q 的波形，如图 3-22 所示。

3.3.3　T 触发器和 T′ 触发器

在某些应用场合下，需要这样一种逻辑功能的触发器：当控制信号 $T=1$ 时，每来一个 CP 信号它的状态就翻转一次；而当 $T=0$ 时，CP 信号到达后它的状态保持不变。具备这种逻辑功能的触发器叫作 T 触发器。可见 T 触发器具有保持和翻转两个功能，图 3-23 所示为下降沿触发的 T 触发器逻辑图形符号，它的特性表见表 3-12。

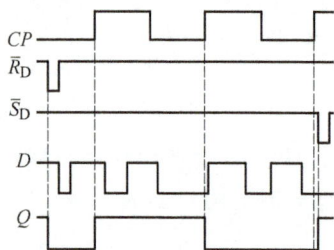

图 3-22　例 3-5 的波形图

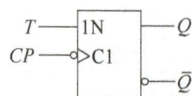

图 3-23　T 触发器逻辑图形符号

表 3-12　T 触发器的特性表

CP	T	Q^n	Q^{n+1}
↓	0	0	0
↓	0	1	1
↓	1	0	1
↓	1	1	0

根据特性表写出 T 触发器的特性方程为

$$Q^{n+1} = T\overline{Q^n} + \overline{T}Q^n \tag{3-4}$$

它的状态转换图如图 3-24 所示。

事实上只要将 JK 触发器的两个输入端连在一起作为 T 端，就可以构成 T 触发器。正因为如此，在触发器的定型产品中通常没有专门的 T 触发器。

当 T 触发器的控制端接至固定的高电平时（即 T 恒等于 1），式（3-4）变为

$$Q^{n+1} = \overline{Q^n}$$

即每次 CP 信号作用后触发器必然翻转成与初态相反的状态。把具有这种功能的触发器叫作 T′ 触发器。可见 T′ 触发器只具有翻转功能，其实 T′ 触发器只不过是处于一种特定工作状态下的 T 触发器而已，如图 3-25 所示。

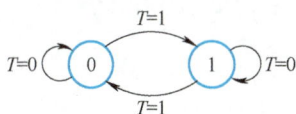

图 3-24　T 触发器的状态转换图

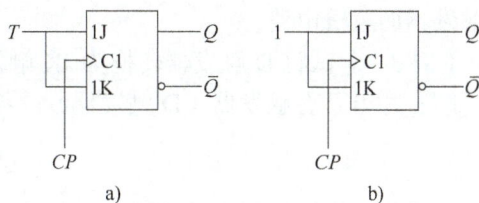

图 3-25　T 触发器和 T′ 触发器

a）JK → T　b）JK → T′

3.3.4　触发器的转换

由于现在市售的集成触发器多为 JK 触发器和 D 触发器，而在数字电路中，往往要用到 RS、JK、T、T′、D 等几种类型，所以应学会不同类型触发器的相互转换。

1. 触发器转换法

所谓转换，就是把一种已有的触发器，加入转换逻辑电路，使之成为另一种逻辑功能的触发器。不难理解，触发器的转换，实际上就是要求设计一个满足变换的组合逻辑电路。

由已知触发器转换为待求触发器的方法如下：

1）写出已知触发器和待求触发器的特性方程。

2）变换待求触发器的特性方程，使其在形式上与已知触发器的特性方程一致。

3）比较已知触发器和待求触发器的特性方程，求出转换逻辑。

4）画逻辑电路图。

2. 触发器转换法例题分析

【例 3-6】试将 JK 触发器转换为 D 触发器。

解：首先，写出反映已有触发器（JK 触发器）逻辑功能的特性方程：

$$Q^{n+1} = J\overline{Q^n} + \overline{K}Q^n \tag{3-5}$$

然后，写出待求触发器的特性方程，即反映了对待求触发器功能的要求。待求触发器为 D 触发器，故可写出其特性方程，即

$$Q^{n+1}=D \tag{3-6}$$

最后，求出转换逻辑即 JK 触发器的驱动方程。为了便于比较，将式（3-6）变换为与式（3-5）相似的形式，即

$$Q^{n+1}=D=D(\overline{Q^n}+Q^n)=D\overline{Q^n}+DQ^n \tag{3-7}$$

将式（3-7）与式（3-5）比较后，可求得 J、K 的驱动方程，即

$$\begin{cases} J=D \\ K=\overline{D} \end{cases}$$

根据求出的转换逻辑，即已有的 JK 触发器的驱动方程，便可画出如图 3-26 所示的待求触发器的逻辑电路。

【例 3-7】试将 D 触发器转换为 JK 触发器。

解：写出已有触发器（D 触发器）的特性方程，即

$$Q^{n+1}=D$$

写出待求触发器（JK 触发器）的特性方程，即

$$Q^{n+1}=J\overline{Q^n}+\overline{K}Q^n$$

比较上述两个特性方程，可得

$$D=J\overline{Q^n}+\overline{K}Q^n=\overline{\overline{J\overline{Q^n}}\cdot\overline{Q^n\overline{K}}}$$

画出逻辑电路，如图 3-27 所示。

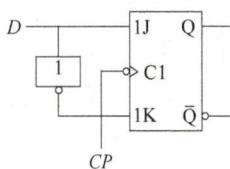

图 3-26　JK→D 触发器逻辑电路　　　　图 3-27　D→JK 触发器逻辑电路

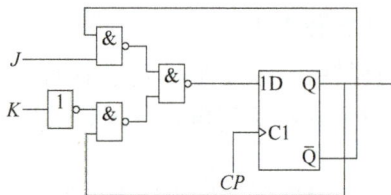

【例 3-8】试将 D 触发器转换为 T 触发器和 T′触发器。

解：写出已有触发器（D 触发器）的特性方程，即

$$Q^{n+1}=D$$

写出待求触发器（T 触发器）的特性方程，即

$$Q^{n+1}=T\overline{Q^n}+\overline{T}Q^n$$

比较上述两个特性方程，可得

$$D = T\overline{Q^n} + \overline{T}Q^n = T \oplus Q^n$$

画出逻辑电路，如图 3-28a 所示。

T′触发器的特性方程为 $Q^{n+1} = \overline{Q^n}$，所以只要令 $D = \overline{Q^n}$，即可得到T′触发器，其转换逻辑电路如图 3-28b 所示。

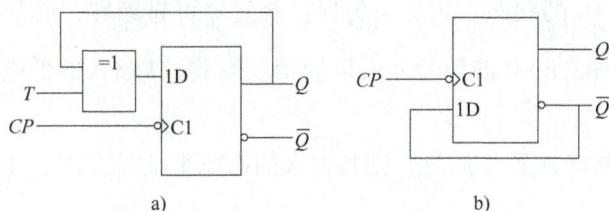

图 3-28　D 触发器转换为 T、T′ 触发器逻辑电路

a）D→T　b）D→T′

3.4　触发器的动态特性

为了保证触发器在工作时能可靠地翻转，需要分析其动态翻转过程，即动态特性。时序图（波形图）是分析时序电路动态特性的主要工具，它可清晰地描述电路的动作过程。

3.4.1　基本 RS 触发器的动态特性

1. 输入信号宽度

首先分析考虑门电路存在传输延迟时间后，图 3-29a 所示基本 RS 触发器的翻转过程。假设所有门电路的平均传输延迟时间相等，用 t_{pd} 表示。

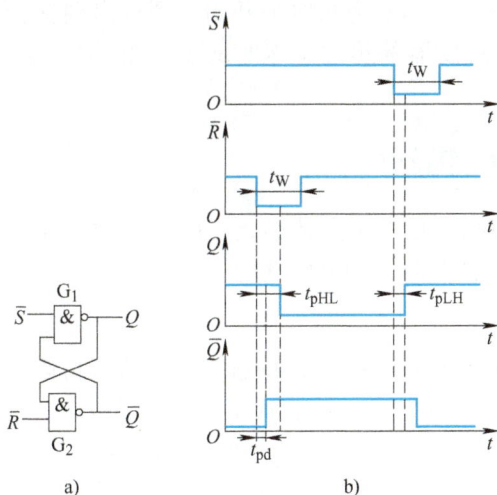

图 3-29　基本 RS 触发器的逻辑电路与动态波形

a）逻辑电路　b）动态波形

设触发器的初始状态为 $Q=1$，$\bar{Q}=0$，输入信号波形如图 3-29b 所示。当置 0 信号 $\bar{R}$ 的下降沿到达后，经过门 G_2 的传输延迟时间 t_{pd}，$\bar{Q}$ 变为高电平，即 $\bar{Q}=1$，这个高电平加到门 G_1 输入端，再经过门 G_1 的传输延迟时间 t_{pd}，使 Q 变为低电平，即 $Q=0$。当 Q 的低电平反馈到门 G_2 的输入端以后，即使 $\bar{R}$ 的有效信号消失（即 $\bar{R}$ 变回到高电平状态），触发器依然能保持 $\bar{Q}=1$，$Q=0$ 的状态。可见，为保证触发器可靠翻转，必须等到 $Q=0$ 的状态反馈到 G_2 的输入端以后，$\bar{R}=0$ 的信号才可以撤销。因此，$\bar{R}$ 输入的低电平信号宽度 t_W 应满足：$t_W \geq 2t_{pd}$。

同理，如果从 $\bar{S}$ 端输入置 1 信号，则其输入的高电平信号宽度 t_W 应满足：$t_W \geq 2t_{pd}$。

2. 传输延迟时间

触发器的传输延迟时间是指从输入信号到达起，到触发器输出端新状态稳定建立起来所经过的时间。由以上分析看出，输出从高电平到低电平的传输延迟时间 $t_{pHL}=2t_{pd}$，而输出从低电平到高电平的传输延迟时间 $t_{pLH}=t_{pd}$，二者并不相等。

由或非门构成的基本 RS 触发器可用同样的方法进行分析。

3.4.2 同步 RS 触发器的动态特性

1. 输入信号宽度

同步 RS 触发器的逻辑电路如图 3-30a 所示，图 3-30b 为其动态波形。为了保证由门 G_1 和 G_2 组成的基本 RS 触发器可靠翻转，要求输入信号 $\bar{S}$ 和 $\bar{R}$ 的宽度大于 $2t_{pd}$。这里 $\bar{S}=\overline{S \cdot CP}$，$\bar{R}=\overline{R \cdot CP}$，因此要求 S 和 CP（或 R 和 CP）同时为高电平的时间应满足 $t_{W(S \cdot CP)} \geq 2t_{pd}$。

2. 传输延迟时间

从 S 和 CP（或 R 和 CP）同时为高电平开始，到输出端新状态稳定地建立起来为止，所经过的时间为同步 RS 触发器的传输延迟时间。由图 3-30 所示的逻辑电路和波形图可知，$t_{pHL}=3t_{pd}$，$t_{pLH}=2t_{pd}$。

3.4.3 边沿触发器的动态特性

边沿触发的触发器包括利用门电路传输延迟时间的触发器和维持阻塞结构的触发器，下面以维持阻塞结构的 D 触发器为例分析其动态特性。

1. 建立时间

由图 3-31a 所示维持阻塞结构的边沿 D 触发器（即维持阻塞 D 触发器）逻辑电路可见，由于 CP 信号是加到门 G_3 和 G_4 的输入端，因而在 CP 上升沿到达之前门 G_5 和 G_6 的输出状态必须稳定地建立起来。输入信号到达 D 端以后，要经过一级门电路的传输延迟时间，G_6 的输出状态才能建立起来，而 G_5 的输出状态需要经过两级门电路的传输延迟时间才能建立，因此 D 端的输入信号必须先于 CP 的上升沿到达，且建立时间应满足 $t_{set} \geq 2t_{pd}$。

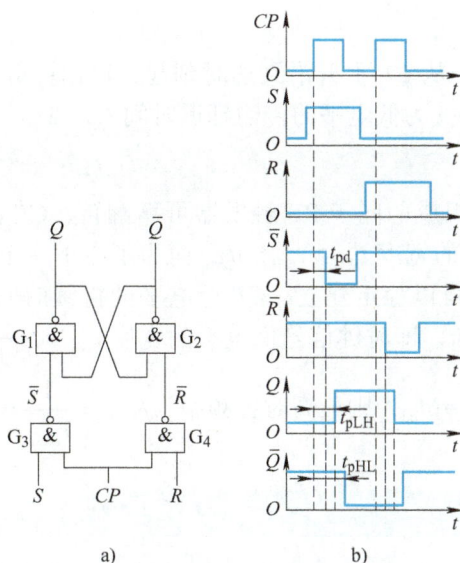

图 3-30　同步 RS 触发器的逻辑电路及动态波形

a）逻辑电路　b）动态波形

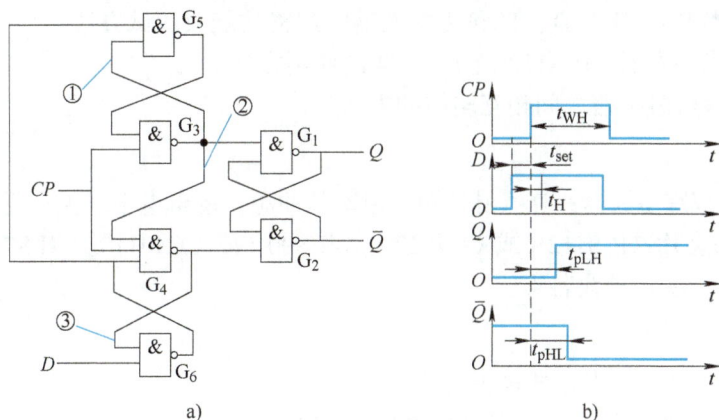

图 3-31　维持阻塞 D 触发器的逻辑电路和动态波形

a）逻辑电路　b）动态波形

2. 保持时间

由图 3-31a 可知，为实现边沿触发，应保证 $CP=1$ 期间，门 G_6 的输出始终不变，不受输入信号 D 状态变化的影响。

在 $D=0$ 的情况下，当 CP 上升沿到达后要等门 G_4 输出的低电平返回到门 G_6 输入端以后，D 端的低电平信号才允许改变，因此输入低电平信号的保持时间 $t_{HL} \geqslant t_{pd}$。同理，在 $D=1$ 的情况下，由于 CP 上升沿到达后要等门 G_3 输出的低电平返回到门 G_4，将门 G_4 封锁，D 端的高电平信号才允许改变，因此输入高电平信号的保持时间 $t_{HH} \geqslant t_{pd}$。所以，维持阻塞 D 触发器的保持时间 $t_H \geqslant t_{pd}$。

3. 传输延迟时间

由图 3-31b 分析可知，从 CP 上升沿到达时刻起，输出由低电平变为高电平的传输延迟时间 $t_{pLH}=2t_{pd}$，由高电平变为低电平的传输延迟时间 $t_{pHL}=3t_{pd}$。

4. 最高时钟频率

为保证由门 $G_1 \sim G_4$ 组成的同步 RS 触发器可靠翻转，CP 高电平的持续时间应大于 t_{pHL}，所以时钟信号高电平的宽度 $t_{WH} \geq t_{pHL}=3t_{pd}$；而为了在下一个 CP 上升沿到达之前确保门 G_5 和 G_6 新的输出电平得以稳定建立，CP 低电平的持续时间不小于门 G_4 的传输延迟时间 t_{pd} 和建立时间 t_{set} 之和，即时钟信号低电平的宽度 $t_{WL} \geq t_{pd}+t_{set}=3t_{pd}$。因此，时钟信号的最小周期为 $T_{cmin}=t_{WH}+t_{WL}=6t_{pd}$，则最高时钟频率为 $f_{cmax} = \dfrac{1}{T_{cmin}} = \dfrac{1}{6t_{pd}}$。

🛠 技能实训

实训 1　触发器的功能测试

1. 实训目的

1）掌握基本 RS、JK、D、T′ 和 T 触发器的逻辑功能及测试方法。

2）掌握集成触发器 74LS112 及 74LS74 的使用方法。

3）进一步理解触发器之间相互转换的方法。

2. 实训器材

直流电源；双踪示波器；连续脉冲源；单次脉冲源；逻辑电平开关；逻辑电平显示器；集成门电路芯片 74LS112（或 CC4027）、74LS00（或 CC4011）、74LS74（或 CC4013）各 1 片；面包板 1 块；导线若干。

3. 实训内容及步骤

（1）测试基本 RS 触发器的逻辑功能

按图 3-32，用两个与非门组成基本 RS 触发器，输入端 $\bar{R}$、$\bar{S}$ 接逻辑电平开关的输出插口，输出端 Q、$\bar{Q}$ 接逻辑电平显示输入插口，按表 3-13 要求测试，并记录。

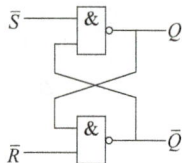

图 3-32　基本 RS 触发器的测试电路

表 3-13　基本 RS 触发器测试

$\bar{R}$	$\bar{S}$	Q^n	Q^{n+1}
0	0	0	
0	0	1	
0	1	0	
0	1	1	
1	0	0	

（续）

$\bar{R}$	$\bar{S}$	Q^n	Q^{n+1}
1	0	1	
1	1	0	
1	1	1	

（2）测试 JK 触发器 74LS112 的逻辑功能

1）测试 $\bar{R}_D$、$\bar{S}_D$ 的复位、置位功能。从 74LS112 任取一只 JK 触发器，$\bar{R}_D$、$\bar{S}_D$、J、K 端接逻辑电平开关输出插口，CP 端接单次脉冲源，Q、$\bar{Q}$ 端接至逻辑电平显示器输入插口。改变 $\bar{R}_D$、$\bar{S}_D$（J、K、CP 处于任意状态），并在 $\bar{R}_D$=0（$\bar{S}_D$=1）或 $\bar{S}_D$=0（$\bar{R}_D$=1）作用期间任意改变 J、K 及 CP 的状态，观察 Q、$\bar{Q}$ 的状态，自拟表格记录。

2）测试 JK 触发器的逻辑功能。按表 3-14 的要求改变 J、K、CP 的状态，观察 Q、$\bar{Q}$ 的状态变化，并观察触发器状态更新是否发生在 CP 脉冲的下降沿（即 CP 由 $1 \rightarrow 0$），并记录。

表 3-14　JK 触发器测试

J	K	CP	Q^{n+1}	
			$Q^n=0$	$Q^n=1$
0	0	$0 \rightarrow 1$		
		$1 \rightarrow 0$		
0	1	$0 \rightarrow 1$		
		$1 \rightarrow 0$		
1	0	$0 \rightarrow 1$		
		$1 \rightarrow 0$		
1	1	$0 \rightarrow 1$		
		$1 \rightarrow 0$		

3）将 JK 触发器的 J、K 端连在一起，构成 T 触发器。在 CP 端输入 1kHz 连续脉冲，分别令 T=0 和 T=1，且具有不同的初态，即 Q^n 分别为 0 和 1，用双踪示波器观察 CP、Q、$\bar{Q}$ 端波形，并描绘。

（3）测试 D 触发器 74LS74 的逻辑功能

1）测试 $\bar{R}_D$、$\bar{S}_D$ 的复位、置位功能。测试方法同实训内容（2）的 1）项，自拟表格记录。

2）测试 D 触发器的逻辑功能。按表 3-15 的要求进行测试，并观察触发器状态更新是否发生在 CP 脉冲的上升沿（即由 $0 \rightarrow 1$），并记录。

表 3-15　D 触发器测试

D	CP	Q^{n+1}	
		$Q^n = 0$	$Q^n = 1$
0	$0 \to 1$		
	$1 \to 0$		
1	$0 \to 1$		
	$1 \to 0$		

3）将 D 触发器的 $\overline{Q}$ 端与 D 端相连接，构成 T′ 触发器。在 CP 端输入 1kHz 连续脉冲，用双踪示波器观察 CP、Q 端波形，并描绘。

（4）实现电路并测试

1）将 JK 触发器转换为 D 触发器，用电路实现，并进行功能测试。

2）将 D 触发器转换为 JK 触发器，用电路实现，并进行功能测试。

4. 实训报告

1）列表整理各类触发器的逻辑功能。

2）总结观察到的波形，说明触发器的触发方式。

实训 2　智力竞赛抢答器的设计、安装与调试

1. 实训目的

1）进一步掌握触发器的作用及逻辑功能，培养对简单电路的设计能力，初步掌握设计电路的基本方法。

2）熟悉触发器的功能测试方法及应用。

3）掌握集成触发器的识别、功能及测试方法。

4）掌握简单电路的装配方法，进一步熟练使用各种仪器仪表。

5）进一步提高分析问题和解决问题的能力。

2. 实训器材

直流电源 1 台；数字万用表 1 块；集成门电路芯片双 D 触发器 74LS74（或 74LS112）、双 4 输入与非门 74LS20、四 2 输入与非门 CD4011 各 2 片；1kΩ 电阻 5 只；发光二极管（LED）4 个；点动按钮 5 个；面包板（万能板）1 块；电阻和导线若干。

3. 实训内容及要求

用触发器设计一个 4 人智力竞赛抢答器，本设计有多种设计方案，建议采用带异步置位、异步复位端的集成 D（或 JK）触发器制作 4 人智力竞赛抢答器。具体要求如下：

1）每个参赛者控制一个按钮，通过按动按钮发出抢答信号。

2）竞赛主持人另有一个按钮，用于将电路复位。

3）竞赛开始后，先按动按钮者将对应的一个发光二极管点亮，此后其他 3 人再按动按钮对电路不起作用。

4. 注意事项

1）安装过程要细心，防止导线绝缘层被损伤，不要让线头、螺钉、垫圈等异物落入安装电路中，以免造成短路或漏电。

2）电路布线应整齐、美观、牢固。水平导线应尽量紧贴底板，竖直方向的导线可沿边框四角敷设，导线转弯时的弯曲半径不要过小。

3）连线应避免过长，避免从集成元器件的上方跨越，避免多次重叠交错，以利于布线、更换元器件以及故障检查和排除。

4）在完成电路安装后，要仔细检查电路连接，确认无误后再接入电源。

5）调试中要做好绝缘保护，避免人体与带电部位直接接触。调试结束，必须关断电源。

5. 考评内容及评分标准

智力竞赛抢答器的设计、安装与调试考评内容及评分标准见表3-16。

表 3-16　智力竞赛抢答器的设计、安装与调试考评内容及评分标准

步骤	考评内容	评分标准	标准分	扣分及原因	得分
1	画出电路图，并分析其工作原理	（1）各元器件符号正确 （2）各元器件连接正确 （3）原理分析准确 错一处扣5分，扣完为止 （教师辅导、学生自查）	20分		
2	根据相关参数，对元器件质量和分类进行判别	元器件质量和分类判断正确 错一处扣5分，扣完为止 （学生自查、教师检查）	20分		
3	根据电路图进行电路装接；利用直观法或使用万用表分析电路连接是否正确	（1）电路装接符合工艺标准 （2）布局规范，走线美观 （3）不得出现断路（脱焊）、短路等错误 错一处扣5分，扣完为止 （学生互查、教师检查）	20分		
4	确认检查无误后，进行通电测试	（1）操作过程正确 （2）电路工作状态正常 错一处扣5分，扣完为止 （教师指导、学生互查）	25分		
5	注意安全、规范操作。小组分工，保证质量，完成时间为90min	（1）小组成员有明确分工 （2）在规定时间内完成该项目 （3）各项操作规范、安全 成员无分工扣5分，超时扣10分 （教师指导、学生互查）	15分		

注：教师根据学生对智力竞赛抢答器相关理论和技能的掌握情况进行综合评定，并指出存在的问题和具体改进方案。

🔍 知识拓展　触摸式照明灯电路

触摸式照明灯电路如图3-33所示。手触摸薄膜按钮 S 一下，灯 HL 打开，若再按一下 S，灯 HL 即熄灭。其工作原理如下。

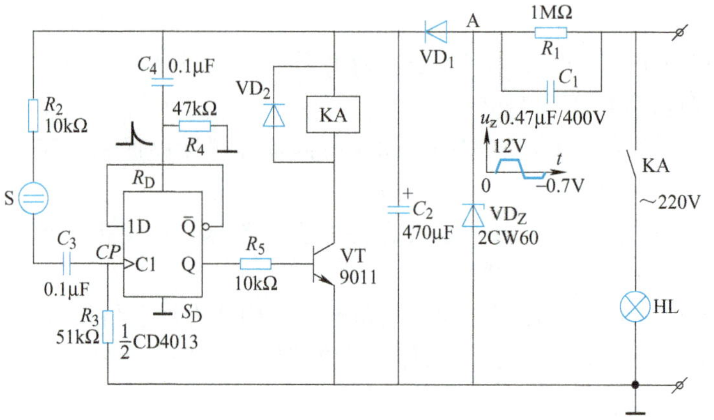

图 3-33　触摸式照明灯电路

电源采用电容降压，在电源正半周时，A 点被稳压管 VD_Z 钳位在 12V，而在负半周时，A 点为 -0.7V。电容 C_1 的容抗在 50 Hz 频率下，为 $X_{C1} \approx 6.8k\Omega$，由于稳压管动态电阻远小于容抗 X_{C1}，因此可认为流过电容的电流 $i_{C1} \approx 32mA$，A 点电压正半周时流经 VD_1 和电容 C_2 滤波后，提供了接近于 12V 的直流电源。

当接通电源时，阻容 R_4、C_4 组成的微分电路产生尖脉冲信号，作用于 D 触发器 R_D 端进行清零，则 $Q=0$。而 D 触发器构成 T' 触发器，因此当按下按钮 S 时，C_3、R_3 组成微分电路产生尖脉冲 CP 触发信号，使 $Q=1$，其输出电流经晶体管 VT 放大后，继电器得电，触点 KA 闭合，灯 HL 点亮。若再按一下 S，又产生 CP 脉冲，使 $Q=0$，VT 截止，KA 失电，灯 HL 熄灭。其中 VD_2 用于当 VT 截止时为继电器线圈泄放自感电动势，使 VT 免受过高感应电动势电压。电阻 R_1 用于当电源切断时泄放电容 C_1 上的电荷。

电路使用时应注意，稳压管 VD_Z 不能断路，同时整个电路应有安全隔离防护措施。

自我检测题

一、填空题

3.1　触发器常用的分析方法主要有_____、_____、_____和_____。

3.2　基本 RS 触发器具有_____条件，出现_____状态，影响了它的应用。

3.3　RS 触发器的特征方程为_____；约束条件为_____。

3.4　触发器按逻辑功能可分为_____触发器、_____触发器、_____触发器、_____触发器和_____触发器。

3.5　JK 触发器与 RS 触发器的显著区别是无_____状态。

3.6　JK 触发器中，JK=11 时，Q^{n+1}=_____；JK=00 时，Q^{n+1}=_____。

3.7　JK 触发器的特征方程是_____。

3.8　D 触发器的特征方程是_____。

3.9　T 触发器的特征方程是_____。

3.10　T′触发器的特征方程是_____。

3.11　D 触发器，D 端与_____连接时，构成T′触发器。

3.12　JK 触发器，J、K 端接_____时，构成T′触发器。

3.13　触发器构成_____触发器时，对 CP 脉冲具有二分频功能。

二、选择题

3.14　不属于触发器特点的是（　　　）。

A.有两个稳定状态　　B.可以由一种稳定状态转换到另一种稳定状态
C.具有记忆功能　　　D.有不定输出状态

3.15　由与非门组成的基本 RS 触发器输入状态不允许出现（　　　）。

A.$\overline{R}\,\overline{S}$ =00　　　B.$\overline{R}\,\overline{S}$ =01　　　C.$\overline{R}\,\overline{S}$ =10　　　D.$\overline{R}\,\overline{S}$ =11

3.16　由或非门组成的基本 RS 触发器输入状态不允许出现（　　　）。

A.RS=00　　　　B.RS=01　　　　C.RS=10　　　　D.RS=11

3.17　欲使 JK 触发器按$Q^{n+1}=1$工作，可使 JK 触发器的输入端（　　　）。

A.$J=K=1$　　B.$J=1$，$K=0$　　C.$J=K=0$　　D.$J=0$，$K=1$

3.18　为实现将 JK 触发器转换为 D 触发器，应使（　　　）。

A.$J=D$，$K=\overline{D}$　　B.$J=\overline{D}$，$K=D$　　C.$J=K=D$　　D.$J=K=\overline{D}$

3.19　对于 JK 触发器，若$J=K$，则可完成（　　　）触发器的逻辑功能。

A.RS　　　　　B.D　　　　　　C.T　　　　　　D.T′

3.20　欲使 D 触发器按$Q^{n+1}=\overline{Q}^{n}$工作，应使输入 D 端接（　　　）。

A.0　　　　　　B.1　　　　　　C.Q　　　　　　D.$\overline{Q}$

思考题与习题

3.21　画出如图 3-34a 所示由与非门组成的基本 RS 触发器输出端 Q、$\overline{Q}$的电压波形，输入端$\overline{S}$、$\overline{R}$的电压波形如图 3-34b 所示。

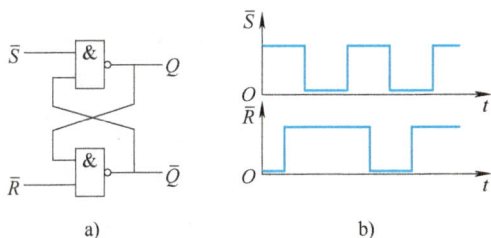

图 3-34　题 3.21 图

3.22 画出如图 3-35a 所示由或非门组成的基本 RS 触发器输出端 Q、$\bar{Q}$ 的电压波形，输入端 S、R 的电压波形如图 3-35b 所示。

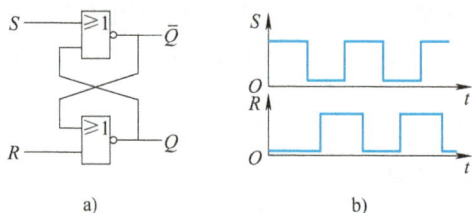

图 3-35 题 3.22 图

3.23 在图 3-36a 所示电路中，若 CP、S、R 的电压波形如图 3-36b 所示，试画出 Q 和 $\bar{Q}$ 端与之对应的电压波形。假定触发器的初始状态为 $Q=0$。

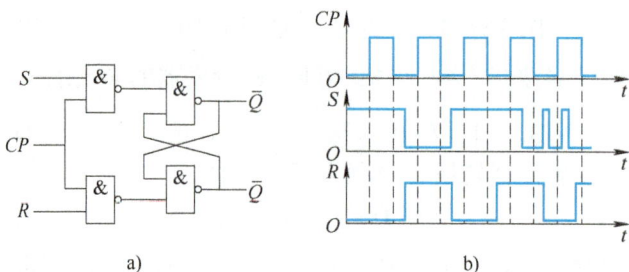

图 3-36 题 3.23 图

3.24 写出图 3-37 中各 TTL 触发器的状态方程。

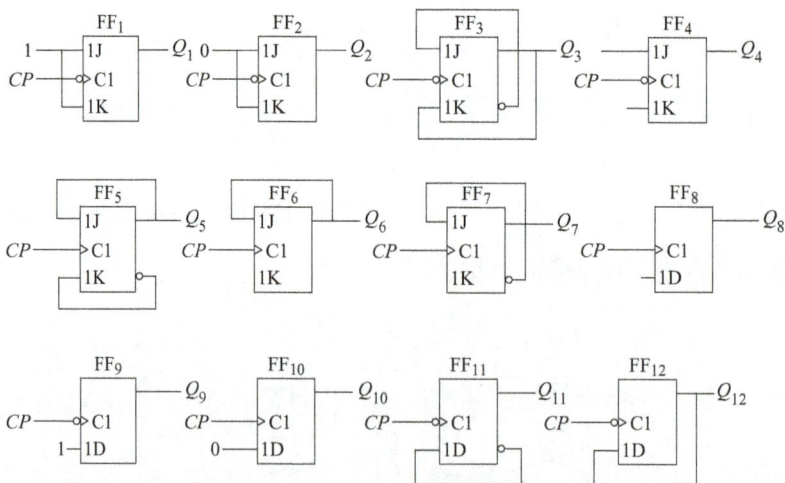

图 3-37 题 3.24 图

3.25 已知边沿 JK 触发器如图 3-38a 所示，各输入端 CP、J、K 波形如图 3-38b 所示，设初始状态为 0，试画出触发器 Q 端的波形。

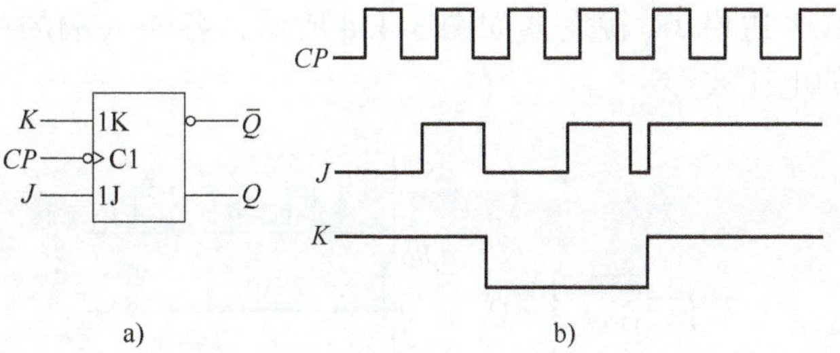

图 3-38　题 3.25 图

3.26　已知维持阻塞 D 触发器如图 3-39a 所示，输入 D 和 CP 端的电压波形如图 3-39b 所示，试画出 Q 端的电压波形。假设触发器的初始状态为 $Q=0$。

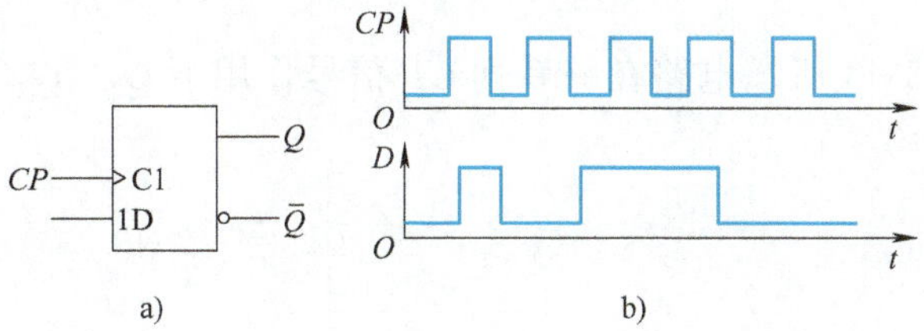

图 3-39　题 3.26 图

3.27　将图 3-40 所示波形信号作用在负边沿 JK 触发器上，试画出触发器 Q 端的工作波形。设初始状态为 $Q=0$。

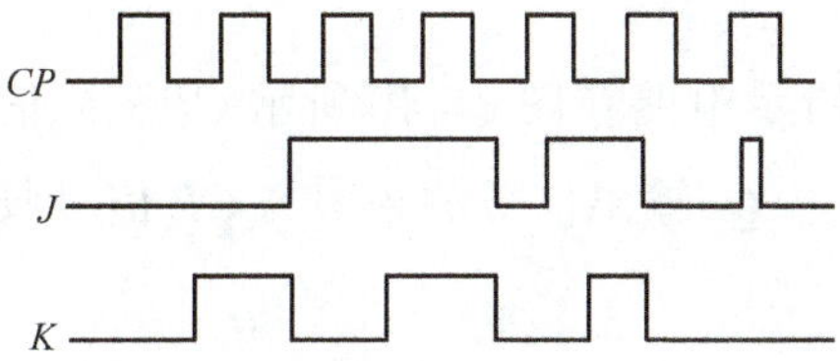

图 3-40　题 3.27 图

3.28　已知维持阻塞 D 触发器如图 3-41a 所示，各输入端的电压波形如图 3-41b 所示，试画出 Q 端的电压波形。

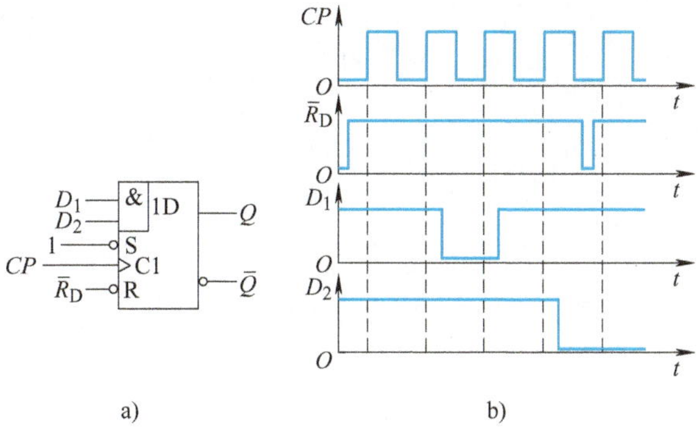

图 3-41　题 3.28 图

3.29 已知 CMOS 边沿 JK 触发器如图 3-42a 所示，各输入端的电压波形如图 3-42b 所示，试画出 Q 端的电压波形。

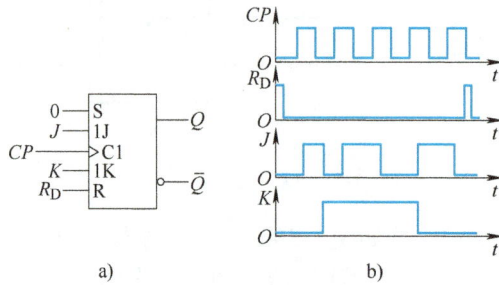

图 3-42　题 3.29 图

3.30 试画出图 3-43 所示电路在一系列 CP 信号作用下 Q_1、Q_2、Q_3 端输出电压的波形。设初始状态为 $Q=0$。

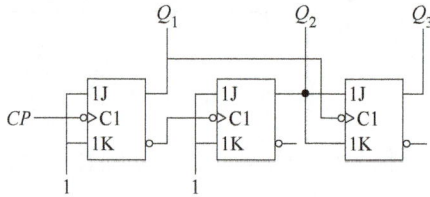

图 3-43　题 3.30 图

3.31 试画出图 3-44a 所示电路在图 3-44b 所示 CP、$\overline{R}_D$ 信号作用下 Q_1、Q_2、Q_3 的输出电压波形，并说明 Q_1、Q_2、Q_3 输出信号的频率与 CP 信号频率之间的关系。

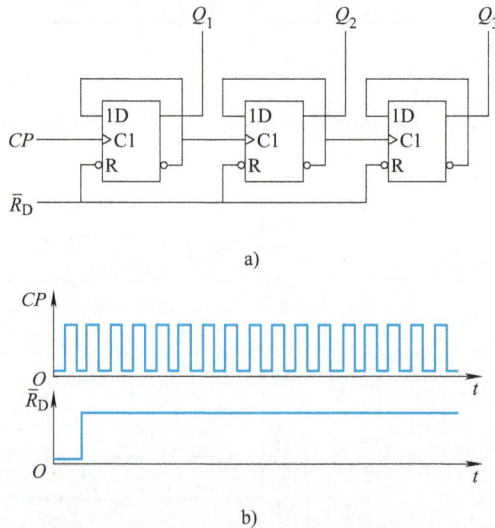

a)

b)

图 3-44　题 3.31 图

3.32 边沿触发器如图 3-45a 所示，各输入端信号 CP、$\overline{S}_D$、$\overline{R}_D$、J、K 如图 3-45b 所

示，试画出 Q 端的电压波形。

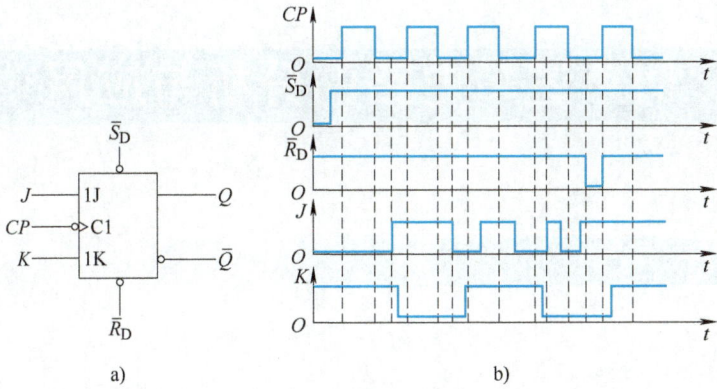

图 3-45　题 3.32 图

3.33　已知维持阻塞 D 触发器组成的电路及输入波形分别如图 3-46a、b 所示。

1）写出 Q 端的表达式。

2）说明 B 端的作用。

3）试画出 Q 端的电压波形。

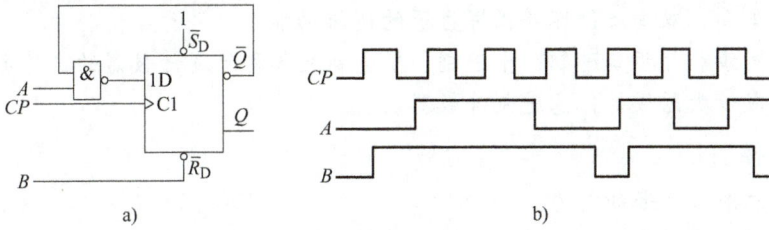

图 3-46　题 3.33 图

模块 4

时序逻辑电路的分析与应用

学习目标

1. 知识目标

● 熟悉时序逻辑电路、驱动方程、状态方程、状态转换图、状态转换表的概念。
● 掌握时序逻辑电路的分析方法，以及任意进制计数器构成的方法。
● 熟悉集成时序逻辑电路器件特性表的读法；常用中规模计数器的应用方法；中规模集成移位寄存器的应用方法。
● 掌握时序逻辑电路的设计方法。

2. 能力目标

● 能分析单向、双向及循环移位寄存器的逻辑功能。
● 能分析同步和异步二进制、十进制、N进制及各种可逆计数器的工作原理。
● 能用集成计数器设计任意进制计数器。

3. 素质目标

● 培养独立解决问题的能力。
● 培养严谨的治学态度和一丝不苟的工作精神。

知识准备

4.1　时序逻辑电路的分析方法

4.1.1　概述

> 4.1
> 时序逻辑电路
> 的分析方法

　　根据逻辑输出信号与输入信号之间时间关系的不同，数字电路分为两大类：组合逻辑电路和时序逻辑电路。通过前面的讨论可知，在组合逻辑电路中，任一时刻的输出信号仅取决于该时刻的输入，而与以前各时刻的输入无关。而在时序逻辑电路中，任意时刻的输出不仅取决于该时刻的输入信号，而且还与输入信号作用前电路的输出状态有关。

　　时序逻辑电路一般由组合逻辑电路和存储电路组成，如图 4-1 所示。从结构上来说，时序逻辑电路有两个特点：第一，时序逻辑电路往往包含组合逻辑电路和存储电路两部

分，而存储电路是必不可少的；第二，存储电路输出的状态必须反馈到输入端，与输入信号一起共同决定组合逻辑电路的输出。

需要说明的是，并不是所有的时序逻辑电路都具有如图 4-1 所示的完整形式。有些时序逻辑电路没有组合逻辑电路部分，还有些没有输入信号，但它们仍然具有时序逻辑电路的基本特点。

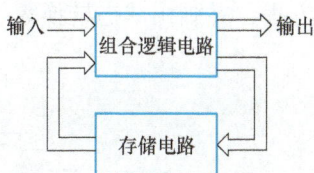

图 4-1 时序逻辑电路框图

时序逻辑电路根据存储电路（即触发器）状态变化的特点，可分为同步时序逻辑电路和异步时序逻辑电路。在同步时序逻辑电路中，所有触发器的时钟端均连在一起由同一个时钟脉冲触发，使之状态变化都与输入时钟脉冲同步；在异步时序逻辑电路中，只有部分触发器的时钟端与输入时钟脉冲相连而被触发，而其他触发器则靠时序逻辑电路内部产生的脉冲触发，故其状态变化不同步。

时序逻辑电路的基本功能电路是计数器和寄存器。讨论时序逻辑电路主要是根据逻辑电路图得出电路的状态转换规律，从而掌握其逻辑功能。时序逻辑电路的逻辑功能可以用驱动方程、输出方程、状态方程、状态转换表、状态转换图及时序图来表示。

4.1.2 时序逻辑电路的分析

分析一个时序逻辑电路，就是要找出给定时序逻辑电路的逻辑功能和工作特点。分析时序逻辑电路时一般按如下步骤进行。

1）根据给定的时序逻辑电路写出其时钟方程、输出方程、驱动方程（驱动方程亦即存储电路中每个触发器输入信号的逻辑函数式）。

2）求状态方程，即把得到的这些驱动方程代入相应触发器的特性方程，得出每个触发器的状态方程，从而得到由这些状态方程组成的整个时序逻辑电路的状态方程组。

3）列状态转换表，将输入变量和触发器的初态 Q^n 作为输入，次态 Q^{n+1} 和输出变量作为输出，列出状态转换表。

若将任何一组输入变量及电路初态的取值代入状态方程和输出方程，即可算出电路的次态和初态下的输出值；以得到的次态作为新的初态，和这时的输入变量取值一起再代入状态方程和输出方程进行计算，又得到一组新的次态和输出值。如此继续下去，把全部的计算结果列成真值表的形式，就得到了状态转换表。

4）画状态转换图。为了以更加形象的方式直观地显示出时序逻辑电路的逻辑功能，常常要把状态转换表的内容表示成状态转换图的形式。

在状态转换图中以圆圈表示电路的各个状态，以箭头表示状态转换的方向。同时，还在箭头旁注明了状态转换前的输入变量取值和输出值。通常将输入变量取值写在斜线以上，将输出值写在斜线以下。

5）画时序图。为便于用实验观察的方法检查时序逻辑电路的逻辑功能，还可以将状态转换表的内容画成时间波形的形式。在时钟脉冲序列作用下，电路状态、输出状态随时间变化的波形图叫作时序图。

上述对时序逻辑电路的分析步骤不是一成不变的，可根据电路的繁简情况和分析者的熟悉程度进行取舍。

【例4-1】试分析图4-2所示电路的逻辑功能，写出它的输出方程、驱动方程、状态方程，并画出状态转换表、状态转换图和时序图。

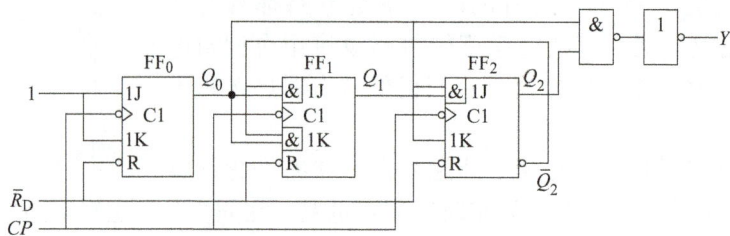

图4-2 例4-1的时序逻辑电路

解： 由电路可看出，时钟脉冲CP加在每个触发器的时钟脉冲输入端上。因此它是一个同步时序逻辑电路，时钟方程可以不写。

3个JK触发器的状态更新时刻都对应CP的下降沿。

（1）写方程式

1）输出方程为

$$Y = Q_2^n Q_0^n \tag{4-1}$$

2）驱动方程为

$$\begin{cases} J_0 = 1, K_0 = 1 \\ J_1 = \overline{Q_2^n} Q_0^n, K_1 = \overline{Q_2^n} Q_0^n \\ J_2 = Q_1^n Q_0^n, K_2 = Q_0^n \end{cases} \tag{4-2}$$

3）状态方程为

$$\begin{cases} Q_0^{n+1} = J_0 \overline{Q_0^n} + \overline{K_0} Q_0^n = \overline{Q_0^n} \\ Q_1^{n+1} = J_1 \overline{Q_1^n} + \overline{K_1} Q_1^n = \overline{Q_2^n} Q_0^n \overline{Q_1^n} + \overline{Q_0^n \overline{Q_2^n}} Q_1^n \\ Q_2^{n+1} = J_2 \overline{Q_2^n} + \overline{K_2} Q_2^n = Q_1^n Q_0^n \overline{Q_2^n} + \overline{Q_0^n} Q_2^n \end{cases} \tag{4-3}$$

（2）列状态转换表 由状态方程可列出状态转换表，见表4-1。

表4-1 例4-1电路的状态转换表

CP 的顺序	初态			次态			输出
	Q_2^n	Q_1^n	Q_0^n	Q_2^{n+1}	Q_1^{n+1}	Q_0^{n+1}	Y
1	0	0	0	0	0	1	0
2	0	0	1	0	1	0	0
3	0	1	0	0	1	1	0

（续）

CP 的顺序	初态			次态			输出
	Q_2^n	Q_1^n	Q_0^n	Q_2^{n+1}	Q_1^{n+1}	Q_0^{n+1}	Y
4	0	1	1	1	0	0	0
5	1	0	0	1	0	1	0
6	1	0	1	0	0	0	1
1	1	1	0	1	1	1	0
2	1	1	1	0	1	0	1

由表 4-1 很容易看出，每经过 6 个时钟脉冲以后电路的状态循环一次，所以这个电路具有对时钟脉冲计数的功能。同时，因为每经过 6 个时钟脉冲作用以后输出端 Y 输出一个脉冲，所以这是一个同步六进制计数器，Y 端的输出就是进位脉冲。

（3）画状态转换图　根据状态转换表画状态转换图，如图 4-3 所示。

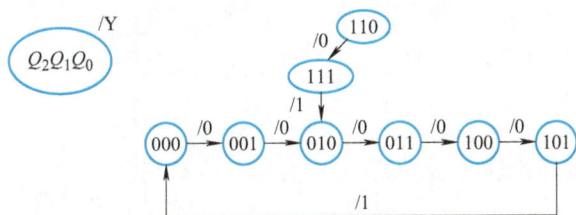

图 4-3　例 4-1 电路的状态转换图

（4）画时序图　根据状态转换表画时序图（或称工作波形图），如图 4-4 所示。

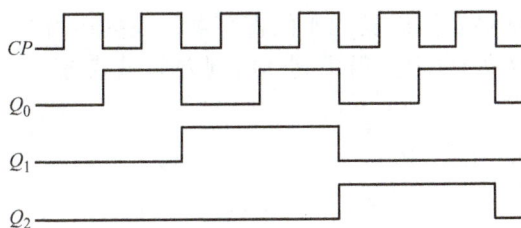

图 4-4　例 4-1 电路的时序图

（5）检查电路能否自启动　电路应有 $2^3=8$ 个工作状态，只有 6 个状态被利用了，称为有效状态；还有 110 和 111 没有被利用，称为无效状态。

如果由于某种原因而进入无效状态工作，只要继续输入计数脉冲 CP（即时钟脉冲），电路会自动返回有效状态工作，则此电路就能自启动；反之，则此电路不能自启动。

通过检验可知，该电路能够自启动。

综上所述，此电路是具有自启动功能的同步六进制加法计数器。

4.2 寄存器和移位寄存器

4.2.1 寄存器

寄存器用于寄存一组二值代码，它被广泛用于各类数字系统和数字计算机中。

因为一个触发器能储存 1 位二值代码，所以用 N 个触发器组成的寄存器能储存一组 N 位的二值代码。

寄存器中的触发器只需具有置 1、置 0 的功能即可，因而无论是用同步 RS 结构触发器，还是用主从结构或边沿触发结构的触发器，都可以组成寄存器。

1. 并行输入输出寄存器

图 4-5 所示是由 4 个基本 RS 触发器构成的寄存器，它们都通过控制门接成了 D 触发器的形式（同步 D 触发器）。由同步 RS 触发器（或 D 触发器）的动作特点可知，在 CP 的高电平期间 Q 端的状态跟随 D 端状态而变；在 CP 变成低电平以后，Q 端将保持 CP 变为低电平时的 D 端状态。

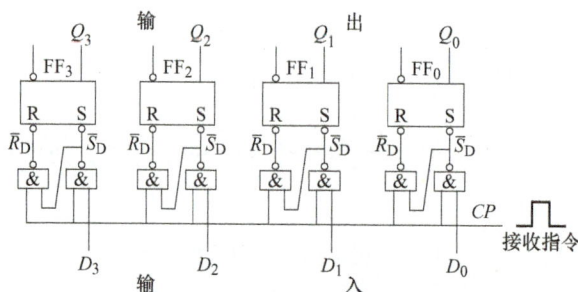

图 4-5　由基本 RS 触发器构成的寄存器

图 4-6 所示为边沿 D 触发器组成的 4 位寄存器，根据边沿 D 触发器的动作特点，触发器输出端的状态仅仅取决于 CP 上升沿到达时刻 D 端的状态。

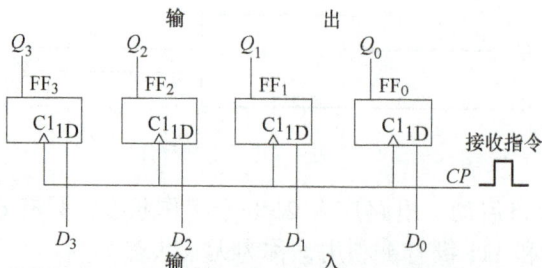

图 4-6　由边沿 D 触发器组成的 4 位寄存器

前面介绍的两个寄存器在接收数据时，所有各位代码（数码）是同时输入的，而且触发器中的数据是并行地出现在输出端，这种输入、输出方式称为并行输入、并行输出方式。

2. 典型并行输入输出集成寄存器 74LS175

图 4-7a 所示为 4 位并行输入输出集成寄存器 74LS175 的逻辑电路，图 4-7b 所示为其引脚排列图，表 4-2 为 74LS175 特性表。74LS175 由 4 个维持阻塞 D 触发器构成，D_3、D_2、D_1、D_0 是寄存器 74LS175 的并行数据输入端，Q_3、Q_2、Q_1、Q_0 是寄存器 74LS175 的并行数据输出端，$\overline{Q}_3$、$\overline{Q}_2$、$\overline{Q}_1$、$\overline{Q}_0$ 输出的是 Q_3、Q_2、Q_1、Q_0 的反码。$\overline{CR}$ 是异步清零端，低电平有效，CP 是时钟脉冲输入端。

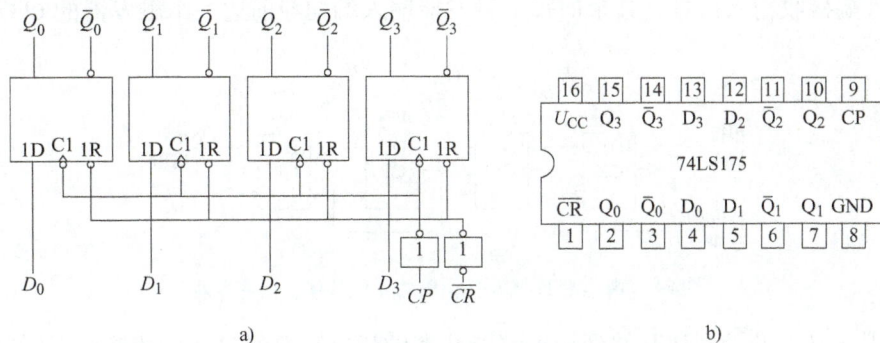

图 4-7　74LS175 的逻辑电路和引脚排列图

a）逻辑电路　b）引脚排列图

表 4-2　74LS175 特性表

输入						输出								功能
CP	$\overline{CR}$	D_3	D_2	D_1	D_0	Q_3	Q_2	Q_1	Q_0	$\overline{Q}_3$	$\overline{Q}_2$	$\overline{Q}_1$	$\overline{Q}_0$	
×	0	×	×	×	×	0	0	0	0	1	1	1	1	异步清零
↑	1	d_3	d_2	d_1	d_0	d_3	d_2	d_1	d_0	$\overline{d}_3$	$\overline{d}_2$	$\overline{d}_1$	$\overline{d}_0$	并行置数
0	1	×	×	×	×	Q_3^n	Q_2^n	Q_1^n	Q_0^n	$\overline{Q_3^n}$	$\overline{Q_2^n}$	$\overline{Q_1^n}$	$\overline{Q_0^n}$	保持

由表 4-2 可知，4 位并行输入输出集成寄存器 74LS175 具有如下功能。

1）异步清零功能。$\overline{CR}$ 为清零端，当 $\overline{CR}=0$ 时，寄存器清零，$Q_3Q_2Q_1Q_0=0000$，与时钟脉冲无关，为异步清零。$\overline{CR}$ 也是使能端，$\overline{CR}=1$ 时，允许工作；$\overline{CR}=0$ 时，禁止工作，不能进行置数。

2）并行置数功能。当 $\overline{CR}=1$ 时，在 CP 的上升沿作用下，使 $D_3D_2D_1D_0$ 输入的数码 $d_3d_2d_1d_0$ 并行送入寄存器，即有并行存入功能。

3）保持功能。当 $\overline{CR}=1$，CP 的上升沿没有到来（即 $CP=0$ 或 $CP=1$ 或 CP 的下降沿到来）时，寄存器维持原态不变，使寄存器具有保持功能。

4.2.2 移位寄存器

移位寄存器不但具有存储代码的功能，而且具有移位功能。所谓移位功能，是指寄存器里存储的代码能在移位指令脉冲的作用下依次左移或右移。因此，移位寄存器不但可以用来寄存代码，还可以用来实现数据的串行－并行转换、数值的运算以及数据的处理等。

1. 单向移位寄存器

图 4-8 所示电路是由边沿 D 触发器构成的 4 位右移移位寄存器。其中，第一个触发器 FF_0 的输入端接收输入信号，其余的每个触发器输入端均与前边一个触发器的 Q 端相连。

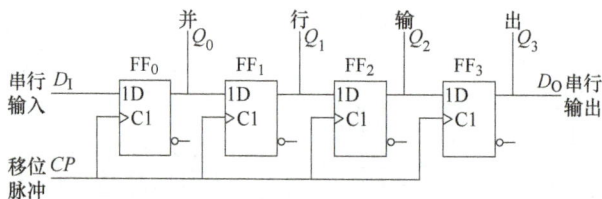

图 4-8 由边沿 D 触发器构成的 4 位右移移位寄存器

因为从 CP 上升沿到达开始到输出端新状态的建立需要经过一段传输延迟时间，所以当 CP 的上升沿同时作用于所有的触发器时，它们输入端（D 端）的状态还没有改变。于是 FF_1 按 Q_0 原来的状态翻转，FF_2 按 Q_1 原来的状态翻转，FF_3 按 Q_2 原来的状态翻转。同时，加到寄存器输入端 D_1 的代码存入 FF_0。总的效果相当于移位寄存器里原有的代码依次右移了一位。

例如，在 4 个时钟周期内输入代码依次为 1011，而移位寄存器的初始状态为 $Q_0Q_1Q_2Q_3=0000$，那么在移位脉冲（也就是触发器的时钟脉冲）的作用下，移位寄存器中代码的移动情况见表 4-3。图 4-9 所示为各触发器输出端在移位过程中的电压波形。

可以看到，经过 4 个 CP 脉冲以后，串行输入的 4 位代码全部移入了移位寄存器中，同时在 4 个触发器的输出端得到了并行输出的代码。因此，利用移位寄存器可以实现代码的串行－并行转换。

如果首先将 4 位数据并行置入移位寄存器的 4 个触发器中，然后连续加入 4 个移位脉冲，则移位寄存器里的 4 位代码将从串行输出端 D_0 依次送出，从而实现了数据的并行－串行转换。

表 4-3 移位寄存器中代码的移动状况

CP 的顺序	输入 D_1	Q_0	Q_1	Q_2	Q_3
0	0	0	0	0	0
1	1	1	0	0	0
2	0	0	1	0	0
3	1	1	0	1	0
4	1	1	1	0	1

图 4-10 所示为用 JK 触发器构成的 4 位移位寄存器，它和图 4-8 所示电路具有同样的逻辑功能。

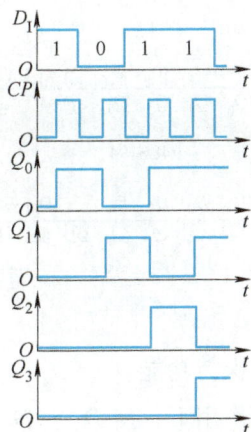

图 4-9　各触发器输出端在移位过程
　　　　中的电压波形

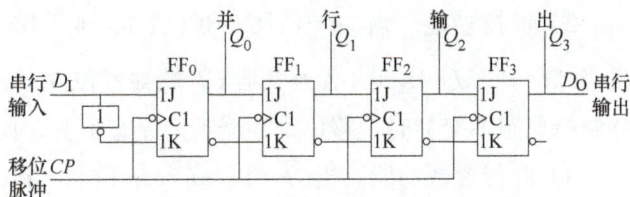

图 4-10　用 JK 触发器构成的 4 位移位寄存器

2. 双向移位寄存器

在计算机中，经常使用的移位寄存器需要同时具有左移和右移的功能，即双向移位寄存器。它在一般移位寄存器的基础上加上左、右移控制信号，右移串行输入，左移串行输入。在左移或右移控制信号取值不同的情况下，当 CP 作用时，电路即可实现左移或右移功能。4 位双向移位集成寄存器 74LS194 就是一个典型的例子。

图 4-11 所示为 4 位双向移位寄存器 74LS194 的逻辑电路，它由 4 个触发器 FF_0、FF_1、FF_2、FF_3 和各自的输入控制电路组成。图 4-12 所示为 4 位双向移位寄存器 74LS194 的引脚排列图，图中 $\overline{CR}$ 为清零端，D_{SR} 为数据右移串行输入端，D_{SL} 为数据左移串行输入端，D_0、D_1、D_2、D_3 为数据并行输入端，Q_0、Q_1、Q_2、Q_3 为数据并行输出端，M_1 和 M_0 为控制端，CP 为时钟脉冲端。移位寄存器的工作状态由控制端 M_1 和 M_0 的状态指定。

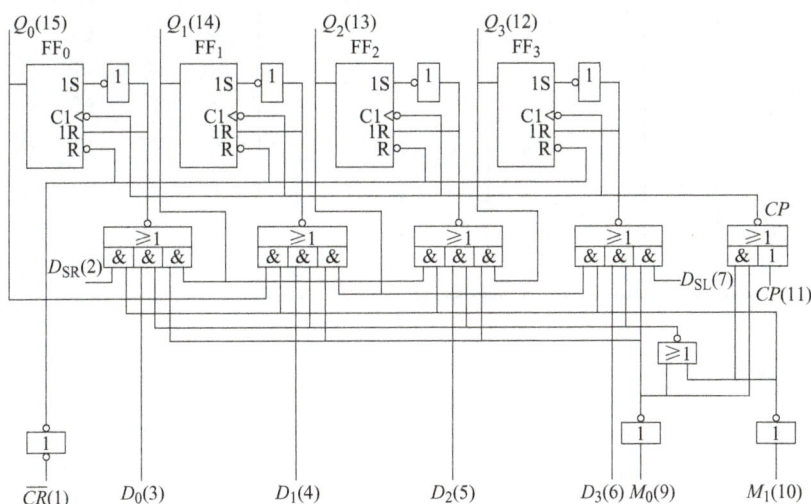

图 4-11　4 位双向移位寄存器 74LS194 逻辑电路

74LS194 的特性表见表 4-4。由表 4-4 可知，4 位双向移位寄存器 74LS194 具有如下功能。

1）清零功能。$\overline{CR}$ 为清零端，当 $\overline{CR}$ =0 时，移位寄存器清零，$Q_3 \sim Q_0$ 均为 0，与时钟脉冲无关，为异步清零。$\overline{CR}$ 也是使能端，$\overline{CR}$ =1 时，允许工作；$\overline{CR}$ =0 时，禁止工作，不能进行置数和移位。

2）保持功能。当 $\overline{CR}$ =1、CP=0（或 1，或下降沿）或当 $\overline{CR}$ =1、M_0=M_1=0（各触发器 CP 端被置位 0，触发器维持原态不变）时，移位寄存器维持原态不变，使寄存器具有保持功能。

3）并行置数功能。当 $\overline{CR}$ =1、M_0=M_1=1 时，在 CP 的上升沿作用下，使 $D_3 \sim D_0$ 输入的数码 $d_3 \sim d_0$，并行送入寄存器，各触发器输出 Q_i^{n+1} =D_i，即有并行存入功能。

4）右移串行送数功能。当 $\overline{CR}$ =1、M_0=1，M_1=0 时，在 CP 的上升沿作用下，执行右移功能，即为右移寄存器，各触发器输出 $Q_i^{n+1} = Q_{i-1}^n$，D_{SR} 端输入的数码依次送入寄存器。

5）左移串行送数功能。当 $\overline{CR}$ =1、M_0=0，M_1=1 时，在 CP 的上升沿作用下，执行左移功能，即为左移寄存器，各触发器输出 $Q_i^{n+1} = Q_{i+1}^n$，D_{SL} 端输入的数码依次送入寄存器。

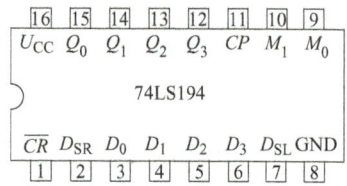

图 4-12　4 位双向移位寄存器 74LS194 引脚排列图

表 4-4　74LS194 4 位双向移位寄存器的特性表

清零	控制信号		时钟	串行输入		并行输入				输出				功能
$\overline{CR}$	M_1	M_0	CP	D_{SL}	D_{SR}	D_0	D_1	D_2	D_3	Q_0	Q_1	Q_2	Q_3	
0	×	×	×	×	×	×	×	×	×	0	0	0	0	清零
1	×	×	0	×	×	×	×	×	×	Q_0^n	Q_1^n	Q_2^n	Q_3^n	保持
1	1	1	↑	×	×	d_0	d_1	d_2	d_3	d_0	d_1	d_2	d_3	置数
1	0	1	↑	×	1	×	×	×	×	1	Q_0^n	Q_1^n	Q_2^n	右移
1	0	1	↑	×	0	×	×	×	×	0	Q_0^n	Q_1^n	Q_2^n	右移
1	1	0	↑	1	×	×	×	×	×	Q_1^n	Q_2^n	Q_3^n	1	左移
1	1	0	↑	0	×	×	×	×	×	Q_1^n	Q_2^n	Q_3^n	0	左移
1	0	0	×	×	×	×	×	×	×	Q_0^n	Q_1^n	Q_2^n	Q_3^n	保持

4.2.3　寄存器应用举例

用双向移位寄存器可构成脉冲序列发生器。其电路连接如图 4-13 所示。工作原理如下：当启动信号输入负脉冲时，使 G_2 输出为 1，M_0=M_1=1，寄存器执行并行输入功能，$Q_0Q_1Q_2Q_3$=$D_0D_1D_2D_3$=0111；启动信号消除后，由于寄存器输出端 Q_0=0，使 G_1 输出 1，G_2 输出 0，M_1M_0=01，开始执行右移功能。在移位过程中，因为 G_1 输入端总有一个为 0，所以能保证 G_1 输出 1，G_2 输出 0，维持 M_1M_0=01，向右移位不断进行下去，移位情况如

图 4-14 所示。

由图 4-14 可知，该电路为一个四相序列脉冲发生器，寄存器各输出端按固定时序轮流输出低电平脉冲。显然，如果预置数 3 位是 0，1 位是 1，将输出序列高电平脉冲。这种电路可实现彩灯控制。

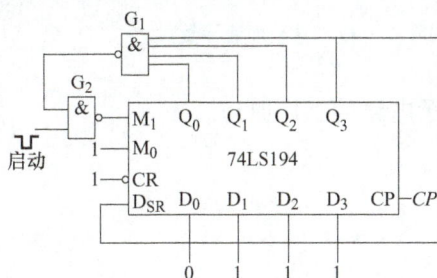

图 4-13　脉冲序列发生器的电路连接

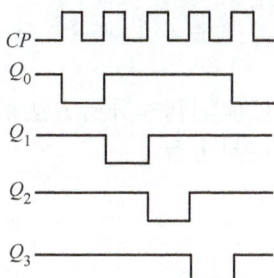

图 4-14　图 4-13 所示电路时序图

4.3　计数器

计数器是数字系统中应用场合最多的时序电路，它不仅能用于对时钟脉冲个数进行计数，还可以用于分频、定时及进行数字运算等。

计数器的种类繁多，如果按计数器中的触发器是否同时翻转分类，可以把计数器分为同步式和异步式两种。在同步计数器中，当时钟脉冲输入时触发器的翻转是同时发生的。而在异步计数器中，触发器的翻转有先有后，不是同时发生的。

如果按计数过程中计数器中的数字增减分类，又可以把计数器分为加法计数器、减法计数器和可逆计数器（或称为加 / 减计数器）。随着计数脉冲的不断输入而做递增计数的叫加法计数器，做递减计数的叫减法计数器，可增可减的叫可逆计数器。

如果按计数器中数字的编码方式分类，还可以分成二进制计数器、二 – 十进制计数器、循环码计数器等。

此外，有时也用计数器的计数容量来区分各种不同的计数器，如十进制计数器、六十进制计数器等。

4.3.1　异步计数器

1. 异步二进制加法计数器

异步二进制计数器一般由 T′ 触发器连接而成，电路比较简单。由于异步计数器是采取从低位到高位逐位进位的方式工作的，即计数脉冲不是同时加到所有触发器的 CP 端，而只加到最低位触发器的 CP 端，其他各级触发器则由低位触发器的进（借）位信号来触发，因此，异步计数器的重要特点是它的各位触发器并不是同步翻转的。

图 4-15 是用下降沿触发的 T′ 触发器组成的异步 3 位二进制加法计数器，T′ 触发器是令 JK 触发器的 $J=K=1$ 而得到的。

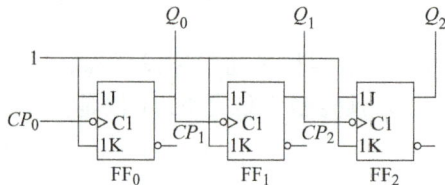

图 4-15　用下降沿触发的 T′ 触发器组成的异步 3 位二进制加法计数器

下面仍然应用基本分析方法来讨论图 4-15 所示电路的工作原理。

（1）写时钟方程

$$\begin{cases} CP_0 = CP \\ CP_1 = Q_0 \\ CP_2 = Q_1 \end{cases} \tag{4-4}$$

（2）写状态方程

$$\begin{cases} Q_0^{n+1} = \overline{Q_0^n} \ （CP_0 \ 下降沿到来后有效） \\ Q_1^{n+1} = \overline{Q_1^n} \ （Q_0 \ 下降沿到来后有效） \\ Q_2^{n+1} = \overline{Q_2^n} \ （Q_1 \ 下降沿到来后有效） \end{cases} \tag{4-5}$$

（3）列状态转换表

设起始状态为 $Q_2^n Q_1^n Q_0^n = 000$，根据状态方程可列出状态转换表（见表 4-5）。要特别注意状态方程中每一个表达式有效时钟的条件，只有在相应时钟脉冲触发沿到来的时候，触发器才能按状态方程规定的状态转换，否则触发器将保持原来状态不变。

表 4-5　异步 3 位二进制加法计数器状态转换表

Q_2^n	Q_1^n	Q_0^n	Q_2^{n+1}	Q_1^{n+1}	Q_0^{n+1}	有效时钟	CP 的顺序
0	0	0	0	0	1	CP_0	1
0	0	1	0	1	0	CP_0、CP_1	2
0	1	0	0	1	1	CP_0	3
0	1	1	1	0	0	CP_0、CP_1、CP_2	4
1	0	0	1	0	1	CP_0	5
1	0	1	1	1	0	CP_0、CP_1	6
1	1	0	1	1	1	CP_0	7
1	1	1	0	0	0	CP_0、CP_1、CP_2	8

（4）画时序图

根据状态方程（或状态转换表）可画出如图 4-16 所示的时序图。由图可见，触发器输出端新状态的建立要比 CP 下降沿滞后一个传输延迟时间 t_{pd}。

（5）画状态转换图

根据状态转换表可画出如图 4-17 所示的状态转换图。

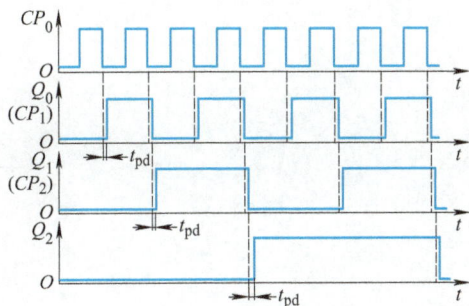

图 4-16　图 4-15 所示计数器的时序图

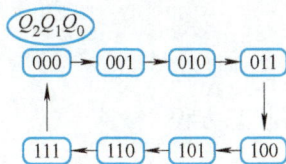

图 4-17　图 4-15 所示电路的状态转换图

图 4-15 所示电路是由下降沿触发的 T′ 触发器组成的，因为按照加法计数规则，每一位如果已经是 1，则再记入（即加入）1 时应变为 0，同时向高位发出进位信号，使高位翻转，所以将低位触发器的 Q 端接至高位触发器的时钟输入端即可。

如果由上升沿触发的 T′ 触发器组成异步二进制加法计数器，则计数器的级间连接就应从低位的 $\overline{Q}$ 端输出接至高位的 CP 端。由于高位时钟来自低位的 $\overline{Q}$ 端，当低位的 Q 端由 $1 \rightarrow 0$ 时（即有进位），$\overline{Q}$ 端由 $0 \rightarrow 1$（为上升沿），才使高位触发器时钟条件（上升沿触发）得到满足，因而翻转。

由图 4-16 可以看出，如果 CP_0 的频率为 f_0，那么 Q_0、Q_1、Q_2 的频率分别为 $\frac{1}{2}f_0$、$\frac{1}{4}f_0$、$\frac{1}{8}f_0$，说明计数器具有分频作用，也叫分频器。

n 位二进制计数器最多能累计的脉冲个数为 $2^n - 1$，这个数称为计数长度或计数容量。3 位二进制计数器的计数长度为 7。它共有 8 个状态，即 $N = 2^n = 8$，称计数器的状态总数 N 为计数器的模，也称为计数器的循环长度。

2. 异步二进制减法计数器

图 4-18 所示为由下降沿触发的 T′ 触发器组成的异步 3 位二进制减法计数器。与前面讲的异步 3 位二进制加法计数器相比较，只是减法计数器高位 CP 端接低位 $\overline{Q}$ 端而不接到 Q 端。不难理解，按照二进制减法计数规律，当低位从 $0 \rightarrow 1$ 时，发出借位信号，高位应翻转。对于下降沿触发的触发器来说，当低位 Q 端从 $0 \rightarrow 1$ 时，$\overline{Q}$ 端从 $1 \rightarrow 0$，所以高位时钟脉冲应来自低位的 $\overline{Q}$ 端，这样高位获得下降沿时钟信号，因而翻转，实现借位的作用。

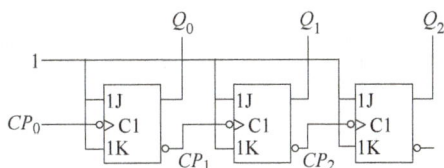

图 4-18　下降沿触发的 T′ 触发器组成的异步 3 位二进制减法计数器

下面分析图 4-18 所示电路的工作原理。

（1）写时钟方程

$$\begin{cases} CP_0 = CP \\ CP_1 = \overline{Q_0} \\ CP_2 = \overline{Q_1} \end{cases} \tag{4-6}$$

（2）写状态方程

$$\begin{cases} Q_0^{n+1} = \overline{Q_0^n}（CP_0 \text{ 下降沿到来后有效}）\\ Q_1^{n+1} = \overline{Q_1^n}（\overline{Q_0} \text{ 下降沿到来后有效}）\\ Q_2^{n+1} = \overline{Q_2^n}（\overline{Q_1} \text{ 下降沿到来后有效}） \end{cases} \tag{4-7}$$

（3）列状态转换表

设初始状态为 $Q_2^n Q_1^n Q_0^n = 000$，根据状态方程可列出状态转换表，见表 4-6。

表 4-6　异步 3 位二进制减法计数器状态转换表

Q_2^n	Q_1^n	Q_0^n	Q_2^{n+1}	Q_1^{n+1}	Q_0^{n+1}	有效时钟	CP 的顺序
0	0	0	1	1	1	CP_0、CP_1、CP_2	1
1	1	1	1	1	0	CP_0	2
1	1	0	1	0	1	CP_0、CP_1	3
1	0	1	1	0	0	CP_0	4
1	0	0	0	1	1	CP_0、CP_1、CP_2	5
0	1	1	0	1	0	CP_0	6
0	1	0	0	0	1	CP_0、CP_1	7
0	0	1	0	0	0	CP_0	8

（4）画时序图

根据状态方程（或状态转换表）可画出如图 4-19 所示的时序图。由图可见，触发器输出端新状态的建立要比 CP 下降沿滞后一个传输延迟时间 t_{pd}。

（5）画状态转换图

根据状态转换表可画出如图 4-20 所示的状态转换图。

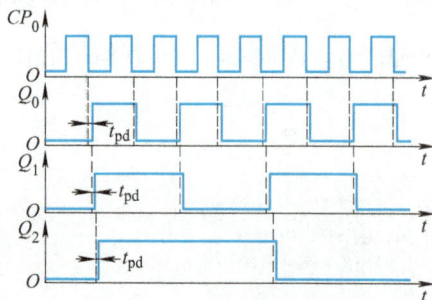

图 4-19　图 4-18 所示电路的时序图

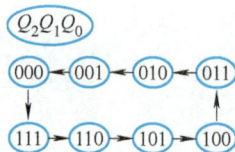

图 4-20　图 4-18 所示电路的状态转换图

同样，上升沿触发的T'触发器也可以构成减法计数器，与下降沿触发的区别是，高位 CP 端接低位的 Q 端。

总结异步二进制计数器的级间连接规律如下：异步二进制计数器的级间连接十分简单，高位触发器的时钟脉冲就是低位触发器的输出。究竟应接 Q 端还是 $\bar{Q}$ 端，取决于组成计数器的触发器是上升沿触发还是下降沿触发，以及计数器是加法计数还是减法计数。表 4-7 为对应于递增计数和递减计数两种计数器采用不同触发沿的触发器组成计数器时，计数器的级间连接规律。

表 4-7　计数器的级间连接规律

连接规律	T'触发器的触发沿	
	上升沿	下降沿
递增计数	$CP_i=\bar{Q}_{i-1}$	$CP_i=Q_{i-1}$
递减计数	$CP_i=Q_{i-1}$	$CP_i=\bar{Q}_{i-1}$

其中，CP_i 是第 i 位触发器 FF_i 的时钟脉冲，Q_{i-1} 和 $\bar{Q}_{i-1}$ 是相邻低位，即第 $i-1$ 位触发器 FF_{i-1} 的输出。

3. 异步十进制加法计数器

异步十进制加法计数器是在 4 位异步二进制加法计数器的基础上加以修改而得到的。因为 4 位二进制加法计数器从 0000 到 1111 可以计数 16，即为十六进制计数器，把十六进制计数器变为十进制计数器，关键是解决如何使 4 位二进制加法计数器在计数过程中跳过从 1010～1111 这 6 个状态。即计数器只能从 0000 计到 1001，当第 10 个计数脉冲输入后，电路应从 1001 返回到 0000，跳过 1010～1111 这 6 个状态，成为十进制计数器。

图 4-21 所示电路是异步十进制加法计数器的典型电路。假定所用的触发器为 TTL 电路，J、K 端悬空时相当于接逻辑 1 电平。图 4-22 所示为该电路的时序图，图 4-23 所示为其状态转换图。

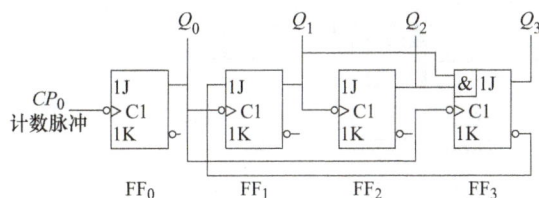

图 4-21　异步十进制加法计数器的典型电路

如果计数器从 $Q_3Q_2Q_1Q_0=0000$ 开始计数，由图 4-21 可知在输入第 8 个计数脉冲以前 FF_0、FF_1 和 FF_2 的 J 和 K 始终为 1，即工作在T'触发器状态，因而工作过程和异步二进制加法计数器相同。在此期间虽然 Q_0 输出的脉冲也送给了 FF_3，但由于每次 Q_0 的下降沿到达时 $J_3=Q_1Q_2=0$（J_3 为 FF_3 的 J 端），所以 FF_3 一直保持 0 状态不变。

当第 8 个计数脉冲输入时，由于 $J_3=K_3=1$，所以 Q_0 的下降沿到达以后 FF_3 由 0 变为 1。

同时，J_1 也随 Q_3 变为 0 状态；第 9 个计数脉冲输入以后，电路状态变成 $Q_3Q_2Q_1Q_0=1001$；第 10 个计数脉冲输入后，FF$_0$ 翻成 0，同时 Q_0 的下降沿使 FF$_3$ 置 0，于是电路从 1001 返回 0000，跳过了 1010～1111 这 6 个状态，成为十进制计数器。

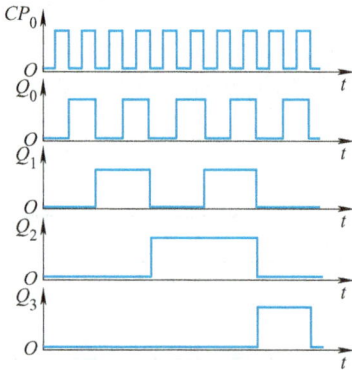

图 4-22　图 4-21 所示电路的时序图

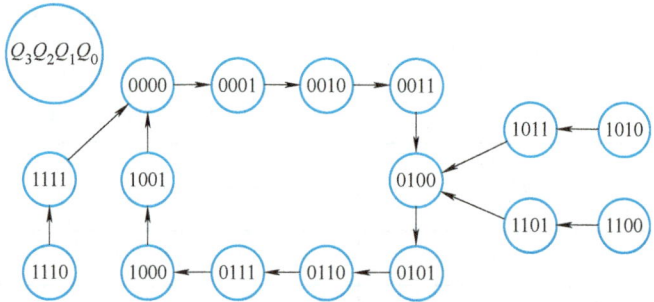

图 4-23　图 4-21 所示电路的状态转换图

4. 集成异步计数器

用触发器组成计数器电路复杂且可靠性差。随着电子技术的发展，一般采用集成计数器芯片构成各种功能的计数器。

集成异步计数器芯片有很多品种，下面以二 – 五 – 十进制异步加法集成计数器 74LS196 为例介绍。图 4-24a 所示为 74LS196 的逻辑电路，图 4-24b 所示为 74LS196 的引脚排列图。图中，$CT/\overline{LD}$ 为计数 / 置入控制端，$\overline{CR}$ 为清零端，D_3、D_2、D_1、D_0 为数据输入端，$\overline{CP_0}$、$\overline{CP_1}$ 为计数脉冲输入端，Q_3、Q_2、Q_1、Q_0 为输出端。

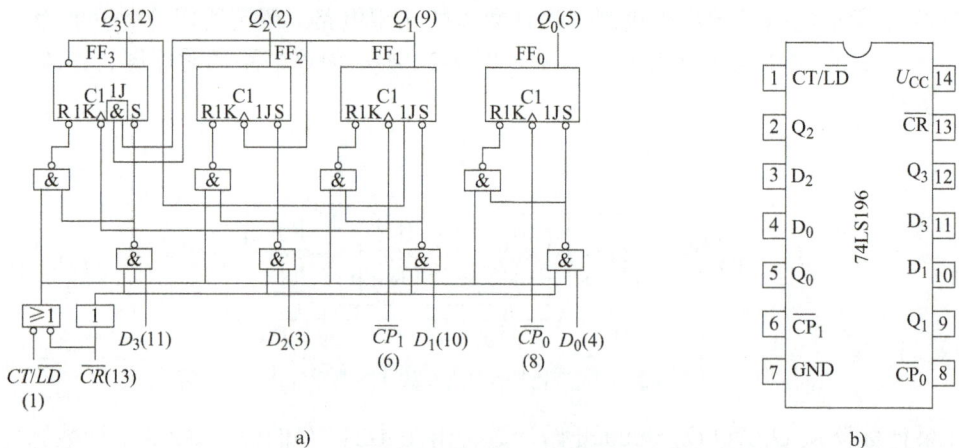

图 4-24　74LS196 的逻辑电路与引脚排列图

a）逻辑电路　b）引脚排列图

74LS196 内部分为二进制和五进制计数器两个独立的部分。其中，二进制计数器

从 $\overline{CP_0}$ 输入计数脉冲，从 Q_0 端输出；五进制计数器从 $\overline{CP_1}$ 输入计数脉冲，从 Q_1、Q_2、Q_3 端输出。这两部分既可单独使用，也可连接起来使用，构成十进制计数器，所以称为"二 – 五 – 十进制计数器"，其特性表见表 4-8。

表 4-8　二 – 五 – 十进制计数器 74LS196 特性表

输入								输出			
$\overline{CR}$	$CT/\overline{LD}$	$\overline{CP_0}$	$\overline{CP_1}$	D_3	D_2	D_1	D_0	Q_3	Q_2	Q_1	Q_0
0	×	×	×	×	×	×	×	0	0	0	0
1	0	×	×	d_3	d_2	d_1	d_0	d_3	d_2	d_1	d_0
1	1	$CP\downarrow$	0	×	×	×	×	二进制			
1	1	0	$CP\downarrow$	×	×	×	×	五进制			
1	1	$CP\downarrow$	Q_0	×	×	×	×	8421 十进制			
1	1	Q_3	$CP\downarrow$	×	×	×	×	5421 十进制			

74LS196 的逻辑功能如下。

（1）异步清零

当异步清零端 $\overline{CR}$ 为低电平时，不论其他输入状态如何，计数器输出 $Q_3Q_2Q_1Q_0=0000$，故又称异步清零功能或复位功能。

（2）异步置数

当计数 / 置数控制端 $CT/\overline{LD}$ 为低电平，且 $\overline{CR}=1$ 时，不论其他输入状态如何，$Q_3Q_2Q_1Q_0=D_3D_2D_1D_0$，即 $Q_3Q_2Q_1Q_0$ 随数据输入端 $D_3D_2D_1D_0$ 而变化，为置数功能。

（3）计数功能

当 $\overline{CR}$、$CT/\overline{LD}$ 全为 1 时，输入计数脉冲（即时钟脉冲）CP 时开始计数。

1）二进制、五进制计数：当由 $\overline{CP_0}$ 输入计数脉冲 CP 时，Q_0 为 $\overline{CP_0}$ 的二进制计数输出；当由 $\overline{CP_1}$ 输入计数脉冲 CP 时，$Q_1Q_2Q_3$ 为 $\overline{CP_1}$ 的五进制计数输出。

2）十进制计数：若将 Q_0 与 $\overline{CP_1}$ 连接，计数脉冲 CP 由 $\overline{CP_0}$ 输入，则先进行二进制计数，再进行五进制计数，这样组成的 $Q_3Q_2Q_1Q_0$ 为 8421 码十进制计数器，这种计数方式最为常用。

若将 Q_3 与 $\overline{CP_0}$ 连接，计数脉冲 CP 由 $\overline{CP_1}$ 输入，则先进行五进制计数，再进行二进制计数，即组成的 $Q_0Q_3Q_2Q_1$ 为 5421 码十进制计数器。

如果要构成百进制计数器，只需将两片 74LS196 级联，级联方法是将低位芯片 Q_3 与高位芯片 $\overline{CP_0}$ 相连，如图 4-25 所示。这样 1# 计数器在每次计数从"9"到"0"时，其 Q_3 由 1→0 产生一个下降沿，连到 2# 计数器的 $\overline{CP_0}$，作为向高位进位的计数脉冲，达到逢十进一的目的，故为计数状态数从 0000、0000 到 1001、1001 的百进制计数器，这种用法称为计数器的位扩展。类似的，百进制计数器也可用其他十进制计数器连接构成。

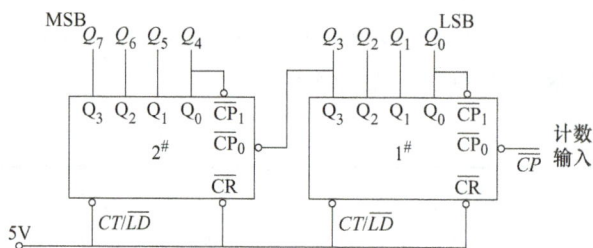

图 4-25   用两片 74LS196 构成的百进制计数器

综上所述，可以看出异步二进制计数器具有下列特点：

1）电路简单，连线少。电路由 T′触发器组成，级间连接方式依触发器的触发沿而定，连接规律简单，容易掌握。这是异步计数器的优点。

2）工作频率比较低。由于计数脉冲不是同时加到所有触发器的 CP 端，各级触发器的翻转是逐级进行的，因而工作速度低。而且，在电路状态译码时，存在竞争 – 冒险现象。这两个缺点使异步计数器的应用受到了很大的限制。

4.3.2   同步计数器

1. 同步二进制加法计数器

由于同步计数器中各触发器均由同一时钟脉冲输入，因此它们的翻转就由其数据输入信号的状态决定，即触发器应该翻转时，要满足计数状态的条件，不应翻转时，要满足状态不变的条件。由此可见，利用 T 触发器构成同步二进制计数器比较方便，因为它只有一个输入端 T，当 $T=1$ 时，为计数状态；当 $T=0$ 时，保持状态不变。

根据二进制加法运算规则可知，在一个多位二进制数的末位上加 1 时，若其中第 i 位（即任何一位）以下各位皆为 1 时，则第 i 位应改变状态（由 0 变成 1，由 1 变成 0），而最低位的状态在每次加 1 时都要改变。

由此可知，当计数器用 T 触发器构成时，第 i 位触发器输入端的逻辑表达式应为

$$T_i=Q_{i-1}Q_{i-2}\cdots Q_1Q_0=\prod_{j=0}^{i-1}Q_j \quad (i=1,2,\cdots,n-1) \tag{4-8}$$

只有最低位例外，按照计数规则，每次输入计数脉冲时它都要翻转，故 $T_0=1$。

图 4-26 就是根据式（4-8）接成的 4 位同步二进制加法计数器。由图可知，该计数器中各触发器受同一时钟脉冲控制，决定各触发器是否翻转的条件也是并行产生的，所以这种计数器的速度很快。

2. 同步二进制减法计数器

根据二进制减法计数规则，在 n 位二进制减法计数器中，只有当第 i 位以下各位触发器同时为 0 时，再减 1 才能使第 i 位触发器翻转。最低位的状态在每次减 1 时都要改变（所以 $T_0=1$）。因此，在用 T 触发器组成同步二进制减法计数器时，第 i 位触发器输入端 T_i 的逻辑表达式应为

$$T_i = \bar{Q}_{i-1}\bar{Q}_{i-2}\cdots\bar{Q}_1\bar{Q}_0 = \prod_{j=0}^{i-1}\bar{Q}_j \quad (i=1, 2, \cdots, n-1) \tag{4-9}$$

图 4-27 就是根据式（4-9）接成的 4 位同步二进制减法计数器。

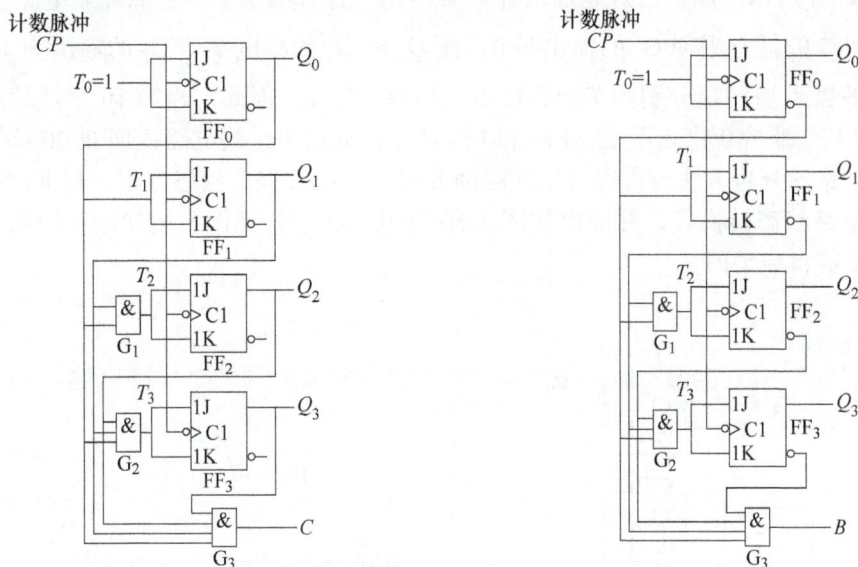

图 4-26　用 T 触发器接成的同步二进制加法计数器　　图 4-27　用 T 触发器接成的同步二进制减法计数器

3. 同步二进制可逆计数器

在有些应用场合要求计数器既能进行递增计数又能进行递减计数，这就需要做成加 /
减计数器（或称为可逆计数器）。

图 4-28 所示为 4 位同步二进制可逆计数器。它是将同步二进制加法计数器和同步二
进制减法计数器合并在一起，再增加一些控制门组成的。图中 S 为加 / 减控制端，当 $S=1$
时，下边 3 个与非门被封锁，进行加计数；当 $S=0$ 时，上边 3 个与非门被封锁，进行减
计数。

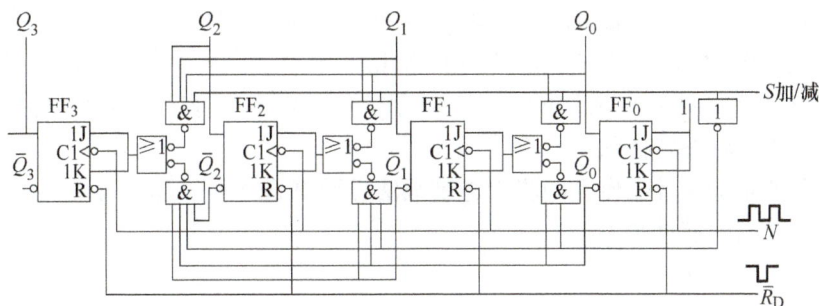

图 4-28　4 位同步二进制可逆计数器

4. 同步十进制计数器

图 4-29 所示电路是用 T 触发器组成的同步十进制加法计数器，它是在图 4-26 所示的同步二进制加法计数器电路基础上略加修改而成的。

由图 4-29 可知，如果从 0000 开始计数，则直到输入第 9 个计数脉冲为止，它的工作过程与图 4-26 所示的同步二进制加法计数器相同。计入第 9 个计数脉冲后电路进入 1001 状态，这时 $\overline{Q_3}$ 的低电平使 G_1 的输出为 0，而 Q_0 和 Q_3 的高电平使 G_3 的输出为 1，所以 4 个触发器的输入控制端分别为 $T_0=1$、$T_1=0$、$T_2=0$、$T_3=1$。因此，当第 10 个计数脉冲输入后，FF$_1$ 和 FF$_2$ 维持 0 状态不变，FF$_0$ 和 FF$_3$ 从 1 翻转为 0，故电路返回 0000 状态。根据时序逻辑电路的分析方法，可以列出其驱动方程、输出方程、状态方程，根据状态方程还可以列出电路状态转换表，并画出如图 4-30 所示的状态转换图。由状态转换图可见，这个电路是能够自启动的。

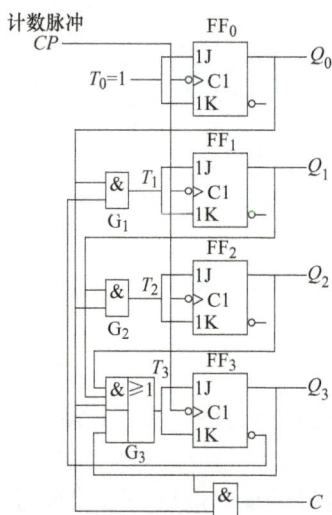

图 4-29 同步十进制加法计数器

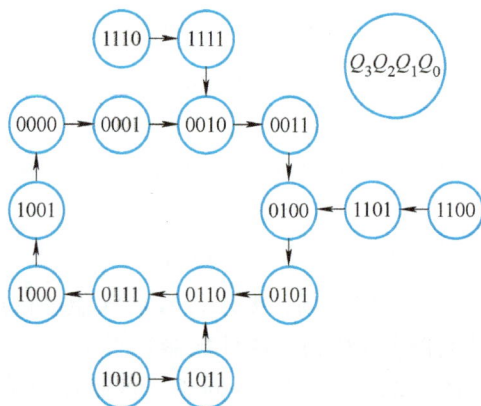

图 4-30 图 4-29 电路的状态转换图

图 4-31 所示电路为同步十进制减法计数器。它也是从同步二进制减法计数器电路的基础上演变而来的。为了实现从 $Q_3Q_2Q_1Q_0=0000$ 状态减 1 后跳变成 1001 状态，在电路处于全 0 状态时用与非门 G_2 输出的低电平将与门 G_1 和 G_3 封锁，使 $T_1=T_2=0$。于是当计数脉冲到达后 FF$_0$ 和 FF$_3$ 翻成 1，而 FF$_1$ 和 FF$_2$ 维持 0 不变。以后继续输入减法计数脉冲时，电路的工作情况就与图 4-27 所示的同步二进制减法计数器一样了。图 4-32 所示为同步十进制减法计数器的状态转换图。

将同步十进制加法计数器和同步十进制减法计数器合并在一起，再增加一些控制门即可得到同步十进制可逆计数器。

5. 集成同步计数器

集成同步计数器种类繁多，常见的集成同步计数器见表 4-9。

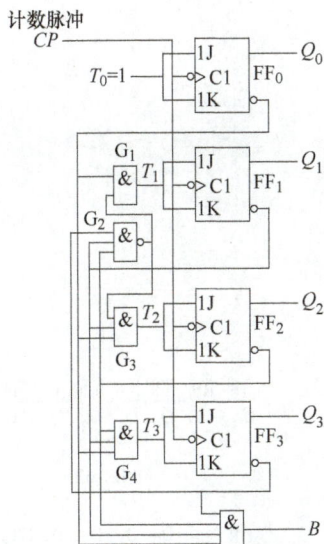

图 4-31　同步十进制减法计数器

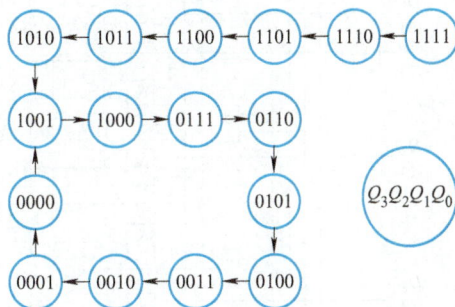

图 4-32　图 4-31 电路的状态转换图

表 4-9　常见的集成同步计数器

型号	功能
74LS160	4 位同步十进制计数器（异步清零）
74LS161	4 位同步二进制计数器（异步清零）
74LS162	4 位同步十进制计数器（同步清零）
74LS163	4 位同步二进制计数器（同步清零）
74LS190	4 位同步十进制加 / 减计数器
74LS191	4 位同步二进制加 / 减计数器
74LS192	4 位同步十进制加 / 减计数器（双时钟）
74LS193	4 位同步二进制加 / 减计数器（双时钟）

　　下面以集成同步二进制计数器 74LS163 和集成同步十进制计数器 74LS160 为例做介绍。图 4-33a 所示为 74LS163 的逻辑电路，图 4-33b 所示为 74LS163 的引脚排列图。图中，$\overline{CR}$ 是同步清零端，$\overline{LD}$ 是同步置数控制端，CP 为计数脉冲输入端，$D_3 \sim D_0$ 是 4 个并行数据输入端，$Q_3 \sim Q_0$ 为输出端，CT_P 和 CT_T 是计数使能端（控制端），CO 是进位输出端，供芯片扩展使用。74LS163 为 4 位同步二进制计数器，其特性见表 4-10。

　　74LS163 的逻辑功能如下。

　　1）同步清零。当 $\overline{CR}$ =0 且在 CP 上升沿时，无论其他输入端如何，计数器清零。清零后，$\overline{CR}$ 端应接高电平，以不妨碍计数器正常计数工作。该计数器的清零属于依靠 CP 驱动，故称同步清零方式。

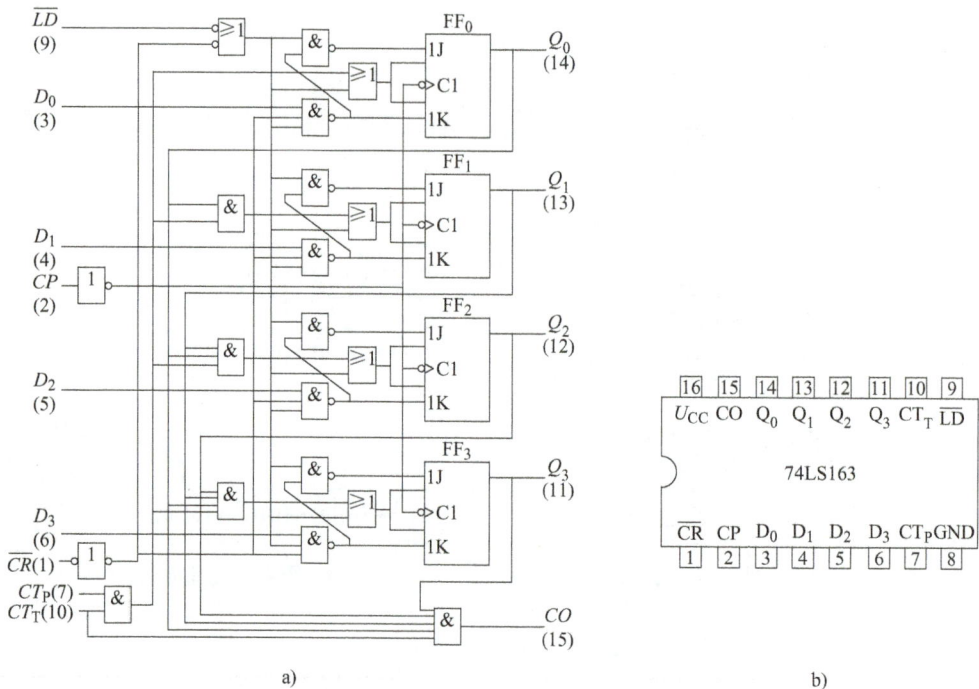

图 4-33 74LS163 逻辑电路与引脚排列图

a）逻辑电路 b）引脚排列图

表 4-10 74LS163 的特性表

输入									输出			
清零	置数	使能		时钟	并行输入				Q_3	Q_2	Q_1	Q_0
$\overline{CR}$	$\overline{LD}$	CT_P	CT_T	CP	D_3	D_2	D_1	D_0				
0	×	×	×	↑	×	×	×	×	0	0	0	0
1	0	×	×	↑	d_3	d_2	d_1	d_0	d_3	d_2	d_1	d_0
1	1	1	1	↑	×	×	×	×	计数			
1	1	0	×	×	×	×	×	×	保持			
1	1	×	0	×	×	×	×	×	保持			

2）同步并行置数。74LS163 具有并行输入数据功能，这项功能是由 $\overline{LD}$ 端控制的。当 $\overline{CR}$ =1、$\overline{LD}$ =0 时，在 CP 上升沿的作用下，使 $Q_3Q_2Q_1Q_0=D_3D_2D_1D_0$，计数器置入初始数值，此项操作必须有 CP 上升沿配合，并与 CP 上升沿同步，所以称为同步置数功能。

3）计数。在 $\overline{CR}=\overline{LD}$ =1 状态下，若计数控制端 $CT_P=CT_T$ =1，则在 CP 上升沿的作用下，计数器实现同步 4 位二进制加法计数。若初始状态为 0000，则在此基础上加法计数到 1111 状态；若已置数 $d_3d_2d_1d_0$，则在置数基础上加法计数到 1111 状态。

4）保持。在 $\overline{CR}=\overline{LD}$ =1，且 CT_P 和 CT_T 中至少有一个为 0 时，CP 将不起作用，计数器保持原状态不变。

此外，74LS163 有超前进位功能。其进位输出 $CO=Q_3Q_2Q_1Q_0 CT_T$，即当计数到

$Q_3Q_2Q_1Q_0$=1111，并且计数控制端 CT_T=1 时，CO=1，发出进位信号。综上所述，74LS163 是有同步清零、同步并行置数的 4 位同步二进制计数器。

图 4-33b 与集成 4 位同步二进制加法计数器 74LS161 的引脚排列相同，所不同的是 74LS161 为异步清零，其他功能完全相同。

图 4-34a 所示为集成同步十进制加法计数器 74LS160 的逻辑电路，图 4-34b 所示为 74LS160 的引脚排列图，图中，$\overline{CR}$ 是异步清零端，$\overline{LD}$ 是同步置数控制端，CP 为计数脉冲输入端，D_3、D_2、D_1、D_0 是 4 个并行数据输入端，Q_3、Q_2、Q_1、Q_0 为输出端，CT_P 和 CT_T 是计数使能端（控制端），CO 是进位输出端，供芯片扩展使用。表 4-11 为 74LS160 的特性表。

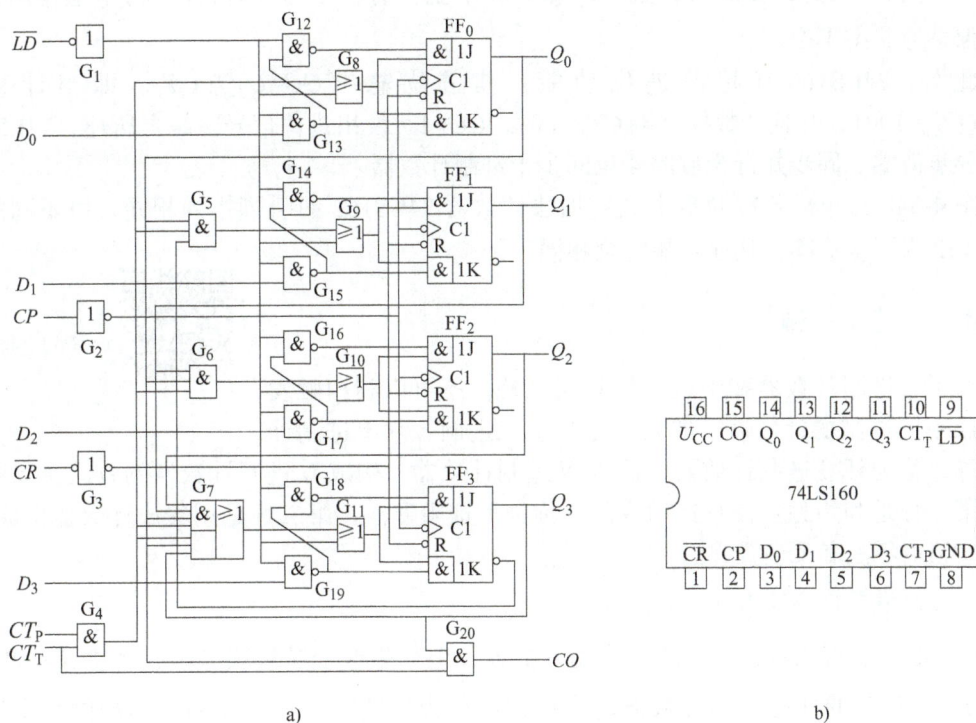

图 4-34 74LS160 逻辑电路与引脚排列

a）逻辑电路 b）引脚排列

表 4-11 74LS160 的特性表

输入									输出			
清零 $\overline{CR}$	置数 $\overline{LD}$	使能		时钟 CP	并行输入				Q_3	Q_2	Q_1	Q_0
		CT_P	CT_T		D_3	D_2	D_1	D_0				
0	×	×	×	×	×	×	×	×	0	0	0	0
1	0	×	×	↑	d_3	d_2	d_1	d_0	d_3	d_2	d_1	d_0
1	1	1	1	↑	×	×	×	×	计数			
1	1	0	×	×	×	×	×	×	保持			
1	1	×	0	×	×	×	×	×	保持			

74LS160 的逻辑功能如下。

1）异步清零。当 $\overline{CR}$ =0 时，无论其他输入端如何，计数器清零。清零后，$\overline{CR}$ 端应接高电平，以不妨碍计数器正常计数工作。该计数器的清零不依靠 CP 驱动，故称异步清零方式。

2）同步并行置数。当 $\overline{CR}$ =1、$\overline{LD}$ =0 时，在 CP 上升沿的作用下，使 $Q_3Q_2Q_1Q_0=D_3D_2D_1D_0$，计数器置入初始数值，此项操作必须有 CP 上升沿配合，并与 CP 上升沿同步，所以称为同步置数功能。

3）计数。在 $\overline{CR} = \overline{LD}$ =1 状态下，若计数控制端 $CT_P=CT_T$=1，则在 CP 上升沿的作用下，计数器按照 8421BCD 码的规律进行十进制加法计数。

4）保持。在 $\overline{CR} = \overline{LD}$ =1，且 CT_P 和 CT_T 中至少有一个为 0 时，CP 将不起作用，计数器保持原状态不变。

此外，74LS160 有超前进位功能。其进位输出 $CO=Q_3Q_0 CT_T$，即当计数到 $Q_3Q_2Q_1Q_0=1001$，并且计数控制端 $CT_T=1$ 时，$CO=1$，发出进位信号。综上所述，74LS160 是有异步清零、同步并行置数的 4 位同步十进制计数器。

图 4-34b 与集成 4 位同步十进制加法计数器 74LS162 的引脚排列相同，所不同的是 74LS162 为同步清零，其他功能完全相同。

4.3.3 *N* 进制计数器

4.3.3
N 进制计数器

除了二进制计数器和十进制计数器之外，还可以利用触发器组成不同进制的计数器。如九进制、十三进制、六十进制计数器等，称为任意进制计数器，简称 *N* 进制计数器。构成 *N* 进制计数器的方法主要有两种：第一种是利用触发器直接构成的，称为反馈阻塞法；第二种是用集成计数器构成的，称为反馈清零法和反馈置数法。

1. 由触发器构成的 *N* 进制计数器

n 个触发器可构成模为 2^n 的二进制计数器，但如果改变其级联方法，舍去某些状态，就构成了 $N< 2^n$ 的任意进制计数器，这种方法称为反馈阻塞法。前面介绍的同步十进制计数器和异步十进制计数器就是利用这种方法构成的。进制数由有效循环的状态个数 *N*（模）来确定，*N* 等于几就是几进制计数器。

2. 用集成计数器构成的 *N* 进制计数器

利用集成二进制或集成十进制计数器可以很方便地构成任意进制计数器，采用的方法有两种，一是反馈清零法，另一个是反馈置数法。

（1）反馈清零法

利用计数器清零端的清零作用，截取计数过程中的某一个中间状态控制清零端，使计数器由此状态返回到零重新开始计数，这样就弃掉了一些状态，把模较大的计数器改成了模较小的计数器。

清零信号（即某一中间状态）的选择与芯片的清零方式有关。设产生清零信号的状态称为反馈识别码 N_a。

1）当芯片为异步清零方式时，可用状态 N 作为反馈识别码，$N_a=N$。通过门电路组合输出清零信号（清零端高电平有效的用与门，低电平有效的用与非门），使芯片瞬间清零，即第 N_a 个的状态存在时间极短，故其有效循环状态从 $0 \sim (N_a-1)$ 共 N 个，构成了 N 进制计数器。

2）当芯片为同步清零方式时，可用 $N_a=N-1$ 作识别码。通过门电路组合输出清零信号，使芯片在 CP 到来时清零，所保留的有效状态是 $0 \sim N_a$，也同样构成 N 进制计数器。

【例 4-2】试用二进制计数器 74LS163 构成一个八十六进制计数器。

解： 由于 74LS163 为 4 位二进制计数器（十六进制计数器），要实现八十六进制计数器，应由两片 74LS163 来完成（两片的最大模数为 $16 \times 16=256$）。

74LS163 为同步清零方式，当 $\overline{CR}=0$ 后，再来 CP 脉冲才完成清零。因此，反馈识别码为

$N_a=N-1=86-1=85$，即在出现 $(85)_{10}$ 后，再来一个 CP，计数器回到零。

而　　　　　　　　　　$(85)_{10}=(01010101)_2$

由此，只要将高位芯片的 Q_2Q_0 和低位芯片 Q_2Q_0 组合为与非函数，作反馈清零信号就可以了。因为 $\overline{CR}$ 为低电平有效，所以反馈信号要由与非门引到 $\overline{CR}$ 端，其逻辑电路如图 4-35 所示。

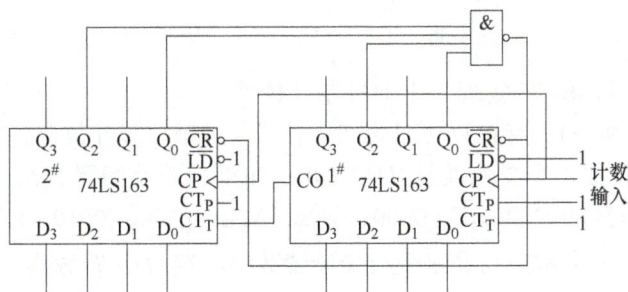

图 4-35　例 4-2 的逻辑电路（$N=86$）

由例 4-2 可知，在芯片的各使能端都置于正确状态的前提下，确定置 0（清零信号）所取输出代码是个关键，这与芯片的清零方式有关（同步清零还是异步清零）。异步清零以 N 作为置 0 的输出代码，同步清零以 $N-1$ 作为置 0 的输出代码。此外还要注意清零端的有效电平，以确定反馈引导门是与门还是与非门。

（2）反馈置数法

利用具有置数功能的计数器，截取从 N_b 到 N_a 之间的 N 个有效状态，构成 N 进制计数器。其方法是当计数器的状态循环到 N_a 时，由 N_a 构成的反馈信号提供置数指令，由于事先将并行置数数据输入端置成了 N_b 的状态，所以置数指令到来时，计数器输出端必然被置成 N_b，再来计数脉冲，计数器将在 N_b 基础上继续计数，直至循环到 N_a，又进行新一轮置数、计数。仍然将提供置数反馈信号的 N_a 称为反馈识别码（或称反馈置数码），它的确定与计数器的置数方式（是异步置数还是同步置数）有关。如果是异步置数，则应令 $N_a=N_b+N$；如果是同步置数，则应令 $N_a=N_b+N-1$。

【例 4-3】试用二进制计数器 74LS163 构成一个十四进制计数器。

解： 因为 74LS163 属于同步置数，所以应令反馈置数码 $N_a=N_b+N-1=N_b+13$。可以用 3 种方案实现：

1）令 $N_b=0000$，则 $N_a=1101$，而置数端 $\overline{LD}$ 为低电平有效，所以只要使 $D_3D_2D_1D_0=0000=N_b$。将 $Q_3Q_2Q_0$ 构成与非函数并送至 $\overline{LD}$ 端，其他使能端正常接线就可以了。这种方法相当于反馈清零法，如图 4-36a 所示。

2）令 $N_b=0010$，则 $N_a=1111$，在状态为 1111 时，进位输出端 $CO=1$，所以应将 CO 经反相器引至 $\overline{LD}$，且令 $D_3D_2D_1D_0=N_b=0010$，$CT_T=CT_P=1$，逻辑电路如图 4-36b 所示。

3）令 $N_b=0001$，则 $N_a=1110$，应使 $CT_T=CT_P=1$，$D_3D_2D_1D_0=N_b=0001$，将 $Q_3Q_2Q_1$ 构成与非函数并送至 $\overline{LD}$ 端，逻辑电路如图 4-36c 所示。

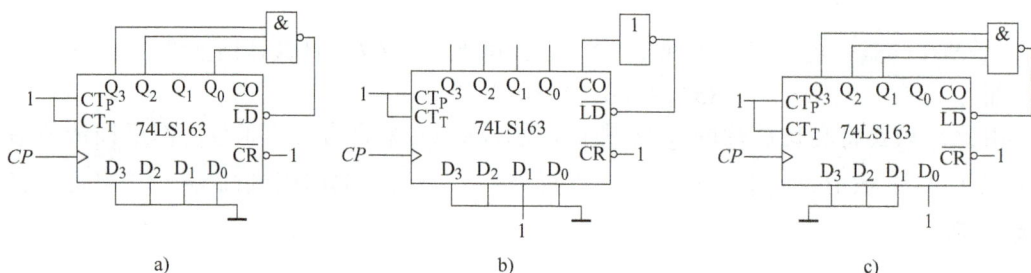

图 4-36　例 4-3 的逻辑电路（$N=14$）

【例 4-4】 试用 74LS196 实现二十七进制计数器。

解： 由于 74LS196 为具有置数功能的二 – 五 – 十进制异步计数器，采用异步置数方式。为实现本题要求的模数，需要用两片 74LS196。如果采用反馈置数法，则应令 $N_a=N_b+N$，现令 $N_b=0000$，即两片的 $D_3D_2D_1D_0=0000$，则 $N_a=N_b+N=[27]_{10}=[0010\ 0111]_{BCD}$，应将高位 $2^{\#}$ 片 Q_1 和低位 $1^{\#}$ 片 $Q_2Q_1Q_0$ 构成与非函数反馈给置数控制端 $\overline{LD}$ 作置数指令，这样该计数器循环的状态个数为 0～26，模 $N=27$。其他使能端及两片级联应正常接好，如图 4-37 所示。

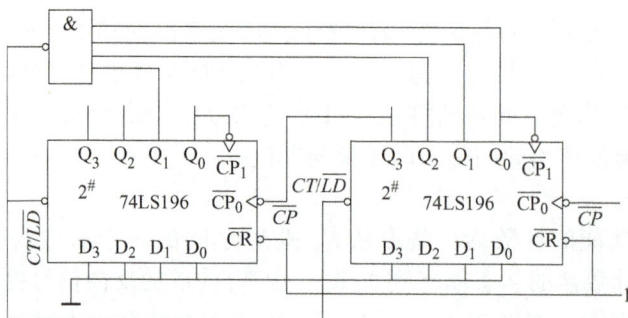

图 4-37　例 4-4 用两片 74LS196 实现的 $N=27$（置数法）的逻辑电路

4.3.4　移位寄存器型计数器

将移位寄存器的输出以一定的方式反馈到串行输入端，就可构成许多特殊编码的移位寄存器型计数器，这种方法称为串行反馈法。反馈的逻辑电路不同，得到的计数器形式也有所不同。常用的有以下几种。

1. 环形计数器

能够自启动的 4 位环形计数器如图 4-38 所示。环形计数器的优点是所有触发器中只有一个为 1（或只有一个为 0）进行循环移位，利用 Q 端作状态输出不需要加译码器，在 CP 脉冲的驱动下各 Q 端轮流出现矩形脉冲，所以也可以作为脉冲分配器。图 4-39a 所示为能够自启动的 4 位环形计数器的状态转换图，图 4-39b 所示为能够自启动的 4 位环形计数器的波形图。

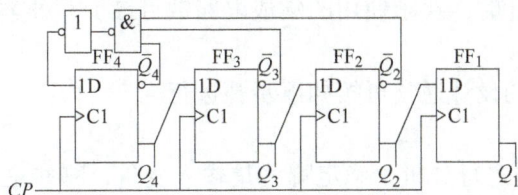

图 4-38 能够自启动的 4 位环形计数器

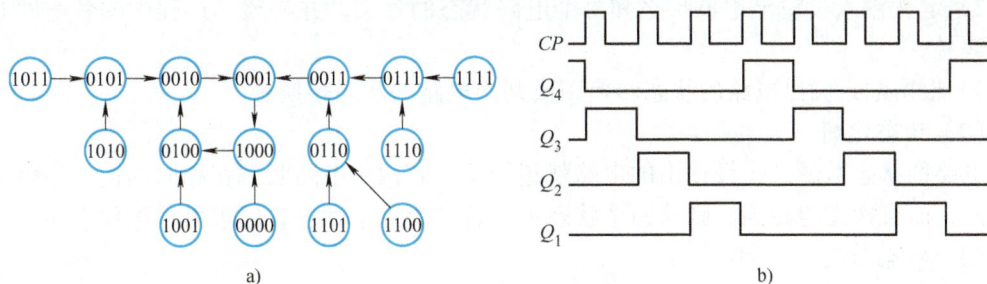

a)   b)

图 4-39 4 位环形计数器的状态转换图和波形图

a）状态转换图 b）波形图

2. 扭环形计数器

扭环形计数器的特点是它的状态利用率比环形计数器提高了一倍。图 4-40a 所示为能够自启动的 4 位扭环形计数器的逻辑电路，图 4-40b 所示为能够自启动的 4 位扭环形计数器的状态转换图。

扭环形计数器的优点是每次状态变化只有一个触发器翻转，因此译码时不存在竞争 – 冒险，而且所有的译码门都只需要两个输入端。它的缺点仍然是状态利用率较低，有 $2^n - 2n$ 个状态没有被利用。

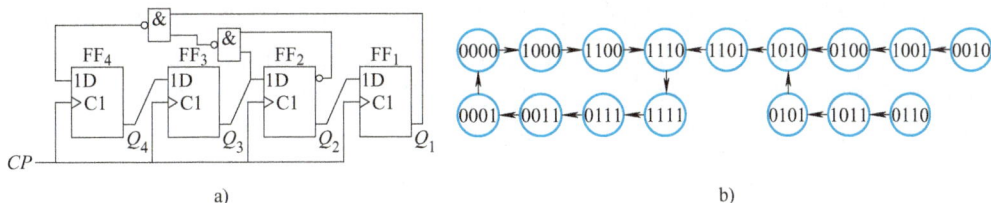

a)   b)

图 4-40 能够自启动的 4 位扭环形计数器

a）逻辑电路 b）状态转换图

4.4　时序逻辑电路的设计方法

4.4.1　同步时序逻辑电路的设计方法

设计是分析的逆过程，时序逻辑电路的设计任务就是根据给出的实际逻辑问题，求出实现这一逻辑功能的最简逻辑电路。这里所说的"最简"，是指当选用小规模集成电路设计时，要求所用的触发器和门电路的数目最少，而且它们的输入端数目也最少；而当选用中、大规模集成电路设计时，要求使用的集成电路数目最少，种类最少，而且器件之间的连线也最少。

同步时序逻辑电路的设计通常可按如下步骤进行。

（1）逻辑抽象

1）首先对逻辑问题进行分析，确定哪些是输入变量，哪些是输出变量，以及电路的状态数。

2）定义输入、输出逻辑状态和每个电路状态的含义，并将整个过程中的各电路状态进行编号。

3）根据题意画出电路的状态转换图或列出电路的状态转换表。

（2）状态化简

电路的状态数越少，设计出的电路就越简单。若两个电路状态在相同的输入条件下输出相同，而且次态也相同，则这两个状态可以合并成一个状态，以求得最简状态转换图。

（3）状态分配

状态分配又称状态编码。时序逻辑电路的状态是用触发器状态的不同组合来表示的。首先需要确定触发器的数目，然后要给每个电路状态规定对应的触发器状态组合，即给化简后的每个电路状态分配一个二进制编码。

为了便于记忆和识别，一般选用的状态编码和它们的排列顺序都遵循一定的规律。分配后的各电路状态二进制编码和次态的编码变化越少，设计的复杂性也会相应变小。

（4）选择触发器的类型，求电路的状态方程、驱动方程和输出方程

由于不同逻辑功能的触发器驱动方式不同，因此用不同类型触发器设计出的电路也不一样。为此，在设计具体电路之前需选择触发器的类型。

根据状态转换图（或状态转换表）画出次态卡诺图，化简后可得每个触发器的状态方程。根据触发器的特性方程反过来可得到各触发器的驱动方程，同时可求出电路的输出方程。

（5）检查自启动功能

在对各电路状态进行编码分配时，有可能存在用不到的无效编码。由于电路的初始状态有时无法确定，如果电路的初始状态刚好是没有用到的无效编码，电路状态的下一个状态有时就无法确定，或即使能确定也不能进入有效状态。设计电路一般要有自启动功能，如果电路没有自启动功能，则需重新考虑无效编码的分配或限定电路的初始状态，使所设计的电路具有自启动功能。

（6）画逻辑电路

根据触发器的类型和个数可画出触发器电路，根据各触发器的驱动方程可画出各触发

器的输入信号，根据输出方程可画出输出信号，从而得到所设计的逻辑电路。

【例 4-5】试设计一个带有进位输出的同步五进制计数器。

解：

（1）逻辑抽象

由于计数器的工作特点是在时钟信号作用下自动依次从一个状态转为下一个状态，因此它没有输入逻辑变量，只有进位输出信号。设逻辑变量 Z 表示进位输出信号，有进位输出时 $Z=1$，无进位输出时 $Z=0$。五进制计数器应该有 5 个有效状态，若分别用 S_0，S_1，$\cdots$，S_4 表示，则根据题意可以画出电路状态转换图，如图 4-41 所示。

（2）状态化简

一般状态转换图较复杂，需要进行化简。由于该设计是无输入的计数器，每个设定状态都是必要的，即没有多余状态，因此状态转换图不需要再化简。

（3）状态分配

由于计数器的模 $N=5$，而每一位触发器可表示两个不同的状态，所以触发器的个数应根据 $k \geqslant \log_2 5$，取 $k=3$，因此可选用 3 个触发器来设计电路。3 个触发器有 8 个状态 $000 \sim 111$，从中任意选择 5 个，如 $000 \sim 100$ 分配给 $S_0 \sim S_4$（如果对状态分配无特殊要求，一般取自然二进制数 $000 \sim 100$ 作为 $S_0 \sim S_4$ 编码）。分配后可得编码状态转换图，如图 4-42 所示。同时也可列出状态转换表，见表 4-12。

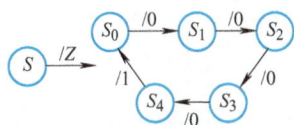

图 4-41　例 4-5 状态转换图

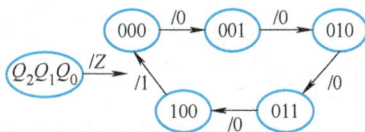

图 4-42　例 4-5 编码状态转换图

表 4-12　例 4-5 状态转换表

CP 的顺序	初态			次态			输出
	Q_2^n	Q_1^n	Q_0^n	Q_2^{n+1}	Q_1^{n+1}	Q_0^{n+1}	Z
1	0	0	0	0	0	1	0
2	0	0	1	0	1	0	0
3	0	1	0	0	1	1	0
4	0	1	1	1	0	0	0
5	1	0	0	0	0	0	1

根据状态转换表 4-12 可画出次态 Q_2^{n+1}、Q_1^{n+1}、Q_0^{n+1} 和进位输出 Z 的卡诺图，如图 4-43 所示。

由于计数器正常工作时，不会出现 101、110、111 这 3 个状态，即它们是无效状态，因此在卡诺图中可做约束项处理，用 × 表示。

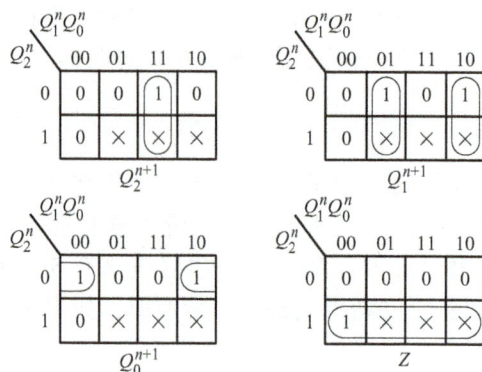

图 4-43　例 4-5 次态和输出卡诺图

（4）选择触发器的类型，求电路的状态方程、驱动方程和输出方程

首先对图 4-43 中的卡诺图分别进行化简，写出其次态方程和输出方程，从而得到电路的状态方程为

$$\begin{cases} Q_0^{n+1} = \overline{Q_2^n\,\overline{Q_0^n}} \\ Q_1^{n+1} = \overline{Q_1^n}\,Q_0^n + Q_1^n\,\overline{Q_0^n} \\ Q_2^{n+1} = Q_1^n Q_0^n \end{cases} \tag{4-10}$$

输出方程为
$$Z = Q_2^n \tag{4-11}$$

如果选用 JK 触发器设计该计数器，则应将电路的状态方程变换成 JK 触发器特性方程的形式，即 $Q^{n+1} = J\overline{Q^n} + \overline{K}Q^n$，为此，将式（4-10）改写为

$$\begin{cases} Q_0^{n+1} = \overline{Q_2^n\,\overline{Q_0^n}} = \overline{Q_2^n}\,\overline{Q_0^n} + \overline{1}\cdot Q_0^n \\ Q_1^{n+1} = \overline{Q_1^n}\,Q_0^n + Q_1^n\,\overline{Q_0^n} = Q_0^n\,\overline{Q_1^n} + \overline{Q_0^n}\,Q_1^n \\ Q_2^{n+1} = Q_1^n Q_0^n\,(Q_2^n + \overline{Q_2^n}) = Q_1^n Q_0^n\,\overline{Q_2^n} + Q_1^n Q_0^n Q_2^n \end{cases} \tag{4-12}$$

将式（4-12）中的各逻辑式与 JK 触发器特性方程对照，可得各个触发器的驱动方程为

$$\begin{cases} J_0 = \overline{Q_2^n}, \quad K_0 = 1 \\ J_1 = Q_0^n, \quad K_1 = Q_0^n \\ J_2 = Q_1^n Q_0^n, \quad K_2 = \overline{Q_1^n Q_0^n} \end{cases} \tag{4-13}$$

（5）检查自启动功能

将 3 个无效状态 101、110、111 分别代入式（4-10）中计算，所得次态分别为 010、010、100，故电路能够自启动。图 4-44 所示为电路完整的状态转换图。

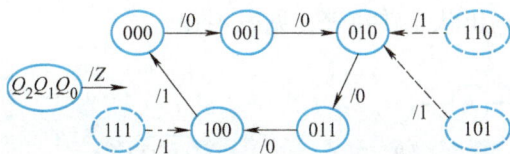

图 4-44　例 4-5 电路完整的状态转换图

（6）画逻辑电路

根据驱动方程式（4-13）和输出方程式（4-11）可画出该计数器的逻辑电路，如图 4-45 所示。

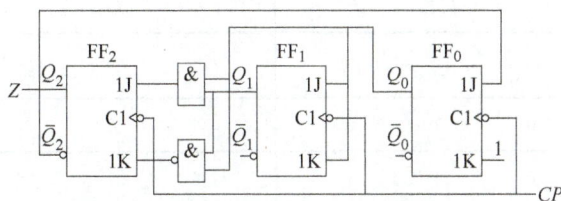

图 4-45　例 4-5 逻辑电路

4.4.2　异步时序逻辑电路的设计方法

由于异步时序逻辑电路中的触发器不是同时动作，即各触发器的时钟脉冲不是来自同一信号，因此在设计异步时序逻辑电路时，除了要完成设计同步时序逻辑电路所应做的各项工作外，还要为每个触发器选定合适的时钟信号。异步时序逻辑电路的设计方法可参考同步时序逻辑电路的设计方法，只是在选定触发器类型后，还要为每个触发器选定时钟信号，下面举例说明。

【例 4-6】试设计一个带有进位输出的异步七进制计数器，并要求所设计电路能自启动。

解：

（1）逻辑抽象

由于计数器的工作特点是在时钟信号作用下自动依次从一个状态转为下一个状态，因此它没有输入逻辑变量，只有进位输出信号。设逻辑变量 Z 表示进位输出信号，有进位输出时 $Z=1$，无进位输出时 $Z=0$。七进制计数器应该有 7 个有效状态，若分别用 S_0，S_1，$\cdots$，S_6 表示，则根据题意可以画出电路状态转换图，如图 4-46 所示。

（2）状态化简

一般状态转换图较复杂，需要进行化简。由于该设计是无输入的计数器，每个设定状态都是必要的，即没有多余状态，因此状态转换图不需要再化简。

（3）状态分配

由于计数器的模 $N=7$，而每一位触发器可表示两个不同的状态，所以触发器的个数应根据 $k \geqslant \log_2 7$ 取 3，因此可选用 3 个触发器来设计电路。3 个触发器有 8 个状态 000 ~ 111，从中任意选择 7 个，如 000 ~ 110 分配给 S_0 ~ S_6（如果对状态分配无特殊要求，一般取自然二进制数 000 ~ 110 作为 S_0 ~ S_6 编码）。分配后可得编码状态转换图，如

图 4-47 所示。同时也可列出状态转换表，见表 4-13。

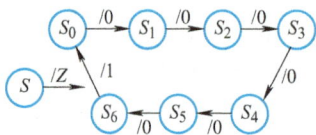

图 4-46　例 4-6 状态转换图

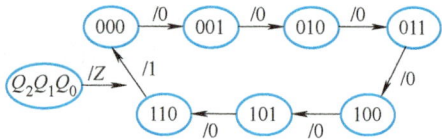

图 4-47　例 4-6 编码状态转换图

表 4-13　例 4-6 状态转换表

CP 的顺序	初态			次态			输出
	Q_2^n	Q_1^n	Q_0^n	Q_2^{n+1}	Q_1^{n+1}	Q_0^{n+1}	Z
1	0	0	0	0	0	1	0
2	0	0	1	0	1	0	0
3	0	1	0	0	1	1	0
4	0	1	1	1	0	0	0
5	1	0	0	1	0	1	0
6	1	0	1	1	1	0	0
7	1	1	0	0	0	0	1

（4）选定触发器类型和各触发器时钟

选用 JK 触发器设计该计数器。对于异步时序逻辑电路的设计，需要对各触发器选定合适的时钟信号。为触发器选择时钟信号的原则是：触发器的状态需要翻转时，必须有时钟信号发生；触发器的状态不需要翻转时，"多余的"时钟信号越少越好，这将有利于触发器状态方程和驱动方程的化简。根据上述原则，得到各触发器的时钟如下：

$$\begin{cases} CP_0 = CP \\ CP_1 = CP \\ CP_2 = Q_1 \end{cases} \tag{4-14}$$

（5）求电路的状态方程、驱动方程和输出方程

为了求电路的状态方程，需画出电路次态卡诺图。根据状态转换表 4-13 可画出次态 Q_2^{n+1}、Q_1^{n+1}、Q_0^{n+1} 和进位输出 Z 的卡诺图，如图 4-48 所示。由于计数器正常工作时，不会出现 111 这个状态，即它为无效状态，因此在卡诺图中可做约束项处理，用 × 表示。另外，把没有时钟信号的次态也做约束项处理，以利于状态方程的化简。例如在图 4-48 中 Q_2^{n+1} 的卡诺图，从状态转换表 4-13 可以看出，当现态为 000、001、010、100、101 时，电路向次态转换过程中 $CP_2 = Q_1$ 没有下降沿产生，因而 Q_2^{n+1} 的状态方程无效，可以任意设定它的次态（即次态做约束项处理）。

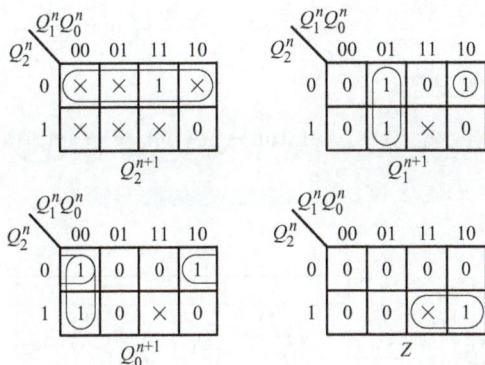

图 4-48　例 4-6 次态和输出 Z 的卡诺图

首先对图 4-48 中的卡诺图分别进行化简，写出其次态方程和输出方程，从而得到电路的状态方程为

$$
\begin{cases}
Q_0^{n+1} = \overline{Q_1^n}\,\overline{Q_0^n} + \overline{Q_2^n}\,\overline{Q_0^n} \\[4pt]
Q_1^{n+1} = \overline{Q_1^n}\,Q_0^n + \overline{Q_2^n}\,Q_1^n\,\overline{Q_0^n} \\[4pt]
Q_2^{n+1} = \overline{Q_2^n}
\end{cases} \tag{4-15}
$$

输出方程为

$$
Z = Q_2^n Q_1^n \tag{4-16}
$$

如果选用 JK 触发器设计该计数器，则应将电路的状态方程变换成 JK 触发器特性方程的形式，即 $Q^{n+1} = J\overline{Q^n} + \overline{K}\,Q^n$，为此，将式（4-15）改写为

$$
\begin{cases}
Q_0^{n+1} = \overline{Q_1^n}\,\overline{Q_0^n} + \overline{Q_2^n}\,\overline{Q_0^n}\,(\overline{Q_0^n} + Q_0^n) = \overline{Q_1^n\,Q_2^n}\,\overline{Q_0^n} + \overline{1} \cdot Q_0^n \\[4pt]
Q_1^{n+1} = \overline{Q_1^n}\,Q_0^n + \overline{Q_2^n}\,Q_1^n\,\overline{Q_0^n} = Q_0^n\,\overline{Q_1^n} + \overline{\overline{Q_2^n}\,\overline{Q_0^n}}\,Q_1^n \\[4pt]
Q_2^{n+1} = \overline{Q_2^n} = 1 \cdot \overline{Q_2^n} + \overline{1} \cdot Q_2^n
\end{cases} \tag{4-17}
$$

将式（4-17）中的各逻辑式与 JK 触发器特性方程对照，可得各个触发器的驱动方程为

$$
\begin{cases}
J_0 = \overline{Q_1^n\,Q_2^n}, \quad K_0 = 1 \\[4pt]
J_1 = Q_0^n, \quad K_1 = \overline{\overline{Q_2^n}\,\overline{Q_0^n}} \\[4pt]
J_2 = 1, \quad K_2 = 1
\end{cases} \tag{4-18}
$$

（6）检查自启动功能

将无效状态 111 分别代入式（4-15）中计算，所得次态为 000，故电路能够自启动。图 4-49 所示为电路完整的状态转换图。

（7）画逻辑电路

根据驱动方程式（4-18）和输出方程式（4-16）可画出该计数器的逻辑电路图，如图 4-50 所示。

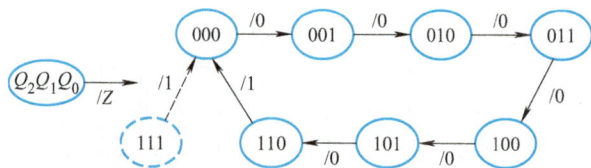

图 4-49　例 4-6 电路完整的状态转换图

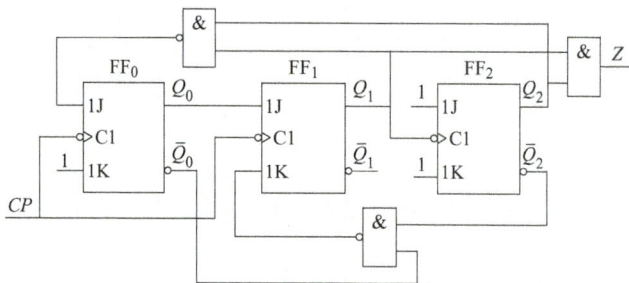

图 4-50　例 4-6 逻辑电路

技能实训

实训 1　集成计数器的功能及应用测试

1. 实训目的

1）掌握集成计数器的使用及功能测试方法。

2）掌握用集成计数器构成任意进制计数器的方法。

2. 实训器材

5V 直流电源；单次脉冲源；逻辑电平开关；逻辑电平显示器；集成门电路芯片 74LS161、74LS00、74LS10 各 1 片；1kΩ 电阻 4 只；发光二极管（LED）4 只；面包板 1 块；导线若干。

3. 实训内容及步骤

（1）集成计数器 74LS161 功能测试

1）按如图 4-51 所示的 74LS161 功能测试电路接好电路。

2）检查电路接线无误后，接通电源。

3）$\overline{CR}$ 异步清零测试。将 $\overline{CR}$ 置低电平，即 $\overline{CR}=0$，改变 $\overline{LD}$、CT_P、CT_T 和 CP 的状态，观察 $Q_3 \sim Q_0$ 端 LED 灯发光情况的变化，LED 灯亮为 1，将结果记录在自拟的表格中。

4）同步并行预置数测试。将 $\overline{CR}$ 置高电平，$\overline{LD}$

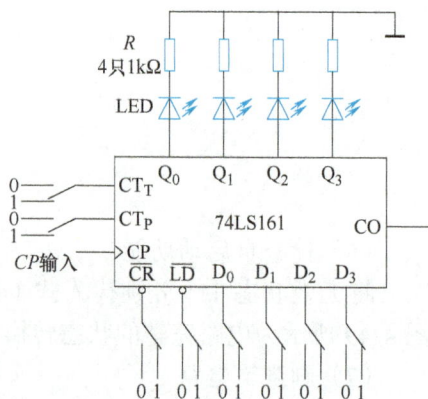

图 4-51　74LS161 功能测试电路

置低电平，即 $\overline{CR}$ =1，$\overline{LD}$ =0，时钟脉冲 CP 变化一个周期，即由高电平变为低电平，再由低电平变为高电平。改变 $D_3 \sim D_0$ 输入端的逻辑电平，观察输出端 $Q_3 \sim Q_0$ 的 LED 灯变化。将数据记录在自拟的表格中。

5）计数功能测试。当 $\overline{CR}$ = $\overline{LD}$ = CT_P = CT_T =1 时，随着 CP 端脉冲的变化，观察输出端 $Q_3 \sim Q_0$ 的 LED 灯变化，将数据记录在自拟的表格中。

6）保持功能测试。将 $\overline{CR}$ = $\overline{LD}$ =1，且 CT_P 和 CT_T 至少有一个置 0，观察随着 CP 端脉冲的变化输出端 $Q_3 \sim Q_0$ 的 LED 灯变化，将数据记录在自拟的表格中。

（2）74LS161 构成十二进制计数器

1）分别按图 4-52 和图 4-53 所示连接电路。

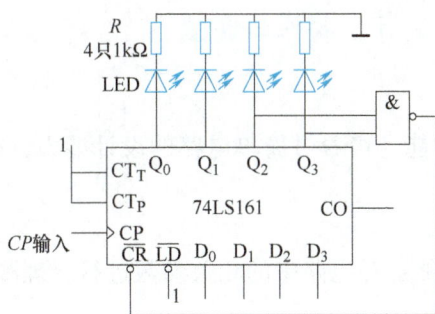

图 4-52　用反馈清零法构成的十二进制计数器　　图 4-53　用反馈置数法构成的十二进制计数器

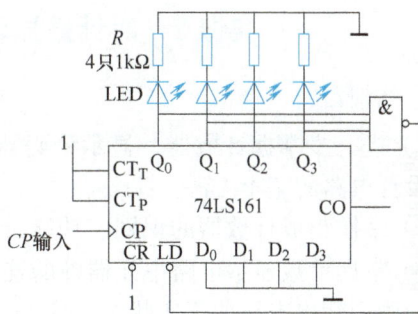

2）检查电路接线无误后，接通电源。

3）依次从 CP 端输入触发脉冲（上升沿，0 → 1），观察随着 CP 端脉冲的变化输出端 $Q_3 \sim Q_0$ 的 LED 灯的变化，将数据记录在表 4-14 中。

表 4-14　用 74LS161 构成十二进制计数器的测试数据

CP	Q_3	Q_2	Q_1	Q_0
0				
1				
2				
3				
4				
5				
6				
7				
8				
9				
10				
11				
12				

（续）

CP	Q_3	Q_2	Q_1	Q_0
13				
14				
15				

4. 实训报告

1）根据测试数据，给出测试结论。

2）图 4-52 所示是计数到 1100 反馈，而图 4-53 所示是计数到 1011 反馈，为什么？

3）图 4-53 所示中 $D_3 \sim D_0$ 接地，而图 4-52 所示中 $D_3 \sim D_0$ 不接地，为什么？

实训 2 时计数显示电路的设计、制作与调试

1. 实训目的

1）进一步掌握计数器、显示译码器的逻辑功能，培养对简单电路的设计能力，初步掌握设计电路的基本方法。

2）掌握集成计数器的识别、功能及测试方法。

3）掌握计数显示电路中元器件的连接特点，能够对电路中的相关参数进行合理测试，并能正确判断出电路的工作状态。

4）掌握简单电路的装配方法，进一步熟练使用各种仪器仪表。

5）进一步提高分析问题和解决问题的能力。

2. 实训器材

直流电源 1 台；数字万用表 1 块；集成门电路芯片 74LS160、74LS247 各 2 片，74LS00 1 片；共阳极数码管 SM4105 2 只；电阻 300Ω 14 只；单次脉冲源；连续脉冲源；面包板（万能板）1 块；导线若干。

3. 实训内容及要求

用计数器、译码器和数码管设计一个时计数显示电路。具体要求如下：时计数显示电路由二十四进制计数器和译码显示电路两部分组成。二十四进制计数器由十进制计数器 74LS160 和 2 输入端 4 与非门 74LS00 组成。译码显示电路由共阳极数码管 SM4105、译码器 74LS247 和限流电阻组成，其作用是将计数器输出的 8421BCD 码以数字的形式显示。74LS247 为集电极开路输出，为了限制数码管的导通电流，在 74LS247 的输出与数码管的输入端之间应串联限流电阻。

电路安装前，应对数字集成电路进行检测，先用万用表非在路检测，正常情况下，集成电路的任一引脚与其接地脚之间的阻值不应为 0 或无穷大（空脚除外），且大多数情况下具有不对称阻值，即正反向电阻值不相等。

4. 电路安装与调试

1）将检测合格的元器件按设计电路图连接安装在面包板上，也可以焊接在万能电路板上。

2）在插接集成电路芯片时，应先校准两排引脚，使之与底板插孔对应，轻轻用力将电路芯片插上，在确定引脚与插孔吻合后，再稍用力将其插紧，以免将集成电路芯片的引脚弯曲、折断或使其接触不良。

3）导线应粗细适当，一般选取直径为 0.6 ~ 0.8mm 的单股导线，最好用不同颜色来区分不同用途，如电源线用红色，接地线用黑色。

4）布线应有次序地进行，随意乱接容易造成漏接或接错。较好的方法是，首先接好固定电平点，如电源线、地线、门电路闲置输入端等，其次按信号源的顺序从输入到输出依次布线。

5）连线应避免过长，避免从集成元器件的上方跨越，避免多次重叠交错，以利于布线、更换元器件以及故障检查和排除。

6）电路布线应整齐、美观、牢固。水平导线应尽量紧贴底板，竖直方向的导线可沿边框四角敷设，导线转弯时的弯曲半径不要过小。

7）在完成电路安装后，要仔细检查电路连接是否正确，用万用表检测电路是否有短接或接触不良等现象，确认电路无误后再接通电源，逐级调试。

8）将信号脉冲送入计数器中，检查个位、十位是否按十、二十四进位。

9）在信号脉冲作用下，观测数码管的显示情况。如果电路正常工作，数码管就将依次显示数字 00 ~ 23。若不能正确显示，则电路存在故障。

5. 考评内容及评分标准

时计数显示电路的设计、制作与调试考评内容及评分标准见表 4-15。

表 4-15　时计数显示电路的设计、制作与调试考评内容及评分标准

步骤	考评内容	评分标准	标准分	扣分及原因	得分
1	画出电路图，并分析其工作原理	（1）各元器件符号正确 （2）各元器件连接正确 （3）原理分析准确 错一处扣 5 分，扣完为止 （教师辅导、学生自查）	20 分		
2	根据相关参数，对元器件质量进行判别	元器件质量判断正确 错一处扣 5 分，扣完为止 （学生自查、教师检查）	20 分		
3	根据电路图进行电路装接；利用直观法或使用万用表分析电路连接是否正确	（1）电路装接符合工艺标准 （2）布局规范，走线美观 （3）不得出现断路（脱焊）、短路等错误 错一处扣 5 分，扣完为止 （学生互查、教师检查）	20 分		
4	确认检查无误后，进行通电测试	（1）操作过程正确 （2）电路工作状态正常 错一处扣 5 分，扣完为止 （教师指导、学生互查）	25 分		

（续）

步骤	考评内容	评分标准	标准分	扣分及原因	得分
5	注意安全、规范操作。小组分工，保证质量，完成时间为90min	（1）小组成员有明确分工 （2）在规定时间内完成该项目 （3）各项操作规范、安全 成员无分工扣5分，超时扣10分 （教师指导、学生互查）	15分		

注：教师根据学生对时计数显示电路相关理论和技能的掌握情况进行综合评定，并指出存在的问题和具体改进方案。

🔍 知识拓展　交通信号灯控制电路

交通信号灯显示图及其时序图如图4-54所示，现将南北和东西通道绿、黄、红灯的显示时序分别用代号 $1A$、$1B$、$1C$ 和 $2A$、$2B$、$2C$ 表示。其控制电路如图4-55示。工作原理如下：

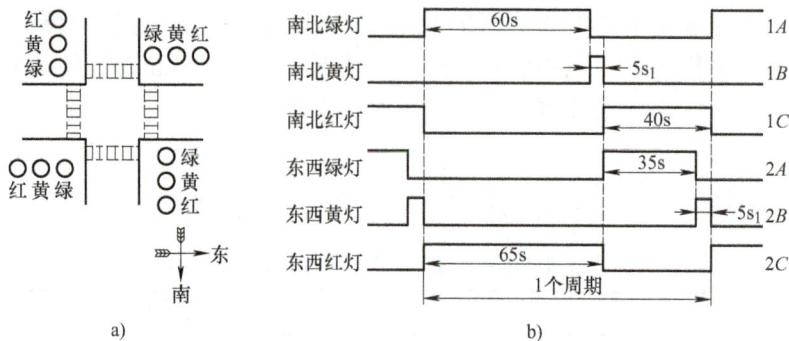

图4-54　交通信号灯显示图及其时序图

a）显示图　b）时序图

由 CMOS 反相器 G_1、G_2 和 R_1、C_1 组成的多谐振荡器产生秒脉冲信号，经反相器 G_3 改善波形后分别送入60s、5s、35s 和5s 的计数器，它是由 4518 双二 – 十进制计数器采用反馈清零法组成 N 进制计数器。由交通灯显示时序图中显示规律可知：$1A$、$1B$、$2A$ 和 $2B$ 分别显示时间为60s、5s、35s 和5s，而 $1C$ 显示40s 可由 $2A+2B$ 通过或门 G_5 获得，而 $2C$ 显示65s 可由 $1A+1B$ 通过或门 G_4 获得。$1A$ 的显示只有当 $1B$、$2A$ 和 $2B$ 为非1（即0）信号才能计数获得60s 高电平，故由或非门 G_6 的输出 $Y_{1A}= \overline{1B+2A+2B}$ 全0出1控制与门 G_7 允许秒脉冲信号送入60s 计数器计数。另外 Y_{1A} 的上升沿信号，通过 C_2、R_2 的微分电路产生正脉冲触发 FF_1 的4013D 触发器的 S_D 直接置1端，使 $Q_1=1$，由 $1A$ 和 $2C$ 通过驱动器1413使1绿灯和2红灯发光，此后微分电路使 S_D 很快恢复为0。当计数器达到60s 时，与门 G_8 输出1到 R 端对计数器清零，R 又回到0。同时此正脉冲送入 FF_1 的 CP 端，使构成T′触发器的D触发器 $Q_1=0$，1绿灯灭，这样 $1A$ 输出为 $t=60s$ 的高电平信号。当 $1A=0$ 时，则或非门 G_9 在 $1A$、$2A$、$2B$ 均为0时 Y_{1B} 出1，经 C_3、R_3 微分电路产生正脉冲触发 S_D 使 FF_2 的 $Q_2=1$，故 $1B$ 也为1，通过或非门 G_6 使 $Y_{1A}=0$，与门 G_7 被封，4518–1停止计数。

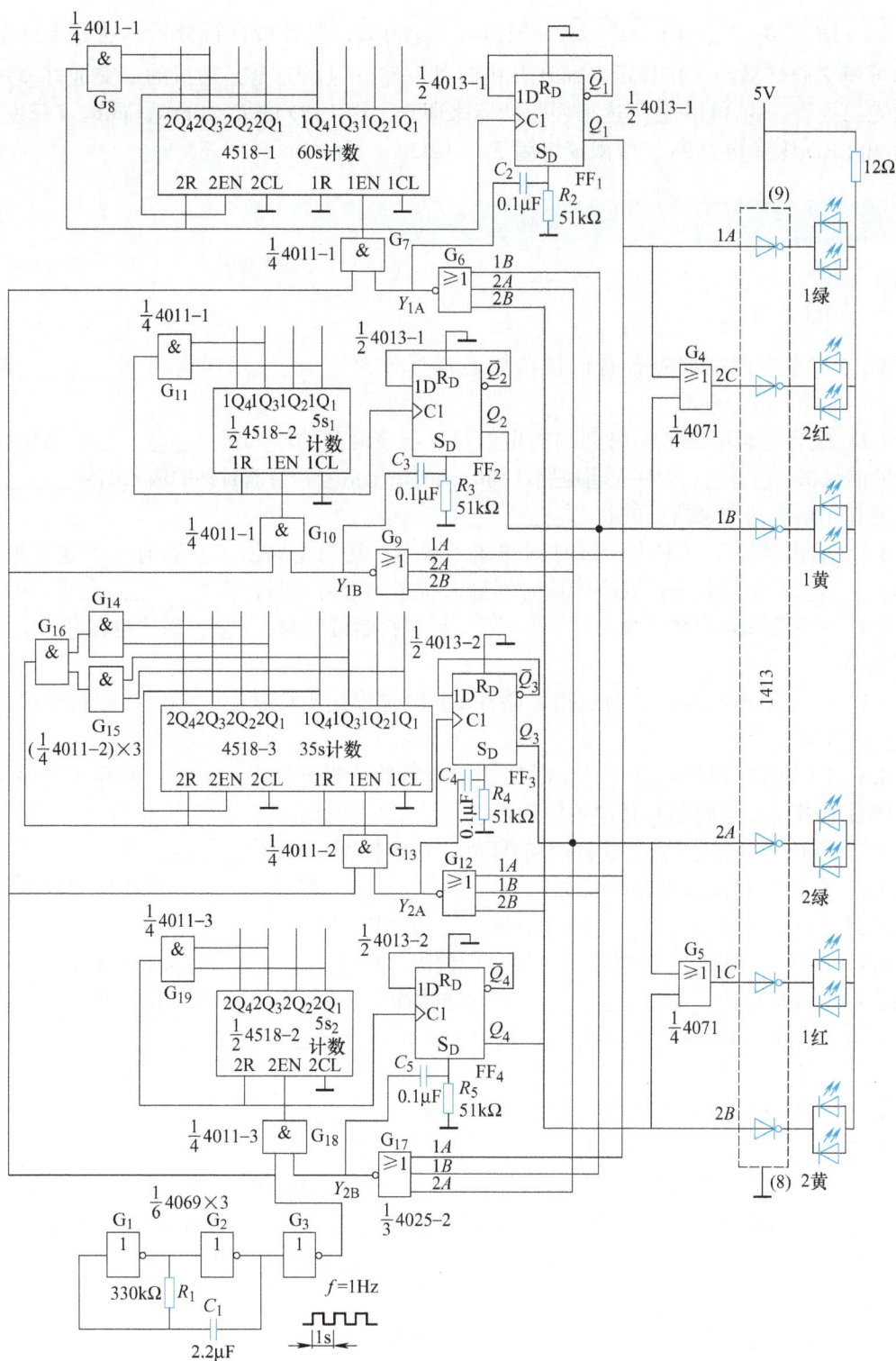

图 4-55　交通信号灯显示控制电路

其余 5s、35s 和 5s 计数电路的工作过程与 1A 的 60s 相似，不同的是要求 $Y_{1B} = \overline{1A + 2A + 2B}$，$Y_{2A} = \overline{1A + 1B + 2B}$，$Y_{2B} = \overline{1A + 1B + 2A}$，理由与 Y_{1A} 相似，读者可自行分析。通过上述电路工作可使交通灯循环工作显示。而在开机时某一路灯显示完全是随机的。交通灯显示采用发光二极管，由 1413 七路达林顿驱动器来驱动。因 LED 的 I_F=20mA，同时 4 只发光，1413 和 LED 压降均为 2V，故限流电阻 $R_6 \approx 12\Omega$。

自我检测题

一、填空题

4.1 数字电路按照是否有记忆功能通常可分为_____逻辑电路和_____逻辑电路。

4.2 组合逻辑电路任何时刻的输出信号，与该时刻的输入信号_____，与电路原来所处的状态_____；时序逻辑电路任何时刻的输出信号，与该时刻的输入信号_____，与信号作用前电路原来所处的状态_____。

4.3 输出状态不仅取决于该时刻的输入状态，还与电路原先状态有关的逻辑电路，称为_____；输出状态仅取决于该时刻输入状态的逻辑电路，称为_____。

4.4 时序逻辑电路按其触发器是否有统一时钟控制可分为_____时序电路和_____时序电路。

4.5 时序逻辑电路自启动是指电路在 CP 时钟作用下能从_____状态自动转换为_____状态。

4.6 同步时序逻辑电路与异步时序逻辑电路的分析方法_____，但异步时序逻辑电路需注意各触发器的触发时钟条件是否_____。

4.7 移位寄存器除具有数码寄存功能外，还能使寄存数码_____。

4.8 移位寄存器按数据移位方向，可分为_____移和_____移移位寄存器；按数据形式变换，可分为_____并出型和_____串出型。

4.9 一个 4 位移位寄存器输入 4 位串行数码，经过_____个时钟脉冲后，4 位串行数码全部存入寄存器；再经过_____个时钟脉冲后，串行输出全部 4 位数码。

4.10 计数器不仅可用来对脉冲计数，而且广泛用于_____、_____、_____和_____等。

4.11 同步计数器中所有触发器的时钟端应_____。

4.12 n 个触发器最大可构成_____进制计数器。

4.13 异步二进制计数器一般接成_____。上升沿触发时，若 CP 端接低位触发器_____端，则构成加法计数器；若 CP 端接低位触发器_____端，则构成减法计数器。下降沿触发时，若 CP 端接低位触发器_____端，则构成加法计数器；若 CP 端接低位触发器_____端，则构成减法计数器。

4.14 要组成模为 15 的计数器，至少需要采用_____个触发器。

4.15 二进制计数器利用反馈置数法组成 N 进制计数器时，异步复位时，计数至_____反馈；同步置 0 时，计数至_____反馈。

二、选择题

4.16 下列电路中，不属于组合逻辑电路的是（   ）。

A. 编码器　　　　　　B. 译码器　　　　　　C. 数据选择器　　　　D. 计数器

4.17 同步时序逻辑电路和异步时序逻辑电路比较，其差异在于（   ）。

A. 没有触发器　　　　　　　　　　　B. 没有统一的时钟脉冲控制

C. 没有稳定状态　　　　　　　　　　D. 输出只与内部状态有关

4.18 常用于数据串并行转换的电路是（   ）。

A. 加法器　　　　　　B. 数值比较器　　　　C. 计数器　　　　　　D. 移位寄存器

4.19 某移位寄存器的时钟脉冲频率为 100kHz，欲将存放在该寄存器中的二进制数码左移 8 位，完成该操作需要（   ）。

A. 10μs　　　　　　　B. 80μs　　　　　　　C. 100μs　　　　　　　D. 800μs

4.20 一个触发器可记录（   ）位二进制代码。

A. 1　　　　　　　　B. 2　　　　　　　　C. 4　　　　　　　　D. 8

4.21 存储 8 位二进制信息至少要（   ）个触发器。

A. 2　　　　　　　　B. 3　　　　　　　　C. 4　　　　　　　　D. 8

4.22 8 位移位寄存器，串行输入时，须经（   ）个脉冲后，8 位数码全部移入寄存器中。

A. 1　　　　　　　　B. 2　　　　　　　　C. 4　　　　　　　　D. 8

4.23 下列逻辑电路中为时序逻辑电路的是（   ）。

A. 数码寄存器　　　　B. 数据选择器　　　　C. 变量译码器　　　　D. 加法器

4.24 N 个触发器最多可寄存（   ）位二进制数码。

A. $N-1$　　　　　　B. N　　　　　　　C. $N+1$　　　　　　D. $2N$

4.25 用二进制异步计数器从 0 起做加法计数，最少需要（   ）个触发器才能计数到 100。

A. 6　　　　　　　　B. 7　　　　　　　　C. 8　　　　　　　　D. 10

4.26 某数字钟需要一个分频器，将 32768Hz 的脉冲转换为 1Hz 的脉冲，欲达此目的，该分频器至少需要（   ）个触发器。

A. 10　　　　　　　　B. 15　　　　　　　C. 32　　　　　　　　D. 32768

4.27 一位 8421BCD 码计数器至少需要（   ）个触发器。

A. 3　　　　　　　　B. 4　　　　　　　　C. 5　　　　　　　　D. 10

4.28 欲设计 0～7 计数器，如果设计合理，采用同步二进制计数器，最少应使用（   ）个触发器。

A. 2　　　　　　　　B. 3　　　　　　　　C. 4　　　　　　　　D. 8

4.29 同步计数器和异步计数器比较，同步计数器的显著优点是（   ）。

A. 工作速度高　　　　B. 触发器利用率高　　C. 电路简单　　　　　D. 不受 CP 控制

4.30 把一个五进制计数器与一个四进制计数器串联可得到（   ）进制计数器。

A. 4　　　　　　　　B. 5　　　　　　　　C. 9　　　　　　　　D. 20

4.31 扭环型计数器的连接方式是（　　　）。

A. 最后一级输出 Q_n 连接第一级输入端 D_0　　B. 最后一级输出 $\bar{Q}_n$ 连接第一级输入端 D_0

C. 每一级输出 Q_n 连接后级输入端 D_{n+1}　　　　D. 每一级输出 $\bar{Q}_n$ 连接后级输入端 D_{n+1}

📝 思考题与习题

4.32 分析图 4-56 所示时序逻辑电路的逻辑功能，写出电路的驱动方程、状态方程和输出方程，列出状态转换表，画出电路的状态转换图。

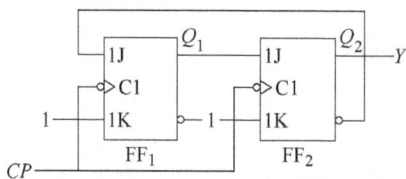

图 4-56　题 4.32 图

4.33 分析图 4-57 所示时序逻辑电路的逻辑功能，写出电路的驱动方程、状态方程和输出方程，列出状态转换表，画出电路的状态转换图，并说明该电路能否自启动。

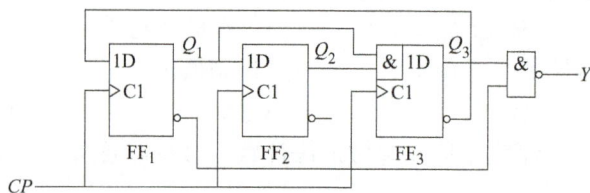

图 4-57　题 4.33 图

4.34 试分析图 4-58 所示时序逻辑电路的逻辑功能，写出电路的驱动方程、状态方程和输出方程，画出电路状态转换图，检查电路能否自启动。

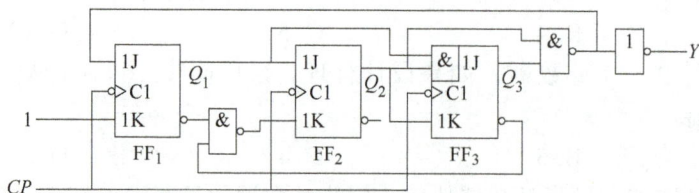

图 4-58　题 4.34 图

4.35 试画出用 2 片 74LS194 组成 8 位双向移位寄存器的逻辑电路。

4.36 分析图 4-59 所示时序逻辑电路，画出电路的状态转换图，检查电路能否自启动，并说明电路实现的功能，A 为输入变量。

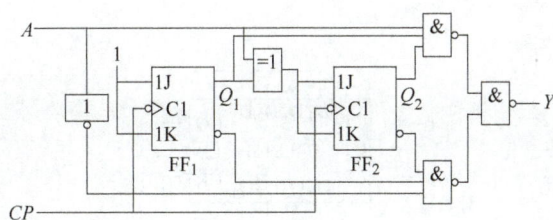

图 4-59　题 4.36 图

4.37　分析图 4-60 所示时序逻辑电路，写出电路的驱动方程、状态方程和输出方程，画出电路的状态转换图，说明电路能否自启动。

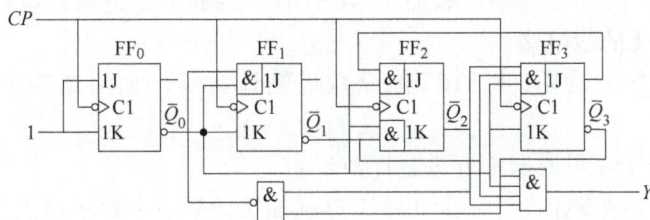

图 4-60　题 4.37 图

4.38　运用 74LS194 设计一个时序脉冲发生器，画出其逻辑电路，时序脉冲波形如图 4-61 所示。

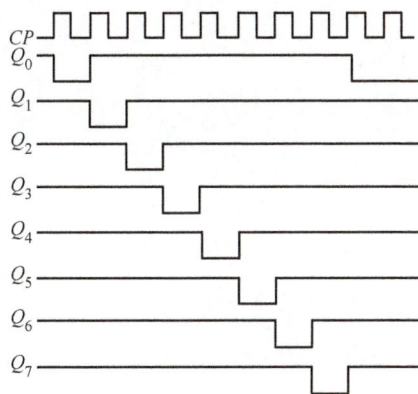

图 4-61　题 4.38 图

4.39　分析图 4-62 所示计数器电路，说明这是多少进制的计数器。

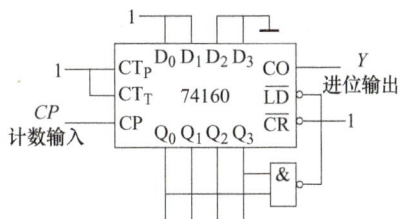

图 4-62　题 4.39 图

4.40 分析图 4-63 所示计数器电路，画出电路的状态转换图，说明这是多少进制的计数器。

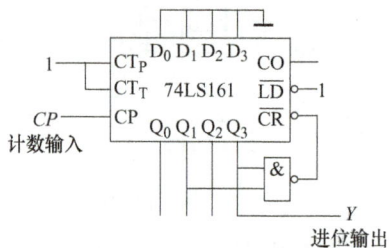

图 4-63 题 4.40 图

4.41 试用 4 位同步二进制计数器（74LS161）接成十二进制计数器，标出输入、输出端。可以附加必要的门电路。

4.42 通过两种方法用 74LS163 构成六进制计数器，画出逻辑电路，列出状态转换表。

4.43 用 74 LS163 组成七十五进制计数器。

4.44 用边沿 T 触发器设计一个 4 位二进制加法计数器。要求写出设计过程，画出状态转换图和逻辑电路图。

4.45 试用边沿 JK 触发器设计一个同步 2 位二进制减法计数器。要求在 00 状态出现时有高电平的借位输出，写出设计过程，画出逻辑电路图。

模块 5

脉冲波形的产生与整形

学习目标

1. 知识目标

- 了解 555 定时器电路的结构、工作原理和引脚功能。
- 熟悉集成单稳态触发器和集成施密特触发器的应用电路。
- 熟悉石英晶体和门电路构成的方波发生器的基本电路。

2. 能力目标

- 能用 555 集成定时器构成施密特触发器。
- 能用 555 集成定时器构成单稳态触发器。
- 能用 555 集成定时器构成多谐振荡器。
- 能识别施密特触发器、单稳态触发器和多谐振荡器电路。

3. 素质目标

- 培养沟通能力和团队协作精神。
- 培养认真负责的工匠精神和创新精神。

知识准备

在数字电路系统中，常需要各种不同频率、不同幅度的脉冲信号，如 CP 时钟脉冲信号、生产控制过程中的定时信号等。获得这些脉冲信号的方法很多，在数字电路中通常采用的两种方法：一是利用多谐振荡器直接产生；另一种是对已有的信号进行整形得到。整形电路最常用的是单稳态触发器和施密特触发器电路。

5.1 施密特触发器

5.1
施密特触发器

5.1.1 施密特触发器概述

施密特触发器是数字系统中常用的电路之一，它可以把变化十分缓慢的不规则的脉冲波形变换成为数字电路所需要的矩形脉冲。

施密特电路的特点在于它有两个稳定状态，但与一般触发器不同的是不仅这两个稳定状态的转换需要外加触发信号，而且稳定状态的维持也依赖于外加触发信号，因此它的触

发方式是电平触发。

施密特触发器有输出输入同相的施密特触发器和输出输入反相的施密特触发器。这里所谓同相或反相是指输出 u_O 和输入 u_I 的高、低电平是同相或反相的关系。输出输入同相的施密特触发器的逻辑图形符号如图 5-1a 所示，电压传输特性如图 5-1b 所示。输出输入反相的施密特触发器的逻辑图形符号如图 5-2a 所示，电压传输特性如图 5-2b 所示。

由图 5-1 可知，当输入信号由小到大达到或超过正向阈值电压 U_{T+} 时，输出由低电平翻转为高电平；当输入信号由大到小达到或小于负向阈值电压 U_{T-} 时，输出由高电平翻转为低电平。

由此可见，施密特触发器具有两个不同的阈值电压。正向阈值电压 U_{T+} 和负向阈值电压 U_{T-} 的差值称为滞后电压或回差电压 U_H，即

$$U_H = U_{T+} - U_{T-} \tag{5-1}$$

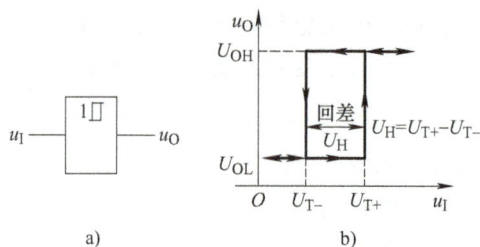

图 5-1　输出输入同相的施密特触发器

a）逻辑图形符号　b）电压传输特性

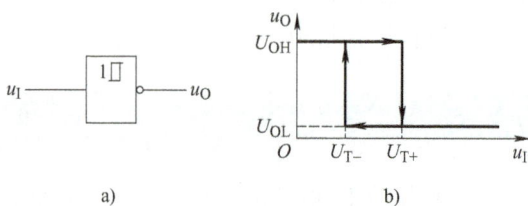

图 5-2　输出输入反相的施密特触发器

a）逻辑图形符号　b）电压传输特性

5.1.2　用门电路组成的施密特触发器

将两级 CMOS 反相器串接起来，同时通过分压电阻把输出端的电压反馈到输入端，就构成了图 5-3 所示的施密特触发器电路。

假设 CMOS 反相器 G_1 和 G_2 的阈值电压为 $U_{TH} \approx \dfrac{1}{2} U_{DD}$。由图 5-3 可得（利用叠加原理）

$$u_{I1} = \frac{R_2}{R_1 + R_2} u_I + \frac{R_1}{R_1 + R_2} u_O \tag{5-2}$$

现设输入信号 u_I 为图 5-4 所示的三角波，则电路有如下工作过程。

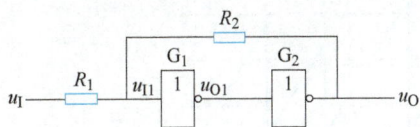

图 5-3   CMOS 反相器构成的施密特触发器

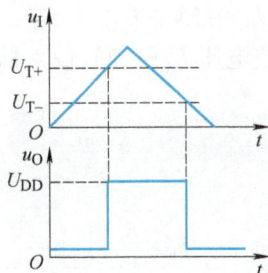

图 5-4   施密特触发器的工作波形

1）当 $u_I=0$ 时，因 G_1 和 G_2 接成了正反馈电路，所以 $u_O=U_{OL}\approx 0$。这时 G_1 的输入 $u_{I1}\approx 0$。

2）当 u_I 从 0 逐渐升高并达到 $u_{I1}=U_{TH}$ 时，电路翻转，此时 u_I 应为 U_{T+}，由式（5-2）可得

$$u_{I1}=\frac{R_2}{R_1+R_2}u_I=U_{TH}$$

$$U_{T+}=u_I=\frac{R_1+R_2}{R_2}U_{TH} \qquad (5\text{-}3)$$

此后只要 $u_I>U_{T+}$，就有 $u_O=U_{OH}\approx U_{DD}$，则

$$u_{I1}=\frac{R_2}{R_1+R_2}u_I+\frac{R_1}{R_1+R_2}U_{DD}>U_{TH}$$

保持 $u_O=U_{OH}$。

3）当 u_I 从高电平 U_{DD} 逐渐下降并达到 $u_{I1}=U_{TH}$ 时，电路翻转，此时 u_I 应为 U_{T-}，由式（5-2）可得

$$u_{I1}=\frac{R_2}{R_1+R_2}u_I+\frac{R_1}{R_1+R_2}U_{DD}=U_{TH}$$

$$U_{T-}=u_I=\frac{R_1+R_2}{R_2}U_{TH}-\frac{R_1}{R_2}U_{DD}=\frac{R_2-R_1}{R_2}U_{TH} \qquad (5\text{-}4)$$

此后只要 $u_I<U_{T-}$，就有 $u_O=U_{OL}$，则

$$u_{I1}=\frac{R_2}{R_1+R_2}u_I<U_{TH}$$

保持 $u_O=U_{OL}$。

电路的回差电压为

$$U_H=U_{T+}-U_{T-}=\frac{R_1}{R_2}U_{DD}=2\frac{R_1}{R_2}U_{TH} \qquad (5\text{-}5)$$

由以上分析可得，只要调整电阻 R_1、R_2 的比率，就可调整电路的回差电压，非常方便。

【例 5-1】如图 5-5a 所示为 CMOS 门电路组成的施密特触发器。已知 $R_1=5k\Omega$，

R_2=15kΩ，U_{DD}=15V，U_{TH}=7.5V。（1）计算该电路的正向阈值电压 U_{T+}、负向阈值电压 U_{T-} 以及回差电压 U_H；（2）输入信号 u_I 如图 5-5b 所示，试画出电压 u_O 的波形。

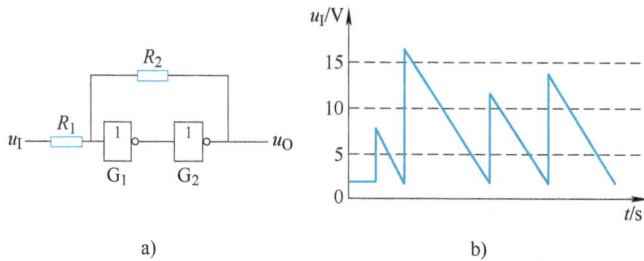

图 5-5　CMOS 门电路组成的施密特触发器

a）电路　b）u_I 波形

解：

1）

$$U_{T+}= \frac{R_1+R_2}{R_2} U_{TH}=10V$$

$$U_{T-}= \frac{R_1+R_2}{R_2} U_{TH} - \frac{R_1}{R_2} U_{DD} = \frac{R_2-R_1}{R_2} U_{TH}=5V$$

$$U_H=U_{T+}-U_{T-}=2 \times \frac{R_1}{R_2} U_{TH}=5V$$

2）输出电压 u_O 的波形如图 5-6 所示。

5.1.3　集成施密特触发器

由于施密特触发器的应用非常广泛，所以无论是在 TTL 电路中还是在 CMOS 电路中，都有单片集成的施密特触发器产品。TTL 集成施密特触发器的系列产品有四 2 输入施密特与非门 74LS132、双 4 输入施密特与非门 74LS13、双施密特反相器 74LS18、六施密特反相器 74LS14 等。CMOS 集成施密特触发器的系列产品有四 2 输入施密特与非门 CC4093、六施密特反相器 CC40106 等。

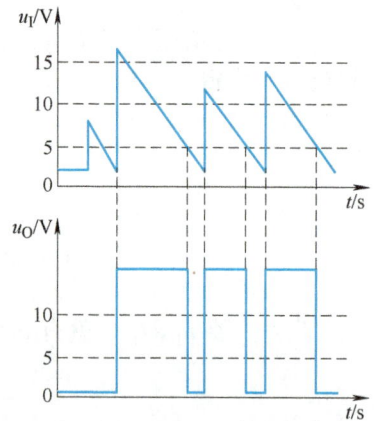

图 5-6　输出电压 u_O 的波形

1. TTL 集成施密特触发器

图 5-7 是六施密特反相器 74LS14 的逻辑图形符号及引脚排列图。74LS14 片内有 6 个带施密特触发的反相器，正向阈值电压 U_{T+} 为 1.6V，负向阈值电压 U_{T-} 为 0.8V，回差电压 U_H 为 0.8V。电路的逻辑关系为

$$Y= \overline{A}$$

图 5-8 是 74LS14 的电压传输特性，可见输入输出反相。

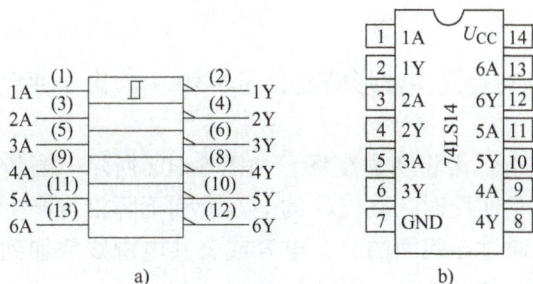

图 5-7　六施密特反相器 74LS14

a）逻辑图形符号　b）引脚排列图

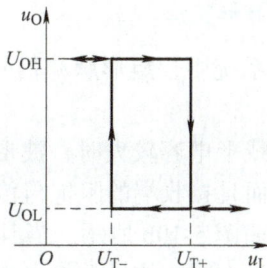

图 5-8　74LS14 的电压传输特性

2. CMOS 集成施密特触发器

CC40106 是典型的 CMOS 集成施密特反相器，其主要静态参数见表 5-1。

表 5-1　集成施密特反相器 CC40106 的主要静态参数

电源电压 U_{DD}/V	U_{T+} 最小值 /V	U_{T+} 最大值 /V	U_{T-} 最小值 /V	U_{T-} 最大值 /V	U_H 最小值 /V	U_H 最大值 /V
5	2.2	3.6	0.9	2.8	0.3	1.6
10	4.6	7.1	2.5	5.2	1.2	3.4
15	6.8	10.8	4	7.4	1.6	5

5.1.4　施密特触发器的应用

施密特触发器的应用非常广泛，可用于波形变换、脉冲波形整形、脉冲幅度鉴别等。

1. 波形变换

施密特触发器常用于将三角波、正弦波及变化缓慢的波形变换成矩形波，这时将需要变换的波形送到施密特触发器的输入端，输出便为很好的矩形脉冲。

波形变换的原理是利用施密特触发器状态转换过程中的正反馈作用，把边沿变化缓慢的信号变换为边沿陡峭的矩形脉冲信号。图 5-9 所示为施密特触发器将正弦波变换成同频率的矩形脉冲，前提条件为输入信号的幅度大于 U_{T+}。

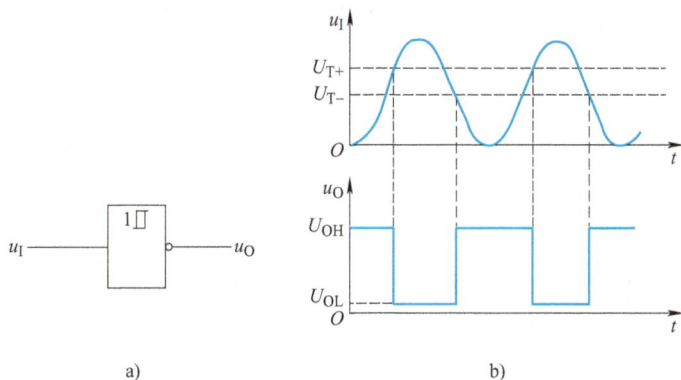

图 5-9　施密特触发器用于波形变换

a）逻辑图形符号　b）波形图

2. 脉冲波形整形

在数字系统中，矩形脉冲信号经传输后往往会发生波形畸变，图 5-10 中给出 3 种常见的情况。

当传输线上电容较大时，波形的上升沿和下降沿将明显变坏，如图 5-10a 所示。当传输线较长，而且接收端的阻抗与传输线的阻抗不匹配时，在波形的上升沿和下降沿将产生振荡现象，如图 5-10b 所示。当其他脉冲信号通过导线间的分布电容或公共电源线叠加到矩形脉冲信号上时，信号上将出现附加的噪声，如图 5-10c 所示。

对于上述 3 种情况，均可利用施密特触发器进行整形，由图 5-10 可见，只要 U_{T+} 与 U_{T-} 设置合适，均能得到满意的整形效果。

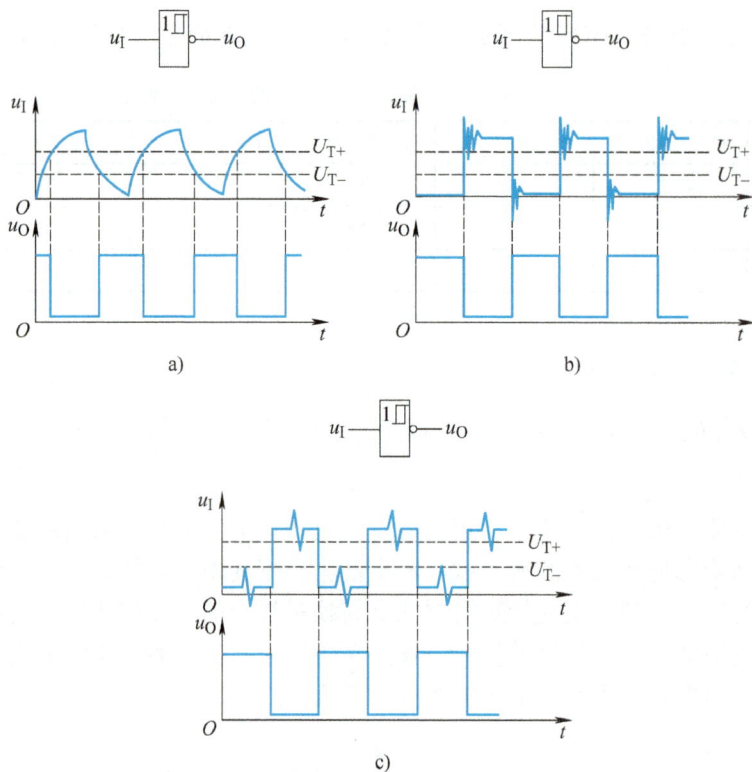

图 5-10　施密特触发器用于脉冲波形整形

a）传输线上电容较大　b）接收端的阻抗与传输线的阻抗不匹配　c）输入信号上附加噪声

3. 脉冲幅度鉴别

利用施密特触发器，从一串幅度不等的脉冲信号中，将幅度较大的信号鉴别出来，称为幅度鉴别。图 5-11 所示为利用施密特触发器进行脉冲幅度鉴别的实例。其鉴别原理即将原脉冲中幅度较小的去除，保留幅度较大的脉冲。

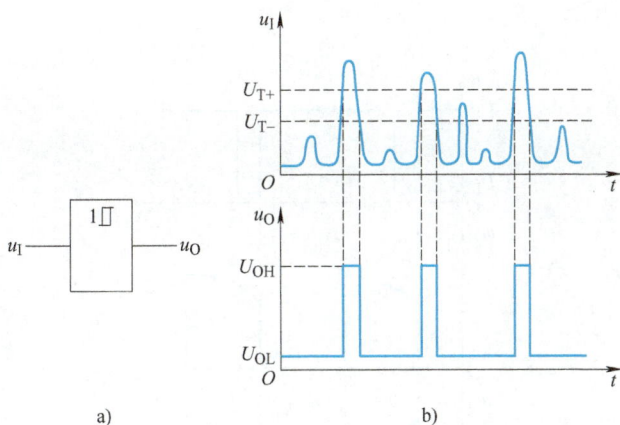

图 5-11 施密特触发器用于脉冲幅度鉴别

a）逻辑图形符号 b）波形图

5.2 单稳态触发器

单稳态触发器是输出一个稳态和一个暂稳态的电路。它不同于触发器的双稳态。单稳态触发器在无外加触发信号时处于稳态。在外加触发信号的作用下，电路从稳态进入到暂稳态，经过一段时间后，电路又会自动返回到稳态。暂稳态维持时间的长短取决于电路本身的参数，与触发信号无关。单稳态触发器在触发信号的作用下能产生一定宽度的矩形脉冲，广泛用于数字系统中的整形、延时和定时。

5.2.1 微分型单稳态触发器

单稳态触发器的暂稳态通常是由 RC 电路的充放电过程来维持的，根据电路中决定暂稳态时间的 RC 电路连接形式，可将单稳态触发器分为微分型和积分型两种。下面以微分型单稳态触发器为例介绍其电路组成、工作原理及其参数估算。

1. 电路组成

由门电路组成的微分型单稳态触发器电路如图 5-12 所示，G_1 的输出经 RC 微分电路耦合到 G_2 的输入，而 G_2 的输出直接耦合到 G_1 的输入。电阻 R 与电容 C 组成定时电路，其中 R 的数值要小于 G_2 的关门电阻（R_{OFF}）。

2. 工作原理

图 5-13 所示为微分型单稳态触发器的工作波形，微分型单稳态触发器的工作原理可分为 4 个过程讨论。

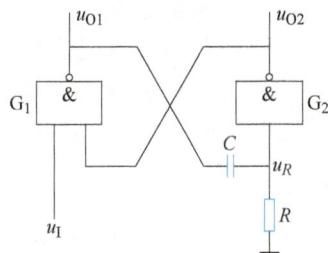

图 5-12 微分型单稳态触发器

（1）稳态

在无触发信号（u_I 为高电平）且 $R<R_{OFF}$ 时，G_2 关闭，u_{O2} 输出高电平；G_1 全 1 出 0，u_{O1} 为低电平，电路处于稳态。

181

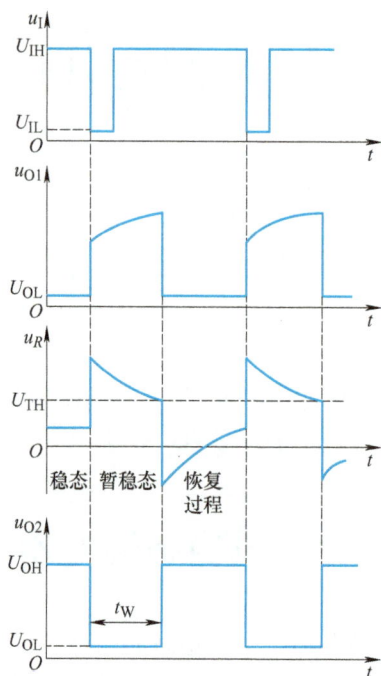

图 5-13　微分型单稳态触发器的工作波形

（2）暂稳态

当在 u_I 端加触发信号（负脉冲）时，u_{O1} 跳变为高电平，经 RC 微分电路后，u_R 产生一个正微分脉冲，正微分脉冲触发 G_2 翻转，u_{O2} 输出低电平并反馈到 G_1 的输入端以维持 G_1 的高电平状态，电路进入暂稳态。

（3）自动返回稳态

进入暂稳态后，u_{O1} 的高电平要通过电阻 R 接地给 C 充电，使 u_R 逐渐下降。当 u_R 减小到阈值电压 U_{TH} 时，G_2 又发生翻转，u_{O2} 恢复输出高电平，也使 u_{O1} 变回低电平，电路回到稳态。

（4）恢复过程

暂稳态结束返回稳态后，因电容 C 上已有一定电压，若 u_I 再次输入负脉冲，则不能立即产生正微分脉冲，需待电容 C 放电后才有效果，电容 C 放电的过程称为恢复过程，恢复时间取决于 RC 放电时间。

3. 参数估算

由以上分析可知，单稳态触发器的输出脉冲宽度取决于暂稳态的维持时间，也就是取决于电阻 R 和电容 C 的大小，可近似估算为

$$t_W \approx 0.69RC \tag{5-6}$$

在应用微分型单稳态触发器时对触发信号 u_I 的脉宽和周期要有一定的限制，即要求脉宽要小于暂稳态时间，周期要大于暂稳态时间加恢复过程时间，这样才能保证电路正常工作。

5.2.2 集成单稳态触发器

单稳态触发器应用较广，电路形式也较多。其中，集成单稳态触发器因外接元件少、工作稳定、使用灵活方便而更为实用。

集成单稳态触发器根据工作状态的不同可分为不可重复触发和可重复触发两种。其主要区别在于：不可重复触发单稳态触发器在暂稳态期间不受触发脉冲影响，只有暂稳态结束触发脉冲才会再起作用；可重复触发单稳态触发器在暂稳态期间还可接收触发信号，电路被重新触发，当然，暂稳态时间也会顺延。图 5-14 是两种单稳态触发器的工作波形。

常见的集成单稳态触发器有 TTL 型不可重复触发的 74121、74LS121、74221、74LS221，以及可重复触发的 74122、74LS122、74123、74LS123 等。CMOS 型有可重复触发的 CC14528、74HC123，以及不可重复触发的 CC4528、CC4098 等。

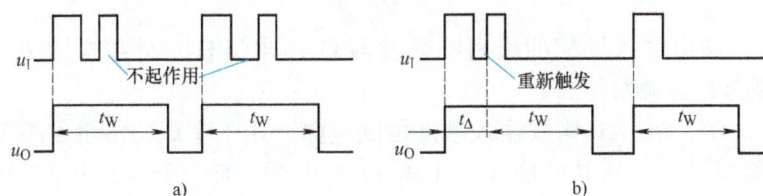

图 5-14 两种单稳态触发器的工作波形
a）不可重复触发单稳态触发器 b）可重复触发单稳态触发器

1. TTL 集成单稳态触发器 74LS121

TTL 集成单稳态触发器 74LS121 是一种不可重复触发单稳态触发器，其逻辑电路图及引脚排列图如图 5-15 所示。它是在普通微分型单稳态触发器的基础上增加输入触发控制电路和输出缓冲电路而形成的。A_1、A_2、B 为触发输入端，Q 和 $\bar{Q}$ 为互补输出端，9、10 和 11 引脚为外接定时元件端。

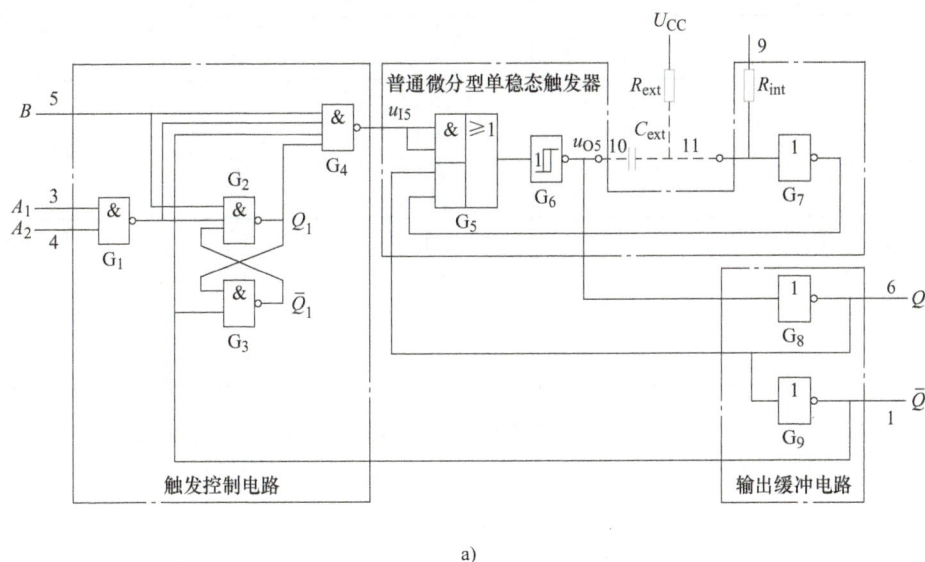

a)

图 5-15 TTL 集成单稳态触发器 74LS121
a）逻辑电路

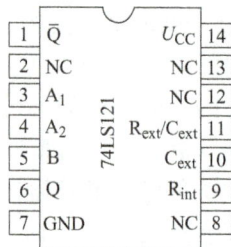

b)

图 5-15　TTL 集成单稳态触发器 74LS121（续）

b）引脚排列图

与或门 G_5、输出输入反相的施密特触发器 G_6、非门 G_7、外接电阻 R_{ext} 和外接电容 C_{ext} 组成微分型单稳态触发器。

与非门 G_1、G_2、G_3、G_4 构成输入触发控制电路，用于实现边沿触发控制。需要用上升沿触发时，触发脉冲应从 B 端输入，且 A_1 和 A_2 中至少有一个为低电平。此时，电路由稳态翻转到暂稳态；反之，需要用下降沿触发时，触发脉冲应从 A_1 或 A_2 输入，也可同时从 A_1、A_2 端输入，但 B 及 A_1、A_2 中未输入触发脉冲端应为高电平。此时，电路由稳态翻转到暂稳态；无边沿触发脉冲或边沿不符合要求时，保持稳态。

输出缓冲电路由反相器 G_8 和 G_9 组成，用于提高电路的带负载能力。

集成单稳态触发器 74LS121 的特性表见表 5-2。图 5-16 所示为集成单稳态触发器 74LS121 在触发脉冲作用下的工作波形图。

表 5-2　集成单稳态触发器 74LS121 的特性表

输入			输出		功能
A_1	A_2	B	Q	$\overline{Q}$	
0	×	1	0	1	稳态
×	0	1	0	1	
×	×	0	0	1	
1	1	×	0	1	
1	↓	1	⊓	⊔	暂稳态
↓	1	1	⊓	⊔	
↓	↓	1	⊓	⊔	
0	×	↑	⊓	⊔	
×	0	↑	⊓	⊔	

图 5-17 所示为集成单稳态触发器 74LS121 使用外接电阻和内部电阻时电路的连接方法。图 5-17a 中外接定时电容 C_{ext} 和电阻 R_{ext}，输出脉冲宽度估算为

$$t_W \approx R_{ext} C_{ext} \ln2 = 0.69 R_{ext} C_{ext} \tag{5-7}$$

图 5-17b 利用芯片内定时电阻 R_{int}，仅外接定时电容 C_{ext}，输出脉冲宽度估算为

$$t_W \approx R_{int} C_{ext} \ln2 = 0.69 R_{int} C_{ext} \tag{5-8}$$

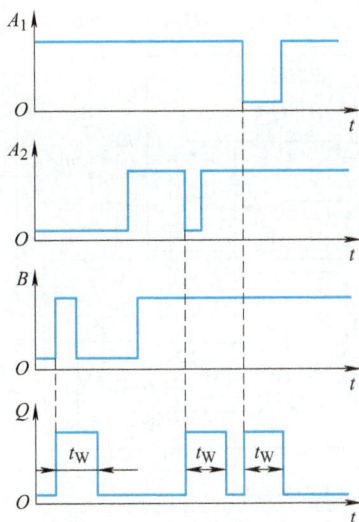

图 5-16　集成单稳态触发器 74LS121 的工作波形图

式（5-7）及式（5-8）中，电阻 R_{ext} 的取值范围为 $2 \sim 100\mathrm{k}\Omega$，电容 C_{ext} 的取值范围为 $10\mathrm{pF} \sim 10\mathrm{\mu F}$。

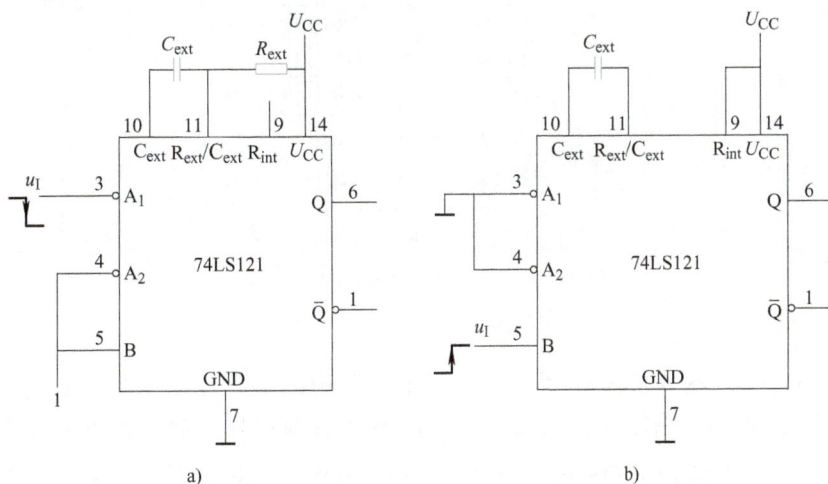

图 5-17　集成单稳态触发器 74LS121 的外部连接方法

a）使用外部电阻 R_{ext} 且采用下降沿触发　　b）使用内部电阻 R_{int} 且采用上升沿触发

2. CMOS 集成单稳态触发器 CC14528

CMOS 集成单稳态触发器 CC14528 是一种可重复触发单稳态触发器，其逻辑电路及引脚排列图如图 5-18 所示。由图 5-18a 可以看出，它是由输入触发控制电路、三态门电路、输出缓冲电路和积分电路（需外接电阻 R_{ext} 和外接电容 C_{ext}）组成。由图 5-18b 可以看出，它内部集成了两个完全相同的单稳态触发器。$\overline{R}_D$ 为复位输入端，TR_+、TR_- 为触发输入端，Q 和 $\overline{Q}$ 为互补输出端，R_{ext}/C_{ext} 是外接电阻和电容的连接端。

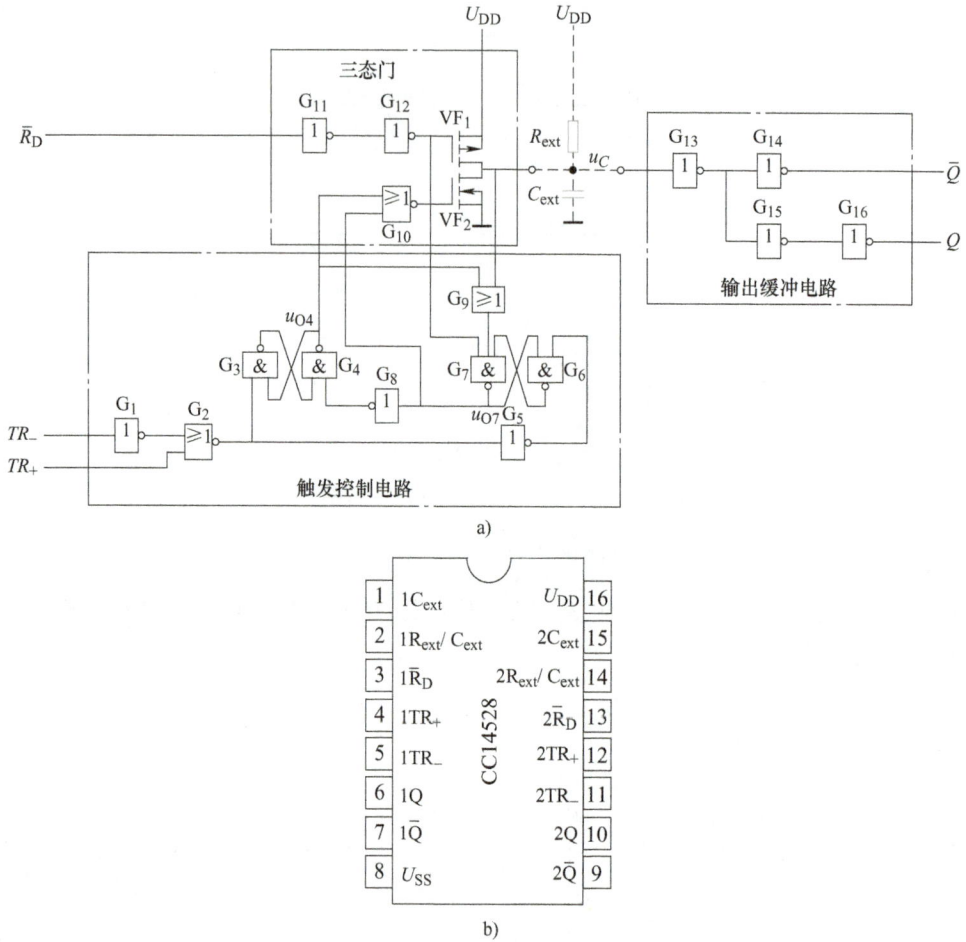

图 5-18　集成单稳态触发器 CC14528

a）逻辑电路　b）引脚排列图

门 $G_1 \sim G_9$ 组成输入触发控制电路，用于实现边沿触发控制。当需要用上升沿触发时，触发脉冲应从 TR_+ 端输入；反之，需要用下降沿触发时，触发脉冲应从 TR_- 输入。

门 $G_{10} \sim G_{12}$、P 沟道 MOS 管 VF_1 和 N 沟道 MOS 管 VF_2 组成三态门，$\overline{R}_D$ 为复位输入端，在正常工作时应接高电平。

外接电阻 R_{ext} 和外接电容 C_{ext} 构成积分电路，它与三态门电路及其控制电路构成积分型单稳态触发器。这是电路的核心部分。

输出缓冲电路由 $G_{13} \sim G_{16}$ 组成，用于提高电路的带负载能力。

CC14528 工作时，应在 R_{ext}/C_{ext} 与 C_{ext} 两脚间外接电容 C_{ext}，同时在 U_{DD} 与 R_{ext}/C_{ext} 两脚间外接电阻 R_{ext}。注意，不用的 TR_+ 应接 U_{SS}，而不用的 TR_- 应接 U_{DD}。

集成单稳态触发器 CC14528 的特性表见表 5-3。图 5-19 所示为集成单稳态触发器 CC14528 在触发脉冲作用下的工作波形图。由图 5-19 可见，输出脉冲宽度 t_W 为外接电容 C_{ext} 端电压 u_C 从 U_{TH13} 下降到 U_{TH9} 的放电时间与 u_C 再从 U_{TH9} 上升到 U_{TH13} 的充电时间之和。

表 5-3　集成单稳态触发器 CC14528 的特性表

输入			输出		功能
$\overline{R}_D$	TR_+	TR_-	Q	$\overline{Q}$	
0	×	×	0	1	复位
1	↑	0	Q	$\overline{Q}$	保持
1	1	↓	Q	$\overline{Q}$	
1	↑	1	⊓	⊔	暂稳态
1	0	↓	⊓	⊔	

5.2.3　单稳态触发器的应用

单稳态触发器是常见的脉冲基本单元电路之一，它被广泛用作脉冲的整形、定时和延时。

1. 脉冲的整形

在数字信号的采集、传输过程中，经常会遇到不规则的脉冲信号。这时，便可利用单稳态触发器将其整形。所谓整形就是使用不规则的或是经过传输受到各种干扰而使脉冲波形变坏的输入脉冲信号，通过单稳态触发器电路，来获得具有一定宽度和幅度的、前后沿比较陡峭的矩形脉冲，如图 5-20 所示。

2. 脉冲的定时

由于单稳态触发器能根据需要产生一定宽度（t_W）的矩形脉冲，因此可以利用这个脉冲去控制某电路使它在 t_W 时间内动作（或不动作），这就是脉冲

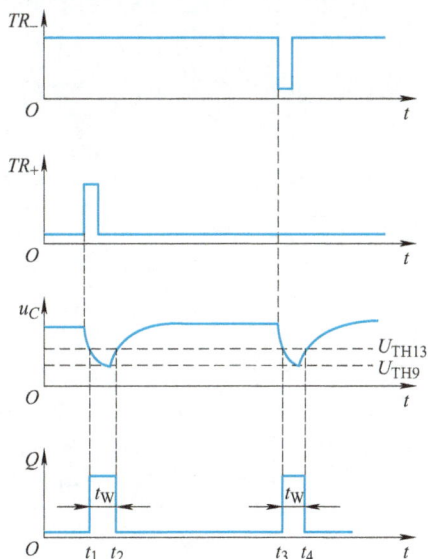

图 5-19　集成单稳态触发器 CC14528 的工作波形图

的定时作用。例如，在数字系统中，常需要一个一定宽度的矩形脉冲去控制门电路的开启和关闭，如图 5-21a 所示。单稳态触发器输出的 u_B 脉冲控制与门电路的开启和关闭，在 u_B 高电平期间，允许 u_A 脉冲通过，在 u_B 低电平期间，不允许 u_A 脉冲通过。单稳态触发器的工作波形图如图 5-21b 所示。

3. 脉冲的延时

如图 5-22 所示，u_I 负脉冲加到单稳态触发器的触发端，在单稳态触发器输出端接一微分电路，则经 t_W 延时即可得一负脉冲 u_O'。因此利用 u_O' 负脉冲去触发其他电路，就比直接用 u_I 负脉冲触发延迟了 t_W 时间，这就是单稳态触发器电路的延时作用。单稳态触发器电路的延时波形如图 5-22 所示。

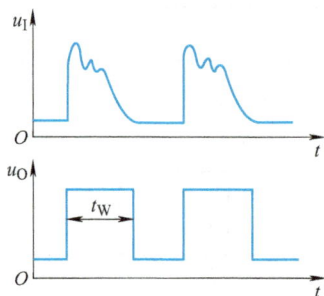

图 5-20　单稳态触发器的整形作用

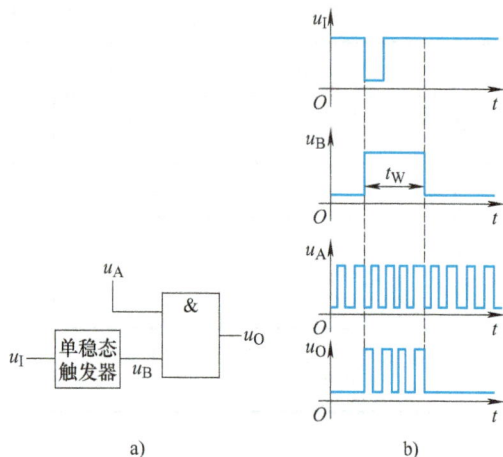

图 5-21　单稳态触发器的电路原理图和工作波形图
a）电路原理图　b）工作波形图

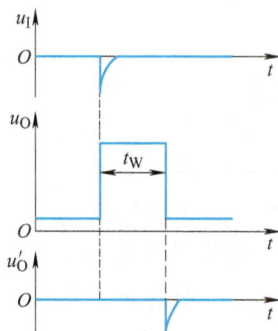

图 5-22　单稳态触发器电路的延时波形

5.3　多谐振荡器

多谐振荡器是产生矩形波的自激振荡器，它无须外加输入信号，便可自动产生一定频率的具有高、低电平的矩形波形。由于矩形波包含基波和高次谐波等较多的谐波成分，因此称为多谐振荡器。另外，多谐振荡器产生的矩形脉冲总是在高、低电平间相互转换，没有稳定状态，故又称为无稳态电路。

5.3.1　由 CMOS 反相器构成的多谐振荡器

由于 CMOS 门电路输入阻抗高，无须大电容就能获得较大的时间常数，而且 CMOS 门电路的阈值电压稳定，因此常用来构成低频多谐振荡器。

1. 电路组成

图 5-23 是由二级 CMOS 反相器构成的多谐振荡器的电路及工作波形。

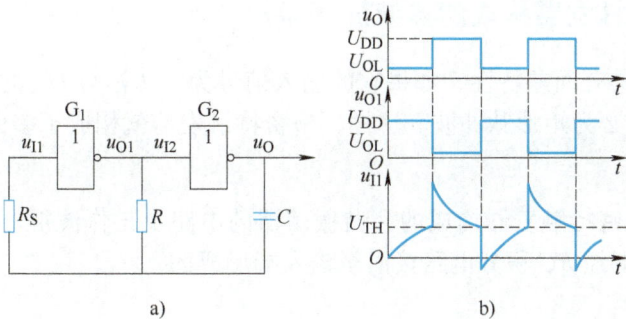

图 5-23　CMOS 反相器构成的多谐振荡器

a）电路　b）工作波形

该电路由两个 CMOS 反相器 G_1、G_2，两个电阻 R_S、R 和一个电容 C 组成。R、C 用作定时元件决定振荡器的频率，R_S 是隔离电阻。理想情况下，由于 CMOS 门电路输入阻抗非常高，因此电阻 R_S 中几乎没有电流，可将 R_S 短路。两级反相器经 R_S、C 构成闭环正反馈。

2. 工作原理

在静态时，电容 C 开路，电阻 R 上的电流也近似为零，故 G_1 门的输入和输出电位相等，$u_{I1}=u_{O1}$，即 G_1 门的静态工作点位于电压传输特性的中点，从而使 G_1 的阈值电压 $U_{TH}=\dfrac{1}{2}U_{DD}$。

1）假设通电后，电路中 G_1 关断，输出 u_{O1} 为高电平；G_2 开启，输出 u_O 为低电平。这种状态称为第一暂态。这时 u_{O1} 经 R 对 C 进行充电，使 u_{I1} 逐步升高。当 u_{I1} 升高到 $u_{I1} \geqslant U_{TH}$ 时，电路状态发生翻转。G_1 开启，输出 u_{O1} 跳变为低电平；G_2 关断，输出 u_O 跳变为高电平。与此同时，u_{I1} 随着 u_O 上跳，电路进入第二暂态。

2）电路处于 u_{O1} 低电平、u_O 高电平状态后，电容 C 经 R 先进行放电，再进行反充电，u_{I1} 逐步下降。当 $u_{I1} \leqslant U_{TH}$ 时，电路再次翻转。G_1 关断，输出 u_{O1} 为高电平；G_2 开启，输出 u_O 为低电平。与此同时，u_{I1} 随着 u_O 下跳，电路回到第一暂态。如此反复循环，在 G_2 的输出端得到振荡方波。

3. 参数估算

输出方波的幅度：

$$U_{om} \approx U_{DD} \tag{5-9}$$

输出方波的周期：

$$T = 2RC\ln\frac{U_{DD}}{U_{DD}-U_{TH}} = 2RC\ln2 \approx 1.4RC \tag{5-10}$$

电路中 R_S 的作用为隔离 G_1 输入端和 RC 放电回路，改善电源电压 U_{DD} 变化对振荡频率的影响，提高频率稳定性。通常取 $R_S \geqslant 2R$，但是 R_S 过大会造成 u_{I1} 波形移相，影响振荡频率的提高。

5.3.2　由施密特触发器构成的多谐振荡器

施密特触发器具有回差特性，如果它的输入信号为在 U_{T+} 与 U_{T-} 之间反复变化的电压信号，那么输出 u_O 必为矩形脉冲波。这样，施密特触发器就构成了多谐振荡器。

1. 电路组成

图 5-24 是由施密特触发器构成的多谐振荡器的电路及工作波形。该电路是将反相施密特触发器的输出端经 RC 积分电路接回至输入端形成的。

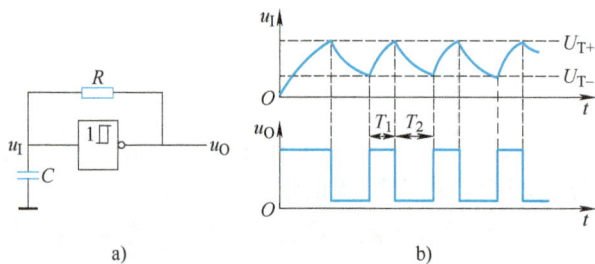

图 5-24　施密特触发器构成的多谐振荡器

a）电路　b）工作波形

2. 工作原理

当电路接通电源后，由于电容 C 上的初始电压为 0，所以施密特触发器输出 u_O 为高电平，u_O 开始经电阻 R 向电容 C 充电。当电容 C 充电至 $u_I=u_C=U_{T+}$ 时，输出 u_O 翻转为低电平。电容 C 经过电阻 R 开始放电。当电容 C 放电至 $u_I=u_C=U_{T-}$ 时，输出 u_O 又翻转为高电平，电容 C 又重新开始充电。如此周而复始，电路不停地振荡，输出就得到矩形波。

3. 参数估算

假设施密特触发器的参数为：$U_{OH}=U_{DD}$，$U_{OL}=0$。根据图 5-24b 所示的电压波形，可得到振荡周期为

$$T=T_1+T_2=RC\ln\frac{U_{DD}-U_{T-}}{U_{DD}-U_{T+}}+RC\ln\frac{U_{T+}}{U_{T-}}=RC\ln\left(\frac{U_{DD}-U_{T-}}{U_{DD}-U_{T+}}\ \frac{U_{T+}}{U_{T-}}\right) \quad （5-11）$$

通过调节 R 和 C 的大小，即可改变振荡周期。此外，在这个电路的基础上稍加修改就能实现对输出脉冲占空比的调节，电路如图 5-25 所示。在这个电路中，因为电容的充电和放电分别经过 R_1 和 R_2，所以只要改变 R_1 和 R_2 的比值，就能改变占空比。

【例 5-2】图 5-26 所示为 CC40106 构成的多谐振荡器。已知 $U_{DD}=10V$，$R=10k\Omega$，$C=0.01\mu F$，试求该多谐振荡器的振荡周期。

解：根据 CC40106 的电压传输特性，可查得 $U_{T+}=6.3V$，$U_{T-}=2.7V$。将 U_{T+}、U_{T-} 及给定的 U_{DD}、R、C 数值代入式（5-11），可得

$$T=RC\ln\left(\frac{U_{DD}-U_{T-}}{U_{DD}-U_{T+}}\ \frac{U_{T+}}{U_{T-}}\right)=10\times10^3\times0.01\times10^{-6}\times\ln\frac{7.3}{3.7}\times\frac{6.3}{2.7}\text{s}=0.153\text{ms}$$

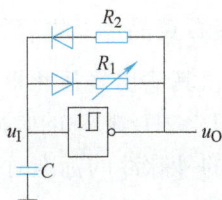

图 5-25　脉冲占空比可调的多谐振荡器

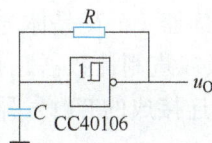

图 5-26　CC40106 构成的多谐振荡器

5.3.3　石英晶体多谐振荡器及其应用

前面介绍的多谐振荡器，其产生的振荡信号频率不仅取决于时间常数 RC，而且还取决于阈值电平，由于其易受温度、电源电压等外界条件的影响，因而振荡信号的频率稳定性较差，不适用于对频率稳定性要求较高的场合。而石英晶体振荡频率稳定性高，选频特性好，因此由石英晶体组成的多谐振荡器具有很高的频率稳定性，在时钟、计算机等高精度系统中常作为基准时钟信号。

1. 石英晶体多谐振荡器

由 CMOS 反相器与石英晶体组成的多谐振荡器电路如图 5-27 所示。由图 5-28 所示的石英晶体的电抗频率特性可知，在串联谐振频率 f_s 下，石英晶体的等效电抗 $X_s=0$；在并联谐振频率 f_p 下，其等效电抗 $X_p \approx \infty$，在图 5-27 所示电路中，石英晶体接在 G_2 的输出端与 G_1 的输入端之间，因此当输出信号频率为 f_s 时，石英晶体工作于串联谐振频率，其等效电抗最小，形成正反馈最大，即可形成振荡，故振荡频率完全取决于石英晶体固有的串联谐振频率 f_s。在电路中反相器 G_1 和 G_2 的输入和输出端均并接电阻 R_1 和 R_2，用以确定反相器的工作状态，使其工作在传输特性转折线上的线性放大区，并具有较高的电压放大倍数，电路中 C_1 及 C_2 为耦合电容，同时可通过 C_1 来微调振荡频率。

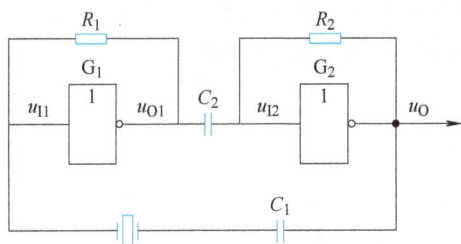

图 5-27　石英晶体多谐振荡器

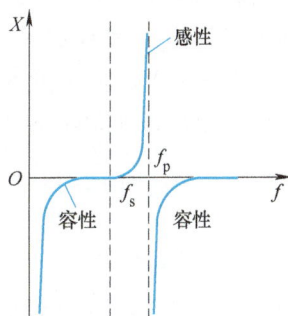

图 5-28　石英晶体的电抗频率特性

2. 应用举例

用谐振频率 f=32.768 kHz 的石英晶体和 14 级二进制计数 / 分频 / 振荡器 CD4060 可获得高精度和稳定性较高的秒脉冲时基信号。秒脉冲时基信号发生器如图 5-29 所示，图 5-30 所示为 CD4060 的引脚排列图。CD4060 内部主要结构为两个 CMOS 反相器和 14

级二进制计数器。利用内部反相器 G_1 引出端 ϕ_I 和 $\bar{\phi}_O$ 与外接石英晶体及电容构成并联型石英晶体多谐振荡器（石英晶体与 R、C 间的连线尽可能短），其输出经反相器 G_2 改善波形后，送入 14 级二进制计数器，在 Q_{14} 端可获得 32.768kHz/2^{14}=2Hz 频率的脉冲信号，再由外接 D 触发器连接成的 T′触发器二分频后，即可获得 1Hz 的秒脉冲的标准时基信号。

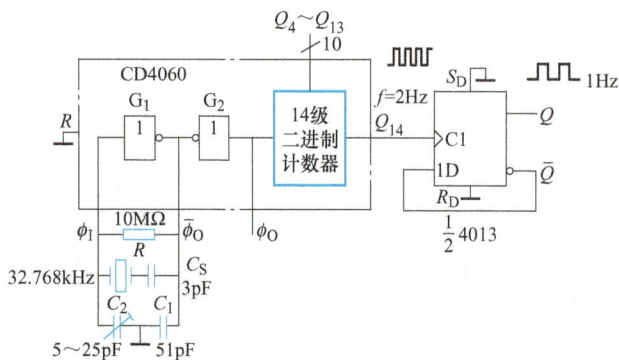

图 5-29　秒脉冲时基信号发生器

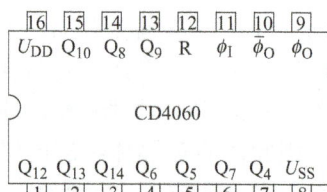

图 5-30　CD4060 引脚排列图

5.4　555 定时器及其应用

555 定时器是一种将模拟电路和数字电路混合在一起的中规模集成电路，通常只要在外部配接少量的元件就可形成很多实用电路。它结构简单，使用灵活方便，因而在信号的产生与变换、自动检测及控制、定时和报警以及家用电器、电子玩具等方面得到极为广泛的应用。

5.4
555 定时器及其应用

555 定时器根据内部器件类型可分为 TTL 型（双极型）和 CMOS 型（单极型），它们均可分为单定时器电路和双定时器电路。TTL 型型号为 555（单）和 556（双），电源电压使用范围为 5 ～ 16V，输出最大负载电流可达 200mA；CMOS 型型号为 7555（单）和 7556（双），电源电压使用范围为 3 ～ 18V，输出最大负载电流为 4mA。

5.4.1　555 定时器的电路结构及功能

1. 555 定时器的电路结构

TTL 型 555 定时器的电路结构、逻辑图形符号和引脚排列图如图 5-31 所示。它由 3 个分压电阻（均为 5kΩ），2 个电压比较器 C_1、C_2，基本 RS 触发器 G_1、G_2，反相缓冲器 G_3（即反相器）及放电管 VT 组成。整个芯片有 8 个引脚，各引脚名称如图 5-31 所示。

2. 555 定时器工作原理及功能

555 定时器电路由 3 个 5kΩ 电阻构成分压器，当控制电压输入端 CO 悬空时，电压比较器 C_1 的同相输入端的参考电压为 $u_{I1+}=2U_{CC}/3$，C_2 反相输入端的参考电压为 $u_{I2-}=U_{CC}/3$。

当输入电压分别加到复位控制端 TH 和置位控制端 $\overline{TR}$ 时，它们将与 u_{I1+} 和 u_{I2-} 进行比较以决定 C_1、C_2 的输出，从而确定 RS 触发器及放电管 VT 的工作状态。表 5-4 是 555 定时器的特性表。

（1）直接复位功能

当直接复位输入端 $\overline{R}_D$ =0 时，不管其他输入状态如何，输出 Q=0，$\overline{Q}$ =1，放电管 VT 导通。当直接复位端不用时，应使 $\overline{R}_D$ =1。

（2）复位功能

当复位控制端 $TH>2U_{CC}/3$，置位控制端 $\overline{TR}>U_{CC}/3$ 时，分析电压比较器的状态可得 $u_{C1}=0$，$u_{C2}=1$，RS 触发器为 0 状态，定时器复位，$\overline{Q}$ =1，Q=0，放电管 VT 导通。

（3）置位功能

当复位控制端 $TH<2U_{CC}/3$，置位控制端 $\overline{TR}<U_{CC}/3$ 时，分析电压比较器的状态可得 $u_{C1}=1$，$u_{C2}=0$，基本 RS 触发器为 1 状态，定时器置位，$\overline{Q}$ =0，Q=1，放电管 VT 截止。

（4）保持功能

当复位控制端 $TH<2U_{CC}/3$，置位控制端 $\overline{TR}>U_{CC}/3$ 时，分析电压比较器的状态可得 $u_{C1}=1$，$u_{C2}=1$，基本 RS 触发器状态不变，定时器保持原状态。

如果在控制电压端 CO 外加一控制电压 u_S，则两个电压比较器的参考电压将变为 $u_{I1+}=u_S$，$u_{I2-}=\dfrac{1}{2}u_S$。

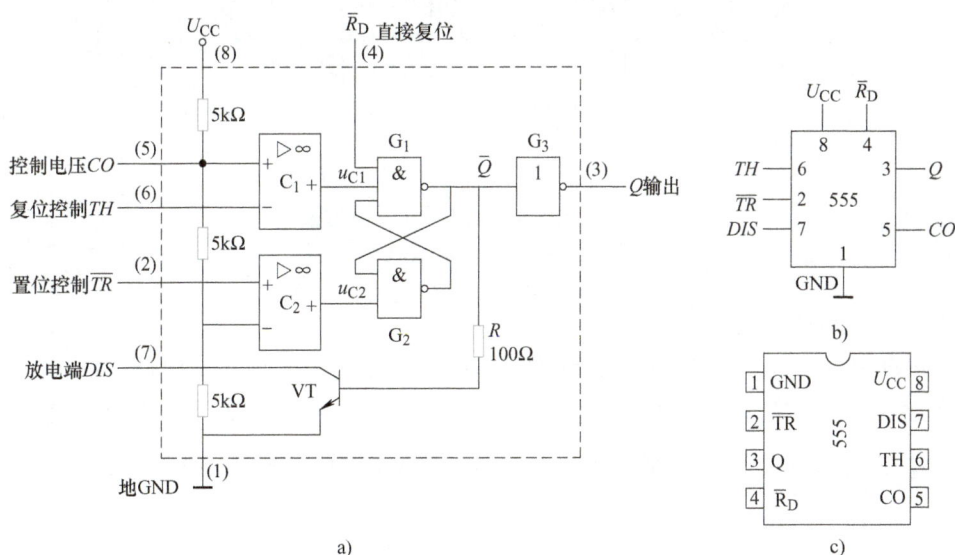

图 5-31　555 定时器

a）电路结构　b）逻辑图形符号　c）引脚排列图

表 5-4 555 定时器的特性表

输入			比较输出		输出	
直接复位 $\overline{R}_D$	复位控制 TH	置位控制 $\overline{TR}$	u_{C1}	u_{C2}	Q	VT
0	×	×	×	×	0	导通
1	$>2U_{CC}/3$	$>U_{CC}/3$	0	1	0	导通
1	$<2U_{CC}/3$	$<U_{CC}/3$	1	0	1	截止
1	$<2U_{CC}/3$	$>U_{CC}/3$	1	1	不变	不变

5.4.2　555 定时器的应用

用 555 定时器通过外接少量元件很容易就能形成多谐振荡器、单稳态触发器和施密特触发器。

1. 用 555 定时器组成多谐振荡器

（1）电路组成

用 555 定时器组成多谐振荡器的电路如图 5-32a 所示。R_1、R_2 和 C 为外接定时元件，复位控制端与置位控制端相连并接到定时电容上，R_1 和 R_2 的接点与放电端相连，控制电压端不用，通常外接 $0.01\mu F$ 电容。

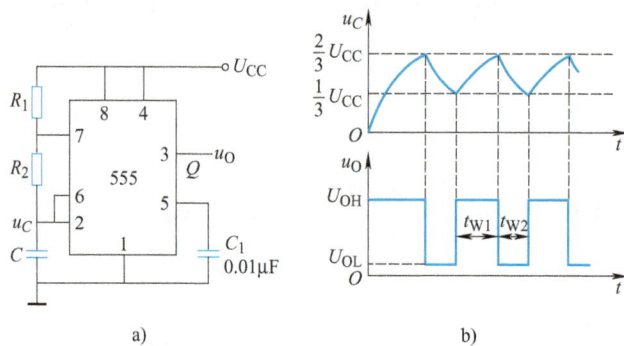

图 5-32　555 定时器组成多谐振荡器

a）电路　b）工作波形

（2）工作原理

在接通电源后，U_{CC} 通过 R_1、R_2 对电容 C 充电，u_C 上升。开始时 $u_C<U_{CC}/3$，即复位控制端 $TH<2U_{CC}/3$、置位控制端 $\overline{TR}<U_{CC}/3$，故输出 u_O 为 1，放电管截止。当 $U_{CC}/3 \leqslant u_C<2U_{CC}/3$ 时，复位控制端 $TH<2U_{CC}/3$、置位控制端 $\overline{TR}>U_{CC}/3$，故输出 u_O 仍维持为 1。

当电容 C 被充电达到 $u_C \geqslant 2U_{CC}/3$ 时，复位控制端 $TH>2U_{CC}/3$、置位控制端 $\overline{TR}>U_{CC}/3$，则输出 u_O 翻转为 0，放电管导通。此时，电容 C 开始通过 R_2 和 VT 放电，使 u_C 按指数曲线下降。当 $2U_{CC}/3>u_C>U_{CC}/3$ 时，复位控制端 $TH<2U_{CC}/3$、置位控制端 $\overline{TR}>U_{CC}/3$，故输出

u_O 维持为 0。

电容 C 继续放电，直到 $u_C \leqslant U_{CC}/3$ 时，又回到复位控制端 $TH < 2U_{CC}/3$、置位控制端 $\overline{TR} < U_{CC}/3$，输出 u_O 又翻转为 1，放电管截止，C 停止放电并重新充电。如此反复，形成振荡波形，如图 5-32b 所示。

图 5-32b 中 t_{W1} 是充电时间，t_{W2} 是放电时间，可用下列式估算：

$$t_{W1} \approx 0.69(R_1 + R_2)C \tag{5-12}$$

$$t_{W2} \approx 0.69R_2C \tag{5-13}$$

多谐振荡器的振荡周期

$$T = t_{W1} + t_{W2} \approx 0.69(R_1 + 2R_2)C \tag{5-14}$$

振荡频率

$$f = \frac{1}{T} = \frac{1}{0.69(R_1 + 2R_2)C} \tag{5-15}$$

占空比

$$D = \frac{t_{W1}}{T} = \frac{0.69(R_1 + R_2)C}{0.69(R_1 + 2R_2)C} = \frac{R_1 + R_2}{R_1 + 2R_2} \tag{5-16}$$

【例 5-3】图 5-33 所示为占空比可调节的多谐振荡器，图中 $R_W = R_{W1} + R_{W2}$，VD 为理想二极管。试分析电路的工作原理，并推导出振荡频率 f 和占空比 D 的表达式。

解： 当多谐振荡器输出端 u_O 为高电平时，放电管截止，U_{CC} 经 R_1、R_{W1}、VD 向电容 C 充电，充电时间常数为 $(R_1 + R_{W1})C$。当电容 C 上的电压 u_C 充电至 $2U_{CC}/3$ 时，多谐振荡器的输出端 u_O 由高电平翻转为低电平，放电管导通，电容 C 经 R_2、R_{W2}、放电管的集电极（7 脚）放电，放电时间常数为 $(R_2 + R_{W2})C$。当电容 C 上的电压 u_C 放电至 $U_{CC}/3$ 时，多谐振荡器的输出端 u_O 由低电平翻转为高电平，放电管截止。此后，U_{CC} 经 R_1、R_{W1}、VD 再次向电容 C 充电，电容 C 上的电压 u_C 由 $U_{CC}/3$ 开始增大，继续重复上述过程。

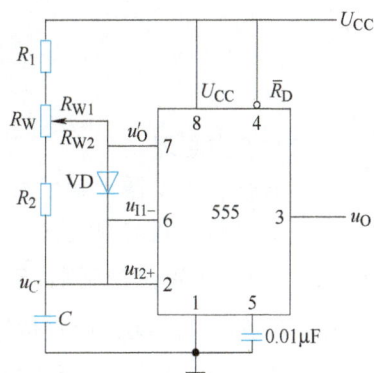

图 5-33　555 定时器组成的占空比可调节的多谐振荡器

根据式（5-12）～式（5-15），电容 C 充电时间为

$$t_{W1} \approx 0.69(R_1 + R_{W1})C$$

电容 C 放电时间为

$$t_{W2} \approx 0.69(R_2 + R_{W2})C$$

可得该多谐振荡器的振荡频率为

$$f = \frac{1}{t_{W1} + t_{W2}} = \frac{1}{0.69(R_1 + R_2 + R_W)C}$$

该多谐振荡器的占空比为

$$D = \frac{R_1 + R_{W1}}{R_1 + R_2 + R_W}$$

2. 用 555 定时器组成单稳态触发器

（1）电路组成

用 555 定时器组成的单稳态触发器如图 5-34a 所示。R 和 C 为外接定时元件，复位控制端与放电端相连并连接定时元件，置位控制端作为触发输入端。同样，控制电压端不用，一般外接 $0.01\mu F$ 电容。

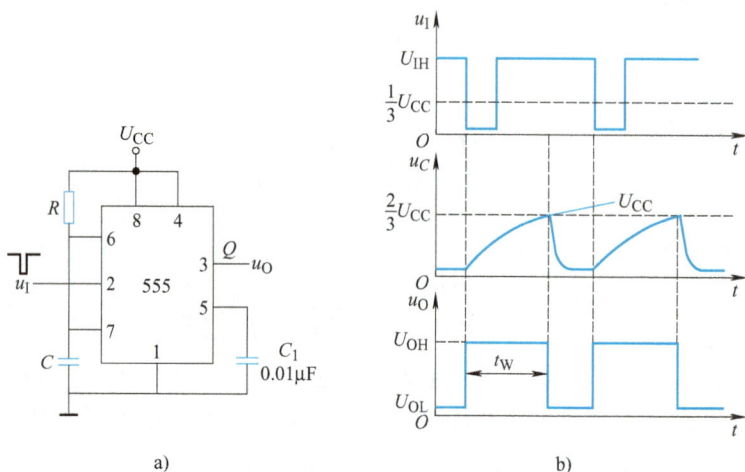

图 5-34　555 定时器组成单稳态触发器

a）电路　b）工作波形

（2）工作原理

当单稳态触发器无触发脉冲信号时，输入端 u_I 为 1。在电路接通电源后，有一个进入稳态的过程，即电源通过 R 向电容 C 充电，当其上电压 $u_C \geq 2U_{CC}/3$ 时，复位控制端 $TH > 2U_{CC}/3$，而置位控制端 $\overline{TR} > U_{CC}/3$，则输出 u_O 为 0，放电管导通，电容上的电压 u_C 通过放电管放电，$u_C=0$，使复位控制端 $TH < 2U_{CC}/3$，而置位控制端 $\overline{TR} = u_I > U_{CC}/3$，则输出 u_O 不变（仍为 0），电路处于稳定状态，如图 5-34b 所示。

当单稳态触发器有触发脉冲信号即 $u_I=0<U_{CC}/3$ 时，由于置位控制端 $\overline{TR} < U_{CC}/3$，并且复位控制端 $TH=0<2U_{CC}/3$，则触发器输出 u_O 由 0 变为 1，放电管由导通变为截止，放电端与地断开；直流电源 U_{CC} 通过电阻 R 向电容 C 充电，电容两端电压按指数规律从零开始增加，电路进入暂稳态。经过一个脉冲宽度时间，负脉冲消失，输入端 u_I 恢复为 1，即置位控制端 $\overline{TR} > U_{CC}/3$，由于电容两端电压 $u_C < 2U_{CC}/3$，而复位控制端 $TH < 2U_{CC}/3$，所以输出保持原状态 1 不变，放电管处于截止状态；当电容持续充电至电容两端电压 $u_C \geq 2U_{CC}/3$ 时，复位控制端 $TH > 2U_{CC}/3$，又有置位控制端 $\overline{TR} > U_{CC}/3$，使输出 u_O 由 1 翻转为 0，暂稳态结束，电路又恢复稳态。这时，放电管导通，u_C 立即快速放电，使复位控制

端 $TH<2U_{CC}/3$，而置位控制端 $\overline{TR}>U_{CC}/3$，输出 u_O 维持 0 不变，电路处于稳态。

如果继续有触发脉冲输入，就会重复上面的过程，如图 5-34b 所示。

暂稳态持续的时间又称输出脉冲宽度，用 t_W 表示，可按下式估算：

$$t_W \approx 1.1RC \tag{5-17}$$

当一个触发脉冲使单稳态触发器进入暂稳态以后，在随后 t_W 时间内的其他触发脉冲对触发器就不起作用了；只有当触发器处于稳态时，输入的触发脉冲才起作用。

3. 用 555 定时器组成施密特触发器

（1）电路组成

用 555 定时器组成的施密特触发器如图 5-35 所示。复位控制端与置位控制端相连作为输入端，3 脚为输出端。

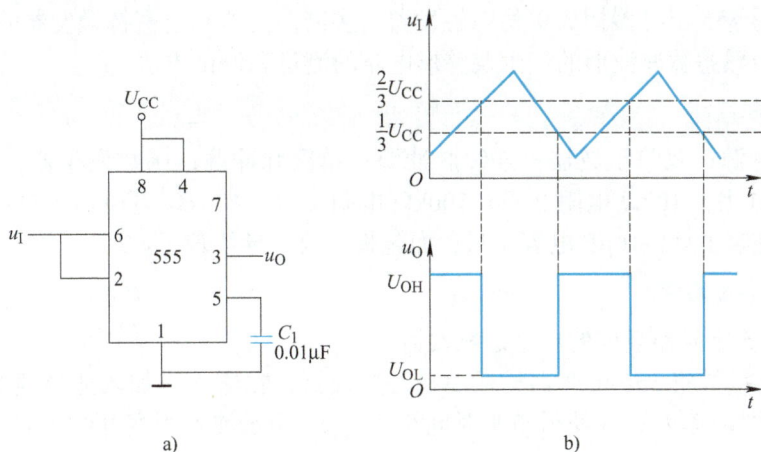

图 5-35　555 定时器组成施密特触发器

a）电路　b）工作波形

（2）工作原理

设输入为三角波电压信号，如图 5-35b 所示。由电路可知，当 u_I 处于 $0<u_I<U_{CC}/3$ 上升区间时，根据 555 定时器特性表 5-4 可知，输出 $u_O=1$。

当 u_I 处于 $U_{CC}/3<u_I<2U_{CC}/3$ 上升区间时，根据表 5-4 可知，输出 u_O 仍保持原状态 1 不变。

当 $u_I \geqslant 2U_{CC}/3$ 时，根据表 5-4 可知，输出 u_O 由 1 变为 0，此刻对应的 u_I 值称为复位电平或正向阈值电压 U_{T+}。

当 u_I 处于 $2U_{CC}/3>u_I>U_{CC}/3$ 下降区间时，根据表 5-4 可知，输出 u_O 保持原状态 0 不变。

当 $u_I \leqslant U_{CC}/3$ 时，根据表 5-4 可知，输出 u_O 又将 0 变为 1，此时对应的 u_I 值称为置位电平或负向阈值电压 U_{T-}。

由以上分析可知，$U_{T+}=2U_{CC}/3$，$U_{T-}=U_{CC}/3$，则回差电压为

$$U_H=U_{T+}-U_{T-}=U_{CC}/3$$

若在控制端电压 CO 外接控制电压 U_{CO}，则正、负向阈值电压和回差电压均会相应改变为

$$U_{T+}=U_{CO}, \quad U_{T-}=U_{CO}/2, \quad U_{H}=U_{CO}/2$$

555定时器成本低、功能强、使用灵活方便，是非常重要的集成电路器件。由它组成的各种应用电路变化无穷。

🔧 技能实训

实训1 555定时器的功能及应用

1. 实训目的

1）熟悉555定时器电路的结构及功能。

2）会测试555定时器的逻辑功能。

3）掌握用555定时器构成单稳态触发器、多谐振荡器和施密特触发器的方法。

4）进一步熟悉脉冲波形的产生及整形电路的测量和调试方法。

2. 实训器材

5V直流电源；双踪示波器；连续脉冲源；单次脉冲源；函数发生器；数字万用表；555集成芯片1片；10kΩ电阻2只，100kΩ电阻2只；100kΩ电位器1只；0.01μF电容3只，0.1μF电容1只，10μF电容1只；面包板1块；导线若干。

3. 实训内容及步骤

（1）由555定时器组成的单稳态触发器

按图5-36接线将555定时器构成单稳态触发器，在输入端加入适当频率和脉宽的信号（保证信号周期$T>t_W$，并使低电平时间小于t_W），用示波器观察并绘出u_I、u_C、u_O的波形，并在图中标出各波形的周期、幅值和脉宽等参数。

（2）由555定时器组成的多谐振荡器

按图5-37所示电路接线，将555定时器构成多谐振荡器。首先将电位器R_2的阻值调到最大，接通电源后用示波器观察并绘出u_C、u_O的波形，计算出输出波形的占空比。然后调节电位器，改变R_2的阻值，再观察u_C、u_O波形的变化情况，分别测出占空比为0.25、0.5、0.75时R_2的大小。

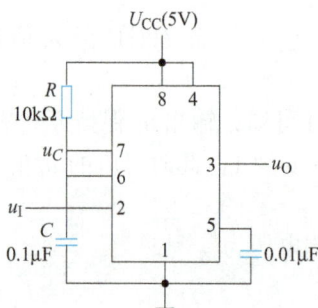

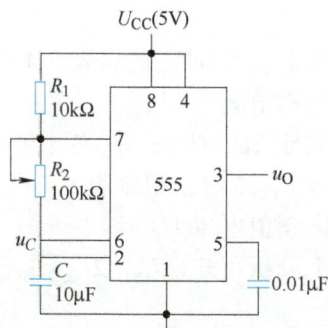

图5-36 由555定时器构成的单稳态触发器测试电路　　图5-37 由555定时器构成的多谐振荡器测试电路

（3）由 555 定时器组成的施密特触发器

按图 5-38 接线，将 555 定时器构成施密特触发器，用函数发生器在输入端加入频率为 1kHz、幅值为 5V 的三角波（或正弦波），用示波器分别观察 u_I 和 u_O 波形，测量周期和幅值，并在图上求出阈值电压 U_{T+}、U_{T-} 和回差电压 U_H。

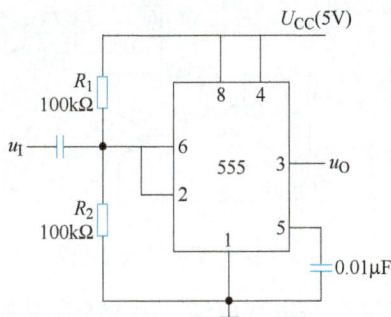

图 5-38　由 555 定时器组成的施密特触发器测试电路

4. 实训报告

1）绘出详细的实训电路，定量绘出观测到的波形。

2）分析、总结实训结果。

实训 2　触摸式防盗报警电路的装配与调试

1. 实训目的

1）进一步熟悉 555 集成电路的结构、原理及应用。

2）会识别和检测 555 集成电路。

3）掌握触摸式防盗报警电路中元器件的连接特点，能够对电路中的相关参数进行合理测试，并能正确判断出电路的工作状态。

4）掌握简单电路的装配方法，进一步熟练使用各种仪器仪表。

5）进一步提高分析问题和解决问题的能力。

2. 实训器材

直流稳压电源 1 台；数字万用表 1 块；集成电路芯片 NE555、KD9561 各 1 片，晶体管 S9013 3 只，3AX81 1 只；扬声器 0.5W、8Ω 1 个；电阻 1kΩ、270kΩ、4.7kΩ、1MΩ 各 1 只；电容 0.01μF 2 只，100μF 1 只；开关 SS12D00 2 只；触摸金属片 1 个；面包板 1 块；导线若干。

3. 实训内容及要求

触摸式防盗报警电路如图 5-39 所示。555 集成电路与 R_1、C_1、C_2、C_3 组成单稳态触发器。接通电源开关 S_1 后，再断开 S_2，电路启动。当平时没人接触金属片 M 时，电路处于稳态，即 IC_1 的 3 脚输出低电平，报警电路不工作。一旦有人触及金属片 M，由于人体感应电动势给 IC_1 的 2 脚输入了一个负脉冲（实际为杂波脉冲），单稳态电路被触发翻转进入暂稳态，所以 IC_1 的 3 脚由原来的低电平跳变为高电平。该高电平信号经限流电阻 R_2 使晶体管 VT_1 导通，于是 VT_2 也饱和导通，语音集成电路 IC_2 被接通电源而工作。IC_2 输

199

出的音频信号经晶体管 VT_3、VT_4 构成互补放大器放大后推动扬声器发出报警声。在单稳态电路被触发翻转的同时，电源开始经 R_1 对 C_2 充电，约经 $1.1R_1C_2$ 时间后，单稳态电路自动恢复到稳定状态，3 脚输出变为低电平，报警器停止报警，处于预报警状态。

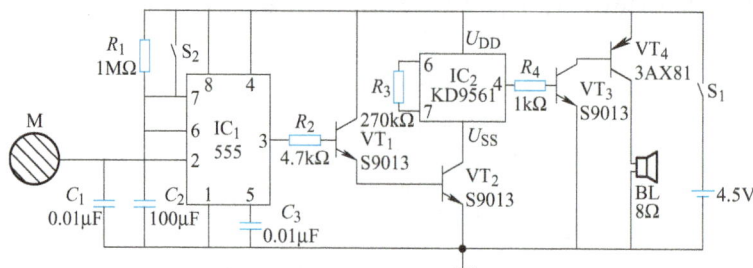

图 5-39 触摸式防盗报警电路

电路安装前，应对数字集成电路进行检测，用 555 定时器组成多谐振荡器对 555 定时器进行初步检测。检测电路可按图 5-37 所示接线，观察波形信号正常即可判定 555 正常。KD9561 是四音模拟声报警集成电路，如图 5-40 所示。它有 4 种不同的模拟声响可选用，模拟声音种类由选声端 SEL_1 和 SEL_2 的电平高低决定。当 SEL_1 和 SEL_2 悬空时，发出警车声；当 SEL_1 接电源，SEL_2 悬空时，发出火警声；当 SEL_1 接电源负极，SEL_2 悬空时，发出救护车声；当 SEL_2 接电源，SEL_1 任意接时，发出机关枪声。

对 KD9561，可采用图 5-41 所示的 KD9561 接线图进行检测。当 SEL_1 和 SEL_2 悬空时，发出警车声，说明 KD9561 基本正常。改变 SEL_1 和 SEL_2 接法，可检测其他声效功能。

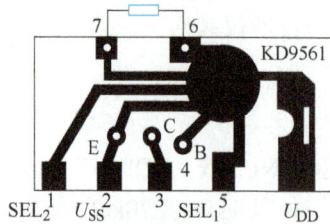

图 5-40 四音模拟声报警集成电路

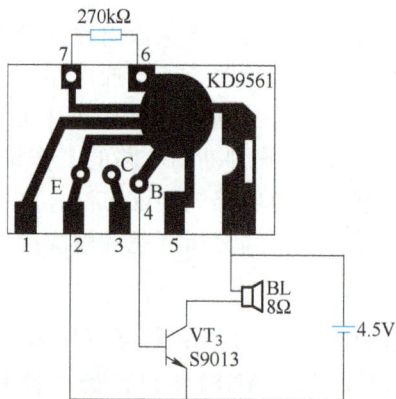

图 5-41 KD9561 接线图

4. 电路安装与调试

1）将检测合格的元器件按照图 5-39 所示电路连接安装在面包板或万能电路板上。

2）当插接集成电路时，应先校准两排引脚，使之与底板上插孔对应，轻轻将电路插上，在确定引脚与插孔吻合后，再稍用力将其插紧，以免集成电路的引脚弯曲、折断或者接触不良。

3）导线应粗细适当，一般选取直径为 0.6 ～ 0.8mm 的单股导线，最好用不同颜色来区分不同用途，如电源线用红色，接地线用黑色。

4）连线应避免过长，避免从集成元器件上方跨越和多次重叠交错，以利于布线、更换元器件以及故障检查和排除。

5）电路布线应整齐、美观、牢固。水平导线应尽量紧贴底板，竖直方向的导线可沿边框四角敷设，导线转弯时弯曲半径不要过小。

6）电路安装完后，要仔细检查电路连接，确认无误后再接入电源。

7）先闭合 S_2，再闭合 S_1，接通整机电源。

8）断开 S_2，开启报警器，使报警器处于待报警状态。

9）用手触碰金属片，扬声器应发出报警声。M 可用钢片或铝片，在其中间钻一小孔，将其接到任何需要防护的金属部位。IC_2 的外围元器件只有一只振荡电阻 R_3，取值可在 $180 \sim 510k\Omega$ 范围。R_3 越小，报警节奏就越快；反之，就越慢。

10）如果接通电源即报警，说明电路存在故障。用逻辑笔或万用表检测 IC_1 的 3 脚，若为高电平，则为前级的故障，即 555 定时器及外围元器件损坏，通过进一步检测可找到故障元器件；如检测到 IC_1 的 3 脚为低电平，则可判断故障为后级电路。因接通电源即报警，说明语音报警芯片 IC_2 正常，显然故障原因是晶体管 VT_1 或 VT_2 击穿，使接通电源后，IC_2 的 U_{SS} 相当于接地，即通电后报警发声电路就开始工作。

如果故障现象为开启电源后不能报警，用手触摸金属片 M 的同时检测 IC_1 的 3 脚状态，若为低电平，则说明前级部分电路异常，应检查前级电路，即 555 定时器电路及外围元器件，否则，应检查后级电路，即检查 IC_2 和晶体管 $VT_1 \sim VT_4$ 是否正常。

5. 考评内容及评分标准

触摸式防盗报警电路的装配与调试考评内容及评分标准见表 5-5。

表 5-5　触摸式防盗报警电路的装配与调试考评内容及评分标准

步骤	考评内容	评分标准	标准分	扣分及原因	得分
1	画出电路图，并分析其工作原理	（1）各元器件符号正确 （2）各元器件连接正确 （3）原理分析准确 错一处扣 5 分，扣完为止 （教师辅导、学生自查）	20 分		
2	根据相关参数，对元器件质量进行判别	元器件质量判断正确 错一处扣 5 分，扣完为止 （学生自查、教师检查）	20 分		
3	根据电路图进行电路装接；利用直观法或使用万用表分析电路连接是否正确	（1）电路装接符合工艺标准 （2）布局规范，走线美观 （3）不得出现断路（脱焊）、短路等错误 错一处扣 5 分，扣完为止 （学生互查、教师检查）	20 分		
4	确认检查无误后，进行通电测试	（1）操作过程正确 （2）电路工作状态正常 错一处扣 5 分，扣完为止 （教师指导、学生互查）	25 分		

（续）

步骤	考评内容	评分标准	标准分	扣分及原因	得分
5	注意安全、规范操作。小组分工，保证质量，完成时间为90min	（1）小组成员有明确分工 （2）在规定时间内完成该项目 （3）各项操作规范、安全 成员无分工扣5分，超时扣10分 （教师指导、学生互查）	15分		

注：教师根据学生对触摸式防盗报警电路相关理论和技能的掌握情况进行综合评定，并指出存在的问题和具体改进方案。

🔍 知识拓展　用 555 定时器构成的全自动点火器

　　燃气炉全自动点火电路如图 5-42 所示。其中，RP、R_1 组成火焰检测电路，555、C_3 和 R_3 组成多谐振荡器。当打开燃气炉的气阀开关时，与之联动的电源开关 S_1 自动闭合，振荡电路工作，U_1 的 3 脚输出连串的脉冲电压，经 R_4 限流后，触发晶闸管 VTH，使其不断导通。这时 C_4 一边经 VD_2、R_2 充电，一边又经 VTH、L_1 放电。在变压器 T 的高压输出绕组 L_2 获得高于 10kV 的高压交流电。该高压通过放电针 B 向燃气炉的炉眼连续打火放电，可点燃可燃性气体。燃气炉点火后，R_1 因受火焰照射而呈现低电阻，使得 U_1 的直接清零端 4 脚处于低电平（小于 0.7V），振荡器停振，放电针无高压不再打火放电，电路处于等待状态。一旦炉火因故（如被溢出的锅水扑灭等）熄灭，R_1 就会失去火焰光照射而呈高电阻，U_1 的 4 脚重新处于高电平，振荡器立即工作，放电针又放电打火，再次点燃炉火。当关闭可燃气体开关后，点火器电源也随之被切断。

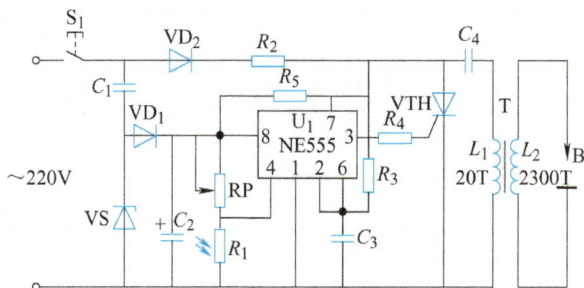

图 5-42　燃气炉全自动点火电路

　　在图 5-42 中，U_1 选用 NE555 时基电路，VTH 选用 MCR-100 单向晶闸管，VD_1、VD_2 选用 1N4002 硅整流二极管；VS 选用 2CW60 稳压二极管；C_1 选用 0.47μF/400V 电容器；C_2 选用 220μF/16V 电解电容器；C_3 选用 0.1μF 瓷片电容器；C_4 选用 0.22μF/400V 电容器；RP 选用 220kΩ 电位器；R_1 选用暗阻大于 1MΩ、亮阻小于 10kΩ 光敏电阻器；R_2 选用 47kΩ/0.5W 电阻器；R_3 选用 100kΩ；R_4、R_5 选用 510Ω、1/4W 电阻器；T 选用脉冲变压器 U_{12}（磁心），高压线圈 L_2 采用 12in（1in=0.0254m）电视机高压包，L_1 用直径 φ0.5mm 漆包线在 U_{12} 上绕 20 圈；放电针 B 可用电炉子中的电阻丝改制，并外套瓷管。

自我检测题

一、填空题

5.1　施密特触发器具有_____个阈值电压。

5.2　_____触发器能将缓慢变化的非矩形脉冲变换成边沿陡峭的矩形脉冲。

5.3　施密特触发器属于_____触发，其状态翻转不仅需要外加触发信号，而且状态维持也需要_____信号。

5.4　在数字系统中，施密特电路主要用于脉冲波形的_____、_____和_____。

5.5　某单稳态触发器在无外触发信号时输出为 0，在外加触发信号时，输出跳变为 1。因此，其稳态为_____，暂稳态为_____。

5.6　单稳态触发器最重要的参数为_____。

5.7　单稳态电路主要可用于脉冲_____、_____、_____等场合。

5.8　单稳态触发器有_____个稳定状态；施密特触发器有_____个稳定状态；多谐振荡器有_____个稳定状态。

5.9　调节多谐振荡器_____时的不同时间常数，可调节输出矩形波的占空比。

5.10　为实现高稳定度振荡频率，常采用_____多谐振荡器。

5.11　型号为 555 的定时器是_____产品，型号为 7555 的定时器是_____产品。

5.12　555 定时器输出低电平时，放电管_____；输出高电平，放电管_____；输入触发电压介于 $2U_{cc}/3$ 和 $U_{cc}/3$ 之间时，放电管_____。

二、选择题

5.13　施密特触发器有关阈值电压个数的正确说法是（　　　）。

A. 一个阈值电压　　　　　　　　　B. 两个阈值电压

C. 三个阈值电压　　　　　　　　　D. 不能确定

5.14　下列特性中，不属于施密特触发器特性的是（　　　）。

A. 回差特性　　　　　　　　　　　B. 输出电压波形边沿陡峭

C. 双稳态触发功能　　　　　　　　D. 状态维持也需要外加触发信号

5.15　可以产生脉冲定时的电路是（　　　）。

A. 多谐振荡器　　　　　　　　　　B. 单稳态触发器

C. 二进制计数器　　　　　　　　　D. 石英晶体多谐振荡器

5.16　多谐振荡器可产生（　　　）。

A. 正弦波　　　　　　　　　　　　B. 矩形脉冲

C. 三角波　　　　　　　　　　　　D. 锯齿波

5.17　石英晶体多谐振荡器的突出优点是（　　　）。

A. 速度高　　　　　　　　　　　　B. 电路简单

C. 振荡频率稳定　　　　　　　　　D. 输出波形边沿陡峭

5.18　有关石英晶体谐振频率正确的说法是（　　　）。

A. 只有一个谐振频率   B. 有两个相差很远的谐振频率

C. 有两个相差很近的谐振频率   D. 谐振频率可在较大范围内调节

5.19 下列集成电路中,(   )为双极型单 555 电路;(   )为单极型单 555 电路;(   )为双极型双 555 电路;(   )为单极型双 555 电路。

A. 555   B. 556   C. 7555   D. 7556

5.20 用 555 定时器组成施密特触发器,当输入控制端 CO 外接 10V 电压时,回差电压为(   )。

A. 3.33V   B. 5V   C. 6.66V   D. 10V

5.21 能将正弦波变成同频率方波的电路为(   )。

A. 单稳态触发器   B. 施密特触发器

C. 双稳态触发器   D. 无稳态触发器

5.22 用来鉴别脉冲信号幅度时,应采用(   )。

A. 单稳态触发器   B. 施密特触发器

C. 双稳态触发器   D. 无稳态触发器

5.23 下列电路中,无稳定状态的是(   );具有一个稳定状态的是(   );具有两个稳定状态的是(   )。

A. 施密特触发器   B. 单稳态触发器

C. 多谐振荡器   D. 555 定时器

思考题与习题

5.24 已知施密特触发器的输入波形如图 5-43 所示,其中,U_T=20V,电源电压 U_{CC}=18V。(1)定时器控制电压端 CO 通过电容接地,试画出施密特触发器对应的输出波形;(2)如果定时器 CO 端外接控制电压 U_{CO}=16V 时,试画出施密特触发器对应的输出波形。

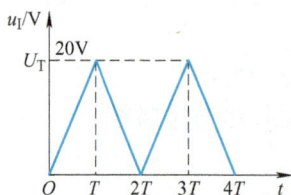

5.25 图 5-44 是由 D 触发器构成的单稳态触发器,设 D 触发器的 U_{TH}=1.4V。(1)简述该电路的工作原理;(2)画出 u_C、Q 点电压波形,假设 Q 的初始状态为 1。

图 5-43 题 5.24 图   图 5-44 题 5.25 图

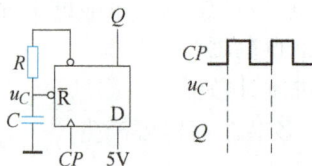

5.26 图 5-45a 是具有施密特功能的 TTL 与非门,如在输入端 A、B 加入图 5-45b 所示的波形,试画出输出 u_O 的波形。

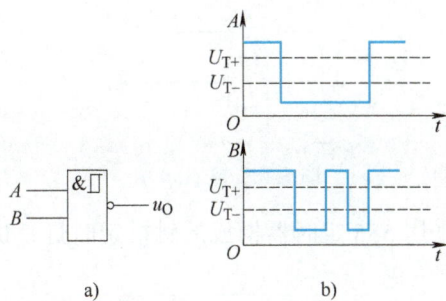

图 5-45　题 5.26 图

5.27　用 74LS121 构成的单稳态触发器，如外接电容 $C_{ext}=0.01\mu F$，输出脉冲宽度的调节范围为 $10\mu s \sim 1ms$，试求外接电阻 R_{ext} 的调节范围为多少。

5.28　555 定时器连接如图 5-46a 所示，试根据图 5-46b 所示的输入波形确定输出波形。

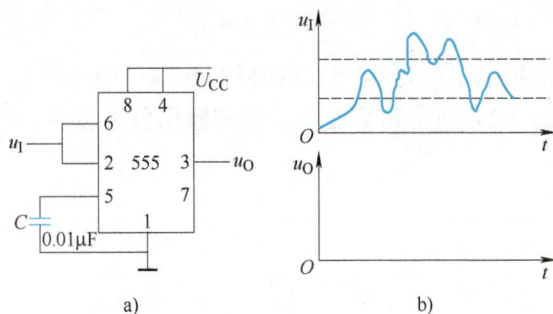

图 5-46　题 5.28 图

5.29　555 定时器连接如图 5-47a 所示，试根据图 5-47b 所示的输入波形确定输出波形。

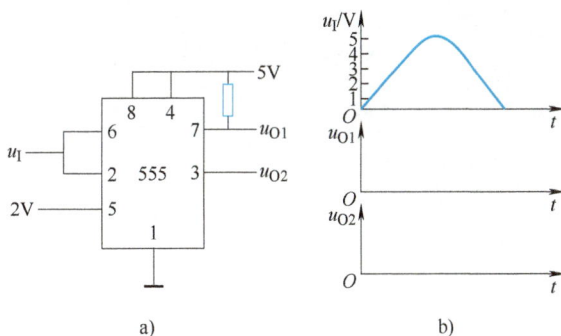

图 5-47　题 5.29 图

5.30　图 5-48 所示为用施密特触发器构成的多谐振荡器。施密特触发器的阈值电压分别为 U_{T+} 和 U_{T-}，（1）试画出电容 C 上的电压 u_C 和输出电压 u_O 的波形；（2）如果使输出波形的占空比可调，试问电路应如何修改？

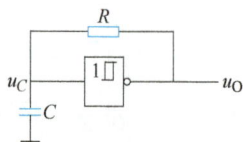

图 5-48　题 5.30 图

5.31　图 5-49 所示为采用 555 定时器构成的触摸定时灯，试分析其工作原理。

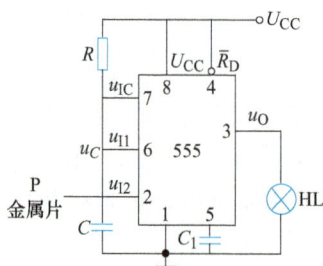

图 5-49　题 5.31 图

5.32　图 5-50 所示为由两个 555 定时器构成的频率可调而脉宽不变的矩形波发生器。（1）试说明其工作原理；（2）确定频率变化范围和输出脉冲宽度；（3）说明二极管 VD 在电路中的作用。

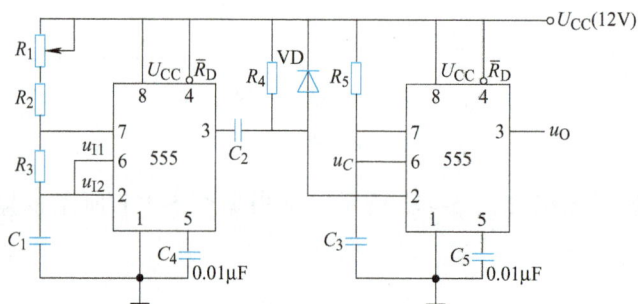

图 5-50　题 5.32 图

模块 6

数 / 模和模 / 数转换器

学习目标

1. 知识目标

- 了解采样、保持、量化、编码等概念。
- 熟悉主要 D/A、A/D 转换器的结构及特点。
- 了解 D/A、A/D 转换器的主要技术参数。

2. 能力目标

- 能使用集成 D/A、A/D 转换器。
- 能分析 D/A、A/D 转换器的基本原理。

3. 素质目标

- 培养独立解决问题的能力。
- 培养精益求精、一丝不苟的精神。

知识准备

随着电子技术和数字计算机的迅速发展，模拟信号可以转换成数字信号进行处理，而数字信号则可转换成模拟信号进行控制。从模拟信号到数字信号的转换称模 / 数转换（又称 A/D 转换），完成 A/D 转换的电路称 A/D 转换器（简称 ADC）；从数字信号到模拟信号的转换称数 / 模转换（又称 D/A 转换），完成 D/A 转换的电路称 D/A 转换器（简称 DAC）。A/D 转换器和 D/A 转换器在工业自动控制和自动检测系统中应用极为广泛。

例如，要用计算机对生产过程进行实时控制，首先将有关的物理量经传感器变成电压、电流等电模拟量，再经 A/D 转换变成数字信号，送计算机进行处理，处理后的结果又经 D/A 转换变成电压、电流等电模拟量，由执行元器件实行控制。这个过程的控制原理框图如图 6-1 所示，由此图可看出 A/D 转换器和 D/A 转换器的作用。另外，A/D 转换器被广泛用于制作数字式电压表、温度仪表及其他数字式检测仪表。目前在无线电通信、遥测、遥控等远距离的信息传输中，采用数字信号进行传输具有保密性好和抗干扰能力强的特点。

D/A 和 A/D 转换技术发展非常迅速，特别是大规模的 A/D、D/A 集成电路，已经成为各类数字设备及嵌入式计算机的重要输入 / 输出接口电路。

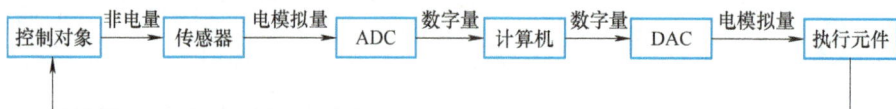

图 6-1　计算机对生产过程进行实时控制的原理框图

6.1　D/A 转换器

D/A 转换器可以认为是一种译码电路，它能将按二进制、BCD 码或其他编码方式的数字信号转换为模拟信号，并以电压或电流的形式输出。

6.1.1　D/A 转换器的工作原理

D/A 转换器的组成框图如图 6-2 所示。图 6-2 中，数据锁存器用来暂时存放输入的数字量，这些数字量控制电子模拟开关，将参考电压源（U_{REF}）按位切换到电阻译码网络中变成加权电流，然后经运放（运算放大器）求和，输出相应的模拟电压，完成 D/A 转换过程。

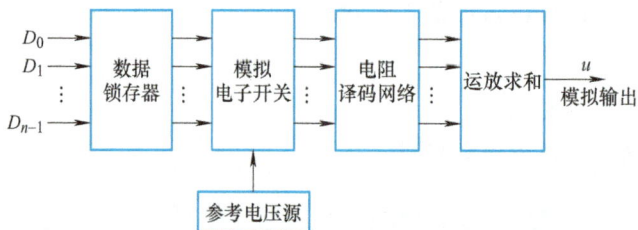

图 6-2　D/A 转换器组成框图

目前 D/A 转换器的种类很多，根据位权网络的不同，可分为权电阻网络 D/A 转换器、T 形电阻网络 D/A 转换器、倒 T 形电阻网络 D/A 转换器、权电流型 D/A 转换器等。权电阻网络 D/A 转换器的电路结构简单，但电阻网络中，各电阻阻值以 2^n 变化，大小不一，不易保证精度，因此很少采用。T 形电阻网络 D/A 转换器的电路结构简单，速度高，电阻网络由 R 和 $2R$ 两种阻值的电阻构成，故精度较高。此电路的不足之处是：在动态过程中，输出端有可能产生相当大的尖峰脉冲，即输出模拟电压的瞬时值有可能比稳态值大很多，会引起较大的动态误差。倒 T 形电阻网络 D/A 转换器的结构简单、速度高、精度高，且无 T 形电阻网络 D/A 转换器在动态过程中出现的尖峰脉冲。因此，倒 T 形电阻网络 D/A 转换器是目前转换速度较高且使用较多的一种。权电流型 D/A 转换器用恒流源代替电阻网络，从而降低了对电子开关的要求。

6.1.2　D/A 转换器的主要参数

1. 分辨率

分辨率是指对输出最小电压的分辨能力。它是输入数码只有最低有效位为 1 时的输出电压与输入数码为全 1 时输出满量程电压之比。因此分辨率可表示为 $1/(2^n-1)$ （n 表示输入数字量的位数）。例如，10 位 D/A 转换器的分辨率为 $1/(2^n-1)=1/(2^{10}-1)=1/1023 \approx 0.001$。

如果输出电压满量程为 10V，那么 10 位 D/A 转换器能够分辨的最小电压为 $10V/1023 \approx 0.009775V$，而 8 位 D/A 转换器能够分辨的最小电压为 $10V/255 \approx 0.039215V$。可见 D/A 转换器的位数越多，分辨输出最小电压的能力越强，故有时也用输入数码的位数来表示分辨率，如 10 位 D/A 转换器的分辨率为 10 位。大多数 D/A 转换器生产厂家用位数表示分辨率。

2. 转换精度

由于 D/A 转换器的各个环节在性能和参数上不可避免地与理论值存在误差，因此 D/A 转换器实际能达到的转换精度取决于转换误差的大小。转换误差表示 D/A 转换器实际转换特性与理想特性之间的最大偏差。显然，这个差值越小，电路的转换精度越高。

3. 转换速度

在 D/A 转换器中，通常用建立时间和转换速率来描述转换速度。

建立时间是衡量 D/A 转换器转换速度快慢的一个重要参数，它是指 D/A 转换器从输入数字信号开始到输出模拟电压或电流达到稳定值时所用的时间。

转换速率是指输出电压的变化率。在不包含参考电压源和运算放大器的单片集成 D/A 转换器中，转换速率可以做得比较高。如果要求整个 D/A 转换器的转换速率提高的话，那么要用转换速率快的运算放大器。

4. 线性度

理想 D/A 转换器输出的模拟电压量与输入的数字量大小成正比，即呈线性关系。但由于各种器件非线性的原因，实际并非如此，通常把输出偏离理想转换特性的最大偏差与满刻度输出之比定义为非线性误差，误差越小，线性度就越好。

6.1.3　倒 T 形电阻网络 D/A 转换器

倒 T 形电阻网络 D/A 转换器如图 6-3 所示。它由基准电压 U_{REF}、R-$2R$ 倒 T 形电阻网络、$S_0 \sim S_3$ 电子模拟开关及运放求和电路组成。

电子模拟开关 $S_0 \sim S_3$ 分别受输入二进制数 $D_0 \sim D_3$ 控制，随着 D 为 0 或 1，各开关分别处于图 6-3 中 0 和 1 的位置。而无论 S 处于何位置，其电位均为 0（运放同相端接地，反相端接虚地），这样，从图 6-3 中 A、B、C、D 各节点向里看，对地的等效电阻均为 R，即

$$R_A = 2R//2R = R$$
$$R_B = (R_A + R)//2R = R$$
$$R_C = (R_B + R)//2R = R$$
$$R_D = (R_C + R)//2R = R$$

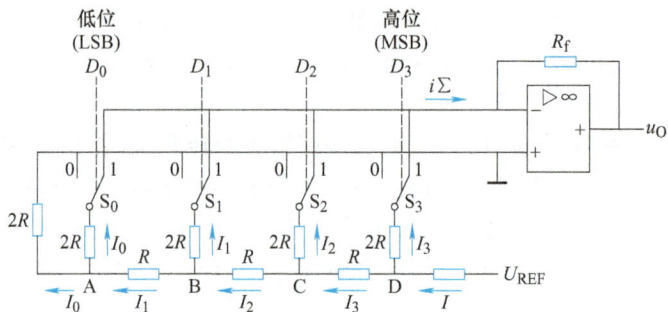

图 6-3　倒 T 形电阻网络 D/A 转换器

所以电路中的电流关系如下：

$$I = \frac{U_{REF}}{R}$$

$$I_3 = \frac{1}{2}I = \frac{1}{2}\frac{U_{REF}}{R}$$

$$I_2 = \frac{1}{4}I = \frac{1}{4}\frac{U_{REF}}{R}$$

$$I_1 = \frac{1}{8}I = \frac{1}{8}\frac{U_{REF}}{R}$$

$$I_0 = \frac{1}{16}I = \frac{1}{16}\frac{U_{REF}}{R}$$

流入运放反相端的总电流在二进制数 D 控制下的表达式为

$$i_\Sigma = I_3 D_3 + I_2 D_2 + I_1 D_1 + I_0 D_0$$

$$= \frac{U_{REF}}{2R}D_3 + \frac{U_{REF}}{4R}D_2 + \frac{U_{REF}}{8R}D_1 + \frac{U_{REF}}{16R}D_0$$

$$= \frac{U_{REF}}{2^4 R}(2^3 \times D_3 + 2^2 \times D_2 + 2^1 \times D_1 + 2^0 \times D_0) \quad (6\text{-}1)$$

输出电压为

$$u_O = -i_\Sigma R_f$$

$$= -\frac{U_{REF}}{2^4 R}(2^3 \times D_3 + 2^2 \times D_2 + 2^1 \times D_1 + 2^0 \times D_0)R_f \quad (6\text{-}2)$$

由式（6-2）可以看出，此电路完成了从数字量到模拟量的转换。倒 T 形电阻网络由于其各支路电流不随开关状态而变化，有很高的转换速度，因此在 D/A 转换器中被广泛使用。

6.1.4　权电流型 D/A 转换器

倒 T 形电阻网络 D/A 转换器要用到电子模拟开关，而这些开关具有的导通电阻和导通压降会引起转换误差，因而影响转换精度。用恒流源代替电阻网络的权电流型 D/A 转换器如图 6-4 所示，每条支路电流的大小不再受开关导通电阻和导通压降的影响，从而降低了对电子开关的要求。

　　每条支路中所接恒流源电流的大小与对应二进制数的位权成正比，相邻低位的电流为相邻高位电流的 1/2。当 $d_i=0$ 时，开关 S_i 接地；当 $d_i=1$ 时，开关 S_i 接运算放大器的反相输入端。各支路电流之和为流向运算放大器反相输入端的总电流 i_{Σ}，即

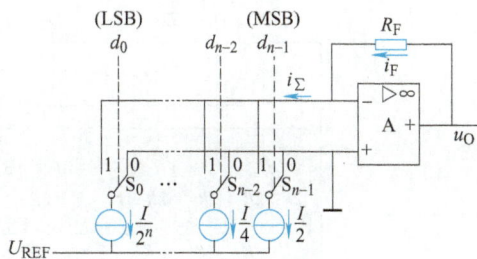

图 6-4　权电流型 D/A 转换器

$$i_{\Sigma} = \frac{I}{2^1}d_{n-1} + \frac{I}{2^2}d_{n-2} + \cdots + \frac{I}{2^{n-1}}d_1 + \frac{I}{2^n}d_0$$

$$= \frac{I}{2^n}(2^{n-1}d_{n-1} + 2^{n-2}d_{n-2} + \cdots + 2^1d_1 + 2^0d_0)$$

$$= \frac{I}{2^n}D_n \tag{6-3}$$

所以输出电压为

$$u_O = i_{\Sigma}R_F = \frac{I}{2^n}R_F D_n \tag{6-4}$$

可见，u_O 和输入的数字量 D_n 成正比。

6.1.5　集成 D/A 转换器

　　常用集成 D/A 转换器有两类：一类内部仅含有电阻网络和电子模拟开关两部分，常用于一般的电子电路中，常见的有 AD7520、AD7521 等，这类芯片与 CPU 连接时，要在其与 CPU 之间增加数据锁存器；另一类内部除含有电阻网络和电子模拟开关外，还带有数据锁存器，并具有片选控制和数据输入控制端，便于与微处理器进行连接，多用于微型计算机控制系统中，常见的有 DAC0832、DAC1210 等。

1. 集成 D/A 转换器 AD7520

　　AD7520 为 10 位 CMOS 电流开关 R-$2R$ 倒 T 形电阻网络 D/A 转换器，其电路简单、功耗低、转换速度快、通用性强，转换时间为 500ns，电源电压为 5～15V。

　　图 6-5 所示为 AD7520 的内部电路和引脚排列图。AD7520 芯片内集成了 10 组倒 T 形电阻网络、CMOS 电子模拟开关和一个 10kΩ 的反馈电阻，而求和运算放大器和基准电压必须外接。$D_0 \sim D_9$ 为 10 个二进制数码输入端，I_{OUT1} 和 I_{OUT2} 为电流输出端，R_F 为反馈电阻引出端，U_{REF} 为基准电压输入端。当输入 D_i 为高电平时，开关 S_i 打到 "1"；当输入 D_i 为低电平时，开关 S_i 打到 "0"。

2. 集成 D/A 转换器 DAC0832

　　DAC0832 是 8 位倒 T 形电阻网络型转换器。它可直接与微处理器相连，采用双缓冲寄存器，这样可在输出的同时，采集下一个数字量，以提高转换速度。图 6-6 是 DAC0832 的逻辑框图和引脚排列图。

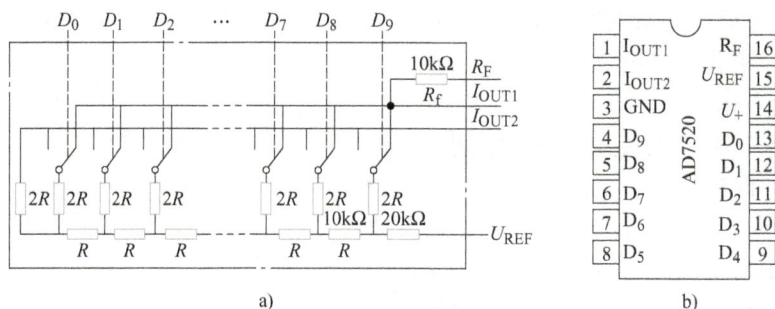

图 6-5　AD7520 的内部电路和引脚排列图

a）内部电路　b）引脚排列图

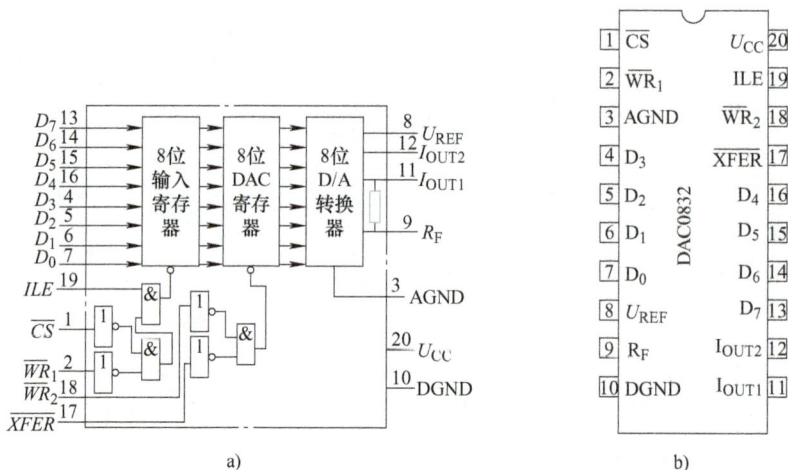

图 6-6　DAC0832 的逻辑框图和引脚排列图

a）逻辑框图　b）引脚排列图

各引脚的功能如下。

$D_0 \sim D_7$：8 位数字量输入端，其中 D_0 为最低位（LSB），D_7 为最高位（MSB）。

I_{OUT1}：输出电流 1 端，当 D/A 转换器寄存器中全都为 1 时，I_{OUT1} 为最大；当 D/A 转换器寄存器中全部为 0 时，I_{OUT1} 最小。

I_{OUT2}：输出电流 2 端，$I_{OUT1} + I_{OUT2} =$ 常数。

R_F：芯片内的反馈电阻，用来作为外接运放的反馈电阻。

U_{REF}：基准电压输入端，一般取 $-10 \sim 10V$。

U_{CC}：电源电压输入端，一般为 $5 \sim 15V$。

DGND：数字电路接地端。

AGND：模拟电路接地端，通常与 DGND 相连。

$\overline{CS}$：片选信号输入端（低电平有效），与 ILE 共同作用，对 $\overline{WR_1}$ 信号进行控制。

ILE：输入寄存器的锁存（高电平有效）。当 $ILE = 1$ 且 $\overline{CS}$ 和 $\overline{WR_1}$ 均为低电平时，8 位输入寄存器允许输入数据。当 $ILE = 0$ 时，8 位输入寄存器锁存数据。

$\overline{WR_1}$：写信号 1（低电平有效），用来将输入数据位送入寄存器中，当 $\overline{WR_1} = 1$ 时，输入寄存器的数据被锁定；当 $\overline{CS}$ =0，ILE=1 时，在 $\overline{WR_1}$ 为有效电平的情况下，才能写入数字信号。

$\overline{WR_2}$：写信号 2（低电平有效），与 $\overline{XFER}$ 组合，当 $\overline{WR_2}$ 和 $\overline{XFER}$ 均为低电平时，输入寄存器中的 8 位数据传送给 8 位 D/A 转换器寄存器；$\overline{WR_2}$ =1 时 8 位 D/A 转换器寄存器锁存数据。

$\overline{XFER}$：传递控制信号（低电平有效），用来控制 $\overline{WR_2}$ 选通 D/A 转换器寄存器。

图 6-7 所示为 DAC0832 的典型应用接线图，由于 $\overline{CS}$、$\overline{WR_1}$、$\overline{WR_2}$、$\overline{XFER}$ 端均接低电平，ILE 接高电平，所以使两个内部寄存器的输出随数字输入变化，因而 D/A 转换器的输出也随之变化，从而完成直接 D/A 转换。

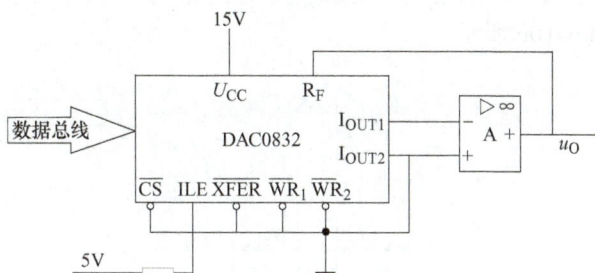

图 6-7　DAC0832 的典型应用接线图

6.2　A/D 转换器

A/D 转换器是一种将连续变化的模拟信号转换为数字信号的电路，以便于微处理器或数字电子系统进行处理、存储、控制和显示。

6.2.1　A/D 转换器的工作原理

由于模拟信号在时间和幅度上都是连续变化的，而数字信号在时间和幅度上都是离散的，因此，要把模拟信号转换为数字信号，必须经过采样、保持、量化、编码 4 个步骤，如图 6-8 所示。

图 6-8　A/D 转换器的原理框图

1. 采样和保持

采样（又称抽样或取样）是将时间上连续变化的模拟信号转换为时间上离散的模拟信号，即转换为一系列等间隔的脉冲。

为了不失真地用采样后的输出信号 u_o 来表示输入模拟信号 u_i，取样频率 f_S 必须满足

$f_S \geq 2f_{max}$（此式为采样定理）。其中，f_{max} 为输入信号 u_i 的上限频率（即最高次谐波分量的频率）。模拟信号经采样后输出一系列的断续脉冲。采样脉冲宽度一般是很短暂的，而 A/D 转换器把采样信号转换成数字信号需要一定的时间，这就需要将这个断续的脉冲信号保持一定时间以便进行转换。图 6-9 是一种常见的采样 – 保持电路，由采样开关、保持电容和缓冲放大器组成。

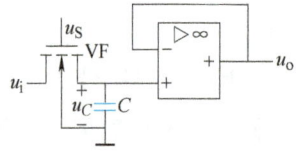

图 6-9　采样 – 保持电路

图 6-9 中，利用场效应晶体管作模拟开关，输入的模拟信号 u_i 如图 6-10a 所示，采样脉冲 u_S 如图 6-10b 所示，采样周期为 T_S，采样时间为 t_w。在采样脉冲 u_S 到来的时间 t_w 内，开关接通，输入模拟信号 u_i 向电容 C 充电，当电容 C 的充电时间常数 $t_C \ll \tau$ 时，C 上的电压在时间 t_w 内跟随 u_i 变化。取样脉冲结束后，开关断开，因 C 的漏电很小且运算放大器的输入阻抗又很高，所以 C 上电压可保持到下一个采样脉冲到来为止。运算放大器构成跟随器，具有缓冲作用，以减小负载对保持电容的影响。在输入一连串取样脉冲后，输出电压 u_o 的波形如图 6-10c 所示。

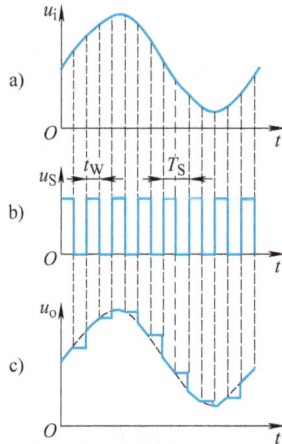

图 6-10　采样 – 保持电路的输入输出波形

a）输入模拟电压　b）采样脉冲　c）输出电压波形

2. 量化和编码

输入的模拟信号经采样 – 保持后，得到的是阶梯形模拟信号。阶梯幅度的变化也将会有无限个数值，很难用数字量表示出来，因此必须将阶梯形模拟信号的幅度等分成 n 级，每级规定一个基准电平值，然后将阶梯电平分别归并到最邻近的基准电平上。这种分级归并、近似取整的过程称为量化。量化中的基准电平称为量化电平，采样保持后未量化的电平 U_o 值与量化电平 U_q 值之差称为量化误差 δ，即 $\delta = U_o - U_q$。量化的方法一般有两种：只舍不入法和有舍有入法（或称四舍五入法）。用二进制数码来表示各个量化电平的过程称为编码。图 6-11 所示为

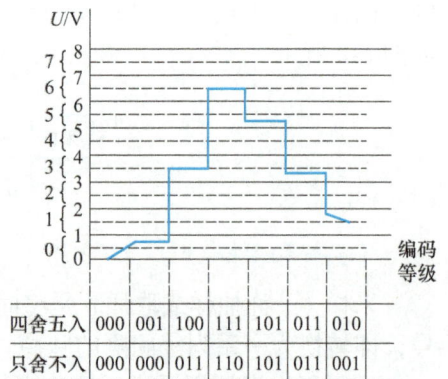

四舍五入	000	001	100	111	101	011	010
只舍不入	000	000	011	110	101	011	001

图 6-11　两种量化编码方法的比较

两种不同的量化编码方法。

A/D 转换器可分为直接 A/D 转换器和间接 A/D 转换器两大类。在直接 A/D 转换器中，输入模拟信号直接被转换成相应的数字信号，如逐次逼近型 A/D 转换器和并行比较型 A/D 转换器等，其特点是工作速度高，转换精度容易保证，调准也比较方便；在间接 A/D 转换器中，输入模拟信号先被转换成某种中间变量（如时间、频率等），然后再将中间变量转换为最后的数字量，如单次积分型 A/D 转换器、双积分型 A/D 转换器等，其特点是工作速度较低，但转换精度可以做得较高，且抗干扰性强。

6.2.2　A/D 转换器的主要参数

1. 分辨率

A/D 转换器的分辨率指 A/D 转换器对输入模拟信号的分辨能力，常以输出二进制码的位数 n 来表示，即

$$分辨率 = \frac{1}{2^n} U_{\text{FSR}} \tag{6-5}$$

式中，U_{FSR} 是输入的满量程模拟电压。

例如，输入的满量程模拟电压为 5V，8 位 A/D 转换器可以分辨的最小模拟电压为 $5V/2^8 = 0.019531V$，而 10 位 A/D 转换器可以分辨的最小模拟电压为 $5V/2^{10} = 0.004883V$，显然 A/D 转换器的位数越多，分辨最小模拟电压的值就越小，它的分辨率就越高。

2. 转换速度

转换速度是指 A/D 转换器完成一次转换所需的时间，即从接到转换控制信号开始，到输出端得到稳定的数字信号所经历的时间。转换时间越短，说明转换速度越高。转换速度与 A/D 转换器的类型有关，双积分型 A/D 转换器的转换速度最慢需几百毫秒左右；逐次逼近型 A/D 转换器的转换速度较快，需几十微秒；并联型 A/D 转换器的转换速度最快，仅需几十纳秒。

3. 相对精度

相对精度是指 A/D 转换器实际输出的数字量与理论输出的数字量之间的差值，通常用最低有效位的倍数来表示。

6.2.3　双积分型 A/D 转换器

双积分 A/D 转换器是一种间接型 A/D 转换器。图 6-12a 所示为双积分 A/D 转换器的原理电路。它由积分器、比较器、二进制数计数器、逻辑控制电路、基准电压源等组成。其工作原理如下。

A/D 转换前，控制电路对计数器清零，并将开关 S_2 闭合，使电容 C 放完电后，S_2 再断开。

（1）第一次积分

开关 S_1 接通 a 点，这时由运放 A、电阻 R 和电容 C 组成的积分器对采样电路（也可省略）取得的模拟电压 u_I 进行积分。由于 $u_I > 0$，故在积分期间，其输出 $u_O < 0$，经过比较

器 C 输出为 $u_C > 0$，该信号使与非门 G 开启，使计数脉冲 CP 进入计数器开始计数。第一次积分时间 T_1 是固定不变的，它以 $n+1$ 位二进制计数器电路仅最高位 $Q_n=1$ 时为标志，作为第一次积分阶段的结束。

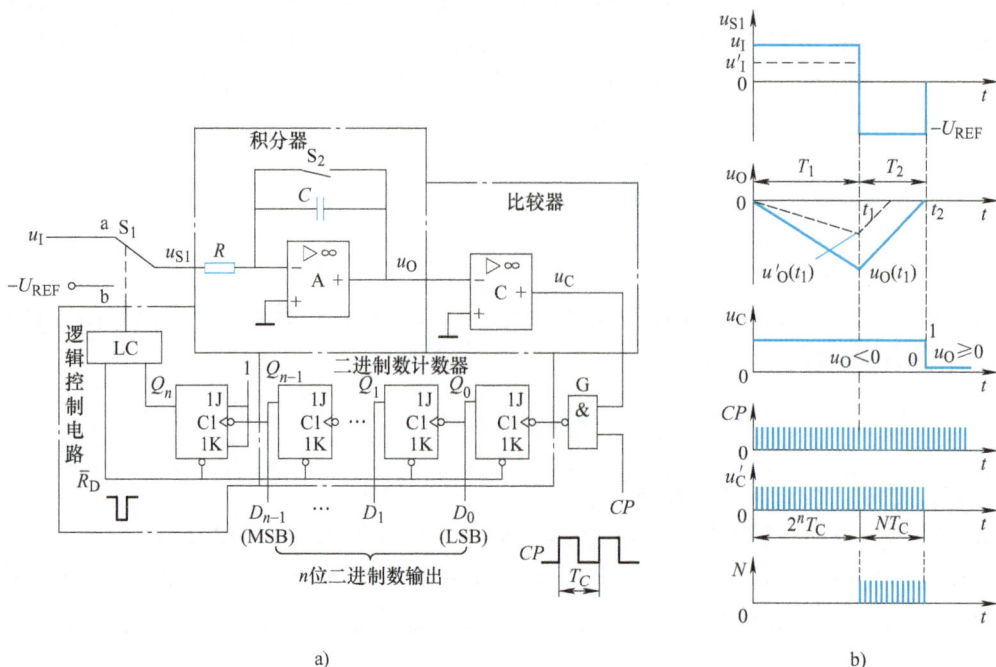

a)

b)

图 6-12 双积分型 A/D 转换器

a）原理电路 b）工作波形

现设计数脉冲 CP 的周期为 T_C，因此可知第一次积分时间为

$$T_1 = 2^n T_C \tag{6-6}$$

积分器输出为

$$u_O(t_1) = -\frac{1}{C}\int_0^{T_1}\frac{u_I}{R}\,dt = -\frac{T_1}{RC}u_I = -\frac{2^n T_C}{RC}u_I \tag{6-7}$$

由式（6-7）可知，由于 T_1 为不变的固定值，因此第一次积分后，$u_O(t_1)$ 值与 u_I 成正比，如图 6-12b 中 u_I 和 u_O 波形所示。

（2）第二次积分

当 $Q_n=1$，通过逻辑控制电路，使开关 S_1 接通 b 点的基准电压 $-U_{REF}$，要求基准电压极性总是与被转换模拟电压极性相反。因此积分器在第二次积分时，是在电容上有初始电压 $u_O(t_1)$ 的基础上进行反向积分，而计数器是在最高位 $Q_n=1$ 的基础上，在最低位 $Q_n=0$ 开始计数。当电容上电压达到 0 时，使 $u_O \geq 0$，这时比较器输出 $u_C=0$，封锁了与非门 G，计数器停止计数，如图 6-12b 中 t_2 时刻所示。在 $t_1 \sim t_2$ 期间，计数器的计数值为 N，故有

$$u_O(t_2) = -\frac{1}{C}\int_{t_1}^{t_2}\frac{-U_{REF}}{R}\,dt + u_O(t_1) = 0$$

而 $T_2 = t_2 - t_1 = NT_C$，并将式（6-4）代入上式有

$$\frac{NT_C}{RC}U_{REF} - \frac{2^n T_C}{RC}u_1 = 0$$

因而得到

$$N = \frac{2^n}{U_{REF}}u_I \tag{6-8}$$

由上述过程可知，第二次积分期间，由于 U_{REF} 不变，因此积分斜率不变。由图 6-12b 可知，使 u_O 达到零值所需的时间 T_2 与 u_1 成正比，当输入电压较小，为 u_1' 时，相应 $u_O'(t_1)$ 也减小，T_2 也将缩短，如图 6-12b 中虚线所示。

双积分 A/D 转换器的主要优点是工作性能稳定，抗干扰能力强，转换精度高。它的缺点是转换速度低。由于双积分 A/D 转换器的优点突出，所以在转换速度要求不高的场合应用很广，常用于数字电压表等检测仪器中。

6.2.4　逐次逼近型 A/D 转换器

逐次逼近型 A/D 转换器的结构框图如图 6-13 所示，包括 4 个部分：比较器、D/A 转换器、逐次逼近寄存器和控制逻辑电路。其工作原理是将大小不同的参考电压与输入模拟电压逐步进行比较，比较结果以相应的二进制代码表示。

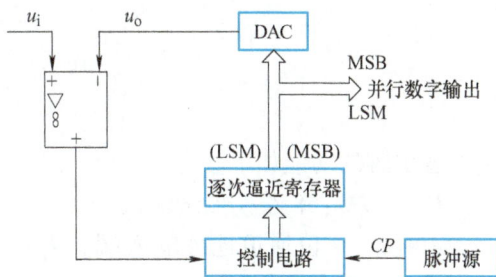

图 6-13　逐次逼近型 A/D 转换器的结构框图

转换前应先将寄存器清零。转换开始后，控制逻辑电路将寄存器的最高位置为 1，使其输出为 $100\cdots0$。这个数码被 D/A 转换器转换成相应的模拟电压 u_o，送到比较器与输入 u_i 进行比较。若 $u_o > u_i$，说明寄存器输出数码过大，故将最高位的 1 变成 0，同时将次高位置为 1；若 $u_o \leqslant u_i$，说明寄存器输出数码还不够大，则应将这一位的 1 保留，依次类推，将下一位置 1 进行比较，直到最低位为止。比较结束后，寄存器中的状态就是转化后的数字输出，此比较过程与用天平称量一个物体重量时的操作一样，只不过使用的砝码重量依次减半。

逐次逼近型 A/D 转换器的数码位数越多，转换结果越精确，但转换时间也越长。对于 n 位逐次逼近型 A/D 转换器完成一次转换至少需要 $n+1$ 个 CP 脉冲。但当输出位数较多时，逐次逼近型 A/D 转换器所用器件比较少，因此逐次逼近型 A/D 转换器是目前集成 A/D 转换器中用得最多的一种电路。

6.2.5　集成 A/D 转换器

1. ADC0809

ADC0809 是 AD 公司生产的采用 CMOS 工艺的双列直插式 8 位逐次逼近型 A/D 转换器。ADC0809 是一个带有 8 通道多路开关的能与微处理器兼容的 8 位 A/D 转换器，图 6-14

是 ADC0809 的逻辑框图和引脚排列图。

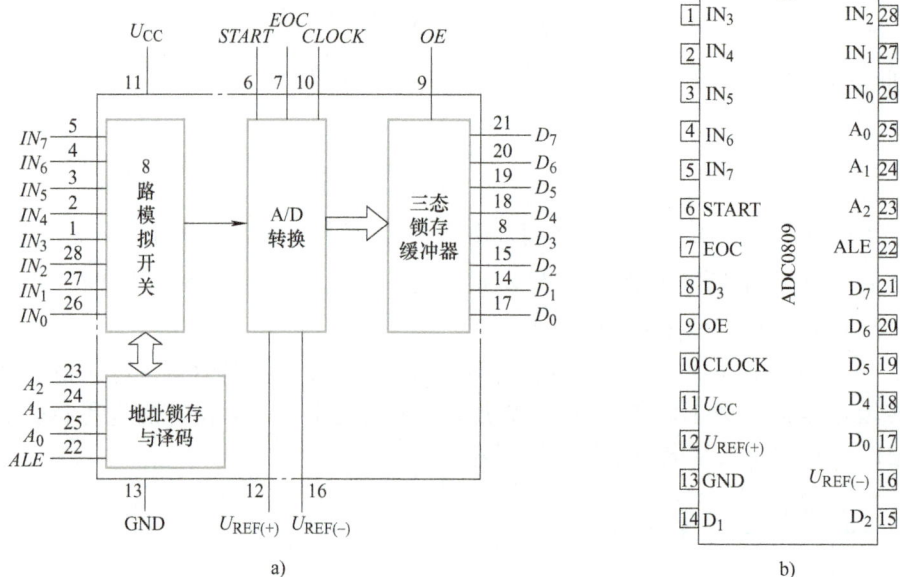

图 6-14 ADC0809 的逻辑框图和引脚排列图

a）逻辑框图　b）引脚排列图

各引脚的功能如下。

$IN_0 \sim IN_7$：8 路模拟量输入端。

$A_2 A_1 A_0$：3 位通道地址输入端，$A_2 A_1 A_0$ 为 3 位二进制码，$A_2 A_1 A_0$ 为 000 ～ 111 时分别选中 $IN_0 \sim IN_7$。

ALE：地址锁存允许输入端（高电平有效），当 ALE 为高电平时，允许 $A_2 A_1 A_0$ 所示的通道被选中。

U_{CC}：电源电压，一般为 5V。

$U_{REF(+)}$、$U_{REF(-)}$：参考电压输入端，用来提供 D/A 转换器权电阻的标准电平，一般 $U_{REF(+)}$ =5V、$U_{REF(-)}$ =0V。

OE：输出允许信号（高电平有效），用来打开三态输出锁存器，将数据送到数据总线。

$START$：启动信号输入端，当 $START$ 为高电平时开始 A/D 转换。

EOC：转换结束信号，它在 A/D 转换开始时由高电平变为低电平，转换结束后由低电平变为高电平。

$D_7 \sim D_0$：8 位数字量输出端。

$CLOCK$：外部时钟信号输入端。改变外接 RC 元件，可改变时钟频率，从而决定 A/D 转换的速度。

2. MC14433

MC14433 是美国 Motorola 公司生产的 $3\frac{1}{2}$ 位双积分型 A/D 转换器，所谓 $3\frac{1}{2}$ 位，是

指输出的十进制数，其最高位仅有 0 和 1 两种状态，故称此位为 $\frac{1}{2}$ 位。

图 6-15 是 MC14433 的逻辑框图和引脚排列图。MC14433 A/D 转换器主要由模拟部分和数字部分组成。MC14433 的逻辑电路包括时钟信号发生器、4 位十进制计数器、多路选择开关、逻辑控制器、极性检测器和溢出指示器等。时钟信号由芯片内部的反相器、电容以及外接电阻 R_C 所构成。R_C 通常可取 750kΩ、470kΩ、360kΩ 等典型值，相应的时钟频率 f_0 依次为 50kHz、66kHz、100kHz。当采用外部时钟频率时，不接 R_C。4 位十进制计数器的计数范围为 0 ~ 1999。锁存器用来存放 A/D 转换的结果。

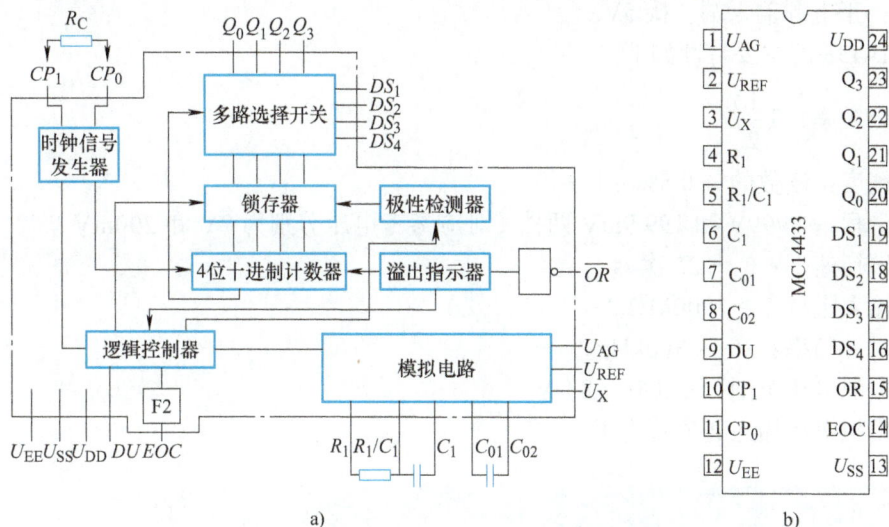

图 6-15　MC14433 的逻辑框图和引脚排列图

a）逻辑框图　b）引脚排列图

MC14433 输出为 BCD 码，4 位十进制数按时间顺序从 Q_0 ~ Q_3 输出，DS_1 ~ DS_4 是多路选择开关的选通信号，即位选通信号。当某一个 DS 信号为高电平时，相应的位被选通，此刻 Q_0 ~ Q_3 输出的 BCD 码与该位数据相对应。

MC14433 具有外接元器件少、输入阻抗高、功耗低、电源电压范围宽、抗干扰性好、转换精度高等特点，并且具有自动校零和自动极性转换功能，可测量正或负的电压值，使用调试方便，能与微处理器或其他数字系统兼容。MC14433 使用时只要外接两个电阻和两个电容即可构成一个完整的 A/D 转换器，但速度较慢，在对转换速度要求不高的场合（如数字电压表、数字温度计、数字量具及遥测、遥控系统等）中被广泛应用。

MC14433 各引脚功能如下。

U_{AG}：模拟地，作为输入模拟电压和参考电压的参考点。

U_{REF}：参考电压输入端。

U_X：被测电压输入端。

R_1、R_1/C_1、C_1：外接电阻、电容的接线端。C_1=0.1μF，R_1=470kΩ（2V 量程）；R_1=27kΩ（200mV 量程）。

C_{01}、C_{02}：补偿电容 C_0 接线端。

DU：实时显示控制输入端。

CP_1、CP_0：时钟振荡外接电阻端，典型值 470kΩ。

U_{EE}：电路的电源最负端，接 -5V。

U_{SS}：电源公共地（通常与 1 脚连接）。

EOC：转换结束信号。

$\overline{OR}$：溢出信号输出。

$DS_1 \sim DS_4$：输出位选通信号。

$Q_0 \sim Q_3$：转换结果的 BCD 码输出端。

U_{DD}：正电源输入端。接 5V。

MC14433 的主要特性如下。

1）分辨率：$3\frac{1}{2}$位。

2）精度：读数的 ±0.5%±1 字。

3）量程：1.999V 和 199.9mV 两档（对应参考电压分别为 2V 和 200mV）。

4）转换速率：3 ～ 25 次 /s。

5）输入阻抗：≥1000MΩ。

6）时钟频率：30 ～ 300kHz。

7）电源电压范围：±（5 ～ 8）V。

8）模拟电压输入通道数为 1。

技能实训

实训 1　D/A、A/D 转换器的功能测试

1. 实训目的

1）熟悉 D/A 转换器和 A/D 转换器的原理、转换方式及特点。

2）了解 D/A 转换集成芯片和 A/D 转换集成芯片的结构、功能测试方法及应用。

3）熟悉 D/A 转换器集成芯片 DAC0832 和 A/D 转换集成芯片 ADC0809 的性能，学习其使用方法。

2. 实训器材

双路直流电源；双踪示波器；万用表；计数脉冲源；逻辑电平开关；逻辑电平显示器；集成芯片 μA741、DAC0832、ADC0809 各 1 片；电位器 10kΩ、1kΩ 各 1 只；面包板 1 块；导线若干。

3. 实训内容及步骤

（1）D/A 转换器的功能测试

1）按图 6-16 所示电路接线，检查无误后，接通电源。

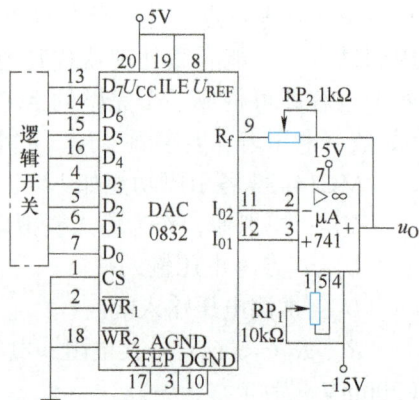

图 6-16　D/A 转换器的功能测试接线图

2）将输入数据开关均接 0，即输入数据 $D_7D_6D_5D_4D_3D_2D_1D_0$=00000000，并调节运放的调零电位器使输出电压 u_O=0。

3）然后按表 6-1 中提供的输入数字量（由输入数据开关控制），逐次测量输出模拟电压 u_O，并填入表 6-1 中。

表 6-1　D/A 转换器输出电压

输入数字量								输出模拟电压 /V	
D_7	D_6	D_5	D_4	D_3	D_2	D_1	D_0	实测值	理论值
0	0	0	0	0	0	0	0		
0	0	0	0	0	0	0	1		
0	0	0	0	0	0	1	1		
0	0	0	0	0	1	1	1		
0	0	0	0	1	1	1	1		
0	0	0	1	1	1	1	1		
0	0	1	1	1	1	1	1		
0	1	1	1	1	1	1	1		
1	1	1	1	1	1	1	1		

（2）A/D 转换器的功能测试

按图 6-17 所示电路接线，其中输出端 $D_7 \sim D_0$ 分别接发光二极管（LED），CLOCK 接连续脉冲（频率大于 1kHz）。首先调节电位器 RP，使输入模拟电压 u_I 为 4V，再按一次单次脉冲，观察并记录输出端发光二极管的显示结果；调节电位器 RP，再输入单次脉冲，使输出 $D_7 \sim D_0$ 全为高电平，用万用表测量并记录此时的输入模拟电压 u_I 的大小；调节电位器 RP，使输入模拟电压 u_I 分别为 2V、1V、0.5V、0.1V、0V。重复上述实训，每次输入一个单次脉冲，观察并记录每次输出端的状态。

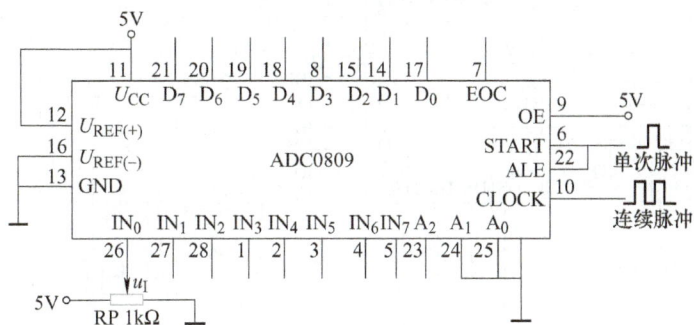

图 6-17　A/D 转换器的功能测试接线图

4. 实训报告

1）总结实训目的、实训电路。

2）总结 DAC0832 的转换结果，并与理论值做比较。

3）以表格形式总结 ADC0809 的转换结果，并与理论值进行比较。

实训 2　数字电压表制作与调试

1. 实训目的

1）进一步熟悉 A/D 转换器的作用、构成及工作原理。

2）会识别和检测 MC14433 集成电路。

3）掌握数字电压表电路中元器件的连接特点，能够对电路中的相关参数进行合理测试，并能正确判断出电路的工作状态。

4）掌握简单电路的装配方法，进一步熟练使用各种仪器仪表。

5）进一步提高分析问题和解决问题的能力。

2. 实训器材

直流稳压电源；万用表；集成电路芯片 MC14433、MC1413、MC1403、CC4511 各 1 片，7 段数码管显示器 BC201 4 块；电阻 470kΩ 2 只、100kΩ 7 只、200Ω 2 只；电位器 1kΩ 1 只；电容 0.1μF/60V 2 只，面包板 1 块；导线若干。

3. 实训内容及要求

数字电压表电路主要由 A/D 转换器、锁存 /7 段译码驱动器、发光二极管等器件组成。数字电压表电路如图 6-18 所示。其中，MC14433 为 A/D 转换器，将输入的模拟信号转换成数字信号；MC1403 为基准电压源电路，提供基准电压，供 A/D 转换器作为参考电压；CC4511 译码驱动电路将二 – 十进制 BCD 转换成 7 段信号，驱动显示器的 a、b、c、d、e、f、g 7 个发光段，使发光管显示；MC1413 为 7 组达林顿反相驱动电路，$DS_1 \sim DS_4$ 信号经 MC14433 缓冲后驱动各位数码管的阴极；LED 显示器将译码器输出的 7 段信号进行数字显示，读出 A/D 转换结果。

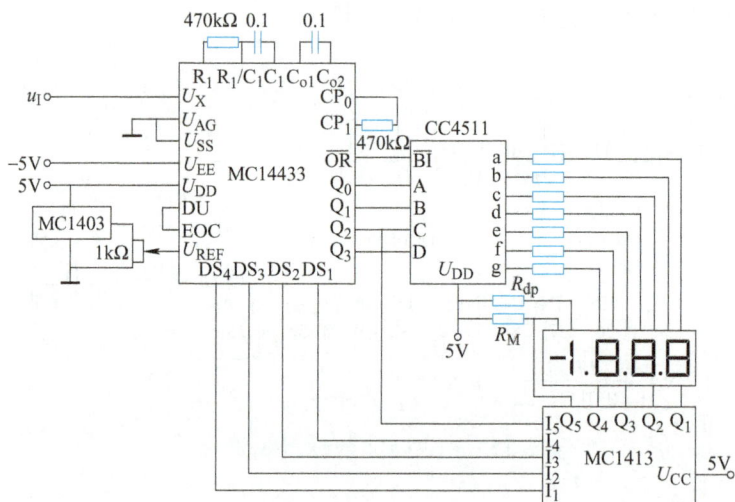

图 6-18　数字电压表电路

MC1403 的输出接 MC14433 的 U_{REF} 输入端，为 MC14433 提供精准的参考电压，被测输入电压 u_I 信号经 MC14433 进行 A/D 转换，MC14433 把转换后的数字信号采用多路调制方式输出的 BCD 码，经译码后送给 4 个 LED 7 段数码管。4 个数码管 $a \sim g$ 分别并联在一起，MC1413 的 4 个输出端 $Q_1 \sim Q_4$ 分别接 4 个数码管的阴极，为数码管提供导电通路，它接收 MC14433 的选通脉冲 $DS_1 \sim DS_4$ 信号，使 $Q_1 \sim Q_4$ 轮流为低电平，从而控制 4 个数码管轮流工作，实现扫描显示。

分别采用 3 个数码管显示输入电压的十位、个位、小数点后一位，一共显示 3 个十进制数字，所以，只需要 MC14433 上的 DS_1、DS_2、DS_3 就能满足要求，DS_4 不用，小数点直接由 5V 电源供电。

电压极性符号"-"由 MC14433 的 Q_2 端控制。当输入负电压时，$Q_2=0$，"-"通过 R_M 点亮；当输入正电压时，$Q_2=1$，"-"熄灭。

小数点由电阻 R_{dp} 供电点亮。当电源电压为 5V 时，R_M、R_{dp} 和 7 个限流电阻的阻值约为 $270 \sim 390\Omega$。

当参考电压 U_{REF} 分别取 2V 和 200mV 时，输入被测模拟电压的范围分别为 $0 \sim 1.99V$ 和 $0 \sim 199.9mV$。MC14433 量程电压输入端的最大输入电压不超过 1.999V，若被测输入电压范围超过 1.999V（如在 $0 \sim 20V$ 范围），则被测输入电压需经过分压才能输入。被测电压输入前需经电阻分压和限流，使输入电压变为原来的 1/10，与 2V 参考电压匹配。

4. 电路安装与调试

1）将检测合格的元器件按照图 6-18 所示电路连接，并安装在面包板或万能电路板上。

2）当插接集成电路时，应先校准两排引脚，使之与底板上的插孔对应，轻轻将电路插上，在确定引脚与插孔吻合后，再稍用力将其插紧，以免集成电路的引脚弯曲、折断或者接触不良。

3）导线应粗细适当，一般选取直径为 $0.6 \sim 0.8mm$ 的单股导线，最好用不同颜色区分不同用途，如电源线用红色，接地线用黑色。

4）连线应避免过长，避免从集成元器件上方跨越和多次重叠交错，以利于布线、更换元器件以及故障检查和排除。

5）电路布线应整齐、美观、牢固。水平导线应尽量紧贴底板，竖直方向的导线可沿边框四角敷设，导线转弯时弯曲半径不要过小。

6）电路安装完后，要仔细检查电路连接，确认无误后再接入电源。

7）插上 MC1403 基准电源，检查输出是否为 2.5V，调整 1kΩ 电位器，使其输出电压为 2V。

8）将输入端接地，接通 5V 和 -5V 电源（先接好地线），显示器将显示"000"，如果不是，就应检测电源的正负电压。用示波器测量观察 $DS_1 \sim DS_4$ 和 $Q_0 \sim Q_3$ 波形，以判别故障所在。

9）用电阻、电位器构成一个简单的输入电压 u_I 调节电路，调节电位器，3 位数码将相应变化，再进入下一步精调。

10）测量输入电压，调节电位器，使 $u_I=1.000V$，这时被调电路的电压指示值不一定显示"1.000"，应调整基准电压源，使指示值与标准电压表误差个位数在 5 之内。

11）改变输入电压 u_I 极性，使 $u_I=-1.000V$，检查"-"是否显示，并按前述 10）的方法校准显示值。

12）在 0 ～ 1.999V 和 –1.999 ～ 0V 量程内再一次仔细调整（应调整基准电源电压，使全部量程内的误差均不超过个位数，最好在 5 之内）。

至此，一个测量范围在 ±1.999 的 $3\frac{1}{2}$ 位数字直流电压表调试成功。

5. 考评内容及评分标准

数字电压表制作与调试考评内容及评分标准见表 6-2。

表 6-2　数字电压表制作与调试考评内容及评分标准

步骤	考评内容	评分标准	标准分	扣分及原因	得分
1	画出电路图，并分析其工作原理	（1）各元器件符号正确 （2）各元器件连接正确 （3）原理分析准确 错一处扣 5 分，扣完为止 （教师辅导、学生自查）	20 分		
2	根据相关参数，对元器件质量进行判别	元器件质量判断正确 错一处扣 5 分，扣完为止 （学生自查、教师检查）	20 分		
3	根据电路图进行电路装接；利用直观法或使用万用表分析电路连接是否正确	（1）电路装接符合工艺标准 （2）布局规范，走线美观 （3）不得出现断路（脱焊）、短路等错误 错一处扣 5 分，扣完为止 （学生互查、教师检查）	20 分		
4	确认检查无误后，进行通电测试。	（1）操作过程正确 （2）电路工作状态正常 错一处扣 5 分，扣完为止 （教师指导、学生互查）	25 分		
5	注意安全、规范操作。小组分工，保证质量，完成时间为 90min	（1）小组成员有明确分工 （2）在规定时间内完成该项目 （3）各项操作规范、安全 成员无分工扣 5 分，超时扣 10 分 （教师指导、学生互查）	15 分		

注：教师根据学生对数字电压表电路相关理论和技能的掌握情况进行综合评定，并指出存在的问题和具体改进方案。

知识拓展　锯齿波发生器

在电子工程、通信工程、自动控制、遥控控制、测量仪器、仪表和计算机等技术领域，经常需要用到锯齿波形发生器。随着集成电路的迅速发展，用集成电路可很方便地构成锯齿波发生器，其波形质量、幅度和频率稳定性、可调性都能达到较高的性能指标。

锯齿波是常用的基本测试信号，在实际中有广泛的应用，以 DAC0832 为核心组成的锯齿波发生器电路如图 6-19 所示。两片 74LS161 构成 8 位二进制计数器，随着计数脉冲的增加，计数器的输出状态在 00000000 ～ 11111111 之间变化。计满 11111111 时，又从 00000000 开始。

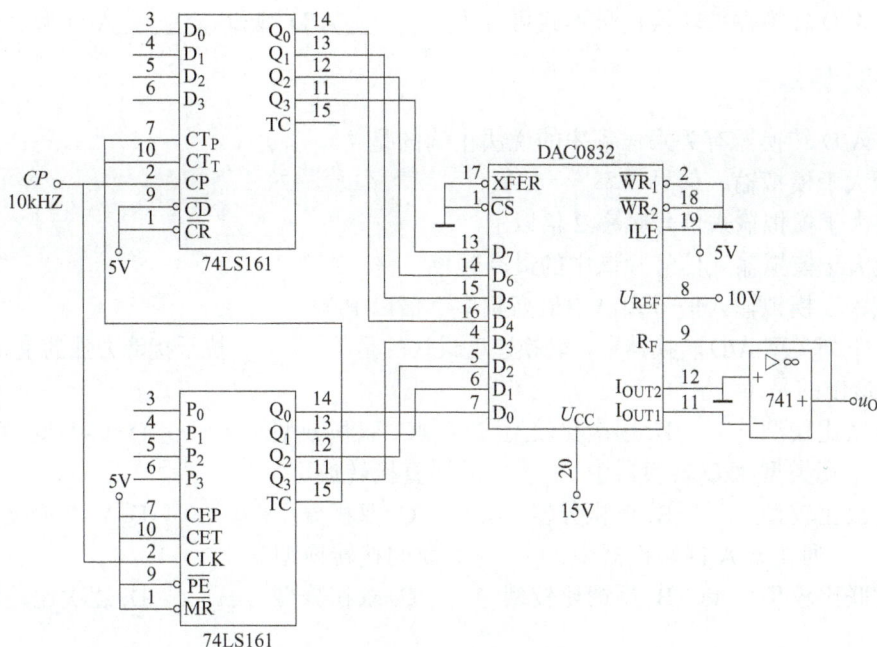

图 6-19　锯齿波发生器的电路

DAC0832 将计数器输出的 8 位二进制信息转换为模拟电压,在电路中它的两个缓冲器都接成直通状态。当计数器全为 1 时,输出电压 $u_O=U_{max}$;下一个计数脉冲,计数器全为 0,输出电压 $u_O=0$。显然,计数器输出从 00000000 到 11111111,数模转换器有 $2^8=256$ 个模拟电压输出。用示波器观察到的输出锯齿波波形如图 6-20 所示。

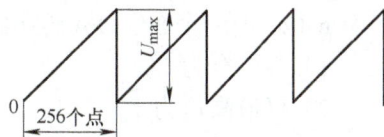

图 6-20　锯齿波波形

输出锯齿波的频率 f_0 和计数脉冲频率 f_{cp} 的关系为:$f_0=f_{cp}/256$。因为每隔 256 个 CP 脉冲,计数器从 00000000 到 11111111 变化一次,输出模拟电压就从 0 到 U_{max} 变化一次,所以两者具有上述关系。

外接的运放 LM741 将 DAC0832 转换后的电流输出转换为电压输出,输出电压与参考电压 U_{REF} 成正比。当升高 U_{REF} 时,锯齿波的幅度也随之增大,反之亦然。

自我检测题

一、填空题

6.1　将数字信号转换为相应的模拟信号称为_____转换。

6.2　将模拟信号转换为相应的数字信号称为_____转换。

6.3　D/A 转换器分辨率的定义为_____与_____之比。

6.4　D/A 转换器按转换方式可分为_____、_____、_____和_____等。

6.5　A/D 转换器由_____、_____、_____和_____4 个部分组成,这也是 A/D 转换的过程步骤。

6.6 A/D 转换器按转换信号形式可分为_____A/D 型和_____A/D 型。

二、选择题

6.7 A/D 转换器有关采样频率的说法正确的是（   ）。

A. 应大于模拟输入信号频率

B. 应大于模拟输入信号频率 2 倍以上

C. 应大于模拟输入信号频谱中的最高频率

D. 应大于模拟输入信号频谱中最高频率 2 倍以上

6.8 下列类型 A/D 转换器中，转换速度最快的是（   ）；抗干扰能力强的是（   ）；转换速度最慢的是（   ）。

A. 并联比较型   B. 逐次比较型   C. 双积分型   D. V-F 变换型

6.9 下列类型 A/D 转换器中，（   ）属直接转换型。

A. 逐次比较型   B. 单积分型   C. 双积分型   D. V-F 变换型

6.10 下列类型 A/D 转换器中，（   ）属间接转换型。

A. 并联比较型   B. 反馈比较型   C. 双积分型   D. 逐次比较型

📝 思考题与习题

6.11 在 8 位倒 T 形电阻网络 D/A 转换器中，已知 $U_{REF}=10V$，$R_f=R$，试分别求出输入数字为 10011000 和 01111101 时的输出模拟电压 u_o 的大小。

6.12 有一个 8 位 D/A 转换器电路满值输出电压为 10V，试求如下输入时的输出电压值：

1）各位全为 1。

2）仅最高位为 1。

3）仅最低位为 1。

6.13 已知某 D/A 转换器电路最小分辨电压为 5mV，最大满值输出电压为 10V，试求该电路输入数字量的位数。

6.14 某 12 位 A/D 转换器电路满值输入电压为 16V，试计算其分辨率。

6.15 一个 8 位逐次逼近型 A/D 转换器，满量程输入电压为 10V，时钟脉冲频率为 2.5 MHz，试求：

1）转换时间是多少？

2）$U_i=3.4V$ 时，输出数字量是多少？

3）$U_i=8.3V$ 时，输出数字量是多少？

6.16 某 8 位逐次逼近型 A/D 转换器中的 D/A 转换器最高输出电压为 11.945V，试求：

1）若测得输出数字量为 01010101，输入的模拟电压 u_i 为多少？

2）若测得模拟输入电压 u_i 和 D/A 转换器输出电压 u_o 的波形如图 6-21 所示，设 $t=0$ 时开始转换，$t=t_1$ 时转换结束，则电路转换结束时输出的数字量应为多少？

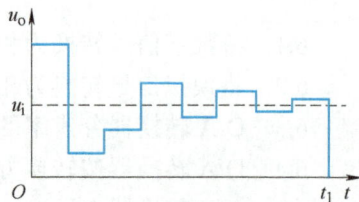

图 6-21 题 6.16 图

模块 7

半导体存储器和可编程逻辑器件

7.1　半导体存储器

存储器是数字系统中用于存储大量二进制信息的器件，可以存放各种程序、数据和资料。半导体存储器按照内部信息的存取方式不同分为只读存储器（ROM）和随机存储器（RAM）两大类。每个存储器的存储容量为字线 × 位线。不同的存储器，存储容量不同，功能也有一定的差异。

7.1.1　只读存储器

只读存储器（ROM）用于存储不可随时更改的固定信息，信息经一定方法写入（存入）存储器后，就只能读出信息，不能随时写入新信息，信息可长期保存。ROM 靠电路物理结构存储数据，故断电后信息仍能保存，不会丢失。ROM 可分为掩模 ROM、可编程 ROM（PROM）、可擦除可编程 ROM（EPROM）、电可擦除可编程 ROM（E^2PROM）、快闪存储器（Flash Memory）。

1. 掩模 ROM

掩模 ROM 是在制造时把信息存放在此存储器中，使用时不再重新写入，需要时读出即可；它只能读取所存储的信息，而不能改变已存内容，并且在断电后不丢失其中存储内容，故又称固定只读存储器。掩模 ROM 主要由地址译码器、存储矩阵和输出缓冲器 3 部分组成，如图 7-1 所示。

存储矩阵的每个存储单元中固定存放着由若干位组成的二进制数码，称为"字"。为了读取不同存储单元中所存的字，将各单元编上代码，称为"地址"。在输入不同地址时，就能在存储器输出端读出相应的字，即"地址"的输入代码与"字"的输出数码有固定的对应关系。如图 7-1 所示，它有 2^n 个存储单元，每个单元存放一个字，一共可以存放 2^n 字；每字有 m 位，即容量为 $2^n \times m$（字线 × 位线）。掩模 ROM 中地址译码器

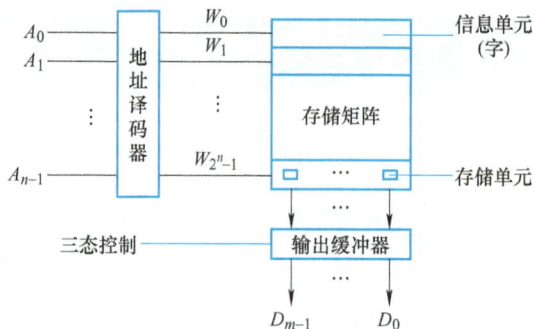

图 7-1　掩模 ROM 框图

实现了地址输入变量的与运算，存储矩阵实现了字线的或运算，即形成了各个输出逻辑函数。因此，掩模 ROM 实际上是由与阵列和或阵列构成的电路，与阵列相当于地址译码器，或阵列相当于存储矩阵。

掩模 ROM 的存储体可以由二极管、晶体管和 MOS 场效应晶体管来实现。二极管矩阵掩模 ROM 如图 7-2 所示，图中 W_0、W_1、W_2、W_3 是字线，D_0、D_1、D_2、D_3 是位线，ROM 的容量即为字线 × 位线，所以图 7-2 所示 ROM 的容量为 4×4=16，即该存储体有 16 个存储单元。

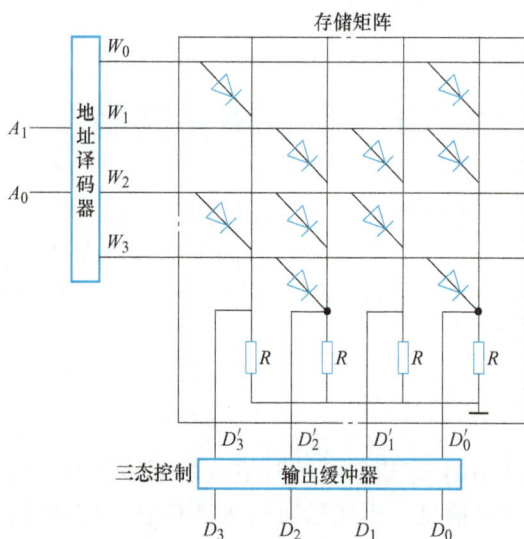

图 7-2　二极管矩阵掩模 ROM 的结构

（1）如何读字

当地址码 A_1A_0=00 时，译码输出使字线 W_0 为高电平，与其相连的二极管都导通，把高电平"1"送到位线上，于是 D_3、D_0 端得到高电平"1"，W_0 和 D_1、D_2 之间没有接二极

管，故 D_1、D_2 端是低电平 "0"。这样，在 $D_3D_2D_1D_0$ 端读到一个字 1001，它就是该矩阵第一行的字输出。在同一时刻，由于字线 W_1、W_2、W_3 都是低电平，与它们相连的二极管都不导通，所以不影响读字结果。

当地址码 $A_1A_0=01$ 时，字线 W_1 为高电平，在位线输出端 $D_3D_2D_1D_0$ 读到字 0111，对应矩阵第 2 行的字输出。同理分析地址码为 10 和 11 时，输出端将读到矩阵第 3、4 行的字输出，分别为 1110、0101。任何时候，地址译码器的输出决定了只有一条字线是高电平，所以在掩模 ROM 的输出端只会读到唯一对应的一个字。由上可看出，在对应的存储单元内存入 1 还是 0，是由接入或不接入相应的二极管来决定的。如要在第 0 个字的第 1 位存入 0，就不在 W_0 与 D_3 之间接入二极管；反之就接入二极管。

（2）如何实现组合逻辑电路

掩模 ROM 中的地址译码器形成了输入变量的最小项，即实现了逻辑变量的与运算；掩模 ROM 中的存储矩阵实现了最小项的或运算，即形成了各个逻辑函数。

用掩模 ROM 实现组合逻辑电路或逻辑函数时，需列出真值表或最小项表达式，然后画出掩模 ROM 的符号矩阵图。根据用户提供的符号矩阵图，便可生产所需的掩模 ROM。利用掩模 ROM 不仅可实现逻辑函数（特别是多输出函数），而且可以实现组合逻辑电路。

【例 7-1】用 ROM 实现一位二进制全加器。

解：设 A、B 为两个加数，C_{i-1} 为低位进位，S 为本位的和，C_i 为本位的进位。根据题意可得

$$S=\overline{A}\,\overline{B}C_{i-1}+\overline{A}B\overline{C}_{i-1}+A\overline{B}\overline{C}_{i-1}+ABC_{i-1}$$

$$C_i=\overline{A}BC_{i-1}+A\overline{B}C_{i-1}+AB\overline{C}_{i-1}+ABC_{i-1}$$

根据上式，可画出全加器的 ROM 阵列图，如图 7-3 所示。

2. 可编程 ROM（PROM）

掩模 ROM 由厂家制造时借助金属掩化模工艺完成了编程，所以制造好以后，其内容是不可改变的。而 PROM 则不一样，它不是由厂家而是由用户自行编程的。PROM 在出厂时，存储体的内容为全 0 或全 1，用户可根据需要将某些内容改写，也就是编程。常用的双极型工艺 PROM，采用烧毁熔丝的方法使晶体管由导通变为截止，使晶体管不起作用，存储器变为 "0" 信息；而未被烧断熔丝的地方，即表示为 "1" 信息。PROM 只实现一次编写的目的，写好后就不可更改。

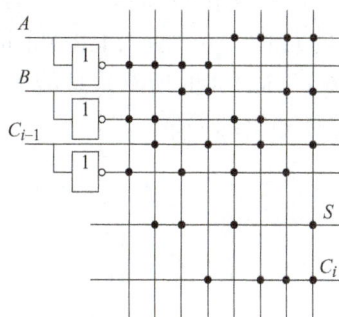

图 7-3　全加器 ROM 阵列图

3. 可擦除可编程 ROM（EPROM）

可擦除可编程 ROM 也是由用户将自己所需要的信息代码写入存储单元内。与 PROM 不同的是，如果要重新改变信息，只要擦除原先存入的信息，再行重写，故称为可擦除可编程只读存储器。

光可擦除的可编程 ROM 是用紫外线（或 X 射线）擦除的可编程 ROM，简称 EPROM，这是早期对可擦除可编程 ROM 的通称，现在也称 UVEPROM。

4. 电可擦除可编程 ROM（E^2PROM）

由于 EPROM 必须把芯片放在专用设备上用紫外线进行擦除，因此耗时较长，又不能在线进行，使用起来很不方便。后来出现了采用电信号擦除的可编程 ROM，称为 E^2PROM，它可进行在线擦除和编程。由于器件内部具有由 5V 产生 21V 的转变电路和编程电压形成电路，因此在擦除信息和编程时无须专用设备，且擦除速度较快。

5. 快闪存储器（Flash Memory）

快闪存储器为新一代用电信号擦除的可编程 ROM。它具有结构简单、编程可靠、擦除快捷的特性，而且集成度很高，能在线电擦除。但是它不能像 E^2PROM 那样按字节擦除，只能全片擦除。

快闪存储器具有成本低、使用方便等优点，可取代大容量的 EPROM 和 E^2PROM。有不少笔记本个人计算机已使用这种存储器，其使用还会扩大到数字音响、数字记录、数码相机、移动电话、掌上计算机、GPS 以及计算机软磁盘、硬磁盘和移动硬盘及 U 盘等领域。其存储容量逐年提高，从几十兆字节、几十吉字节至几百吉字节，甚至达 1000GB 以上。

6. ROM 容量的扩展

ROM 除了地址线和数据线（字输出线）外，还有地线（GND）、电源线（U_{CC}）以及用来控制 ROM 工作的控制线 $\overline{CS}$（片选线）。当 $\overline{CS}=1$ 时，芯片处于等待状态，ROM 不工作，输出呈高阻态；当 $\overline{CS}=0$ 时，ROM 工作。

一个存储器的容量就是字线与位线（即字长或位数）的乘积。当所采用的 ROM 容量不满足需要时，可将容量进行扩展。扩展又分为位扩展和字扩展。

（1）位扩展

位扩展比较简单，只需要用同一地址信号控制 n 个相同字数的 ROM，即可达到扩展的目的。由 256×1 ROM 扩展为 256×8 ROM 的存储器，如图 7-4 所示，即将 8 块 256×1 ROM 的所有地址线、片选线分别对应并接在一起，而每一片的位输出作为整个 ROM 输出的一位。

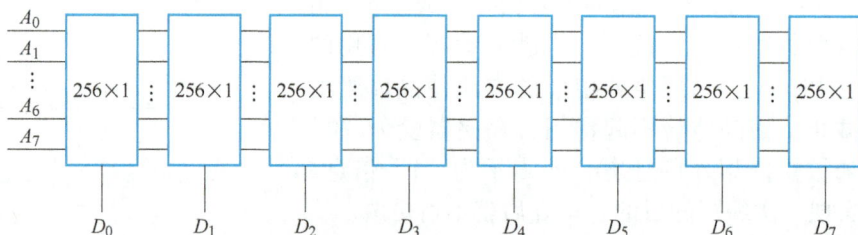

图 7-4　ROM 位扩展

（2）字扩展

图 7-5 所示是由 4 片 1024×8 ROM 扩展为 4096×8 ROM。图 7-5 中，每片 ROM 有 10 根地址输入线，其寻址范围为 $2^n=1024$ 个信息单元，每一单元为 8 位二进制数。这些 ROM 均有片选端。当其为低电平时，该片被选中才工作；为高电平时，对应 ROM 不工

作，各片 ROM 的片选端由 2 线 /4 线译码器控制；译码器的输入是系统的高位地址 A_{11}、A_{10}，其输出是各片 ROM 的片选信号，若 $A_{11}A_{10}=10$，则 ROM（3）片的 $\overline{CS}$ 有效为 "0"，其他各片 ROM 的片选信号无效为 "1"，故选中第 3 片，只有该片的信息可以读出，送到位线上，读出的内容则由低位地址 $A_9 \sim A_0$ 决定，4 片 ROM 轮流工作，完成字扩展。字扩展的方法将地址线、输出线对应连接，片选线分别与译码器的输出连接。

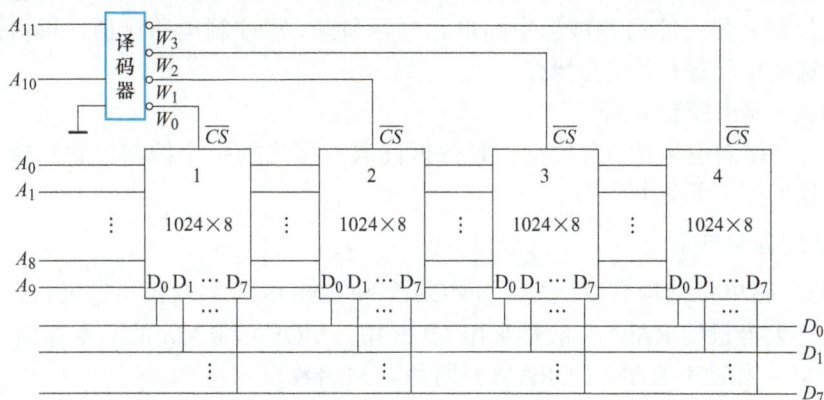

图 7-5　ROM 字扩展

7.1.2　随机存储器

随机存储器（RAM）是一种广泛用于存储数据和程序的半导体存储器。它使用方便，可随时进行数据的读（从 RAM 中调用数据）、写（向 RAM 中存储数据）操作，故 RAM 又称为读 / 写存储器。一旦断电，RAM 中所存内容立即丢失。

1. RAM 的基本结构

RAM 的基本结构由存储矩阵、地址译码器和输入 / 输出控制电路 3 个部分组成，如图 7-6 所示。

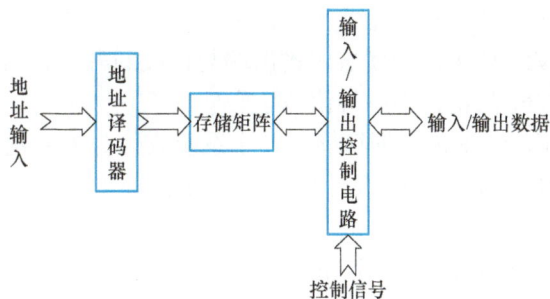

图 7-6　RAM 的结构框图

（1）存储矩阵

存储矩阵是由许多存储单元组成的阵列。每个存储单元可存放 1 位二进制数。存储器中所存数据通常以字为单位，1 个字含有若干个存储单元，即含有若干位，其位数也称为字长。存储器的容量通常以字数和字长的乘积表示，如 1024×4 存储器表示有 1024 字，每个字 4 位，共有 4096 个存储单元（容量）。

（2）地址译码器

地址译码器是将外部给出的地址信号进行译码，找到对应的存储单元。通常根据存储单元所排列的矩阵形式，将地址译码器分成行地址译码器和列地址译码器。行地址译码器将输入地址码的若干位译成对应字线上的有效信号，在存储矩阵中选中一行存储单元；列地址译码器将输入地址码的其余几位译成对应输出线上的有效信号，从字线选中的存储单元中再选 1 位或 n 位，使这些被选中的单元电路和读 / 写控制电路接通，再由读 / 写控制电路决定对这些单元进行读 / 写操作。

（3）输入 / 输出控制电路

输入 / 输出控制也称读 / 写控制，是数据读取和写入的指令控制，它和输入 / 输出缓冲器完成数据的读 / 写操作。

2. RAM 的存储单元

RAM 的存储单元结构有双极型、NMOS 型和 CMOS 型。双极型速度快，但功耗大、集成度不高。大容量的 RAM 一般都采用 MOS 型。MOS 型 RAM 的基本存储单元有静态 RAM（SRAM）和动态 RAM（DRAM）两种。

（1）SRAM

图 7-7 所示为由 MOS 场效应晶体管触发器组成的存储单元，其中的 MOS 场效应晶体管为 NMOS。VF_1、VF_2、VF_3、VF_4 组成的两个反相器交叉耦合构成基本 RS 触发器作基本存储单元；VF_5、VF_6 为门控管，由行地址译码器输出字线 X 控制其导通或截止；VF_7、VF_8 也是门控管，由列地址译码器输出列选信息 Y 控制其导通或截止，也是数据存入或读出的控制通路。

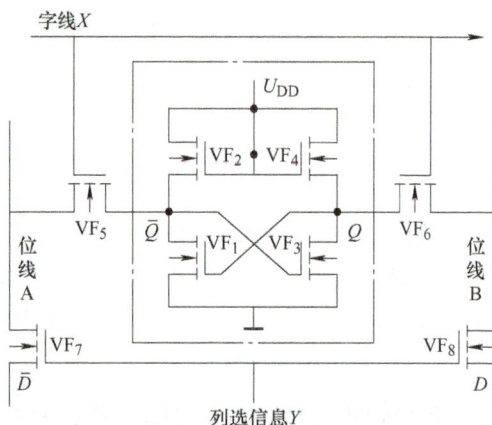

图 7-7　NMOS 静态存储单元

读 / 写操作时，$X=1$，$Y=1$，VF_5、VF_6、VF_7、VF_8 均导通，触发器的状态与位线上的数据一致。

当 $X=0$ 时，VF_5、VF_6 截止，触发器的输出端与位线断开，保持状态不变。

当 $Y=0$ 时，VF_7、VF_8 截止，不进行读 / 写操作。

SRAM 一般用于小于 64 KB 数据存储器的小系统或作为大系统中的高速缓冲存储器，有时还用于需要用电池作为后备电源进行数据保护的系统中。

（2）DRAM

图 7-8 所示是用一只 NMOS 场效应晶体管组成的 DRAM 的基本存储单元，MOS 存储单元分布电容 C_S 用于存储二进制信息，数据 1 和 0 是以电容上有无电荷来区分的。NMOS 场效应晶体管 VF 是读 / 写控制门，以控制信息的进出。字线控制该单元的读 / 写，位线控制数据的输入或输出。

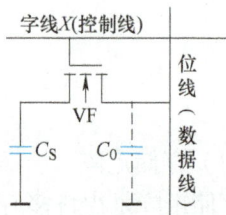

图 7-8　单管 DRAM 的基本存储单元

读 / 写操作时，字线 $X=1$，使 MOS 电容 C_S 与位线相连。写入时，数据从位线存入 C_S 中，写 1 充电，写 0 放电。读出时，数据从 C_S 中传至位线。

DRAM 利用 MOS 存储单元分布电容上的电荷来存储一个数据位。由于电容电荷会泄漏，因此为了保持信息不丢失，DRAM 需要不断进行周期性刷新。DRAM 存储单元所用的 MOS 场效应晶体管少，因此 DRAM 集成度高、功耗低，常用于大于 64 KB 的大系统。

7.2　可编程逻辑器件

任何复杂的数字系统，都可以用大量的通用型器件（数字集成块）来组成，但其设计工作复杂、调试维修困难、设计周期长、功耗大、成本高、可靠性差。可编程逻辑器件（PLD）的出现很好地解决了这个问题，PLD 及其软件的出现使可编程序设计工作变得非常容易，复杂的数字系统也可以很快地完成设计。PLD 的优点是：集成度高、可靠性高、性价比高，提高了电子系统的设计速度。

7.2.1　PLD 简介

1. PLD 的分类

PLD 按集成度的高低分为两大类，一类是低密度可编程逻辑器件（LDPLD），它包括 PROM、PLA、PAL 和 GAL 四种类型的器件；另一类是高密度可编程逻辑器件（HDPLD），它包括 CPLD 和 FPGA 两种类型的器件。

（1）可编程只读存储器 PROM

PROM 是第一代 PLD，其内部结构由"与阵列"和"或阵列"组成。PROM 能实现任何用"乘积和"形式表示的组合逻辑。随后出现的 EPROM、E^2PROM 以及闪存（Flash）常用于存储函数和数据表格。由于价格低、易于编程，PROM 在一些场合中仍然有应用。

（2）可编程逻辑阵列 PLA

PLA 是一种基于"与或阵列"的一次性编程器件。由于器件内部资源利用率低，现已较少使用。

（3）可编程阵列逻辑 PAL

PAL 内部结构由"与或阵列"组成。PAL 具有多种输出结构形式，为数字逻辑设计带来了灵活性。PAL 仍采用熔断丝工艺，一次性编程后就不能再改写。

（4）通用可编程阵列逻辑 GAL

与 PLA 器件相比，GAL 增加了可编程输出逻辑宏单元（OLMC）。通过对 OLMC 配置可以得到多种形式的输出和反馈。由于 GAL 器件对 PAL 器件完全兼容，所以 GAL 几乎完全代替了 PLA 器件。

（5）复杂可编程逻辑器件 CPLD

一般情况下，CPLD 器件至少包括可编程逻辑宏单元、可编程 I/O 单元和可编程内部连线等功能单元。有的 CPLD 器件还集成了 RAM 或双口 RAM 等存储器，以适应数字信号处理（DSP）应用设计的要求。

（6）现场可编程门阵列 FPGA

FPGA 在结构上由逻辑功能块排列为阵列，并通过可编程内部连线将这些功能块连接起来。FPGA 的功能由配置数据决定。工作时，这些配置数据存放在片内的 SRAM 或者熔丝图上。

2. PLD 的基本结构

任何一个组合逻辑函数均有其与或表达式，可用与门和或门来搭接电路，实现其逻辑功能。这是在组合逻辑电路中讨论的问题。与之相似，PLD 作为专用集成逻辑器件，其基本结构是由与逻辑阵列和或逻辑阵列组成的。图 7-9 是 PLD 的基本

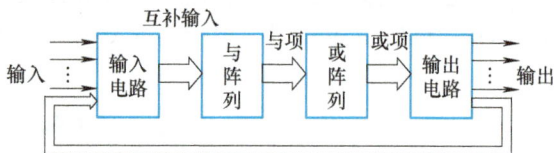

图 7-9　PLD 的基本结构框图

结构框图。其中，与阵列是多个多输入与门，或阵列是多个多输入或门，输入缓冲电路可产生输入变量的原变量和反变量，输出电路通过三态门控制数据直接输出或反馈到输入端。在实际使用中，可通过编程来选择使用几个门及每个门都用哪些输入端实现所需要的逻辑功能。这相当于用门电路实现逻辑功能时的选件及接线。

3. PLD 的表示方法

PLD 阵列庞大，其表示有自己独特的方法，使在芯片内部配置和逻辑图之间建立对应关系。

（1）连接方式

PLD 门阵列交叉点的连接方式分为固定连接单元、可编程连接单元和断开连接单元，如图 7-10 所示。图 7-10a 中的圆点表示两条信号线是连通的，但不可以编程改变，是固定连接；图 7-10b 中的两条信号线是连通的，但是依靠用户编程实现"连通"；图 7-10c 中的两条信号线是断开的，即两条信号线没有连通。

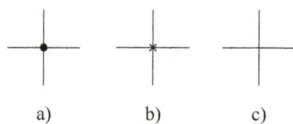

图 7-10　PLD 交叉点的连接方式

a）固定连接单元　b）可编程连接单元　c）断开连接单元

（2）逻辑门的表示方式

PLD 中逻辑门的表示如图 7-11 所示。图 7-11a 所示为能产生互补输出的缓冲器，常用于 PLD 的输入缓冲电路和反馈输入缓冲电路中。图 7-11b、c 所示分别为高电平使能和低电平使能的三态反相缓冲器（非门），常用于 PLD 的输出缓冲电路中。图 7-11d ～ f 所示表示 PLD 中与门和或门的画法，3 个逻辑门都有 3 个输入端 A、B、C，其中给出了固定连接、编程连接和不连接的示例。图 7-11e 所示为与门所有输入端都编程连接的一种表示方法。

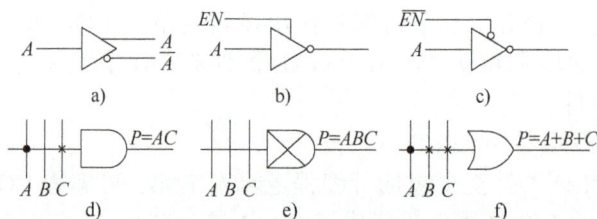

图 7-11　PLD 逻辑门表示方式

a）互补输出缓冲器　b）高电平使能的三态反相缓冲器　c）低电平使能的三态反相缓冲器
d）与门　e）与门　f）或门

4. 与或阵列

与或阵列是 PLD 器件中最基本的结构，通过编程改变与阵列和或阵列的内部连接，就可以实现不同的逻辑功能。

PLD 中的多个与门构成与阵列，多个或门构成或阵列，与门输出的乘积项在或阵列中进行或运算，从而得到与或式。图 7-12 是一个用与或阵列表示的电路图。

其中与阵列固定连接，不可编程。与阵列中包含 4 个与门，每个与门都有 4 个输入端，4 个与门实现 A、B 两个变量的 4 个最小项输出；或阵列是可编程的，包含 2 个 4 输入或门。根据图中的编程连接情况，函数 F_1（和 F_2）的表达式为

$$F_1\ (A,\ B) = \overline{A}\,\overline{B} + \overline{A}B + AB = \Sigma m\ (0,\ 1,\ 3)$$

$$F_2\ (A,\ B) = \overline{A}B + A\overline{B} = \Sigma m\ (1,\ 2)$$

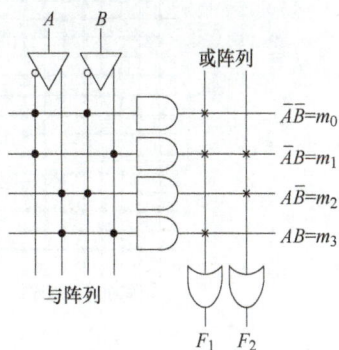

图 7-12　与或阵列图

当与或阵列很庞大时，图 7-12 中的与门和或门符号可以省略，进一步简化阵列图。

7.2.2　可编程阵列逻辑 PAL

可编程阵列逻辑 PAL 采用可编程与门阵列和固定或门阵列的基本结构，如图 7-13 所示。PAL 由可编程与门阵列、固定或门阵列和输出电路三大部分组成，采用双极型工艺制作。可编程与门阵列采用熔丝编程技术。

用 PAL 来实现逻辑函数时，每个输出是若干个乘积之和，乘积项的数目（即与门的个数）固定不变。PAL 编程前的内部结构如图 7-13a 所示，它的每个输出都包含 4 个乘积项，若用它来实现下列 4 个逻辑函数：$L_0 = ABC + \overline{A}B + \overline{B}\,\overline{C}$，$L_1 = \overline{A}B + A\overline{C}$，$L_2 = AB\overline{C} + \overline{B}C$，$L_3 = \overline{B}C + B\overline{C}$，则编程以后，得到 PAL 的内部结构如图 7-13b 所示。

PAL16L8 是一种典型的 PAL，其逻辑电路如图 7-14 所示。它有 8 个输出端，每个输出函数最多包含 7 个乘积项。最上面的一个与门用来控制三态门的输出，当它输出为 1 时，三态门处于工作状态，或门的输出函数才能通过三态门输出，整个阵列的 8 个输出端输出的时间有可能不一致，这种现象称为"异步"。异步 I/O 的输出结构如图 7-15 所示。当某个三态门处于工作状态时，相应的输出通过三态门的同时，还要通过其下面的三态门反馈到输入端与门阵列，作为输入信号，因此该引脚既可以作为输入脚，又可以作为输出脚，是一个 I/O 端口；当某个三态门处于高阻状态时，或门的输出与三态门的输出端 I/O 断开，这就是第一种输出结构，异步 I/O 输出结构。

PAL 的第二种输出结构，只能作为输出端使用，称为专用（或组合）输出结构。

PAL 的第三种输出结构，寄存器输出结构，如图 7-16 所示。或门的输出接一个上升沿触发的 D 触发器，触发器的反相输出端通过互补输出的缓冲器反馈到与阵列，实现同步时序逻辑电路，称为时序输出结构，或者称为寄存器输出结构。

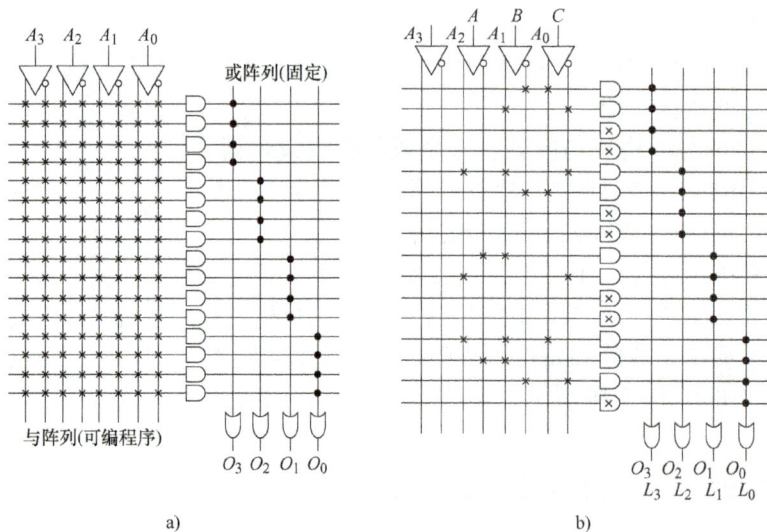

图 7-13　PAL 的基本结构

a）编程前的内部结构　b）编程后的内部结构

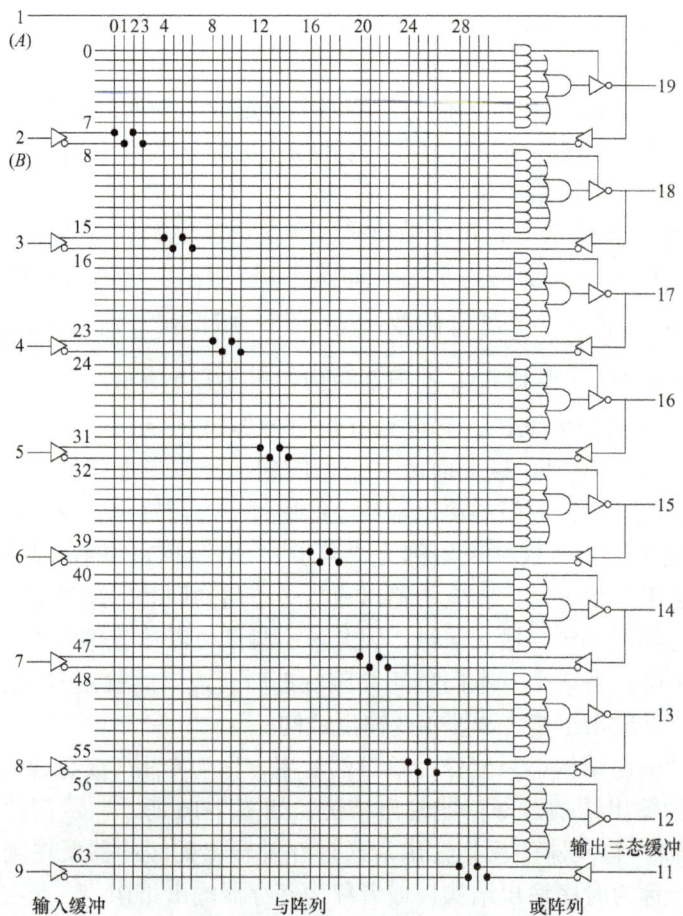

图 7-14　PAL16L8 的逻辑电路

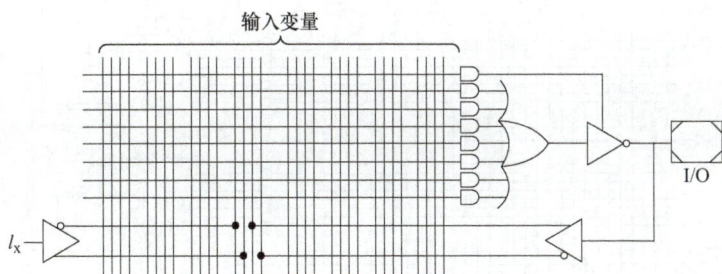

图 7-15　异步 I/O 输出结构

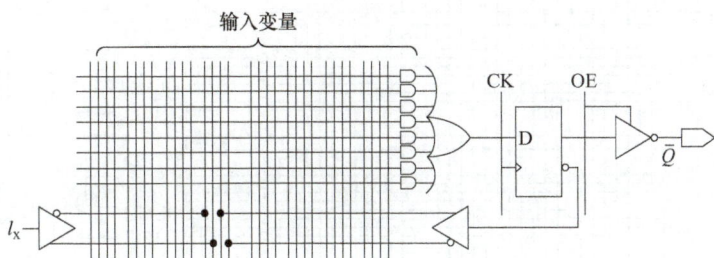

图 7-16　寄存器输出结构

　　PAL16L8 采用异步 I/O 输出结构，电路内部采用 8 个与或阵列和 8 个三态门反相输出缓冲器。每个与或阵列由 32 个输入端的与门和 7 个输入端的或门组成。引脚 12 和 19 没有接反馈的三态门，只能作为输出端使用；引脚 1 ～ 9 以及引脚 11 作为输入端；引脚 13 ～ 18 通过设计，可以作为输出端使用，又可以作为输入端使用。

　　PAL16R8 采用寄存器输出结构，只要将 PAL16L8 的异步 I/O 输出结构的电路改为寄存器输出结构的电路，就变成了 PAL16R8 的逻辑电路图。

7.2.3　通用阵列逻辑 GAL

　　PAL 采用熔丝编程的方法，它只能一次性编程，一旦编程出现错误，就会变为废品。PAL 有多种输出结构形式，使得器件增多，不便于用户使用。而通用阵列逻辑 GAL 器件就很好地克服了 PAL 的不足。它采用 E^2CMOS 新工艺，使 GAL 具有可重复编程、可擦除等功能，并且 GAL 能进行电路设计仿真，大大地缩短了电路的设计周期。它还采用电子标签和逻辑宏单元 OLMC 等新技术，特别是 OLMC 技术，能够完成 PAL 的所有输出功能，使 GAL 的输出可以组合成不同的状态。

　　根据 GAL 或门阵列的结构，可将 GAL 分为两大类：一类是与门阵列可编程序，或门阵列固定连接的 GAL，如 GAL16V8、GAL20V8 等；另一类是与门阵列、或门阵列都可编程的 GAL，如 GAL39V18 等。

1. GAL16V8

　　GAL16V8 是一种通用型的 GAL 器件，图 7-17 所示为 GAL16V8 的逻辑电路，它由 5 个部分组成。

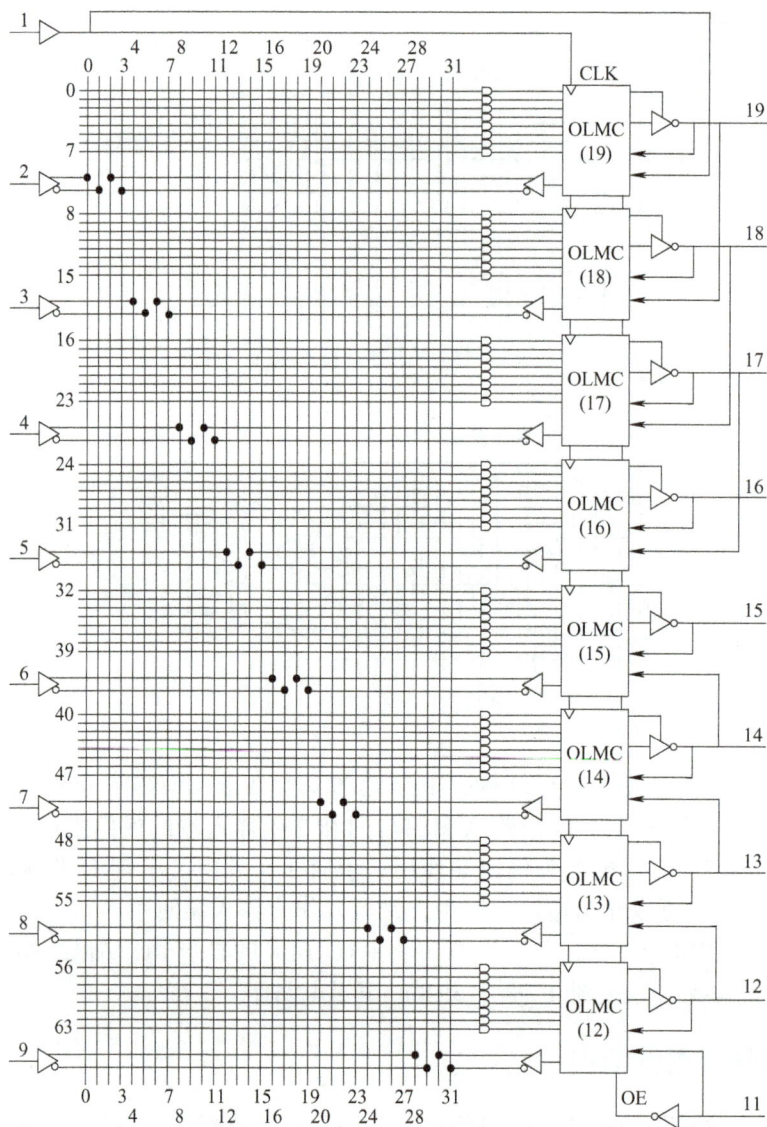

图 7-17　GAL16V8 的逻辑电路

（1）输入端

GAL16V8 有 8 个固定输入端 2 ～ 9 脚，每个输入端接有一个互补输出的缓冲器，输出两个互补的输出信号到与阵列。

（2）与阵列部分

GAL16V8 有 8 个输入端，将每个输入端经过互补输出的缓冲器输出两路互补信号输入到与门。GAL16V8 有 8 个输出端，将每个输出端反馈后经过互补输出的缓冲器输出两路互补信号也输入到与门，构成 32 列；每个输出端对应一个 8 输入或门，构成 64 行，组成 32×64 的与门阵列，构成 2048 个可编程序单元。

（3）系统时钟

GAL16V8 的 1 脚为系统时钟输入端，与每个输出宏单元中的 D 触发器时钟输入端相连，因此 GAL 可实现同步时序电路，但不能实现异步时序电路。

（4）输出三态控制端

GAL16V8 的 11 脚为器件三态门的控制公共端。

（5）输出逻辑宏单元

GAL16V8 共有 8 个输出宏单元 OLMC（12）～ OLMC（19），分别对应于集成块的 12 ～ 19 脚。每个宏单元的电路均可通过编程的方法，实现 PAL 输出结构的所有功能。

2. 输出逻辑宏单元 OLMC

输出逻辑宏单元 OLMC 的逻辑结构如图 7-18 所示，由四个部分组成。

（1）或门阵列

OLMC 有 8 输入的或门阵列。或门的每一个输入端对应与阵列中的一个乘积项，或门的输出为各乘积项之和。

（2）异或门

8 输入或门的输出与结构字中的控制位 $XOR_{(n)}$ 异或后，输出到 D 触发器的 D 端，去控制输出信号的极性。当 $XOR_{(n)}$ 端为 1 时，异或门反相输出；当 $XOR_{(n)}$ 为 0 时，异或门同相输出。通过编程（逻辑函数的化简），可以实现 GAL 多于 8 个乘积项的功能。

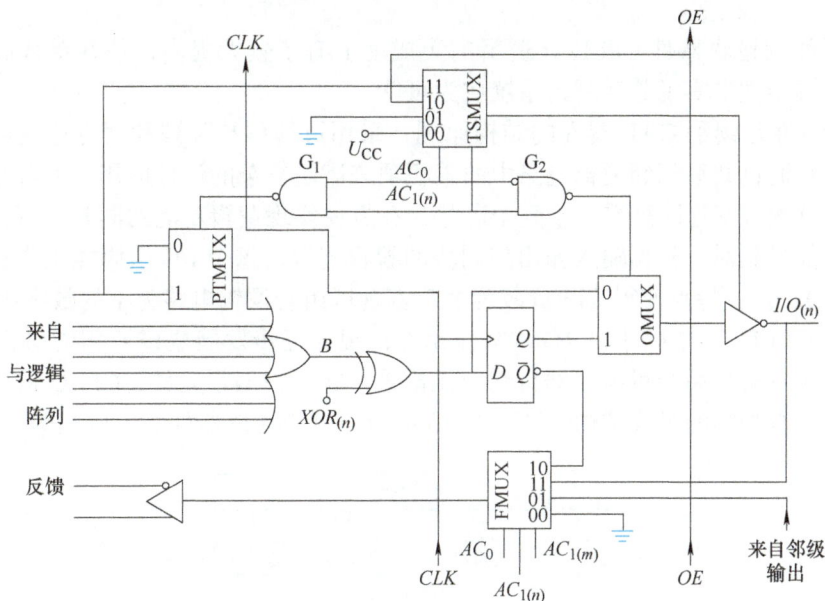

图 7-18 输出逻辑宏单元 OLMC 的逻辑结构

（3）D 触发器

一个上升沿触发的 D 触发器锁存或门的输出状态，使它具有记忆功能，因此能将 GAL 器件应用于时序逻辑电路。

（4）4 个多路选择开关

1）二选一的乘积项数据选择器 PTMUX

用于控制来自于阵列的第一个乘积项，由控制字中的 AC_0 和 $AC_{1(n)}$，经过与非门 G_1 输出后去控制其状态。当 G_1 输出为 1 时，选中第一个乘积项作为或门的输入；当 G_1 输出为 0 时，低电平 0 被送到或门作为或门的输入。

2）四选一的三态数据选择器 TSMUX

用于选择输出三态缓冲器的选通信号，由 AC_0 和 $AC_{1(n)}$ 的组合去控制输出三态缓冲器。

3）反馈数据选择器 FMUX

用于决定反馈信号的来源，它通过控制字 AC_0、$AC_{1(n)}$ 和 $AC_{1(m)}$ 的取值，去控制反馈到与阵列输入端的 4 路不同信号：地电平、相邻单元的引脚输出、本级对应的引脚输出和 D 触发器的反向输出 $\overline{Q}$。

4）二选一的输出数据选择器 OMUX

用于选择输出是组合输出方式，还是寄存器（时序逻辑）输出方式。它受控制字 AC_0 和 $AC_{1(n)}$ 的控制，当 $AC_0=1$，$AC_{1(n)}=0$ 时，选择 Q 为输出，实现时序逻辑电路功能；否则，OMUX 将异或门的输出与三态输出缓冲器的输入接通，实现组合逻辑电路功能。

GAL 通过设置结构控制字可以灵活地设置其输出方式，输出使能信号也有多项选择，使用非常灵活。GAL 可反复编程，具有仿真、可测试功能，并且还具有加密的功能，保护了知识产权。所以 GAL 曾被认为是最理想的器件。

7.2.4 复杂可编程逻辑器件 CPLD

复杂可编程逻辑器件 CPLD 在逻辑门集成度上有了较大提高，使在单片高密度的复杂可编程逻辑器件中实现数字逻辑系统成为可能。

CPLD 器件延续了 GAL 器件的结构原理，采用可编程与阵列和固定连接或阵列组成逻辑电路，并通过共享相邻逻辑电路中的乘积项来满足复杂的设计应用。将各个电路单元连接起来的可编程互连阵列贯穿于整个芯片，在方便实现逻辑功能的同时，可得到较小的且可预测的信号延时。根据输入输出控制块的编程配置，每个 I/O 引脚能工作在输入、输出或双向 I/O。这些特点使得 CPLD 较为适合实现以组合逻辑电路为主的数字逻辑系统。

早期的 CPLD 多数采用 EPROM 编程元件，现在逐步发展成以 E^2PROM 和闪存为编程元件，因而具有在系统可编程的特性。无论采用哪一种编程元件，CPLD 器件实现逻辑功能的资源具有相同的组成结构。图 7-19 所示为一般 CPLD 器件的组成框图。

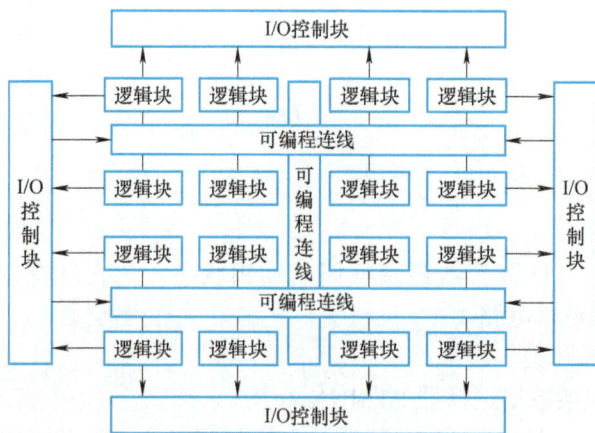

图 7-19　CPLD 器件的组成框图

CPLD 器件基于乘积项技术实现逻辑系统设计。CPLD 器件内部有着丰富的与或阵列。如图 7-19 所示，CPLD 器件内部排列整齐的逻辑块包含与或阵列和宏单元，相当于一个 GAL 器件。对于具体器件型号来说，逻辑块的名称虽有差异，如 Altera 公司称为逻辑阵列块（LAB）、Lattice 公司称为通用逻辑块（GLB），但是它们的功能及电路组成是类似的。

为了实现复杂的和规模较大的电路功能，可通过 CPLD 内部的可编程连线将多个逻辑块互连。可编程连线将全局输入、通用 I/O 引脚以及宏单元的输出连接到器件内部的其他地方。

CPLD 器件内部的 I/O 控制块实现对 I/O 引脚的控制与编程配置，以满足不同应用的需要。

1. 逻辑块

逻辑块是 CPLD 的基础资源。CPLD 器件内部的逻辑块由若干个宏单元组成。例如，Altera 公司 MAX3000A 系列 CPLD 器件中的每一个逻辑块由 16 个宏单元组成。所有的逻辑块被器件内部的可编程连线连接在一起。逻辑块的输入有两类：一类是实现逻辑功能的通用逻辑输入；另一类是全局控制信号，如 CLK、OE 等信号，它们是逻辑块内部宏单元中寄存器的控制信号来源。

2. 可编程连线

CPLD 内部的可编程连线用于逻辑块、全局信号与输入 / 输出控制块之间的互连，通过可编程连线将信号接入逻辑块。Altera 公司的 CPLD 系列器件的可编程连线通过一个门控电路来实现。不同厂家对 CPLD 器件可编程连线的命名也不同。Altera 公司将可编程连线命名为可编程连线阵列（Programmable Interconnect Array，PIA），Xilinx 命名为开关矩阵（Switch Matrix），Lattice 公司命名为全局布线资源（Global Routing Pool，GRP）。这些可编程连线之间存在一定的差异，但可完成类似的功能。

3. 输入 / 输出控制单元

输入 / 输出控制单元独立将每一根引脚配置成输入、输出或双向工作方式。所有 I/O 引脚都有一个三态缓冲器，该三态缓冲器的控制信号通过使能选择器在全局输出使能信号、高电平和低电平中选择。例如，Altera 公司 MAX3000A 系列器件的输入 / 输出控制单元，当三态缓冲器的控制端接高电平时，输出被使能（即有效），此时 I/O 引脚被配置成输出引脚。当三态缓冲器的控制端接地时，输出成高阻状态，此时 I/O 引脚可作为专用输入引脚。当一个引脚被配置成输入时，与该引脚相关的宏单元就被用作隐含的逻辑。

🔍 知识拓展　现场可编程门阵列 FPGA

为了满足应用的要求，20 世纪 80 年代中期发展起来了集成度高、触发器资源丰富的 FPGA，其结构不受与或阵列限制，也不受触发器和 I/O 端数量限制，可以构成任何复杂的逻辑电路，更适合构成多级逻辑功能。由于内部可编程逻辑模块的排列形式与前期可编程器件门阵列中单元的排列形式相似，因而沿用门阵列名称。随着生产工艺的发展，FPGA 的性能得到了很大提高，其集成度已达到千万门级以上，可以实现极其复杂的时序逻辑与组合逻辑电路，因而在高速、高密度的高端数字逻辑系统中得到了广泛应用。

图 7-20 所示为 FPGA 的基本结构示意图，它由可编程的输入 / 输出模块（IOB）、可

编程逻辑模块（CLB）和可编程连线资源（IR）等组成。构成 CLB 的基础是逻辑单元（LC），在 Virtex-II 和 Spartan-3 系列中，CLB 含有 8 个 LC，而每个 LC 中有一个 LUT（Look-Up Table，通过查表实现逻辑函数，为 4 位地址码——1 位输出的 16×1 的 SRAM）。这样的 LC 可实现 4 位地址码的逻辑运算，通过查表对照输出运算结果。LC 也可作为存储器或移位寄存器使用。另外一个 LC 中还含有进位及控制逻辑和一个 D 触发器。IOB 通过编程将引脚分别定义为输入、输出和双向传输功能。IR 含有局部、通用、I/O、专用和全局布线资源，承担各种连线任务。

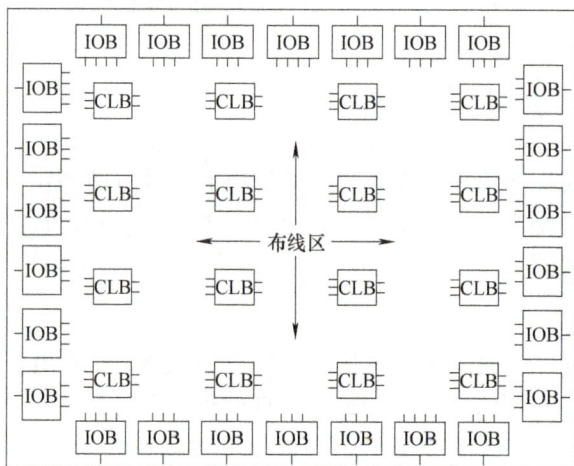

图 7-20　FPGA 基本结构示意图

目前 FPGA 发展极为迅速，早期 XC2000、3000、4000 系列由于密度较低、成本高、工作电压高、功耗大等原因，已被淘汰或即将淘汰，被高性能产品替代。

表 7-1 为单片门数最小和最大两种典型的 FPGA 容量，以供参考。

表 7-1　典型的 FPGA 容量

系列	型号	系统门数	LC 数量	CLB 阵列	分散在 CLB 中的 RAM	RAM 块容量	乘法器块数	可用引脚数
Spartan-II	XC2S30	30000	972	12×18	13824bit	24kbit	—	92
Virtex-II	XC2V8000	8M	93184	112×104	1456kbit	3024kbit	168	1108

尽管 FPGA 使用较为灵活，但仍有不足之处：一是其信号传输延迟时间不确定，这是由于每个信号传输途径不一样，限制了工作速度；二是其编程数据存储器为静态 RAM 结构，故断电后数据立即丢失。为此必须配备保存编程数据的 EPROM，在每次通电工作时将数据重新输入到 SRAM 中。这也造成保密性较差和使用不便。

自我检测题

一、填空题

7.1　存储器是一种能存储_____的器件。

7.2　半导体存储器按其使用功能可分为＿＿＿＿存储器和＿＿＿＿存储器。

7.3　ROM 用来存放固定不变的＿＿＿＿进制数码，在日常工作中，只能＿＿＿＿存储代码，而不能＿＿＿＿存储代码。当失去电源后，其信息代码不会＿＿＿＿。

7.4　ROM 主要由＿＿＿＿、＿＿＿＿和＿＿＿＿组成。与外部电路的连线有＿＿＿＿线、＿＿＿＿线、＿＿＿＿线和＿＿＿＿线等。

7.5　ROM 扩展有两种方式，一种是＿＿＿＿扩展；另一种是＿＿＿＿扩展。

7.6　按存储信息的方式，RAM 可以分成＿＿＿＿RAM 和＿＿＿＿RAM。

7.7　RAM 中的信息代码随时可按指定地址进行＿＿＿＿或＿＿＿＿，但当失去电源后，所存储代码将会全部＿＿＿＿。

7.8　可编程逻辑器件主要由＿＿＿＿、＿＿＿＿、＿＿＿＿和＿＿＿＿组成。

二、选择题

7.9　现有 256×8 位的 RAM，欲将存储容量扩大为 1024×8 位的 RAM，应采用（　　）方式来实现。

A. 字扩展　　　　　　B. 位扩展　　　　　　C. 字和位两者组合扩展

7.10　下列英文字母缩写符号中，可编程逻辑器件为（　　）；可编程阵列逻辑为（　　）；通用阵列逻辑为（　　）。

A. PLC　　　　　　B. PLD　　　　　　C. GAL　　　　　　D. PAL

7.11　下列可编程逻辑器件中，具有 OLMC 功能的是（　　）。

A. PROM　　　　　　B. PLA　　　　　　C. PAL　　　　　　D. GAL

思考题与习题

7.12　ROM 和 RAM 有何区别？

7.13　用 ROM 实现一位全减器。

7.14　一个存储器，其地址线有 12 根为 $A_0 \sim A_{11}$，数据线有 5 根为 $D_0 \sim D_4$，它的存储容量为多大？

7.15　指出下列 ROM 存储系统各有多少存储单元，应有地址线、数据线各多少根？

（1）256×4 位　（2）$64K \times 4$ 位　（3）$256K \times 4$ 位　（4）$1024K \times 4$ 位

7.16　试用 ROM 同时实现下列函数：

（1）$Y_1 = \overline{A}\,\overline{B}C + \overline{A}B\overline{C} + A\overline{B}\overline{C} + ABC$

（2）$Y_2 = BC + AC$

（3）$Y_3 = \overline{A}\,\overline{B}\,\overline{C}D + \overline{A}\,\overline{B}CD + \overline{A}B\overline{C}\overline{D} + A\overline{B}\,\overline{C}D + AB\overline{C}\,\overline{D} + ABCD$

（4）$Y_4 = ABC + ABD + ACD + BCD$

7.17　PLD 有哪几个组成部分，各有什么作用？

7.18　PAL 有哪几个组成部分？PAL 的输出结构有哪些？

模块 8

综合实训：电子秒表的设计、安装与调试

1. 实训目的

1）学习数字电路中基本 RS 触发器、单稳态触发器、时钟发生器、计数及译码显示等单元电路的综合应用。

2）熟悉电子秒表的工作原理。

3）了解简单数字系统的实训、调试及故障排除方法。

2. 实训器材

直流稳压电源 1 台；双踪示波器 1 台；数字万用表 1 块；数字频率计 1 个；单次脉冲源；连续脉冲源；逻辑电平开关；逻辑电平显示器；七段显示译码器 CC4511 2 个；半导体共阴极数码管 BS202 2 个；74LS90 二 – 五 – 十进制计数器 3 个；555 定时器 1 个；74LS00 四 2 输入与非门 2 个；100kΩ 电位器 1 只；510pF、4700pF、0.1μF、0.01μF 电容各 1 只；1.5kΩ、1kΩ、470Ω、100kΩ 电阻各 1 只；3kΩ 电阻 2 只；面包板 1 块；导线若干。

3. 实训内容及要求

图 8-1 所示为电子秒表的电路原理图。该电路由基本 RS 触发器、单稳态触发器、时钟发生器和计数及译码显示电路组成。

（1）基本 RS 触发器

图 8-1 中单元 I 为用集成与非门构成的基本 RS 触发器，属低电平直接触发的触发器，有直接置位、复位的功能。

它的一路输出 $\overline{Q}$ 作为单稳态触发器的输入，另一路输出 Q 作为与非门 5 的输入控制信号。按动按钮开关 S_2（接地），则门 1 输出 $\overline{Q}=1$，门 2 输出 $Q=0$，S_2 复位后，Q、$\overline{Q}$ 状态保持不变。再按动按钮开关 S_1，则 Q 由 0 变为 1，门 5 开启，为计数器启动做好准备。$\overline{Q}$ 由 1 变 0，送出负脉冲，启动单稳态触发器工作。

基本 RS 触发器在电子秒表中的作用是启动和停止秒表的工作。

（2）单稳态触发器

图 8-1 中单元 II 为用集成与非门构成的微分型单稳态触发器，图 8-2 为其各点波形图。

单稳态触发器的输入触发负脉冲信号 u_I 由基本 RS 触发器 $\overline{Q}$ 端提供，输出负脉冲 u_o 通过非门加到计数器的清除端 R_0。静态时，门 4 应处于截止状态，故电阻 R 必须小于门的关门电阻 R_{off}，定时元件 RC 取值不同，输出脉冲宽度也不同。当触发脉冲宽度小于输出脉冲宽度时，可以省去输入微分电路的 R_p 和 C_p。

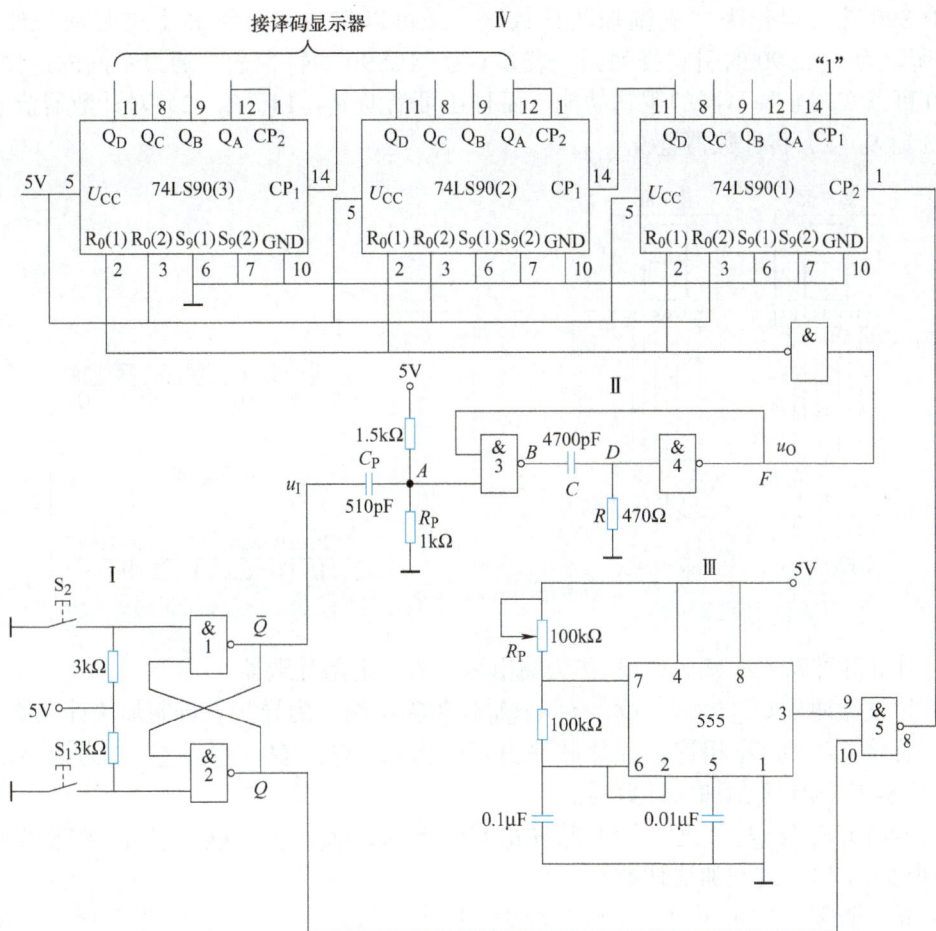

图 8-1　电子秒表电路原理图

单稳态触发器在电子秒表中的作用是为计数器提供清零信号。

（3）时钟发生器

图 8-1 中单元Ⅲ为用 555 定时器构成的多谐振荡器，是一种性能较好的时钟源。

调节电位器 R_P，使在输出端 3 获得频率为 50Hz 的矩形波信号，当基本 RS 触发器 $Q=1$ 时，门 5 开启，此时 50Hz 脉冲信号通过门 5 作为计数脉冲加于计数器 74LS90（1）的计数输入端 CP_2。

（4）计数及译码显示电路

二–五–十进制计数器 74LS90 构成电子秒表的计数单元，如图 8-1 中单元Ⅳ所示。其中计数器 74LS90（1）接成五进制形式，对频率为 50Hz 的时钟脉冲进行五分频，在输出端 Q_D 取得周期为 0.1s 的矩形脉冲，作为计数器 74LS90（2）的时钟输入。计数器 74LS90（2）及计数器 74LS90（3）接成 8421 码十进制形式，其输出端与译码显示器（见图 8-3）的相应输入端连接，可显示 0.0 ~ 9.9s 计时。

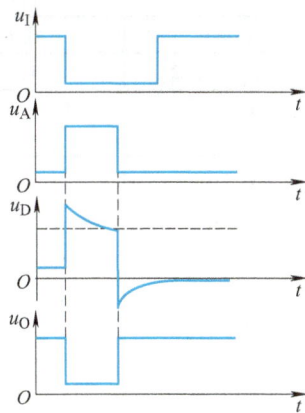

图 8-2　单稳态触发器波形图

74LS90 既可以作为二进制加法计数器，又可以作为五进制和十进制加法计数器。图 8-4 所示为 74LS90 的引脚排列图，表 8-1 为 74LS90 的特性表。通过不同的连接方式，74LS90 可以实现 4 种不同的逻辑功能，而且还可借助 $R_0(1)$、$R_0(2)$ 对计数器清零，借助 $S_9(1)$、$S_9(2)$ 将计数器置 9。

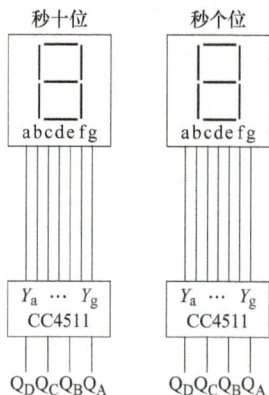

图 8-3 译码显示器

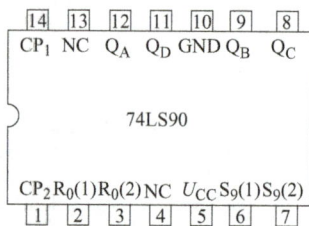

图 8-4 74LS90 引脚排列图

1）计数脉冲从 CP_1 输入，Q_A 作为输出端，为二进制计数器。

2）计数脉冲从 CP_2 输入，Q_D、Q_C、Q_B 作为输出端，为异步五进制加法计数器。

3）若将 CP_2 和 Q_A 相连，计数脉冲由 CP_1 输入，Q_D、Q_C、Q_B、Q_A 作为输出端，则构成异步 8421 码十进制加法计数器。

4）若将 CP_1 与 Q_D 相连，计数脉冲由 CP_2 输入，Q_A、Q_D、Q_C、Q_B 作为输出端，则构成异步 5421 码十进制加法计数器。

5）异步清零。当 $R_0(1)$、$R_0(2)$ 均为"1"，$S_9(1)$、$S_9(2)$ 中有"0"时，实现异步清零功能，即 $Q_D Q_C Q_B Q_A = 0000$。

6）置 9 功能。当 $S_9(1)$、$S_9(2)$ 均为"1"，$R_0(1)$、$R_0(2)$ 中有"0"时，实现置 9 功能，即 $Q_D Q_C Q_B Q_A = 1001$。

表 8-1 74LS90 特性表

输入						输出				功能
清 0		置 9		时钟		Q_D	Q_C	Q_B	Q_A	
$R_0(1)$	$R_0(2)$	$S_9(1)$	$S_9(2)$	CP_1	CP_2					
1	1	0	×	×	×	0	0	0	0	清 0
1	1	×	0	×	×	0	0	0	0	
0	×	1	1	×	×	1	0	0	1	置 9
×	0	1	1	×	×	1	0	0	1	
0	×	0	×	↓	1	Q_A 输出				二进制计数
×	0	×	0	1	↓	$Q_D Q_C Q_B$ 输出				五进制计数
0	×	×	0	↓	Q_A	$Q_D Q_C Q_B Q_A$ 输出 8421BCD 码				十进制计数
×	0	0	×	Q_D	↓	$Q_A Q_D Q_C Q_B$ 输出 5421 BCD 码				十进制计数
				1	1	不变				保持

4. 电路安装与调试

由于实训电路中使用器件较多，实训前必须合理安排各器件在实训装置上的位置，使电路逻辑清楚，接线较短。

实训时，应按照实训任务的次序，将各单元电路逐个进行接线和调试，即分别测试基本 RS 触发器、单稳态触发器、时钟发生器和计数及译码显示电路的逻辑功能，待各单元电路工作正常后，再将有关电路逐级连接起来进行测试，直到测试电子秒表整个电路的功能。这样的测试方法有利于检查和排除故障，保证实训顺利进行。

（1）基本 RS 触发器的测试

详见模块 3 中实训 1 触发器的功能测试。

（2）单稳态触发器的测试

1）静态测试：用万用表测量 A、B、D、F 各点电位值，并列表记录。

2）动态测试：输入端接 1kHz 连续脉冲源，用示波器观察并描绘 D 点（u_D）、F 点（u_O）波形，如觉得单稳态输出脉冲持续时间太短，难以观察，可适当加大微分电容 C（如改为 0.1μF）待测试完毕，再恢复 4700pF。

（3）时钟发生器的测试

用示波器观察输出电压波形并测量其频率，调节 R_P，使输出矩形波频率为 50Hz。

（4）计数器的测试

1）计数器 74LS90（1）接成五进制形式，R_0（1）、R_0（2）、S_9（1）、S_9（2）接逻辑开关输出插口，CP_2 接单次脉冲源，CP_1 接高电平 "1"，$Q_D \sim Q_A$ 接译码显示器输入端 D、C、B、A，按表 8-1 测试其逻辑功能，并记录结果。

2）计数器 74LS90（2）及计数器 74LS90（3）接成 8421 码十进制形式，同内容 1）进行逻辑功能测试并记录。

3）将计数器 74LS90（1）、（2）、（3）级联，进行逻辑功能测试并记录。

（5）电子秒表的整体测试

各单元电路测试正常后，按图 8-1 把几个单元电路连接起来，进行电子秒表的总体测试。先按一下按钮开关 S_2，此时电子秒表不工作，再按一下按钮开关 S_1，则计数器清零后便开始计时，观察数码管显示计数情况是否正常，如不需要计时或暂停计时，按一下开关 S_2，计时立即停止，但数码管保留所计时之值。

（6）电子秒表准确度的测试

利用电子钟或手表的秒计时对电子秒表进行校准。

5. 实训报告

1）总结电子秒表的整个调试过程。

2）分析调试中发现的问题及故障排除方法。

参 考 文 献

[1] 张惠荣，王国贞，张才华.数字电子技术 [M].北京：机械工业出版社，2010.
[2] 阎石.数字电子技术基础 [M].4 版.北京：高等教育出版社，1998.
[3] 周良权，方向乔.数字电子技术基础 [M].4 版.北京：高等教育出版社，2014.
[4] 张惠荣，王国贞.数字电子技术：理实一体化教程 [M].北京：电子工业出版社，2020.
[5] 孙津平.数字电子技术 [M].2 版.西安：西安电子科技大学出版社，2005.
[6] 张志良.数字电子技术基础 [M].北京：机械工业出版社，2007.
[7] 牛百齐，张邦凤.数字电子技术项目教程 [M].2 版.北京：机械工业出版社，2017.
[8] 郝波.电子技术基础：数字电子技术 [M].西安：西安电子科技大学出版社，2004.
[9] 刘淑英.数字电子技术及应用 [M].北京：机械工业出版社，2007.
[10] 王友仁，张砦，陈则王，等.数字电子技术基础 [M].2 版.北京：机械工业出版社，2022.
[11] 王成安，毕秀梅.数字电子技术及应用 [M].北京：机械工业出版社，2009.
[12] 张惠荣，王国贞.模拟电子技术项目式教程 [M].3 版.北京：机械工业出版社，2023.
[13] 沈任元，吴勇.常用电子元器件简明手册 [M].北京：机械工业出版社，2022.
[14] 朱祥贤.数字电子技术项目式教程：项目式 [M].北京：机械工业出版社，2010.
[15] 吴元亮.数字电子技术 [M].北京：机械工业出版社，2021.